놀이와 유아교육

| 신은수 · 김은정 · 유영의 · 박현경 · 백경순 공저 |

학지사

머리말

 유아는 놀이를 통하여 행복과 즐거움을 느끼고, 세상을 배우고 이해하며, 의미 있는 관계 맺기를 배워 나간다. 놀이는 유아에게 가장 보편적이며 나아가 인간발달에 매우 중요한 현상이라고 할 수 있다. 유아를 위한 교육과정에서도 놀이가 차지하는 비중은 매우 크다. 유아는 놀이할 때 자신이 알고 있는 모든 것을 통합하기 때문에 유아를 위한 교육과정은 유아가 놀이하는 것을 보고 듣는 관찰을 통해 구성되어야 한다. 놀이는 유아기의 가장 자연스러우면서도 보편적인 언어이며 문화권에 상관없이 소통할 수 있는 의사소통의 한 형태다. 그러나 놀이는 보편성, 유사성이라는 특성과 함께 특수성, 차별성이라는 이면을 지니고 있다. 즉, 유아의 놀이 내용은 때로 특정 문화권을 반영하고 표현하는 문화의 은유인 것이다.

 저자들은 대학에서 교육과 연구를 통해서뿐 아니라 유아교육 현장에서 유아를 직접 가르치는 경험을 통해 놀이가 유아의 삶에 얼마나 중요하면서도 가치 있는 의미를 제공하는지 느껴 왔다. 그러나 최근 본질적이면서도 진정한 놀이의 의미와 기능이 일부 유아교육 현장에서 퇴색되어 가는 현상을 보면서 예비교사와 현장의 많은 유아교사에게 어떻게 하면 놀이의 의미와 기능, 놀이와 교육의 관계를 효율적으로 전달할 수 있을까에 대해 토의하게 되었다. 그리하여 이 책 『놀이와 유아교육』에서는 놀이의 역동적이면서도 복잡하고 다양한 현상을 재조명하기 위하여 가능한 한 다양한 최신 이론과 연구 결과를 소개하고자 노력하였다.

 이 책은 크게 놀이와 유아, 놀이와 교육, 놀이와 교육 실제의 3부로 구성되었다. 먼저 제1부 놀이와 유아에서는 1장에서 '놀이란 무엇인가?'라는 근원적인 질문에 대한 해답을 제시하기 위한 첫 단추로서 놀이에 대한 다양한 관점과 놀이의 중요성이 재조명되고 있는 현대적 관점에 기초하여 놀이 개념을 비교분석하고, 놀이의 가치와 기능을 강조한다. 2장에서는 놀이에 대한 기존의 주요 이론부터 최근에 새롭게 제안되고 있는 견해까지 폭넓게 기술한다. 3장에서는 놀이가 연령별로 어떻게 다양한 유형으로 발달하는지, 그리고 놀이가 유아의 전반적인 발달 영역에 어떠한 영향을 미치는지 등을 기술한다. 4장에서는 유아 놀이에 영향을 미치는 환경적 변인을 개인적, 사회적, 문화적 맥락에서 살펴보고, 5장에서는 유아 놀이의 이해에 있어서 관찰의 중요성과 함께 과학적이면서도 체계적인 관찰법 등에 초점을 두어 기술한다. 제2부 놀이와 교육에서는 6장에서 유아 놀이의 현장 적용에 관한 내용으로서 실내와 실외의 놀이환경을 소개한다. 7장에서는 놀이를 보다 풍부하게 확장시키는 데 도움이 되는 다양한 놀잇감을 소개하며, 특히 유아의 놀이와 밀접한 관계가 있는 TV 및 컴퓨터와 같은 전자매체를 포함한 놀이 자료를 소개한다. 8장에서는 놀이의 교육적 효율성을 높이기 위한 효율적인 교사 개입 방법과 개입 전략에 대해 논의한다. 9장에서는 특수교육 분야에서의 놀이의 특성과 기능에 대해 살펴보고, 10장에서는 놀이와 교육의 역동적 관계, 교육적 놀이의 개념 및 교육적 놀이를 촉진하기 위한 다양한 방법을 소개한다. 마지막으로 제3부 놀이와 교육 실제에서는 11장에서 14장에 걸쳐 놀이를 자연물 놀이, 조작놀이, 구성놀이, 극화놀이로 구분하여 각 놀이의 교육적 가치, 놀이를 풍부하게 하기 위한 환경 구성방법과 놀이 자료를 상세하게 소개한다. 더불어 교사들이 각각의 놀이 특성을 반영하여 지도하는 데 도움을 주기 위해 놀이 지도 방법을 기술한다.

저자들은 이 책을 통하여 놀이에 관련된 다양한 최근 이론과 연구뿐만 아니라, 유아교육 현장에서 놀이의 의미를 바르게 적용할 수 있도록 다양한 놀이 실제를 담으려고 노력하였다. 그러나 여전히 아쉬운 부분이 남아 있다. 이에 대해서는 지속적으로 수정 · 보완할 것을 약속하며, 더불어 독자 여러분의 많은 관심과 조언을 바란다.

　끝으로 이 책이 출간될 수 있도록 도움을 주신 학지사 관계자분들에게 감사를 드린다. 그리고 유아교육 현장의 놀이 장면을 생생하게 전달하기 위하여 사진을 제공해 준 제주산업정보대학 부설유치원, 제주근로복지공단 어린이집, 중앙청사 푸르미어린이집 관계자들에게 진심으로 감사의 마음을 전한다. 또한 저자들이 원고를 수월하게 집필할 수 있도록 집필 과정 내내 자료 수집과 원고 교정 등 많은 수고를 해 준 덕성여자대학교 대학원 석사과정의 고은영, 박기희에게도 감사의 마음을 전한다.

저자 일동

놀이와 유아교육
차 례

제2부 **놀이와 교육**

제3부 **놀이와 교육 실제**

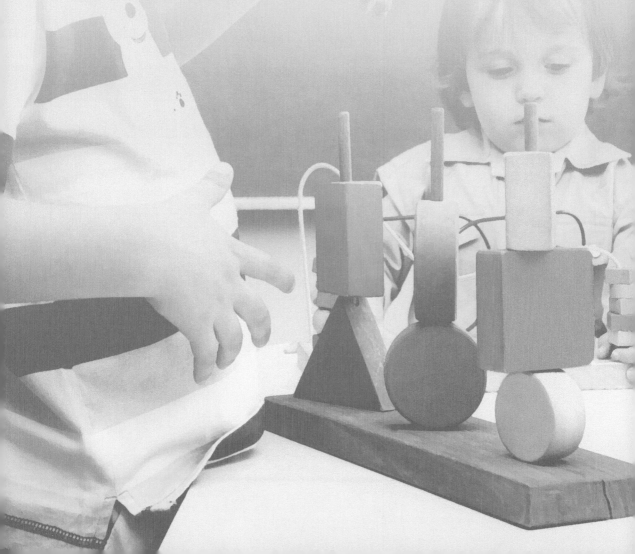

제1부

놀이와 유아

유아교육자는 놀이의 가치를 인정하고 놀이의 교육적 활용에 많은 관심을 갖고 있다. 놀이는 미래사회에 필요한 개성 있는 창의적이고 혁신적인 인재, 독립적 사고와 행동을 지닌 인간으로 발달하게 하는 주요 기재이며, 영유아기의 놀이 경험은 초등학교 이후 학업성취와 사회적 적응에 매우 효과적이다. 그러나 놀이가 불필요하고 무가치하다고 간주하는 성인은 유아의 많은 놀이 행동을 학습적인 활동이나 체계적인 규칙이 포함된 운동으로 전환하려는 노력을 하기도 한다.

최근 Miller와 Almon(2009)은 「유치원에서의 위기: 왜 유아들은 학교에서 놀이가 필요한가(Crisis in the kindergarten: Why children need to play in school)」라는 보고서에서 유아와 아동 초기의 놀이의 가치를 인식하지 못하는 교육자와 행정가가 학교와 가정에서의 놀이시간을 축소하고 대부분의 시간을 학습 활동으로 대체하고 있다고 지적하고 있다. 이 보고서에서는 세계 여러 나라에서 진행된 놀이의 장기적 연구 결과를 토대로 유아교육기관과 학교에서 유아 주도적 놀이의 필요성을 강조하였다. Elkind(2007)도 20년간 집필한 최근 저서 『놀이의 힘: 좀 더 행복하고 건강한 아동으로 이끄는 자발적, 상상적 활동(The power of play: How spontaneous, imaginative activities lead to happier, healthier children)』에서 놀이를 잃어버린 유아와 아동에 대한 심리학자의 우려를 담고 있다. 즉, 미국의 유아와 아동은 주당 12시간의 자유시간을 잃어버렸고, 8시간의 자유롭고 즐거운 놀이와 실외 활동을 잃었다고 밝히고 있다. 또한 미국의 임상심리학자인 Ginsburg(2007)도 놀이의 다양한 이득을 수혜받지 못하는 아이들에 대하여 이야기하면서 영유아 및 아동 발달에 미치는 놀이의 중요성을 보고하고 있다. 그는 지난 20년간 유아교육기관의 모든 학급에서 자유놀이 시간이 줄어들었다는 심각한 현실과 더불어 유아의 자유놀이를 TV와 컴퓨터와 같은 수동적 즐거움이 차지하였고, 부모가 부여한 과잉의 구조적인 활동으로 유아의 하루 일과가 짜여지고 있다고 지적하였다.

이 장에서는 놀이가 유아에게 왜 중요한지에 대한 이론적 기초와 토대를 마련하기 위해 먼저 놀이에 대한 최근의 경향을 고찰한 후 놀이의 개념, 놀이의 가치에 대하여 살펴보고자 한다.

1. 놀이에 대한 최근 경향

유아의 삶에서 놀이는 매우 중요한 역할을 한다. 최근 놀이의 장기적 효과에 관한 보고서에 의하면 독일, 중국, 일본, 핀란드 유아들의 초등학교 이전의 풍부한 놀이 경험은 초등학교의 학업성취 및 사회성, 창의성 등에 긍정적인 효과가 있다 (Miller & Almon, 2009).

사회적 환경과 기술공학의 발달로 인한 현대 유아의 생활 모습의 변화는 유아의 욕구와 사회적 기대, 유아기 교육과 놀이에 대한 기대 등을 많이 변화시켰다. 그러나 이러한 사회적 관심과 변화의 방향이 유아의 건강한 발달보다는 학습 및 성취 지향적 특성을 나타내면서 다양한 사회적 문제가 야기되고 있다. 현대사회의 놀이에 대한 인식과 놀이의 필요성에 대한 최근 경향을 살펴보면 다음과 같다.

1) 놀이에 대한 인식

놀이에 대한 인식은 유아, 부모, 교사, 행정가 등의 입장에 따라 차이가 있다 (Golinkoff, Hirsh-Pasek, & Singer, 2006). 이러한 놀이에 대한 인식은 유아의 놀이에 대한 사회적 수용, 교육과의 연계, 유아교육의 정책에 중요한 영향을 준다.

(1) 놀이에 대한 유아의 관점

유아에게 놀이는 어떤 것일까? 유아가 스스로 강아지를 마당이나 공원에 데리고 가서 뛰어노는 경우는 놀이로 인식되지만, 부모가 강아지를 산책시키라고 지시한 경우라면 놀이가 아닐 것이다. 어떤 날은 친구와 레고 놀이를 하는 것이 즐겁지만, 어떤 날은 부모가 정해 준 시간에 상업화된 기관에서 정해진 모양을 만들어야 하는 레고 놀이가 즐겁지 않은 지루한 활동으로 느껴질 수도 있다. 그리고 유아의 놀이도 어느 순간부터 일로 인식된다면 더 이상 즐거운 놀이가 될 수 없다 (Pellegrini, 2009).

유아의 관점에서 중요한 것은 놀이 활동을 하는 바로 그 순간에 갖게 되는 유아의 기분과 감정, 상황에 따라 같은 활동이어도 유아가 놀이로 느낄 수도 있고 놀이로 느끼지 못할 수도 있다는 점이다(Fein & Wiltz, 1998). 그러므로 유아가 놀이의 본질인 즐거움과 자발성을 유지하는 것이 중요하다. 놀이를 하는 놀잇감, 놀이 방법에 성인의 지시나 의도가 들어간 활동은 놀이로 보이지만, 유아에게는 구조적인 학습 과제나 지시에 따르는 활동이 된다. 유아의 놀이에서 유아 자신의 관점을 유지하도록 지원하는 것은 놀이의 본질을 훼손하지 않는 것이다(Elkind, 2007).

(2) 놀이에 대한 부모의 관점

부모의 놀이에 대한 신념은 유아의 활동에 많은 영향을 미친다(Chudacoff, 2007; Fogle & Mendez, 2006). 현대의 교육적 관심과 사회적 환경은 부모들에게 자녀가 어릴 때부터 학업 준비를 시키도록 압력을 주고 있다. 국가 수준의 기초 학습능력 평가정책도 부모들에게 특정한 학업기술을 강조하게 만들면서 놀이보다는 선행 학습, 조기 외국어 교육 등을 더 중요한 것으로 인식하게 만드는 결과를 낳고 있다.

특정한 학업기술(특히 가정에서의 문해)을 학습하도록 하는 국가나 교육청의 기준, 컴퓨터 프로그램, 교육용 게임, 학습 전문가의 충고 등은 많은 부모가 놀이에 반대하는 견해를 갖게 만든다. 또한 부모들은 교육 전문가, 소아과 의사, 놀잇감 및 교재 · 교구 제작사로부터 교육적 장난감만이 자녀 학업에 가치가 있다는 이야기를 듣기 쉽다.

이러한 많은 압력, 충고, 전문적 정보는 많은 부모에게 유아기 놀이의 가치를 의심하게 하고 가정에서 자녀의 놀이 경험을 제거하도록 조장하고 있다. 결국 문화, 소득 수준에 관계없이 많은 부모는 유아들이 유아교육기관에서 하루 종일 놀지 못하도록 압력을 주고 있다(Snow, 2003).

(3) 놀이에 대한 유아교사 및 행정가의 관점

놀이의 가치에 대한 유아교사의 견해는 예비교사 시절 받았던 전공교육과 교사 자신의 놀이에 대한 철학에 따라 달라진다. 유아교사는 놀이의 중요성을 알고 있더라도 단기간에 사회적, 학업적, 행동적 성과를 보여 줘야 한다는 주변의 압력 때문에 놀이의 중요성을 망각할 수도 있다. 유아교사는 발달과 교육에 있어서 놀이의 결정적 중요성을 잘 알고 있더라도 국가와 교육청의 기준, 조기 문해교육의 강조, 학업성취나 규준지향검사의 도입, 부모의 압력 등으로 자신의 태도를 바꿔 그러한 환경에 적응하는 것을 선택하기 쉽다. 대부분의 교육행정가도 놀이란 단지 중요한 학습 활동을 한 후의 휴식으로 인식하며 유아기 놀이에 교육적 가치를 두지 않는다(Bodrova & Leong, 2003). 교육행정가는 대부분 유아교육의 철학보다는 다른 전공 분야의 교육철학적 배경을 지니고 있다. 또한 국가적 기준과 지역의 책무성만을 강조하여 특정한 학업기술을 요구하기도 한다.

창의적이며 교육적인 놀이와 프로젝트를 통하여 다양하고 특정한 학업성취를 얻을 수 있는 방법은 많지만, 대부분의 교육기관에서는 이러한 학업적 기술과 개념을 매우 지시적인 방법으로 가르치는 것에 익숙해 있다(Dunn & Kontos, 1997). 국가 수준의 학업성취에 대한 압력이 커질수록 교육행정가나 부모의 압력에 의해 대부분의 교육기관은 놀이를 멀리하는 교육과정으로 현장을 운영해 가기 쉽다.

2) 놀이의 필요성에 대한 최근 경향

놀이에 대한 인식이 대상에 따라 다양하지만, 최근 유아의 발달과 관련된 연구에 의하면 사회적으로 놀이의 필요성이 강조되고 있다. 놀이의 필요성에 대한 최근 경향을 뇌발달 연구, 건강과 신체 활동에 대한 관심 증가, 괴롭힘과 거친 신체놀이, 기술공학에 의한 전자매체의 발달, 유아교육기관의 운영 등을 중심으로 살펴보고자 한다.

(1) 뇌발달 연구와 놀이

뇌발달에 관한 최근 연구 결과들은 유아기 놀이의 중요성을 지지하고 있다. 뇌발달 연구에 의하면 뇌의 구조와 크기는 태내기에 가장 의미 있게 발달하기 시작하여 영유아기를 거쳐 급속하게 발달해 가고, 영유아기는 환경적 자극에 가장 많은 영향을 받는 발달의 최적기다(Frost, 1968, 1975; Thompson, 2008). Lipton(1974)은 무자극이 신경학상의 구조와 과정을 정교화시키지 못하며, 지나친 자극은 과잉발달과 후에 행동적 결손을 가져올 수 있다고 보고한 바 있다.

특히 새로운 과학기술이 도입되면서 뇌파검사(electroencephalogram: EEG), 양전자방출단층촬영(positron emission tomography: PET), 기능적 자기공명영상(functional magnetic resonance imaging: fMRI) 등의 방법이 뇌의 구조와 기능을 3차원 해부 그래픽으로 보여 주고 있다(Chugani, 1994; Sylwester, 1995; Thompson, 2008).

정상적이라면 초기 뇌의 발달은 아주 빨라서 만 1세경이 되면 신생아의 뇌보다는 성인의 뇌와 유사해진다. 그리고 2세경에는 시냅스의 수가 성인 수준과 비슷해진다. 3세경에는 유아의 뇌에 약 1,000조 개의 시냅스가 형성되는데, 이는 성인 시냅스의 두 배에 해당되며, 두 배 반 이상이 되면 뇌는 활동적이 된다(Shore, 1997). 아기가 태어날 당시 뇌는 하나의 세포(뉴런) 덩어리 상태이지만, 경험과 뇌의 사용을 통하여 점차 프로그램화되며 배선이 형성되어 가고, 사용하지 않으면 뇌세포는 소멸된다. 따라서 유아의 초기 경험에서 다양한 놀이는 뇌의 배선을 결정짓고 지적 능력의 질과 범위를 결정짓는 중대한 역할을 하게 된다.

인간의 사고와 행동을 의식적으로 통제하는 뇌 인지과정에서 실행기능(executive function)은 유아가 인지를 표상하고 표상을 행동 수행으로 발현하는 데 중요한 기제다(Zelazo & Muller, 2004). 실행기능은 목표 지향적 행동을 하는 데 있어 상위 위계를 갖는 인지 기제로서, 정신적 표상을 융통성 있게 조절하는 능력에 작용하여(Zelazo, Muller, Frye, & Marcovitch, 2003) 유아의 인지적 문제 해결을 위한 계획과 사고, 행동의 결정과 판단, 그리고 수행과정에 대한 반성적 자기 지각에 중요한 기능을 한다(Bialystok & Senman, 2004; Carlson, 2003). 그러므로 실행기능은 정서, 사고, 행동의 문제해결 과정을 이해하고 적용하는 데 핵심적 기능이라고 볼 수 있다(Zelazo & Muller, 2004; Zelazo, Muller, Frye, & Marcovitch, 2003).

유아의 행동, 사회, 정서의 발달은 전두엽의 발달과 관련되는데, 전두엽은 대뇌 피질 영역 중 고도의 사고기능을 담당하는 부위로 실행능력과 관련된다. 전두엽이 발달하지 못한 유아는 주의집중이 부족하고, 자신의 행동 결과를 예측하는 데 어려움이 있으며, 추상적 개념의 이해와 행동 및 사고의 융통성이 부족하고, 동정 및 감정이입 등에 어려움이 있어 상황에 맞는 행동을 하기가 어렵다.

신경과학자와 놀이 연구자들은 신경과학과 놀이의 관계에 대하여 다음의 기본적인 원리를 제시하고 있다(Begley, 1997; Brownlee, 1997; Schonkoff & Phillips, 2000; Thompson, 2008).

첫째, 뇌구조의 발달은 태내기부터 의미 있게 발달하기 시작하여 일생 동안 위계적, 누적적, 통합적으로 발달해 간다. 신경세포가 서로 연결되면서 놀이의 범위와 복잡성은 놀라운 속도로 증가한다. 처음에는 놀이가 신경구조의 프로그램을 간단히 계획하다가 점차 복잡해지며, 신경구조는 보다 복잡한 놀이에 영향을 미친다.

둘째, 유아의 사고는 놀라울 정도로 능동적이고 가능성이 많고 자기 조직적이다. 유아의 초기 게임과 사소한 놀이는 이후의 생활에 필요한 기술을 갖추게 하고, 당면하게 되는 여러 과업을 해결하고 적응하는 데 도움을 준다.

셋째, 놀이는 유아의 행동, 사회, 정서, 인지, 신체 등의 발달에 중요한 역할을 한다. 유아기 놀이 경험은 신경회로의 연결에 역동적이고 정확한 영향력을 제공하여 다양한 발달능력이 이루어지도록 한다. 그 결과, 다양한 놀이에 참여하는 유아는 뇌의 중요한 신경세포의 연결이 다양하고 복잡하게 발달하여 통합적 발달을 이룰 수 있다.

그러므로 뇌발달 연구 결과로 볼 때 유아기에는 건강한 뇌발달을 위한 심신의 안정적인 양육, 충분한 영양, 성인과의 따뜻하고 민감한 상호작용, 유아 주도의 발견적 활동, 질 좋은 놀잇감, 스트레스 없는 환경 등의 놀이환경이 필요하다.

(2) 건강과 신체 활동에 대한 관심 증가

현대인의 도시화, 산업화에 따른 생활 습관의 변화로 비만이나 건강 문제가 발생하는 상황이 확대되면서 건강 증진을 위한 신체 활동의 중요성이 부각되고 있다. 지역마다 야외 공원, 테마 공원, 동네 놀이터 설치가 다양하게 진행되고 있고, 유아의 실외놀이에 대한 관심도 높아지고 있다. 실외놀이는 놀이터 안전 지침 마

유아기의 놀이를 통합한 다양한 신체 활동에 대한 관심이 증가하고 있다.

련, 놀이터의 접근 용이성, 비만 문제로 인한 신체놀이에 대한 새로운 관심, 교육 기관에서의 놀이시간 축소와 과열된 학습열에 대한 대안책으로 떠오르고 있다 (Hewes, 2010; Pellegrini, 2009).

특히 전 세계적으로 소아비만의 문제가 심각해지고 있다. 비만이 사회적 문제로 부각된 주요 요인은 주로 TV 시청, 컴퓨터 사용, 학교와 직장에서의 착석 등 가만히 앉아 있는 활동이 많기 때문이다. 유아들이 밖에서 놀이하는 시간이 매우 적기 때문에 소아비만뿐만 아니라 자연결핍장애가 생기고 있다. 유아들은 규칙적인 신체 활동으로 비만이 되지 않도록 해야 한다. 최근 신체 활동의 중요성이 인식되면서 축구, 야구, 체조, 농구, 달리기, 수영 등에서 만 4세 이상의 유아를 위한 조직화된 운동(organized sports)이 성행하고 있다. 이러한 조직화된 운동은 엄격하게는 놀이가 아니지만 어린 유아의 흥미와 발달에 적합하게 놀이 요소를 통합한 운동 프로그램으로 개발되고 있다.

또한 유아들은 동네 산책하며 걷기, 정원 가꾸기, 게임과 운동 경기, 춤, 체조 등의 활동을 통해 신체 활동에 대한 전 생애에 걸친 성향을 개발하는 것도 중요하다. 신체 활동은 건강을 유지하기 위해 필요할 뿐더러 활동 자체에서 기쁨, 보상, 가치를 발견할 수 있기 때문에 유아기에 긍정적인 신체놀이를 격려하고 신체와 자연 활동을 할 수 있는 많은 기회가 제공되어야 한다.

(3) 괴롭힘과 거친 신체놀이

오늘날 학교에서 발생하는 폭력 사건, 왕따 등의 괴롭힘과 같은 현상은 학교에서의 안전과 또래 간 사회적 놀이에 대한 재인식의 필요성을 보여 준다.

괴롭힘과 관련된 행동은 대부분 남아에게서 많이 나타난다. 전문가들은 그 이유를 두 가지로 보고 있다. 하나는 여아보다 남아가 좀 더 공격적이고 폭력적인 거친 신체놀이를 많이 하는 경향이 있는데 교사나 행정가들은 남아와 여아 간의 갈등이 있을 때 흔히 남아가 잘못했으리라고 생각한다는 것이다(Cooney & Radina, 2000). 다른 하나는 유아교사와 대부분의 유아특수교육 전문가가 여성이기 때문에 적극적이고 공격적인 행동과 언어에 대한 편견이 강하다는 것이다(Benson-Hale, 1986; Wardle, 1991).

거친 신체놀이는 남아에게는 자연스럽게 보이는 신체·사회·가상놀이의 조합이다. 남아에게 보이는 거친 신체놀이는 신체적 욕구를 방출하는 것뿐 아니라 우정을 쌓도록 하고 협동적인 친사회적 행동과 태도를 활성화시킨다(Scott & Panksepp, 2003). 그러므로 남아의 경우 건강한 발달선상에서 나타날 수 있는 거친 신체놀이를 부정적인 괴롭힘으로 인식하기보다 긍정적인 신체적 상상놀이로 인식하여 괴롭힘의 행동과 거친 신체놀이가 동일하게 다루어지지 않도록 배려해야 한다.

(4) 전자매체의 발달과 놀이

기술공학의 발달로 새로운 전자매체 놀이가 많아지고 있다. 자유놀이보다는 새로운 전자 장난감, 비디오 게임, 컴퓨터 매체 등의 상업적 놀이가 일반적인 유아의 놀이로 되어 가고 있다. 전통적 놀이와 게임은 전 세계에 걸쳐 경쟁과 기술, 일시적 유행의 특징이 있는 현대의 놀이와 오락을 강요하는 상업적 시장에 의해 커다란 위협을 받고 있다. 이러한 새로운 기술공학의 발달 및 세계화는 유아의 놀이에 대한 부모와 교육자의 신념에 많은 변화를 가져왔다(Resnick, 2006).

상업적 놀이의 발달은 현대 유아의 자발적 놀이를 빼앗고 있을 뿐만 아니라 부모, 자연, 간단한 도구와의 친숙하고 상상력이 풍부한 놀이도 빼앗고 있다. 자발적이고 활발하며 창의적인 활동에서 첨단기술을 이용한 오락, 인스턴트 음식, 폭력적인 비디오 게임, 앉아서만 노는 활동으로 바뀌고 있다. 또한 가정과 지역사회에서의 창의적인 놀이와 부모와의 질적인 상호작용이 오락으로 대치됨으로써 사회문제는 더욱 증가되고 있다. 신경생물학 연구에 의하면 컴퓨터, TV, 그 외의 첨단 미디어들은 아동의 뇌발달 경로를 바꿀 수 있다(Healy, 1998; Hirsh-Pasek & Golinkoff, 2003). 거짓 폭력도 아동의 뇌발달에 진짜 폭력과 같은 영향을 끼치며, 특히 외상의 기억을 담당하는 뇌 부위에 영향을 미칠 수 있다. 미래의 컴퓨터 기술이나 로봇 혁명 등은 유아의 장난감과 오락의 본질을 바꾸어 결과적으로 유아의 자발적인 놀이의 성격도 바꿔 놓게 될 것이다. 최첨단 기기의 사용은 교육적으로 장점이 될 수도 있지만 해가 될 수도 있다.

전 세계에 걸친 장난감 산업시장의 증가, 매체와 연결된 놀잇감의 전 세계적 확대, 패스트푸드 체인점에서 유아용 음식 세트를 구입할 때 얻을 수 있는 값싼 플라스틱 장남감 등은 각 나라의 고유한 문화와 지역 공동체에서 놀이와 게임의 전통적인 형태에 위협을 가하고 있다. 또한 신세대 가족의 새로운 놀이 행동은 오래된 놀이 습관과 매우 부조화되어 충돌하는 경향이 있는데, 이러한 사회적 변화에 의하여 오래된 전통 놀이와 게임이 점점 소멸할 수도 있을 것이다.

(5) 유아교육기관 운영과 놀이

최근의 교육은 학업성취의 강조로 유아에게 기계적이고 획일적인 대답을 요구하고, 음악과 미술 같은 창의적 교육과정보다는 읽기, 수학에만 집중하는 경향이 있다. 또한 여러 가지 학업기술의 습득을 위한 훈련을 하는 연령이 점차 어려지고 있다. 그리고 점점 더 많은 유아가 유아교육기관, 종일제 유치원이나 학교 교육과정에서 더 오랜 시간을 보낸다(Elkind, 2007; Ginsburg, 2007).

유아교육기관에서 보내는 긴 시간 동안 유아는 다양성(개인적 일, 신체 활동, 조용한 활동, 창의적 접근, 학습에의 초점)이 필요하고, 유아 중심적이고 직접적이면서 덜 교훈적인 수업 방식이 필요하며, 풍부한 신체놀이와 인지놀이(기능, 구성, 극화, 규칙이 있는 게임), 사회놀이(단독, 병행, 연합, 협동)가 요구된다. 놀이는 자기주도성, 긍정적 감정, 비실제성을 포함한 특징 때문에 교육기관에서 보내는 긴 시간 동안 유아에게 매우 유익한 활동이 될 수 있다. 또한 놀이는 유아에게 자신을 통제할 수 있는 힘을 길러 주고 유아의 정서적 · 심리적 요구에 근접한 환상적 현실을 구축하도록 해 주기 때문에 매우 중요하다.

유아기에는 풍부한 신체, 사회, 정서, 인지적 놀이가 필요하다.

2. 놀이의 개념

유아가 놀이를 하고 있다는 사실은 쉽게 인식할 수 있지만, 실제적으로 놀이가 무엇인가에 대한 정의는 쉽지 않다. 왜냐하면 놀이는 추상적이고 유동적이며 다양한 의미를 가지기 때문이다.

놀이의 개념화에 대하여 학자들은 수렴적 접근(놀이의 특성을 겹치는 과정)과 확산적 접근(놀이의 특성을 구별하는 과정)을 통해 밝히려고 노력해 왔다. 또한 놀이의 특성에 기초한 많은 본질적 혹은 비본질적 정의가 제안되기도 하였다. 어떤 연구자들은 놀이의 행동적 출현을 강조하였고, 다른 연구자들은 내재적 상태 또는 놀이성 같은 경향성을 부각시켰으며, 나머지 연구자들은 상황적 요인을 강조하였다. 놀이의 개념에 대한 모든 접근은 총체적 모형 속에서 각 이론이 정도의 차이는 있지만 모두 타당하고 중요하다는 것을 보여 준다.

놀이 연구가로 잘 알려진 Frost(1992)도 "놀이는 Platon에서부터 Piaget에 이르기까지 연구되어 왔지만 놀이를 과학적으로 명확하게 정의하기는 불가능하다. 성인으로서 우리가 놀이를 정의해 본다면 '그냥 나가서 자유롭게 노는 것' 정도로 정의할 수밖에 없다."라고 하였다. 그렇기에 놀이는 유아의 관점에서 살펴보는 것이 필요하다.

놀이와 비슷한 탐색, 일, 학습과 같은 활동은 놀이와 명확히 구분하기가 어렵다. 단지 놀이가 갖고 있는 본질적인 특성을 중심으로 놀이를 정의할 수밖에 없다. 따라서 여기서는 놀이의 본질적인 요소를 살펴본 후 놀이 틀, 놀이 관련 행동을 중심으로 살펴보고자 한다.

1) 놀이의 본질: 놀이와 일(학습)

유아기 놀이는 보편적이며 자연스러운 활동이다. 유아는 놀이를 통해 배우고 자라면서 모든 발달 영역에 영향을 받는다. 여러 학자는 놀이의 본질적 특성을 설명하기 위하여 놀이의 반대 개념으로 일과 비교하여 그 특성을 살펴보고 있다.

놀이와 일은 네 가지 측면에서 비교할 수 있다(Dattner, 1969). 즉, 일은 사람들의 생계를 유지하기 위하여 강제적으로 요구되지만 놀이는 지극히 자발적으로 표출되는 행동이라는 점, 일은 생산과 관련된 반면 놀이는 그 자체가 목적인 경우가 많다는 점, 일은 외부에서 강요된 규칙을 따르지만 놀이는 놀이하는 이가 자발적으로 규칙을 만든다는 점, 일은 현실세계에서만 이루어지지만 놀이는 현실세계를 초월할 수 있다는 점에서 차이가 있다.

놀이와 일의 고유한 특성은 양자 간의 연속성 측면에서 살펴볼 수 있다. 놀이는 능동적·자발적이고 재미있으며 목표보다는 과정 중심적인 특성이 강한 활동인 반면, 일은 수동적·강요적이고 재미보다는 단조롭거나 고되며 외적 목표에 구속되는 특성이 강한 활동이다(Frost & Klein, 1979).

유아에게 놀이와 일은 행동의 동기를 누가 결정하는가에 따라 구분되기도 한다. King(1979)은 유치원 아이들이 스스로 선택한 활동을 놀이로 구분하고 교사가 지시한 활동은 일로 구분하였다. Fein(1985)은 5~9세 아이들을 면접하여 놀이와 일의 의미를 분석한 결과 아이들이 누군가가 자신에게 시킨 활동을 일로 인식하고 있음을 발견하였다. Wing(1995)도 초등 1, 2학년 아동들이 일과 놀이를 구분하는 데 확고한 기준이 있다는 것을 알아냈다. 아동들은 활동이 강제적인지, 교사에 의해 계획되고 지시되는지, 특정한 성과는 있는지, 누군가가 그 활동을 평가하고 있는지, 활동을 완수해야 하는지 혹은 언제라도 멈출 수 있는지, 많은 노력이 필요한지, 쉬웠는지 혹은 어려웠는지 등을 기준으로 일과 놀이를 구분하고 있었다.

유아교육 현장에서 유아의 놀이와 일은 완전히 분리되지 않는 행동이다. 여러 학자는 놀이와 일은 완전히 이분화되기보다 연속성이 있다는 점에 의견을 같이하고 있다. 여러 학자가 제안했던 유아의 놀이와 일의 특징을 도식화하면 [그림 1-1]과 같다.

그러나 어떤 활동들은 '놀이'의 특성과 동시에 매우 심각하고 신중한 '과제'를 포함하기도 한다(Johnson, Christie, & Wardle, 2005). 예를 들어, 블록으로 요새를 만드는 유아가 과제에 대한 대단한 집중과 지속성을 보일 때 그 유아에게 무엇을 하고 있는지 묻는다면 일을 하고 있다고 대답할 수도 있다. 사실 성인과 유아에게 놀이와 일은 완전히 구분되기보다는 융합되어 있다. Dewey는 놀이와 일을 4단계의 연속성—혼돈, 놀이, 일, 고된 일—으로 제시하였는데, 유아교실에서 혼돈과 고된 일은 나타나지 않겠지만 놀이와 일은 확실히 존재한다. 좋은 수업과 학습은 매우 진지하면서도 즐겁다. 그러나 너무 많이 일하거나 노는 것은 활동을

놀 이		일
능동적	←→	수동적
자발적	←→	강요적
항상 즐거움	←→	가끔 즐겁고 단조로움
목표보다 과정 중시, 중간에 그만둘 수 있는 것	←→	외적 목표에 구속, 끝까지 하는 것
할 수 있는 것	←→	해야 하는 것
교사의 참여와 기대 정도가 낮음	←→	교사의 참여와 기대 정도가 높음
최소한의 인지적 활동이 요구되는 신체 활동	←→	인지적 활동
놀이 자체가 목적	←→	생산/결과와 관련
현실 초월	←→	현실세계에 제한

[그림 1-1]　연속선상의 놀이와 일의 특성 비교

망치며 의미 없는 행동이 될 수 있다.

　한편 Elkind(2001)는 놀이와 일이 반대 개념이 아니라 적응과정의 보완적인 부분으로 동화(놀이)와 조절(일)이 모두 필요하다고 보았다. 또한 유아의 일이 놀이에 선행하거나 놀이가 일에 선행하기도 하며, 때로는 놀이와 일이 동시에 일어난다는 점을 지적하면서 놀이와 일의 관계를 유아의 놀이 상황과 연결하여 설명하였다.

　먼저, 유아가 놀이에 앞서 일을 하는 경우는 유아의 놀이가 자신이 숙달한 것을 표현하는 것이라고 볼 수 있다. 예를 들어, 유아는 삽을 이용하여 젖은 모래를 양동이에 채우는 방법, 양동이를 뒤집어 케이크 모양을 만드는 방법을 익히기 위하여 매우 열심히 일한다. 일단 이러한 도전이 성취되면, 유아는 자유로이 구성놀이를 하면서 학습한 것을 통합하며 모래 케이크를 다양한 크기와 모양으로 변화시킨다. 그리고 이는 지나가는 다른 유아에게 케이크를 파는 극놀이로 연결될 수 있다. 두 번째로, 유아가 어려운 정서적 상황을 극복하려고 시도하는 경우에는 일에 앞서 놀이가 일어난다. 예를 들어, 놀이치료에서 유아는 모래놀이판에서 인형을 가지고 한참을 놀이한 후 자신이 놀이하는 것을 말로 표현하거나 감정을 표현한다. 놀이에서 감정이 표현되면 치료자는 유아가 문제를 헤쳐 나가도록 도울 수 있다. 마지막으로, 규칙이 있는 게임에서는 놀이와 일이 동시에 일어난다. 바둑이나 체스 같은 게임을 하려면 게임의 규칙을 익히고 따르면서 진행되고 있는 규칙에 대하여 조절을 하게 되는데, 이러한 의미에서 유아는 일을 하고 있는 것이다. 동시에 유아는 잡거나 놓친 게임말이 실제 세계에서는 아무런 가치나 힘이 없다 하더라도 승리의 기쁨과 패배의 고통을 경험하며 게임을 즐기면서 놀이를 하고 있는 것이다.

Csikszentmihayli(1990)는 놀이를 결과나 실생활의 적용과는 상관없이 자발적이고 그 자체에 목적을 두는 '몰입의 경험(experience of flow)'으로 설명하면서, 유아는 놀이를 하는 동안 놀이정신(spirit of play)이 확산된다고 하였다. 따라서 놀이와 일을 구분하는 것은 인위적이며, 일에서도 놀이처럼 몰입하여 절정에 이르는 특성이 나타날 수 있다고 보았다. 그러므로 일과 놀이의 구분보다는 일과 놀이가 언제 일어나는가를 아는 것이 더 중요하고, 놀이는 재미있고 때론 어떤 결과물이 직업으로 연결될 수 있으며 일도 재미있을 수 있다는 것이다. 그러나 일에 비해 놀이는 놀이자가 선택권을 갖고 있고, 미리 계획되지 않고, 자신이 원하는 것을 할 수 있고, 자유로이 생각하고 창조하며 구성하는 특성을 지니고 있다.

이처럼 놀이의 본질을 정의하기 어렵지만 유아에게 나타나는 놀이를 인식하는 것은 그다지 어렵지 않다. 유아의 놀이에서 놀이와 일의 특성이 혼합되어 나타나기는 하지만, 놀이는 자기 주도적 행동을 형성하고 통제감을 갖게 하는 정신적인 자유로움을 경험할 수 있다. 실제로 놀이할 때는 자신의 관점에서 현실을 자유롭게 다룰 수 있는 상태가 되어 현실의 요구와 과제로부터 받는 일상의 스트레스와 불안에서 벗어날 수 있다. 놀이는 과거와 미래에 대한 걱정을 멈추게 하고 지금 현재를 즐겁게 살도록 해 준다.

2) 놀이 틀(상황)

놀이 틀(play framing)은 유아의 놀이 특성 및 장면을 이해하는 중요한 개념이다. Bateson(1971)은 그림을 벽과 구분하는 그림 틀에 비유하여 놀이 틀을 설명하였다. 놀이 틀은 일상적인 비놀이 행동과 놀이 행동을 구분해 준다. 놀이 행위자는 자신의 행동을 어떻게 해석할 것인지, 다른 사람들이 자신의 행위에 대해 어떻게 반응하고 다루기를 원하는지를 의사소통하는 언어적 · 비언어적 사회적 단서를 제공한다. 놀이에서 이러한 단서는 다른 사람들이 놀이임을 알도록 해 준다.

놀이 대본 또는 놀이 행위는 놀이의 틀 안에서 일어난다. 놀이 틀과 놀이 맥락은 앞으로 진행될 놀이 에피소드뿐 아니라 진행되고 있는 다른 행동에 대해 알려 주기 때문에 유용한 개념이다. 유아는 사회적 갈등을 해결하거나 협상하기 위해 또는 앞으로의 놀이 행위를 계획하기 위해 놀이 틀을 자주 깬다. 때로는 다른 사람의 요구에 참여하거나 교사의 말을 듣기 위하여 놀이 틀이 깨어지기도 한다. 놀이 틀이 깨어짐에도 불구하고 놀이가 유지되는 능력은 매우 중요한 놀이기술이다. 익숙한 놀이자는 놀이 틀을 조종하기 위해 사회적 단서를 어떻게 제공해야 할지, 진행 중인 놀이에 어떻게 합류하고 재합류할지, 놀이 에피소드의 응집력을 어떻게 유지해야 할지에 대해서도 안다.

놀이 틀은 놀이를 평가하는 데도 중요하다. 관찰자는 놀이와 놀이 틀 밖에서 일어나는 의사소통을 구별해야 한다. 이러한 점은 유아의 놀이를 교육적으로 활용하려는 교사와 성인에게 중요하다. 성인도 공동 놀이자로서 유아와 놀이 상태를 공유할 때는 놀이 틀 안에 있지만, 흥미롭고 유용한 놀잇감과 놀이 무대를 제공하는 경우에는 놀이 틀 밖에 있다. 때로는 교사가 놀이를 중재한다고 개입하면서 놀이 틀을 건드려 유아의 놀이를 방해할 수도 있다.

3) 놀이 관련 행동

유아의 발달과 교육에서 놀이의 중요성을 생각할 때 놀이와 유사한 탐색, 모방, 숙달, 과제 관련 행동 등이 있다. 이러한 행동은 놀이처럼 보이거나 놀이와 연결될 경험이 구성될 수도 있기 때문에 그 특징을 비교하여 살펴볼 필요가 있다.

(1) 놀이와 탐색

놀이와 탐색은 외적으로 부여된 목표에 의해 유도되기보다는 내적으로 동기화된 행동이라는 점에서 비슷하다(Hutt, 1971; Weisler & McCall, 1976). 또한 놀이와 탐색 간에는 몇 가지 중요한 차이가 있다(Hutt, Tyler, Hutt & Christopherson, 1989). 〈표 1-1〉에는 놀이와 탐색의 중요한 차이점이 제시되어 있다.

Wohlwill(1984)은 놀이와 탐색을 전형성(stereotype), 주의집중(attention), 정서(affect)의 세 가지 기준으로 구분하였다. 전형성 기준에서 탐색은 상황에 상관

〈표 1-1〉 놀이와 탐색의 비교

구 분	탐 색	놀 이
발생시기	놀이 이전에 나타남	탐색 이후에 일어남
상황	낯선 사물을 대할 때	친숙한 사물을 대할 때
목적	사물에 대한 정보 수집	자극 유발
행동	전형적 행동	다양한 행동
기분	진지한	즐거운
심장박동률	적은 변화	많은 변화

출처: Hughes & Hutt (1979); Hutt (1971).

없이 감각적 탐색의 전형적인 행동인 반면, 놀이는 새로운 방법을 사용하고 다양한 행동으로 나타난다. 주의집중 기준에서 탐색은 진지하고 심각하지만, 놀이는 심각하지 않다. 그리고 정서 기준에서 탐색은 중립적이거나 약한 정도의 부정적 정서가 표현되는 반면, 놀이는 긍정적 정서가 나타난다.

탐색은 물체나 상황에 대한 정보 획득에 관심을 두는 '자극 지배적 행동'으로 탐색되는 자극 특성에 의해 통제된다. 놀이는 놀이자의 요구와 흥미에 지배되는 '유기체 지배적 행동'으로 대상에 대한 정보 획득보다는 자극 생성에 관심이 있다. Hutt(1971)에 의하면 탐색이 '이 물건은 무엇을 하는 것인가?'라는 의문을 풀기 위한 행동이라면, 놀이는 '이 물건을 가지고 무엇을 할 수 있는가?'라는 의문에 관련된 행동이다.

놀이와 탐색이 개념적으로는 구별되지만 유아가 놀이를 하는지 혹은 탐색을 하는지 구별하기란 쉽지 않다. 특히 유아와 동물에게 이 두 상태는 매 순간 변한다(Weisler & McCall, 1976). 유아와 동물에게 놀이의 주요 기능은 탐색으로서 종종 탐색적 놀이로 결합된다. 나이 든 유아의 놀이 에피소드에서도 흔히 놀이와 탐색이 혼합되어 나타나지만 일반적으로는 놀이 이전에 탐색이 일어난다.

놀이와 탐색은 서로 관련을 갖는데, 보통 놀이에 앞서서 탐색이 나타난다. 유아는 새로운 사물을 만나면 먼저 호기심을 가지고 그 사물을 탐색하다가 차츰 그 사물을 이용한 놀이를 하게 된다. 발달단계에 따라서도 행동의 정도가 다르다. 영아기에는 놀이에 비해 탐색 행동이 많이 나타나고, 걸음마기에는 놀이와 탐색 행동의 빈도가 유사하며, 학령전기에는 탐색보다 놀이 행동이 많이 나타난다(Pellegrini & Boyd, 1993).

(2) 놀이와 모방

Piaget(1962)는 감각운동적 지능과 지능의 본질에 대한 연구에서 놀이와 모방의 차이에 대해 관심을 가졌는데, 감각운동기의 영아 행동에서만 놀이와 모방을 명확히 구분하는 행동적 도식이 관찰된다고 밝혔다.

모방은 조절이 동화에 선행될 때 일어난다. 12개월 된 영아가 빈 컵을 잡고 마시는 척하는 데 몰입한 것으로 보이지만 여러 번 보았던 행동을 모방하는 것일 뿐이다. 한편 놀이는 동화가 조절을 지배할 때 일어난다. 놀이에서 유아는 현실을 자신(소망, 욕구, 인지 도식)에 맞춘다. 예를 들어, 유아는 인형의 얼굴로 컵을 가지고 가서 인형에게 마실 것을 주는 척한다. 유아는 컵을 새로운 방식으로 사용하며, 컵의 주된 용도(진짜 물을 담는)는 무시한다. Piaget에 의하면 놀이와 모방은 환경에 적응하기 위한 유기체의 노력에 포함된 보완적인 과정이다. 적응의 평형화 상태는 동화하려는 경향이 조절에 의해 확인되고 두 과정이 균형을 이룰 때 달성된다.

놀이와 모방은 종종 하나의 놀이 장면에서 함께 나타나는데, 두 행동은 개념적으로는 구별되지만 서로 다른 것으로 인식되지는 않는다. 그러나 진정한 놀이는 새로운 아이디어, 생각, 행동이 새롭게 만들어지고 변형되는 것이다(Johnson et al., 2005). 모방(가정놀이 등)에서는 이러한 변형의 특성이 결핍되어 있다. 주변 사람들의 말과 행동을 따라 하는 유아는 놀이보다는 모방을 하고 있는 것이다. 유아가 놀이로부터 인지적·정서적 이익을 얻을 수 있는 것은 진정한 놀이에 깊이 빠져 있을 때뿐이다.

(3) 놀이와 숙달

Piaget(1962)와 Bruner(1972, 1986)는 놀이와 숙달이 사물이나 상황에 대한 유아의 숙달된 행동으로 유사성이 관찰되는 행동이라고 한다. 그러나 놀이와 숙달에 대하여 Piaget(1962)는 유아가 사물이나 상황에 대한 새로운 기술 습득을 위한 기능적 동화나 연습적 반복을 통하여 기술에 숙달되며, 숙달된 기술을 놀이에서 사용하여 확고하게 하는 연관적 행동이라고 하였다. Piaget의 견해에 덧붙여, Sutton-Smith는 새로운 기술 습득에 대한 유아의 의도에 의한 행동은 놀이가 아닌 학습이라고 명확하게 구분하였다(Sutton-Smith & Sutton-Smith, 1974). Bruner(1972)는 놀이를 통하여 성인의 역할과 도구의 사용을 위한 숙달이 이루

유아는 기능적 동화나 연
습적 반복을 통하여 다양
한 기술을 숙달해 간다.

어진다고 하였다. 정신분석적 입장에서는 놀이가 심리적 충격의 상황과 사건을
극복할 수 있는 숙달의 기회를 제공한다고 본다. 놀이와 숙달의 관계는 놀이 행동
에 숙달이 포함되기도 하지만 놀이 이전의 연결행동으로 나타나기도 한다.

(4) 놀이와 과제 관련 행동

발달과 교육에서 놀이가 중요하기는 하지만 학습의 유일한 기제는 아니다. 유
아는 탐색과 모방을 하면서 학습한다. 또한 학습에 대한 교사의 직접적인 지시에
의해서든 혹은 교육기관의 프로젝트에 몰입하여 자기 주도적으로 하든, 유아는
과제 관련 행동을 하며 학습한다. 유아가 성숙해 감에 따라 과제 관련 행동에서
자기 주도적 조사나 프로젝트 활동을 하는 것은 인지적 놀이의 형태로 보일 수도
있다.

유아교사는 놀이 요소와 비놀이 요소를 연속선상에서 고려해 봐야 한다. 과제
관련 행동은 놀이의 특성인 비실제성, 내적 동기화, 과정지향성, 자유 선택성, 긍
정적 감정 등이 결핍된 정도에 따라 놀이보다는 비놀이 측면에 가깝게 놓일 것이
다. 유아는 놀이를 한다는 느낌과 놀이를 하지 않는다는 느낌을 동시에 경험할 수
있다.

3. 놀이의 가치

놀이는 유아의 생활이다(Rogers & Sawyer, 1998). 좋은 놀이는 창의적이고 적극적인 사회 활동을 촉진시켜 주지만, 나쁜 놀이는 제한적이고 상상력이 풍부하지 못하며 영감을 불어넣어 주지 못한다(Frost, 1987).

Elkind(2003)는 최근 유아 놀이를 성인의 관점과 유아의 관점으로 구별하였다. 성인의 관점은 성인이 중심이며 학업에 대한 준비, 공유와 협동 방법에 대한 학습, 충동통제와 감정조절 방법에 대한 학습을 돕는 놀이의 유용성을 강조하기 때문에 다소 제한적이다. 유아 놀이의 가치를 생각하는 성인이라면 유아의 입장에서 유아가 놀이하고 있을 때 그 경험이 어떠한지 상상하며 이해하려고 노력해야 한다. 진정한 놀이가 되려면 유아의 놀이가 활동 자체의 기쁨이라야 한다. 놀이를 할 때 유아는 자신에 대한 성인의 평가나 외적 목적을 성취하고자 하는 데 관심이 없으며 그러한 것이 중요하지 않은 상태에 있어야 한다. 유아의 관점에서 본다면, 놀이하는 동안 유아는 긴장을 완화하거나 새로운 기술 또는 가치를 학습할 수도 있다.

유아에게 좋은 놀이의 경험을 제공하기 위하여 성인은 놀이의 특성과 기능을 중심으로 놀이의 가치를 파악하는 것은 중요하다.

1) 놀이의 특성

놀이의 특성을 규정할 때는 놀이자의 관점, 즉 유아의 관점에서 파악하는 것이 가장 중요하다. Hirsh-Pasek과 Golinkoff(2008)는 놀이의 특성을 즐겁게 즐길 수 있는 것, 외부적 목표가 없는 것, 자발성, 능동적 참여, 몰입, 개인적 현실을 반영하는 것, 비사실적, 가장 요소를 포함할 수 있는 것으로 제시하였다.

일반적으로 놀이 연구자들은 놀이를 비실제성, 내적 동기화, 과정지향성, 자유선택성, 긍정적 감정과 같은 행동적 · 동기적 요인으로 특정짓는다(Garvey, 1990; Jenvey & Jenvey, 2002; Pellegrini, 2009). 놀이의 특성 중 '외부에서 부여된 규칙으로부터의 자유'와 '능동적 참여'도 놀이의 교육적 활용을 위한 특성에 포함될 수 있다. 그러나 이런 특성은 규칙이 있는 게임과 수용놀이(유아가 정신적으로 놀이를

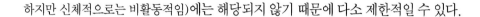

하지만 신체적으로는 비활동적임)에는 해당되지 않기 때문에 다소 제한적일 수 있다.

(1) 비실제성

놀이 상황과 사건은 일상 경험으로부터 놀이를 분리시키는 놀이 틀(상황)에 의해 규정지을 수 있다. 즉, 놀이에 가작화(as-if) 요소가 있어서 '실제 자기 혹은 실제 사물이 아닌 것처럼' 하게 된다. 놀이 틀 안에서 내적 실제는 외적 실제를 초월하게 된다. 대상의 일반적 의미는 무시되고 새로운 의미로 대체되며(예: 빗자루를 다리 사이에 끼우고 말 타는 시늉을 하는 것), 유아의 행동은 비놀이 상황과는 다르게 수행된다. 실제에 대한 가상성은 유아가 지금-여기(here and now)의 현실적 구속에서 벗어나 새로운 가능성을 경험하게 해 준다. 비실제성(nonliterality)은 놀이의 모든 형태, 즉 사회극놀이, 조작놀이, 블록놀이, 게임놀이에 적용된다.

(2) 내적 동기화

내적 동기화(intrinsic motivation)란 경쟁, 보상과 같은 외적 요인과는 관계없이 흥미, 욕구, 호기심 등의 내적 요인에 의해 놀이 활동이 이루어진다는 것이다. 내적으로 동기화된 자기 자신을 위한 놀이는 활동 자체가 보상으로 작용한다. 따라서 유아는 자발적으로 놀이 활동에 몰입하고 그것이 가져다주는 성취감을 즐긴다. 한마디로 유아는 놀고 싶은 마음이 생겨서 놀이를 한다.

(3) 과정지향성

놀이에 참여하는 유아의 관심사는 그 활동의 목표나 결과보다는 놀이 활동 자체에 있다. 즉, 놀이에서 과정이 목표보다 더 중요시되고, 무엇인가를 달성해야 한다는 목표에 대한 부담이 없다. 그래서 유아는 다양한 활동을 자유롭게 시도하게 된다. 과정지향성(orientation)은 목표 지향적 행동보다 융통적이고 가변적인 경향성이 있어서 자유로운 목표나 행동 변화의 경험을 풍부하게 하여 창의성과 놀이성(playfulness)을 제공하는 요인이 된다.

(4) 자유 선택성

유아가 놀이를 판단하는 중요한 기준은 자유 선택이다. King(1979)은 유아가 어떤 놀이를 자유롭게 선택하였다면 그것을 놀이라고 보는 반면, 같은 활동일지라도 교사에 의해 지시받는다면 일이라고 인식한다는 점을 발견하였다. 놀이의 자유 선택성(free choice)은 유아의 자아존중감과 주도성을 발전시키는 중요한 기능을 하게 된다.

(5) 긍정적 감정

유아가 성장함에 따라 놀이와 일을 구분 짓는 핵심적 요인은 자유 선택보다 즐거움이다(King, 1982). 놀이는 긍정적 감정(positive affect)의 웃음이 동반된 즐겁고 유쾌한 활동이다. 그러나 유아는 그렇지 않을 때조차도 여전히 놀이 활동을 가치 있게 여긴다(Garvey, 1977). 가파른 미끄럼을 내려가려고 준비할 때는 약간의 걱정과 두려움이 동반된다. 그러나 유아가 반복해서 미끄럼을 타는 것을 보면 이러한 두려운 상황도 매우 즐거운 특성을 지니게 하는 것 같다. 즉, 유아는 두려움을 느낄지라도 스스로 하고 있는 활동을 즐긴다는 것이다.

🐦 놀이의 징표

Smith와 Vollstedt(1985)는 놀이 행동을 관찰하려는 사람들에게 놀이의 징표를 판단하게 하기 위한 연구를 수행하였다. 연구에서는 성인 관찰자에게 유아의 행동을 담은 비디오를 보여 주고 놀이가 일어날 때 개별적으로 평정하도록 하였다.

놀이 행동의 징표는 긍정적 감정, 비실제성, 내적 동기, 융통성, 과정지향 등이었다. 한 집단에게는 유아의 행동 중 하나만을 표시하게 하고(예: 융통성), 다른 집단에게는 유아의 행동을 하나 이상의 준거를 사용하여 표시하게 하였다(예: 융통성과 비실제성).

그 결과, 놀이 행동으로 분류하는 데 가장 신뢰할 만한 징표는 비실제성으로 나타났다. 비실제성 준거가 긍정적 정서 혹은 융통성과 함께 사용된 경우에는 관찰자들이 유아 놀이로 보이는 행동에 거의 대부분 일치하였다. 내적 동기는 맨 마지막 징표였다. 유아가 수행한 행동들은 내적으로 동기화된 것이지만 분명히 놀이는 아니었다.

이러한 연구 결과로 볼 때, 비실제성은 놀이를 판단하는 데 있어 가장 중요한 징표다. 유아가 놀이할 때 내적 현실은 외적 현실에 선행하며, 사물과 행위는 놀이와 관련된 새로운 의미를 갖게 된다.

2) 놀이의 기능

놀이에 몰입하여 현실보다는 상상의 세계에 있는 것처럼 행동하는 유아를 보면 놀이는 현실의 요구와 사회적 기대에 부응하기 위한 즐거운 상상 활동이다 (Sayeed & Guerin, 2000). 놀이는 상상적이고 창의적인 문제 해결력, 정체성과 자기표현, 사람들 간의 사회적 소속감과 유대 등을 형성하여 유아가 자유롭게 현실을 초월하면서 동시에 현실에 적응하면서 성장하게 하는 여러 가지 기능을 한다 (Brown & Kennard, 2000). Ginsburg(2007)는 놀이란 "유아가 숙달할 수 있는 세상, 성인의 역할을 연습하는 동안 자신의 두려움을 정복하고 숙달할 수 있는 세상을 만들어 내는 것"이라고 하였다. 놀이과정을 통하여 유아는 집단과의 활동, 공유, 협상, 갈등 해결을 할 수 있도록 도와주는 새로운 역량(competencies)을 발달시키게 된다. 놀이의 기능을 제시하면 다음과 같다.

(1) 놀이는 유아의 수준과 속도에 맞춰 자신과 주변 세계를 이해하고 적응하는 기회를 제공한다

놀이는 유아 주도적 활동이기 때문에 주변 세계에 대한 이해와 적응을 유아 자신의 속도에 맞추어 편안하고 즐겁게 하도록 한다. 또한 유아가 자신이 속한 사회적 문화를 자연스럽게 수용하도록 하며, 유아기의 놀이 경험이 학령기가 되면서는 좀 더 즐거운 학습중심이 되도록 기본 틀을 구성하는 기초를 제공한다.

(2) 놀이는 유아에게 상상적이고 창의적인 문제 해결력의 기회를 제공한다

놀이는 유아기의 특성으로 발명을 위한 자극을 제공하며 주변 사물과 사건에 대한 개념발달, 문제 해결력, 가장놀이를 통한 확산적 사고가 이루어질 수 있는 다양한 경험을 만들어 준다. 놀이는 주변 사회적 평가에 대한 부담을 주지 않기 때문에 상상적이고 창의적인 문제 해결력을 자유롭게 경험할 수 있다.

(3) 놀이는 유아에게 개별성과 정체성을 표현하는 기회를 제공한다

유아는 놀이를 하는 동안 자신이 누구인지 표현할 수 있는 자유롭고 다양한 기회를 갖게 되어 자신의 독특한 성향, 선호도, 개성을 표현하게 되고, 자신만의 독특한 방식으로 놀이 욕구과 특별한 놀이 흥미를 충족시킬 수 있다.

(4) 놀이는 유아에게 다양한 학습 경험을 제공한다

놀이는 탐색적 학습으로 불리기도 한다. 유아가 놀이에 완전히 몰입된 것을 보면 새로운 사물을 탐색하고 새로운 수준의 능력을 발달시켜 가는 것을 볼 수 있다. 놀이하는 동안 유아가 즐겁게 새로운 도전을 맞이하고 새로운 것에 숙달해지면서 학습은 자동적으로 일어난다. 놀이의 경험은 유아가 만족함을 발견하고 새로운 신체적 · 사회적 수준을 성취하는 결과를 제공한다. 새로운 수준은 놀이자가 스스로 만들기도 하고 타인에 의하여 제시된 모델로부터 받아들이기도 한다. 놀이하면서 새로운 기술을 숙달할 기회가 없으면, 대부분의 유아는 놀이 활동을 계속하고자 하는 동기가 유발되지 않는다. 유아가 놀이하면서 동기 유발이 되면 놀이 자체의 순수한 즐거움과 만족을 주는 행동을 자발적으로 반복하게 되어 선정된 목표에 맞는 학습적 경험이 제공될 수 있다.

(5) 놀이는 유아에게 다른 사람들과 사회에 대해 소속감과 유대감을 형성할 수 있는 기회를 제공한다

놀이는 유아가 다양한 친구와 사람들, 사회 안에서 연령, 인종, 계층, 성, 장애와 같은 다양한 측면에서 사회적 존재로서 공존하며 소속감과 유대감을 형성할 수 있는 유용한 기회를 만들어 준다. 유아는 교육기관이나 지역사회에서 제공하는 다양한 놀이, 견학, 체험 활동, 행사, 축제 등에 참여하여 놀이하면서 사회성을 향상시키고 지역사회에 대한 공동체감을 형성할 수 있는 자연스러운 기회를 갖게 된다.

이상에서 살펴본 것처럼 놀이에 대한 개념은 다양하지만, 놀이의 특성과 기능을 고려해 볼 때 유아의 발달에서 놀이는 매우 중요한 가치를 지니고 있다. 놀이는 유아의 뇌발달을 포함한 신체 활동과 건강 유지, 또래 간 사회적 관계 형성을 위하여 중요할 뿐만 아니라, 현대 들어 만연되어 가는 상업적 놀이와 학습적 놀이의 위험성을 인식하여 각 문화권마다 전통적인 놀이를 보존하고 유아의 자발적이고 창의적 · 상상적인 놀이를 존중하는 교육과정을 계획하는 데 중요한 요소다.

놀이의 이론

인간의 생애발달에 있어서 유아기의 중요성을 강조하는
많은 학자는 유아기 놀이의 중요성을 강조하기 위한 노력을 해 왔으며, 이를 증명
하기 위해 많은 연구를 해 오고 있다(Pellegrini, 2009). 교육사상가들이 놀이의 특
성과 중요성을 철학적으로 설명하였다면, 심리발달이론이 나타나면서부터는 유
아기의 발달적 특성에 기초한 놀이 행동뿐만 아니라 놀이 유형의 수준을 발달적
으로 설명하는 다양한 이론이 제시되고 있다.

이 장에서는 놀이에 대한 관점이 어떻게 변화해 왔는지를 간단히 살펴본 후 다
양한 관점에서 제시하는 놀이의 이론을 살펴보고자 한다.

1. 놀이에 대한 관점의 변화

놀이의 중요성은 고대 철학자인 Platon 이후 많은 교육사상가에 의하여 강조되
었다. Platon의 『공화국(Republic)』에는 "강요되어 이루어지는 학습은 유아들의
마음속에 오래 기억되지 않기 때문에, 유아기 학습은 놀이의 경험을 통해 이루어
져야 한다."라고 기술되어 있다. 그리스어에서 놀이와 교육은 악센트 위치만 다
를 뿐(즉, 교육은 pie-de -ah로 두 번째 음절에 악센트가, 놀이는 pie-dee- h로 마지막
음절에 악센트가 있음) 모두 유아(pais: pie- es)라는 단어에서 유래한 것이다
(Johnson, Christie, & Wardle, 2005). 단어의 유래로 볼 때, 고대사회에서부터 놀
이와 교육은 유아와 관련되어 생각되어 왔다고 볼 수 있다. Platon의 놀이에 대한
생각은 이후 Rosseau와 Fr bel로 이어지면서 놀이의 중요성에 대한 강조는 계속
되었다. 그러나 17~18세기에 들어서는 구원을 얻기 위해서는 신앙뿐만 아니라
일과 도덕성이 중요하다는 청교도 관점의 영향으로 놀이가 일의 반대 개념으로
인식되었다. 심지어 놀이는 오락에 불과하며 인간의 본성을 게으르고 타락하게
만들기 때문에 유아가 학업과 집안일 등에 관심을 갖도록 하기 위해서는 놀이를
멀리하게 해야 한다는 인식에서 '놀이 금지법'을 만들기도 하였다.

19세기 들어 Fr bel과 Montessori는 유아의 삶과 교육에 있어 놀이의 중요성
과 구체적인 활용방법을 강조한 대표적인 사상가다. Fr bel은 "놀이는 유아기의

가장 순수한 정신적 산물이면서 동시에 유아의 내적인 힘을 발휘하는 과정으로서 기쁨, 자유와 만족, 자기 내외의 편안함과 세계와의 화합을 만들어 내는 과정이다."(Weber, 1984)라고 놀이의 중요성을 강조하였다. 또한 Fröbel은 신에게 부여받은 타고난 창조성이 놀이를 통해 가장 잘 표현된다고 보고, '은물(gifts)'이라는 교구를 고안하여 유치원 교육과정에서 놀이의 중요성을 부각시켰다(Shapiro, 1983). Montessori도 유아의 정상적 발달과 교육을 위한 감각교구를 비롯해 다양한 교구를 개발·적용함으로써 현대 유아교육에 많은 영향을 미쳤다.

  19세기 말과 20세기 초의 학자들은 인간이 놀이를 하려는 동기와 놀이의 본질에 대한 이론을 제시하였다. 대표적으로 Shiller와 Spencer는 놀이가 잉여 에너지를 소모하는 행동이라는 잉여에너지 이론을 제시하였고, 대조적으로 Patrick은 놀이가 인간의 손실된 에너지를 재생시키는 이상적인 방법이라는 휴식이론을 설명하였다. 또한 Groos는 놀이가 미래에 필요한 본능을 강화시켜 주는 역할을 한다는 연습이론을 주장하였고, Gulick과 Hall은 진화론에 근거하여 유아의 놀이에는 인류의 역사가 재현된다는 반복이론을 제시하였다.

  놀이에 대한 체계적이고 과학적인 연구가 본격화된 것은 1920~1930년대에 아동연구의 발달, 진보주의 교육운동, 유아원 설치운동 등이 활발하게 진행되면서부터다. 1903년 Binet가 최초로 지능척도를 개발한 이후 발달의 모든 영역에서 측정검사운동이 활발하게 일어났고, Freud의 정신분석이론은 놀이치료의 임상연구의 틀을 만들었으며, Piaget의 인지이론은 놀이와 인지발달의 관계를 분석하였다. 또한 진보주의 교육운동이 전개되면서 유아는 학습의 주체이며 교육은 경험의 재구성 과정이라는 인식이 높아져 놀이에 대한 교육적 관심과 연구가 현재에 이르기까지 활성화되었다.

  한편 1950년대 말과 1960년대에 미국은 진보주의 교육에 의해 유아의 놀이가 중시되었으나, 구소련의 스푸트니크(Sputnik) 발사를 계기로 놀이보다는 인지적 기술을 지나치게 강조하는 경향을 갖게 되었다. 또한 1965년 고안된 저소득층 유아를 위한 보상교육인 헤드스타트(Head Start) 프로젝트 추진과 학업성취 평가 등 국가 수준의 규준지향검사가 도입되면서 유아교육기관에서 놀이의 가치가 무시되고 인지 습득에 초점을 둔 교육 분위기가 만들어졌다(Miller & Almon, 2009; Zigler & Bishop-Josef, 2006).

  1970년대 들어 현대사회의 철학적 관심에 따라 유아의 놀이에 대한 개념에도 새로운 인식이 생겨나면서, 유아의 발달과 놀이에 대한 현대주의 관점(moder-nism)과 후기 현대주의 관점(post-modernism)의 개념이 소개되었다. 놀이에 대한 현대주의자의 관점 중 가장 많은 논쟁이 되고 있는 것은 유아의 놀이는 보편적이라는 것이다(Pellegrini, 2009). 현대에는 유아발달과 심리학 분야에서 Piaget, Erikson, Kohlberg 등 발달심리학자들의 이론이 보편화되고 발달에 적합한 실제와 같은 철학과 실제를 보편적으로 수용한다. 현대주의자들은 모든 유아는 미리 정해진 프로그램이나 구조를 가지고 태어나며 환경과의 상호작용을 통해 그것을 펼쳐 간다고 생각한다. Piaget와 Erikson의 발달단계, Chomsky의 언어획득 기제는 유아가 부모로부터 받은 내재적인 보편적 구조의 예다. 현대주의자들은 사고, 신체적 발달과 함께 심지어 놀이도 단순하고 원초적인 것에서 좀 더 복잡하고 성숙한 것으로 발달해 간다고 생각하며 Parten의 사회적 놀이단계, Piaget의 인지적 놀이단계, Smilansky의 사회인지적 놀이단계, 블록놀이의 발달단계 등을 설명하고 있다. 이러한 현대적 관점에서는 만약 유아의 연령이 같다면 브라질 상파울로 거리에서 공차기를 즐기며 노는 유아, 과테말라 고산지대의 오염된 물에서 빨래를 하는 유아, 화려한 플라스틱 실외놀이터에서 놀고 있는 미국 대도시의 유아, 컴퓨터 게임을 즐기며 노는 한국의 유아가 모두 같은 방식으로 놀이를 해야 할 것이다.

1980~1990년대에 들어 보편적 진리에 대한 현대주의 관점에 대한 반발로 후기 현대주의자들은 해석이론, 비판이론, 여성주의이론 등을 포함한 많은 이론에서 진리는 상대적이고 주관적이라는 관점을 제기하였다. 현대주의 관점 중 비판이론은 교육에 많은 영향을 끼쳤다. 비판이론가들은 유아교육 분야에서 유아를 어떻게 교육하고 양육해야 하는지에 대한 기본적 지식, 이론과 연구의 토대, 발달에 적합한 실제와 같은 개념, 유아 대 교사 및 부모 간 힘(권력)의 관계 등에 대한 그동안의 믿음에 이의를 제기하면서 특히 다양성과 다문화주의에 대한 새로운 시각을 제시하였다. 이러한 관점은 유아의 놀이에 대한 인식에도 영향을 주었다. 즉, 개인이 속한 문화권에서 놀이의 가치가 인정된다면 유아교육과정에서 놀이의 가치를 중시하겠지만, 개인이 속한 집단 및 문화권에서 놀이를 하찮은 것, 생존을 위해 필요하지 않은 것으로 여긴다면 유아교육과정에서 놀이에 가치를 두지 않을 것이다.

2. 놀이의 이론

놀이를 보는 개념적 시각으로서 놀이가 무엇인지, 그리고 놀이를 유발하는 것은 무엇인지를 예측하는 이론적 틀을 제공해 주는 것이 놀이이론이다(Beyer & Bloch, 1996). 또한 이러한 놀이이론은 놀이가 유아의 발달에 어떤 가치가 있고 어떤 기능을 하는지를 설명하며, 나아가 유아의 발달과 행동을 이해하게 하는 종합적인 이론적 근거를 제공해 준다.

여기서는 놀이이론을 다음의 세 범주로 나누어 제시한다.

- 고전적 관점: 19세기 후반과 20세기 초에 형성된 놀이 관점
- 현대적 관점: 1920년대 이후 과학적 방법론과 객관성에 가치를 두고 발전한 관점
- 최근의 현대적 접근: 최근의 다양한 사회적 특성을 반영하면서 놀이의 관점에 영향을 미치기 시작한 관점

1) 고전적 관점

고전적 관점은 19세기 말과 20세기 초에 시작된 것으로서 철학적 사고와 추론에 의존한 이론으로 특징지을 수 있다(Beyer & Bloch, 1996). 고전적 관점은 놀이의 생물학적 유전 요인을 강조하면서 최적의 신체적 발달과 인간 종의 진화를 반영하는 본능적 기제로서 놀이를 설명한다.

고전적 관점의 주된 목적은 놀이가 존재하는 이유, 놀이의 목적이 무엇인지를 설명하는 데 있으며, 고전적 관점에 포함되는 네 가지 주요 관점은 놀이의 주요 목적에 따라 구분될 수 있다. 잉여에너지 이론과 휴식이론은 놀이를 에너지 조절의 수단으로, 그리고 반복이론과 연습이론은 놀이를 본능과 진화 이론의 관점에서 보고 있다.

(1) 잉여에너지 이론

잉여에너지 이론은 18세기 독일의 시인인 Fredrich Schiller와 영국의 철학자

인 Herbert Spencer로 거슬러 올라갈 수 있다. 이 이론에서는 모든 유기체는 자신의 생존 욕구를 충족시키는 데 필요한 에너지 이상을 생산하고, 욕구를 충족시키고 남은 에너지는 잉여 에너지가 되며, 이러한 잉여 에너지는 반드시 소비되어야 한다고 본다. 따라서 놀이는 이러한 잉여 에너지를 제거할 수 있도록 하는 중요한 역할을 한다는 것이다.

잉여에너지 이론은 유아가 왜 성인보다 더 많은 놀이를 하는지(성인은 유아의 생존적 욕구를 돌보는 데 자신의 에너지를 사용하기 때문에 성인에 비해 유아에게는 잉여에너지가 더 많이 있다), 왜 고등 동물이 하등 동물보다 더 많이 놀이를 하는지(고등 동물은 효율적으로 자신의 생존적 욕구를 충족시키기 때문에 결과적으로 놀이를 하기 위한 에너지가 하등 동물보다 더 많이 남는다)를 잘 설명해 준다(Schiller, 1975). 그러나 이 이론은 인간의 에너지가 축적되고 사라지는 유동적 속성이 있다는 것을 과학적으로 증명할 수 없다는 점과 경우에 따라서는 지친 상황에서도 유아가 계속 놀이하는 이유를 과학적으로 설명할 수 없다는 한계가 있다(Pellegrini, 2009).

(2) 휴식이론

휴식이론은 Moritz Lazarus가 제시한 이론으로 일에서 소비된 에너지를 충전하는 것이 놀이의 목적이라고 가정한다. 휴식이론은 일을 하면 에너지가 소비되고 부족해지는데, 이렇게 일에서 소비된 에너지는 일과는 전혀 다른 활동에 몰두함으로써 재생될 수 있다고 본다. 따라서 놀이는 일에서 소비된 에너지를 복원하는 가장 이상적인 방법이 된다는 것이다.

휴식이론은 인간이 한 활동에 피로감을 느끼면 다른 활동으로 전환하여야 하며, 정신 작업 후에 육체적 활동을 하고자 하거나 정적인 활동 후에 활동적 놀이로 전환하려는 요구로 유아교육에서 많이 적용되고 있다. 그러나 휴식이론은 성인이 유아보다 더 많은 일을 하고 에너지 손실이 더 많기 때문에 더 많은 놀이를 해야 한다는 잘못된 가설을 만들게 한다는 한계가 있다.

(3) 반복이론

반복이론은 19세기 말 Charles Darwin의 '개체 발생은 계통 발생을 반복하거나 재연한다.'는 이론에 근거를 두고 출발하였다. 미국의 심리학자 G. Stanley Hall(1844~1924)은 놀이를 통하여 유아는 인간의 발달단계(즉, 동물, 야만인, 부족인 등)를 재연한다는 가정하에 반복이론을 유아의 놀이로 확장하였다. 즉, Hall은 유아의 놀이단계는 인간의 진화과정에서 일어나는 것과 같은 순서를 따른다고 생각하였다(Hall, 1883). 그리고 놀이의 목적은 현대 삶에서 더 이상 필요하지 않은 유아의 원시적 본능을 제거하는 것이라고 보았다. 예를 들어, 유아는 또래 집단놀이(부족인)에 참여하기 전에 나무 기어오르기(원시 조상)를 하게 되어 있으며, 유아가 야구와 같은 운동을 하는 것은 방망이로 치는 것과 같은 고대 사냥의 본능을 놀이하면서 제거해 가는 것이라고 보았다.

Hall의 놀이이론은 놀이에 대한 이론적 틀을 세우는 데 중요한 역할을 하였으나 유아의 놀이가 무엇인지에 대한 포괄적인 이해에서는 모순을 지니고 있다. 유아의 놀이는 매우 다양하며 순서적이거나 직선적으로만 발달하지 않는다는 점과 유아들이 왜 현대 기술을 반영하는 자동차나 우주선 같은 장난감을 가지고 노는 것을 좋아하는지를 설명하기에는 적절하지 않다는 점이다.

(4) 연습이론

Darwin 이론의 보다 정확한 해석으로, 철학자인 Karl Groos(1861~1946)는 『동물의 놀이(The play of animals)』와 『인간의 놀이(The play of man)』라는 두 권의 저서를 통해 인간의 적응기제로서의 놀이의 역할을 제안하였다(Pellegrini, 2009). Groos는 놀이가 과거로부터의 본능을 제거하기보다는 미래에 필요한 본능을 강화시켜 주는 역할을 한다는 이론을 제안하였다. 신생아나 갓 태어난 다른 동물들은 생존에 필수적인 불완전한 본능과 부분적으로 형성된 본능을 전수받게 되는데, 놀이는 어린 생명체가 생명 유지에 필요한 기술을 연습하고 완벽하게 익히는 안전한 방법을 제공하는 역할을 한다고 보았다. 따라서 놀이의 목적은 과거로부터의 본능을 제거하기보다는 미래를 위해 필요한 본능을 강화시켜 주는 역할을 하며 성인생활에 필요한 기술을 발달시키는 것이다. 생존을 위해 필요한 기술을 연습한다는 의미의 가장 좋은 예는 어린 사자와 같은 동물들에서 흔히 볼 수 있는 싸움놀이라고 하겠다. 연습놀이는 놀이의 가치를 설명하는 데 있어서 중요한 근거를 제공한다(Bruner, 1972). 그러나 이러한 가치를 갖고 있는 이면에 연습이론 또한 과학적으로 증명하기 어려운 놀이 행동들이 있다는 한계점을 가지고 있다.

2) 현대적 관점

현대적 관점은 과학적 방법과 실증주의가 지배했던 시대에 등장한 이론으로서 (Beyer & Bloch, 1996), 놀이이론이란 어떤 현상을 설명하고 예언할 수 있어야 하며 놀이 행동의 원인을 이해하는 데 도움이 되어야 한다고 본다. 따라서 현대적 관점에서는 유아발달의 여러 측면에서 놀이의 역할을 설명하고, 놀이가 일어나기 전에 반드시 존재해야 하는 상황들을 구체화하여 과학적 방법으로 설명하려고 하였다.

현대적 관점에 포함될 수 있는 이론들을 발달적 측면(초점을 두고 있는)을 근거로 분류하여 제시하면 다음과 같다.

(1) 심리역동적 접근

20세기 초 놀이에 대한 교육적 사고를 지배한 심리역동이론적 접근은 유아의 정서발달에서 놀이의 역할을 설명하려고 시도하였다. 심리역동적 접근의 창시자인 Sigmund Freud(1961)는 놀이를 통해 유아는 무의식적인 동기와 본능적 충동을 배출하기 때문에 유아의 발달에 있어서 놀이의 영향은 매우 크다고 하였다 (Lillemyr, 2009).

놀이의 정화기능은 역할전환과 반복이라는 두 기제를 통하여 완성된다.

- **역할전환**: 놀이는 유아가 현실을 잠시 보류하고 현실에서의 나쁜 경험을 수동적으로 받던 입장에서 그 경험을 제공하는 능동적인 사람으로 역할을 전환할 수 있도록 한다. 유아는 이러한 경험 속에서 부정적인 감정을 대체물이나 사람에게 전이할 수 있게 된다.
- **반복**: 놀이에서 유아는 현실에서의 나쁜 경험이나 감정을 여러 번 반복해서 다루게 되는데, 이 방법으로 유아는 부정적 감정을 천천히 받아들일 수 있게 된다.

Brown, Curry와 Tinnich(1971)는 놀이의 이러한 정화기능의 예를 제시하였다. 유아원에 다니는 유아들이 하루는 놀이터에서 어떤 인부가 약 6미터 높이에서 떨어져 심각한 부상을 당하는 것을 보았다. 많은 유아가 그 사건으로 인해 심각한 불안을 겪게 되었다. 유아들은 그러한 부정적 경험을 하고 난 후부터 그 사건과 관련된 주제의 극놀이를 자주 하였고, 몇 주가 지나면서는 그러한 주제의 놀이를 하지 않게 되면서 유아들의 불안이 점차 제거되었다.

Erikson(1950)은 정상적인 인성발달에 미치는 놀이의 역할에 대해 연구함으로써 놀이에 대한 심리역동이론을 확대시켰다. Erikson에 의하면 놀이는 유아의 심리사회적 발달을 반영하는 단계를 거쳐 발달해 가며, 놀이를 통해 유아는 현실의 요구를 충족하도록 돕는 모형 상황을 만들어 낸다. Erikson은 유아의 놀이세계 혹은 놀이 경험의 수준에 따라 성숙되는 놀이 발달단계를 설명하였다(Lillemyr, 2009).

첫째, 자기 세계의 놀이는 생애 첫 일 년 동안 나타나는 놀이 형태로서 자기 신체에 집중된 탐색적·반사적 놀이가 주로 나타난다. 둘째, 미시영역 놀이는 2, 3세경에 나타나는 놀이로서 유아의 놀이는 놀잇감이나 사물을 조작하는 놀이로 확장된다. 셋째, 거시영역 놀이는 3, 4세경부터 나타나는 놀이로서 유아는 놀이친구를 갖게 되고 놀이친구와 놀이를 시작하게 되면서 다양한 사회적 기술이 발달한다.

(2) 인지적 접근

1960년대 후반의 놀이이론과 연구에서는 Piaget, Vygotsky, Bruner 등의 영향으로 사회-정서적 적응에 대한 놀이의 역할이 사고발달로 옮겨지는 변화가 일어났다.

① Piaget

스위스의 심리학자 Jean Piaget(1895~1980)는 지적인 적응과 성장이란 동화와 조절 사이의 평형 혹은 균형이라고 하였다(Pellegrini, 2009). Piaget의 이론에 따르면 유아는 다른 사람, 사물, 교재·교구와의 상호작용 과정에서 자신의 이전 경험과 지식에 근거하여 새로운 지식과 경험에 대한 나름의 지식을 구성해 간다(Lillemyr, 2009). 유아는 이미 알고 있는 것을 실제 생활에 적용하여 활용하는데, 이러한 유아의 능력이 잘 반영되는 장면이 놀이다. 따라서 Piaget는 유아의 놀이를 관찰하면 유아의 발달 수준을 파악하고 통찰할 수 있다고 하였다.

Piaget 이론에 따르면 유아의 사고과정은 성인이 되기까지 일련의 발달단계를 거치게 되는데, 유아는 현재 자신의 인지발달 수준에 맞는 형태의 놀이에 몰두하게 된다. Piaget(1962)는 놀이는 동화가 조절보다 우세한 지적 불균형의 상태라고

〈표 2-1〉 유아의 인지발달 단계와 놀이

대략적인 연령	인지단계	지배적 놀이 형태
출생~2세	감각운동 단계	연습놀이(반복적 신체동작)와 단순한 가작화 활동
2~7세	전조작 단계	상징놀이 구성놀이
7~11세	구체적 조작 단계	규칙이 있는 게임

출처: Piaget (1962).

보았다. 특히 상징놀이 또는 가장놀이에서 유아는 실제 사물의 속성을 무시하고 놀이 목적에 맞는 다른 사물을 표상하기 위한 행동들(예: 비어 있는 커피잔을 들고 커피가 가득 들어 있다고 가장하면서 커피 마시기)을 하는데, 이러한 경우가 가장 일반적인 지적 불균형의 예라고 할 수 있다(Pellegrini, 2009).

Piaget(1963)는 놀이가 본질적 특성상 새로운 학습에 기여할 수 없다고 보았다. 학습과 발달이 일어나기 위해서는 반드시 적응이 먼저 일어나야 하는데, 적응이란 '동화'(유아가 새로운 정보를 이미 존재하고 있는 인지구조에 통합하는 과정)와 '조절'(물리적 세계의 현실을 맞추기 위하여 이미 존재하고 있는 유아 자신의 인지구조를 수정하는 과정)이라는 두 가지 보완적인 과정 간의 균형이 요구되는 상태다(Lillemyr, 2009). 그러나 놀이는 조절보다 동화가 우세한 지적 불균형의 상태다. 따라서 Piaget(1962)는 이러한 놀이의 불균형 특성 때문에 놀이가 진정한 학습을 일으키지 않는다고 주장하였다. 그러나 Piaget는 놀이가 유아가 새로 획득한 개념이나 기술을 연습하고 공고화하게 하는 중요한 역할을 한다고 보았다. 새로 획득된 많은 기술이나 개념은 조절보다 동화가 우세한 놀이를 통하여 반복되거나 다른 기술 또는 개념과 통합되지 않으면 쉽게 잊혀진다. 그러므로 유아에게는 놀이의 이러한 연습과 공고화 기능은 매우 중요하다고 할 수 있다. 즉, 놀이는 새로운 학습에는 직접적 영향을 미치지 않지만, 유아의 발달에 있어서는 분명 중추적 역할을 한다고 볼 수 있다.

② Vygotsky
유아의 인지발달에 영향을 미치는 주요 변인이 사회문화적 상호작용임을 강조한 Lev Vygotsky(1896~1934)는 유아의 사회문화적 상호작용을 원활하고 풍부하

게 하도록 하는 것이 놀이이며, 따라서 놀이는 유아의 인지발달에 직접적인 역할을 담당한다고 보았다.

Vygotsky(1976)는 인지발달에 미치는 놀이의 역할에 대하여 다음과 같이 설명하고 있다.

첫째, Vygotsky는 유아가 경험하는 상징놀이는 유아로 하여금 사물과는 독립적으로 의미를 생각할 수 있도록 하며 이러한 경험은 추상적 사고에 있어서 핵심적 역할을 한다고 보았다. 예를 들어, 매우 어린 유아는 의미와 사물이 하나로 혼합되어 있기 때문에 추상적 사고가 불가능하다. 따라서 실제 말(horse)을 보지 않고는 말에 대하여 생각할 수 없다. 그러나 유아가 상징놀이를 시작하게 되면 실제 사물을 대신하여 막대기를 사용할 수 있게 되는데, 이러한 경험이 사물로부터 의미를 분리하기 시작하는 첫걸음이 되는 것이다. 그 결과, 유아는 자신이 나타내는 사물과는 독립적으로 의미를 생각할 수 있게 된다.

둘째, Vygotsky는 놀이가 유아에게 사회적 지지를 받는 학습 맥락을 제공할 수 있다고 보았다. 유아는 근접발달영역 내에서 유능한 또래나 성인에 의해 일시적인 지원이나 비계설정이 제공된다면 혼자서는 할 수 없었던 활동에 참여할 수 있게 된다. 이러한 과정은 유아의 지식이나 기술을 보다 높은 수준으로 끌어올리는 역할을 한다. 놀이는 이러한 형태의 비계설정이 일어날 수 있는 자연스러운 학습 맥락을 제공한다는 것이다.

셋째, Vygotsky는 놀이가 학습을 촉진하는 자조적 도구(self-help tool)가 된다고 보았다. 놀이는 자기 조력적인 도구라는 것으로, 유아는 놀이에 참여하면서 종종 발달적으로 자기 자신을 앞서가는 것처럼 보이며, 놀이는 더 높은 수준의 기능을 획득하도록 근접발달영역에서 비계를 제공하여 추후 발달을 증진시키기도 한다. 또한 유아는 놀이를 통해서 자신의 비계를 스스로 설정하는데, 자기조절, 언어 사용, 기억력, 타인과의 협동 영역에서 자기 자신을 확장시키는 것이라고 할 수 있다. 따라서 놀이는 고등 수준의 기능을 획득하도록 돕고, 유아의 근접발달영역 내에서 비계설정을 제공함으로써 발달을 촉진한다고 볼 수 있다.

③ Bruner

Jerome Bruner(1972)의 놀이에 대한 이론을 보면 초기 이론은 놀이가 유아기 이후의 삶에서 중요한 문제해결 능력에 어떻게 기여하는가에 초점이 맞추어져 있었다. Bruner는 놀이에서는 방법이 목적보다 더 중요하다고 지적하면서, 놀이를 할 때 유아는 목표성취에 대한 걱정이 없기 때문에 다양한 행동을 새롭게 조합하는 실험을 자유롭게 할 수 있다고 보았다. 놀이는 유아의 선택행동의 범위를 넓힘으로써 문제 해결에서의 융통성을 증가시킨다.

Bruner(1996)의 놀이에 대한 이론적 관점은 초기의 놀이의 분화와 기능적 통합을 강조하던 것에서 사고의 서술적 양식(narrative modes) 발달의 중요성을 강조하는 것으로 변화하였다. 유아는 순서적이고 서술적인 방식으로 지식을 조직화하는데, 놀이 경험은 유아의 언어적·논리적 부분을 연결시켜 주는 직접적 역할을 제공한다. 예를 들어, 유아는 사회극놀이에서 자신들이 구성한 서술적 이야기를 실행하게 되는데, 이런 놀이에 참여하는 경험이 유아로 하여금 서술적 능력을 학습하고 완성할 기회를 제공하며, 결국 유아의 서술적 사고능력을 촉진하게 되는 것이다.

④ Sutton-Smith

Sutton-Smith(1967)는 놀이에서 경험하는 일련의 과정이 인지적인 면에서 유아의 상징적 변형을 촉진시키고, 결과적으로는 유아의 정신적 융통성을 확장시킬 수 있다고 보았다. 예를 들어, 가장놀이에서 막대기를 말처럼 사용하는 상징적 변형을 통해 유아는 관습적인 정신적 연합으로부터 자유롭게 되고, 새롭고 독특한 방법으로 아이디어를 결합하게 된다. 그리고 이러한 전환은 이후 유아의 창의적 사고 및 연합을 확대시키게 된다. 놀이가 유아의 성인생활의 준비를 위한 것이라고 보는 고전적인 연습이론과 Sutton-Smith의 이론은 연결될 수도 있다. 그러나 Sutton-Smith의 이론은 특정 기술의 연습보다는 사고의 융통성 발달 혹은 융통성에 대한 잠재력 발달이라는 측면에서 성인생활의 준비를 강조한다는 점에서 중요한 차이가 있다.

Sutton-Smith의 이러한 초기 이론적 견해는 '적응 잠재성(adaptive potentiation)'이라는 측면에서 놀이 접근을 사용하고 있다(Sutton-Smith, 1979). 적응 잠재성이란 놀이 경험 결과를 통해 유아는 다양한 선택권이나 대안책을 잘 고려하게 되고 동시에 그것이 융통성을 향상시키게 된다는 관점이다. Sutton-Smith의 놀이에 대한 최근 견해는 '적응 가변성(adaptive variability)'의 개념으로서 신경과학에 의한 뇌발달 연구와 Stephen Jay Gould의 진화론의 두 이론에 기초하고

있다. 급변하는 환경으로 인해 인류는 미래를 예측할 수 없으며, 더 이상 미래에
필요한 지식과 기술도 예측할 수 없다. 따라서 발달하는 유아의 적응 잠재력은 정
확하고 고정된 적응(고정적인 행동과 반응 유형을 이끌어 낼 수 있는)이 아니라 급변
성(quirkiness), 조잡성(sloppiness), 예측불허성(unpredictability), 상당한 과잉성
(massive redundancy)을 고려해야 하며 놀이에는 이러한 특징이 있다는 것이다
(sutton-Smith, 1998). 따라서 놀이와 적응의 관계가 초기 이론보다는 덜 직접적이
기는 하지만 놀이는 유아의 발달에 있어서 광범위한 적응 잠재성을 보장하기 때
문에 발달에서 중요하다고 볼 수 있다.

⑤ Singer

Jerome Singer(Singer & Singer, 1990)는 놀이에 대한 구성주의적인 인지-정
의적 측면을 제안하였다. 즉, 놀이는 Freud가 말하는 것처럼 유아의 정서적 미성
숙에 기인하는 방어기제로서 혹은 Piaget가 말하는 논리적 결핍에 기인하는 수단
으로서 단순히 기능하는 것은 아님을 강조하였다.

Singer는 인지와 정서의 관계성에 관심을 가졌다. 놀이는 외부세계로부터 혹은
뇌 활동과 같은 내부세계로부터 들어오는 자극의 비율을 조절하는 방법을 제공하
는데, 놀이를 통하여 유아는 내적 · 외적 자극의 유입을 적절하게 조절할 수 있게
된다. 그리고 그 결과로 유아는 과잉 자극과 연합된 놀람이나 최소 자극과 연합된
지루함과는 다른 정서를 경험하게 되고, 이러한 정서의 경험이 인지발달과 관계
가 있다는 것이다.

(3) 각성조절이론

각성조절이론은 Berlyne(1960)이 제안하고 Ellis(1973)가 수정한 자극과 놀이
의 관계를 설명하는 이론이다. 자극과 놀이 간의 관계를 다룬 다른 이론으로서
Singer의 이론이 인지과정에 초점을 둔 것이라면, 각성조절이론은 각성 수준을
적정하게 유지시키려는 중추신경계의 욕구를 만족시키기 위해 놀이를 한다고 주
장한다. 즉, 유아는 자극이 너무 많아서 각성이 불안정한 높은 수준까지 증가하면
자극을 감소시키는 활동에 참여하게 되는데, 그 예로 유아가 낯선 사물을 접했을
때 그로 인해 각성이 증가하게 되면 사물을 탐색함으로써 높고 불안정한 상태의
각성을 줄일 수 있게 되는 것이다. 반대로 자극이 충분하지 않을 때 유아는 각성

이 불쾌하게 낮은 수준으로 떨어져 결국 지루하게 되는데, 이때 낮은 수준의 각성을 적정 상태로 끌어올리기 위해 새롭고 독특한 방법으로 사물과 행동을 사용하게 된다. 예를 들어, 유아는 기존 방식의 미끄럼 타기에 싫증이 나면, 자신이 시도할 수 있는 다양한 방법으로 미끄럼 타는 시도를 하면서 낮아진 자극 수준을 증가시키게 된다.

(4) 사회학습적 접근

사회인지적 관점은 연구자들로 하여금 유아의 놀이 형태에 대한 부모, 형제자매, 또래의 영향에 대하여 관심을 갖게 하는 계기를 제공하였다.

B. F. Skinner(1974)와 같은 행동주의자들은 행동이 유쾌한 결과를 가져온다면 반복될 경향이 많아지고, 반대로 유쾌한 결과인 정적 강화가 뒤따르지 않는 행동은 다시 반복해서 일어날 가능성이 적어지는데, 이처럼 행동이란 후속적으로 이어지는 사건에 의해 영향을 받는다고 하였다.

이러한 행동주의의 기본 원칙을 적용하면서 덧붙여 인간의 학습에 있어서 관찰학습의 중요성을 강조한 Albert Bandura(1977)는 모든 사람의 모든 행동이 관찰학습의 효과를 가져오는 것이 아니며 긍정적 효과를 얻기 위해서는 일련의 원칙이 요구된다고 하였다. 이러한 원칙은 유아의 사회적 발달에 부모나 교사, 형제자매, 학급 친구들의 역할이 왜 중요한지를 강조하고 있다. 사회학습이론은 놀이와 성의 관계에 대해서도 기술하고 있다(Curry & Bergen, 1988). 부모들은 자녀의 성에 따라 자녀를 다루는 데 차이가 있으며, 성에 따라 서로 다른 형태의 놀이 행동을 강화하고 다른 장난감과 놀잇감을 제공한다. 교사들 또한 남아와 여아에 따라 다르게 행동하며, 또래들이 모델이 되어 놀이에서 성 정형화된 행동을 강화하기도 한다(Lamb, Easterbrooks, & Holden, 1980). 이처럼 사회학습이론에서는 부모, 형제자매, 또래 등이 유아의 놀이에 영향을 미칠 수 있음을 제안하였다.

(5) 상위인지적 접근

① 상위의사소통이론

의사소통은 놀이의 상호작용적 관점과 관련하여 중요한 개념으로서, 정보를 수집하고 조직하거나 경험을 공유하는 등의 상황에서 요구되는 상징적 과정이다

(Lillemyr, 2009).

　미국의 사회인류학자인 Bateson(1973, 1991)은 놀이와 모방에 대한 의사소통 이론을 발달시켰다. Bateson(1955, 1991)의 놀이에 대한 이론에서는 놀이에서 나타나는 의사소통의 다양한 수준에 주목하였다. 놀이에서의 유아의 행동은 실제 생활에서 보편적으로 의미하는 행동과 다른 면이 많다. 따라서 유아는 놀이에 참여하기에 앞서 놀이에서 일어나는 상황이 실제가 아니라 단지 놀이라는 것을 의미하기 위해 놀이의 틀이나 맥락을 설정하여야 한다. 이러한 놀이의 틀이나 맥락은 무엇이 놀이이고 놀이가 아닌지, 혹은 놀이세계인지 실제 세계인지 사이의 경계에 대한 놀이 참여 구성원 간의 암묵적인 동의를 의미한다(Levy, 1978). 따라서 유아의 놀이에서 상위 의사소통(metacommunication)은 놀이를 성공적으로 지속하는 데 매우 중요하다.

　놀이에 대한 Bateson의 이론은 놀이의 의사소통적 측면에 대한 관심을 불러일으켰다. 그리고 Garvey(1977)와 같은 연구자들이 놀이 상황의 설정, 유지, 종료, 재참여 등에서 유아가 사용하는 메시지에 대해 관심을 갖고 연구하도록 하는 계기를 마련하였다. 유아는 놀이 상황의 설정, 유지, 종료, 재참여 등을 위해 실제 다양한 메시지를 사용한다. 한 예로 사회극놀이에 참여하는 동안 유아는 놀이 상황에서 문제가 야기되면 '놀이 틀'을 깨고 문제를 해결하기 위해 현실세계의 실체로 돌아오곤 한다.

　Bateson은 놀이 맥락이란 놀이 활동 자체로서 놀이가 일어나는 주변 맥락에 의하여 영향을 받는다는 것을 주지시키고 놀이의 내용(text)과 맥락(context)을 구별함으로써 연구자들에게 놀이 내용에 대한 관심을 불러일으키는 계기를 마련하였다.

② 각본이론

　각본(script)이란 기억에 의해 활성화되는 지식의 구조로서(Johnson, Christie, & Yawkey, 1999), 유아는 자신의 경험에 기초해서 사건을 조직하고 구성하며 경험에 대한 자신의 해석을 놀이 내용으로 표현한다. 각본은 유아의 일상적인 상황에서 문화적으로 수용되는 행동 방식과 일치하는 특성이 있다. 각본의 구성 요소는 장면(scene), 하위 활동(subactions), 역할(role)과 관계(relationship), 장면에서의 소품(props), 각본의 변형(예: 대형 마트 가기와 작은 식료품 가게 가기), 각본의 시작과 끝을 표시하는 사회생활 조건 등이 있다.

각본으로서의 극화 혹은 상징 놀이에서 유아의 행동에 나타나는 이야기구조의 수준을 분석하는 것은 유아의 인지 및 언어 발달의 지표를 알아낼 수 있으며, 나아가 유아의 성격과 자아개념을 알아내고 판단하거나 지적·언어적 성숙을 예측할 수 있게 한다. Wolf와 Goldman(1982)은 이야기구조 수준을 도식 수준(scheme level), 사건 수준(event level), 에피소드 수준(episode level)의 세 가지로 구분하였다. 도식 수준은 유아가 한 사건에 관련되는 하나 또는 그 이상의 짧은 행동을 수행할 때 나타난다(예: 침대에 인형 눕히기). 사건 수준은 유아가 한 목표를 추구하기 위하여 관련되는 두 가지 이상의 도식을 수행하게 된다(예: 인형을 씻기고 침대에 눕히기). 또한 사건 수준에서는 같은 목적하에 네 가지 이상의 하위 도식이 포함되는 사건을 수행하기도 한다(예: 햄버거를 만들고 커피를 끓이고 케이크를 굽고 샐러드를 준비하면서 식사 준비하기). 에피소드 수준은 한 목적하에 두 가지 혹은 그 이상의 사건을 수행할 때 나타난다(예: 다양한 음식을 요리하여 놀이친구에게 대접하고 설거지하기).

③ 마음의 이론

마음의 이론(theory of mind)은 자기 자신과 다른 사람의 내적 심리 상태와 관련하여 내재되어 있는 일상적인 인식에 대한 이론이다(Leslie, 1987). 다른 사람도 자신만의 정신과 관점을 가지고 있으며, 그것이 자신의 정신이나 관점과는 다를 수 있음을 인식하는 것을 말한다(Smith, 1999). 마음의 이론은 유아가 표면상의 실제적인 지각에 그치지 않고 그로부터 얻은 정보의 일차적 표상을 조작, 수정, 변형시켜 융통성 있게 특징짓고 사용할 수 있는 상위 표상체계를 발달시켜야만 발달되는 것이다. 유아기는 이러한 마음의 이론이라는 정신적 상태에 대한 모델을 발달시키는 시기다(Leslie, 1987).

놀이, 특히 상징놀이는 유아가 다른 사람의 정신과 관점의 존재를 인식하고, 나아가 자신과는 다를 수 있는 다른 사람의 정신과 관점을 수용하게 하는 훌륭한 도구다(Lillard, 1998; Smith, 1999). Dockett(1994)은 상징놀이에 참여하도록 훈련받은 유아가 그렇지 않은 유아에 비해 마음의 이론 과제를 보다 일찍 수행한다는 것을 발견하였다. 이 외에도 많은 연구(Harris, 2000; Jenkins & Astingtos, 2000; Youngblade & Dunn, 1995)가 유아의 마음의 이론 발달에 있어서 상징놀이와의 긍정적 관련성을 시사하고 있다.

④ 수행이론

Sutton-Smith(1979)는 놀이가 일상적 의사소통 대화체로서, 실제로 네 가지 유형의 의사소통자 역할이 포함된 4자 대화(quadralogue)라고 보았다. Sutton-Smith의 수행(performance)으로서의 놀이이론에서 제기한 4자란 놀이자, 감독자, 연출자, 청중을 말한다. 실제로 유아는 혼자 놀이를 할 때에도 공동놀이자 혹은 가상적 청중을 상상하며 놀이를 한다. 즉, 4자 대화라고 보는 이론에서 놀이는 다차원 요소를 가진 무대화된 사건으로서, 실제 혹은 가상 청중을 위하여 놀이자가 가상 세계 속에서 상호작용하는 것이다.

⑤ 변형이론

놀이의 상징적 특성을 강조하는 변형(transformation)이론은 Smilansky(1968)가 유아의 놀이 수준의 발달과 놀이의 변형적 측면의 관계성을 강조하면서 제기되었다. 놀이의 변형적 측면은 실제 자기를 다른 사람처럼 가작화하기, 다른 사람을 실제 사람과 다르게 가작화하기, 어떤 사물의 실제 표상과 다르게 사물을 가작화하기, 어떤 상황을 실제 상황과 다르게 가작화하기의 네 가지다. 유아의 변형 수준은 구체적 일상 상황에 기초한 변형에서 추상적 상상 변형으로 발전하는데, 유아는 처음에는 실제 사물과 유사성, 구체성이 높은 모형 소품을 사용하다가 점차적으로 대체 사물, 가작화된 사물로 변환해 가게 된다. 놀이에서 변형 수준은 사물에서뿐만 아니라 놀이 주제와 내용에서도 나타나는데, 초반의 놀이에서는 일상생활과 근접도가 높은 주제와 내용을 선택하지만 점차적으로 보다 다양하고 상상적인 주제와 내용으로 발전하게 된다.

유아가 놀이를 통해 지식과 의미를 형성·발전시켜 가는 과정은 단순하게 설명할 수 없다. [그림 2-1]에 제시된 것처럼, 유아의 놀이는 매일의 일상에서 경험하고 받아들이는 다양한 지식과 의미가 수정되어 나타나는 포괄적이면서 함축적인 표현이라고 볼 수 있다.

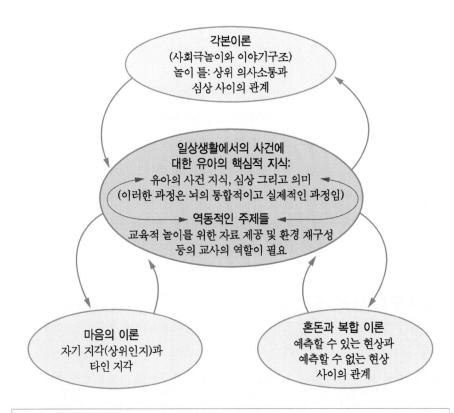

[그림 2-1] 유아의 놀이와 이론 간의 역동적 관계

3) 최근의 현대적 접근

놀이에 대한 종합적인 이론을 형성하지는 못했으나, 패러다임의 다양한 변화에 따라 놀이를 새로운 시각에서 보고자 하는 사회문화적 접근, 비판이론적 접근, 혼돈이론적 접근을 간단히 소개하면 다음과 같다.

(1) 사회문화적 접근

인간발달은 반드시 맥락 내에서 이해되어야 한다는 사회문화적 접근의 견해는 발달이란 인간과 환경의 협력기능이라고 주장한 Bronfenbrenner(1979)의 이론적 모형과 관련이 있다.

사회문화적 접근에서는 학습과 사회화에 대한 보다 총괄적인 이론을 형성하기 위해서, 혹은 다양한 배경의 유아를 포함시킬 수 있는 문화적으로 양립 가능한 서

비스를 제공하기 위해서는 유아와 관련되는 다양한 문화적 요소를 무시해서는 안 된다는 것을 강조한다(Roopnarine, Shin, Donovan, & Suppal, 2000).

이러한 관점을 설명하는 한 예로 특정 문화적 습관과 제도(문화의 역사, 기후, 지리 등) 등이 놀이에서의 유아의 특정 행동과 어떻게 연결되는지를 조사한 Whiting (1980)의 연구를 들 수 있다.

Artin Goncu는 놀이에 대한 사회문화적 접근의 의미를 명확히 밝히고자 시도한 놀이학자다. Goncu와 동료들은 놀이를 문화적 활동과 해석으로 보고, 놀이행동이란 거대한 문화 내에 작용하는 경제적 · 사회적 · 정치적 요소에 의해 이루어지는 사회적 맥락에서 수행되는 활동으로 다루어져야 한다고 보았다. 또한 동일 문화 내에서도 성인이 놀이에 대해 갖는 신념과 가치가 유아의 의사소통 전략과 내용에서 어떻게 나타나는지를 분석할 필요가 있다고 하였다. 성인이 놀이를 장려하는지, 유아와 함께 놀이에 참여하는지, 단지 놀이를 묵인하기만 하는지 등과 같은 신념과 가치는 성인이 놀이를 위한 놀잇감, 시간, 공간을 제공하는 방식뿐만 아니라 문화 공동체 내에서 놀이가 일어나도록 하기 위해 에너지를 소비하는 방식에도 영향을 미치기 때문이다. 사회문화적 접근에서는 놀이 상황에서 문화적 가치가 어떻게 관련되어 있는지를 인식하고, 놀이 행동과 비놀이 행동에 주의를 기울여 놀잇감과 주제를 선택해야 한다는 점을 강조하였다.

놀이 연구에서 이러한 사회문화적 접근은 유아의 사회적 형태는 문화적 제도, 가치에 의해 형성된다는 것을 시사하고 있으며, 문화가 서로 다른 교사와 유아 간, 교사와 부모 간의 긍정적 의사소통에도 도움이 될 수 있는 시사점을 제안하고 있다.

(2) 비판이론적 접근

비판이론은 놀이 활동에서의 권력의 소재에 초점을 맞추는 경향이 있다. 비판이론은 우리에게 친숙한 Nancy King(1982)의 놀이와 일에 대한 유아의 개념에 관한 연구를 다른 시각으로 해석한다. King의 초기 연구에서는 유치원 유아들이 같은 활동을 통제 소재에 따라 놀이로 보기도 하고 일로 보기도 한다고 하였다. 그러나 5학년을 대상으로 같은 연구를 적용했을 때는 선택과 통제가 일과 놀이를 구분하는 데 더 이상 중요하게 고려되어야 할 조건이 아니었다. 대신 5학년 학생들에게는 즐거움과 기쁨이 놀이와 일을 구분하는 핵심적 변인이었다. 이 연구 결과에 대해 비판이론에서는 나이 든 학생은 어린 유아에 비해 교육기관에서 지낸

시간이 상대적으로 많고 그 기간 동안 학생들은 학급에서의 활동 통제권이 자신에게 없다는 사실을 이미 받아들였을 것이며, 따라서 그들은 활동의 통제 소재보다는 즐거움이나 기쁨 등의 정서적 반응에 더 치중하게 되었을 것이라고 해석한다.

King(1987)은 초등학교 교실에서 일어나는 '위법놀이(교사의 등 뒤에서 일어나는 놀이)'를 조사하였는데, 이러한 위법놀이가 일어나는 이유는 그것이 유아에게 자율권과 통제권을 제공하기 때문이라고 하였다. 그리고 교육과정이 보다 교사 중심적일수록 위법놀이의 경향은 증가한다고 하였다.

(3) 혼돈이론적 접근

혼돈이론적 접근에서는 유아가 교육기관에서 보낸 시간과 학습한 양 간에는 직선적인 관계가 있다고 보는 관점에 대해 비판하면서 교육기관에서 보내는 시간 이외에 유아의 학습에 영향을 미치는 다양한 요인이 있음을 강조한다. 만약 학생이 수동적인 반복연습 활동에 많은 시간을 보내야 한다면, 유아는 교육기관에서의 시간이 길어질수록 실제로 더 적게 배우는 학습자가 될 가능성이 많다.

혼돈이론은 기억과 경험 회상과 관련하여서도 이해할 수 있다. 혼돈이론에 따르면 사람들은 새로운 정보를 기억하는 데 모두 같은 접근법과 같은 구조를 사용하는 것이 아니라 자신만의 독특한 일련의 방식을 창조한다(Ommrod, 1999). 즉, 인간은 정보를 저장하고 회상하는 독특한 방법을 나름대로 가지고 있으며, 사람들마다의 다양한 접근 방식을 비교해 본다면 그 과정은 매우 혼돈스러울 것이다.

혼돈이론적 접근은 Vander Ven(1998)이 주장하는 놀이의 특징에서도 찾아볼 수 있다. Vander Ven은 놀이의 특징이 표상적, 의미 창출, 역동적, 연결적, 창의적 등 '혼돈스러운 능력'에 있다고 하였다. 따라서 놀이의 이러한 혼돈스러운 능력을 강조하는 특징은 복잡하고 급변하는 세계에서 유아가 생존하도록 준비시킬 수 있는 계기가 된다.

이상에서 살펴본 것처럼 유아기 놀이의 중요성이 인식되면서 유아의 발달과 행동을 이해하려는 다양한 놀이이론이 나왔다. 현대에 오면서는 유아발달의 측면에서 놀이의 역할과 기능을 놀이 상황과 연결시켜 과학적으로 설명하려는 노력이 있었고, 최근에는 다양한 사회적 특성과 패러다임의 변화에 따라 새로운 다양한 시각에서 놀이를 조명하려는 시도가 이루어지고 있다.

놀이와 발달

놀이는 유아의 발달에 많은 영향을 끼친다. 놀이가 가지고 있는 고유한 특성뿐만 아니라 놀이 상황에서 자연스럽게 이루어지는 사회정서적 발달, 언어적 의사소통, 신체 활동, 창의적 문제 해결력, 또래와의 협력 및 사회적 기술 등의 다양한 경험은 유아의 발달에 매우 중요하다. 이 장에서는 놀이와 인지발달, 놀이와 사회성 발달, 놀이와 정서발달, 놀이와 언어발달, 놀이와 신체발달 등으로 구분하여 놀이와 발달 영역의 관계를 살펴보고, 각각의 발달 영역과 관련하여 인지놀이, 사회놀이, 신체놀이 등의 놀이 유형별 발달 특징을 살펴보고자 한다.

1. 놀이와 인지발달

유아의 인지기능은 중추신경계의 발달로 주의집중 시간과 이를 유지하는 데 필요한 능력들이 증가하면서 보다 활발하게 이루어지기 시작한다. 유아의 지각능력은 주변의 사물, 예를 들어 컵, 포트, 꽃, 나무 등과 같은 정적인 사물에 대한 지각, 시간의 흐름에 따른 사건에 대한 지각, 글자나 수와 같은 기호화된 상징에 대한 지각 순으로 발달하게 된다. 이러한 지각능력의 발달은 유아의 인지발달과 관계가 있다.

인지능력의 발달은 놀이의 탐색적이고 조작적인 요소와 결합하여 유아로 하여금 주변에 있는 여러 가지 사물에 대한 개념을 넓힐 수 있도록 한다. 유아는 놀이 과정에서 직접 사물을 관찰하고 다루어 보는 과정을 통해 물리적 지식을 학습하게 되며, 물리적 지식의 증가에 따라 사건의 원인과 결과를 관련짓는 인과관계를 파악하게 되며, 이러한 과정을 통해 논리·수학적 지식을 습득하게 된다.

유아에게 놀이는 단순한 즐거움의 추구를 넘어 자신이 가지고 있는 지식과 개념을 하나의 정보로 활용하여 문제를 해결하기 위한 목적적이고 의도적인 행동으로 이루어지게 된다(Glover, 1999). 그리고 유아는 놀이 내용과 방법의 계속적인 변화를 통해 진지하게 놀이 활동을 즐길 수 있다.

1) 놀이와 인지발달

(1) 놀이와 사고발달

① 지 능

일반적으로 지능은 주어진 목적과 관련 없는 정보로부터 관련 있는 정보를 변별하는 능력, 단서를 보다 적게 사용하면서 많은 정보를 산출하기 위한 적응력의 증가, 높은 추상성 수준의 세 가지 정신적 기술로 설명할 수 있다(Pellegrini, 2009). 이러한 정신적 기술은 기억, 추론, 추상성, 언어적 이해 등을 포함한 다양한 인지능력을 수반한다.

유아의 놀이는 이러한 정신적 기술의 발달에 여러 가지 방식으로 기여한다. 유아의 인지발달과 상상놀이, 사회적 놀이 수준 간의 관계를 다루는 많은 연구에서는 놀이가 유아의 지능을 향상시킨다고 설명한다. 특히 인지적 놀이 수준 중 구성놀이, 사회극놀이, 지능 점수 간에는 높은 상관관계가 있으며(Rubin, Fein, & Vandenberg, 1983a; Johnson, Ershler, & Lawton, 1982), 사회극놀이 훈련이 유아의 지능 점수를 증가시킨다고 보고한 연구(Hutt, Tyler, Hutt, & Christopherson, 1989; Saltz & Johnson, 1974; Smilansky, 1968; Smilansky & Shefatya, 1990)들도 있다. 최근에 이루어진 연구들에서도 풍부한 놀이 경험을 했던 유아 집단의 수학능력 점수가 초등학교와 중학교 시기에 이르기까지 지속적으로 증가되는 것으로 나타났다(Wolfgang, Stannard, & Jones, 2001).

② 개 념

놀이는 유아의 개념발달을 촉진시킨다. 놀이에서의 물체 탐색과 조작 경험은 유아의 개념을 증진시키는 조건이 되며, 유아가 자신의 미숙한 개념을 시험·수정하도록 하는 매개체 역할을 한다. 예를 들어, 시간은 유아에게 어려운 개념이지만 놀이 속에서 유아는 이미 시간적 의미를 지닌 다양한 표현을 한다. 놀잇감을 교대해야 하는 경우, 혹은 인기 있는 활동의 순서가 정해져 있는 경우, 유아는 '몇 분간' '잠깐 동안' 혹은 '내일'이라는 시간적 의미가 담긴 표현을 사용한다.

놀이 유형 중 사회극놀이는 유아의 개념 지식 습득에 매우 의미 있는 경험을 제공한다. 사회극놀이는 두 명 이상의 유아가 역할을 정하고 이야기를 연기하는 놀이로서 보다 높은 수준의 표상능력을 요구한다. 사회극놀이를 하기 위해서 유아는 놀이 대본과 개념망을 구성할 수 있어야 할 뿐만 아니라 그것을 다양한 경험적 배열을 거쳐 예상 가능한 순서의 형태로 만들 수 있어야 한다. 예를 들어, 유아는 가게놀이를 하기 위해 '물건 사기'와 관련되는 사건의 순서(가게에 가서 물건 담을 수레를 끌고, 식료품을 골라서 수레에 담은 후, 돈을 지불하고, 집으로 가져가는)를 정확하게 재구성할 수 있어야 한다. Smilansky(1968)는 처음에는 분리되고 관련 없어 보이는 경험들(가게놀이에서 물건 고르기와 점원에게 돈 지불하기 등)을 놀이가 서로 통합하도록 도와준다고 하였다. 즉, 유아의 지식과 기본 개념, 공간, 시간, 확률, 인과관계에 대한 개념 등은 반복되는 놀이 경험 속에서 재조직되고 발달된다.

Gmitrova와 Gmitrova(2003)는 놀이와 개념발달 간의 관련성에서 놀이 집단의 형태, 교사의 역할 등의 중요성을 강조하였다. 연구 결과를 보면 소집단의 놀이 상황에서 교사는 가교 역할로서 자연스럽게 유아의 놀이과정에 들어가(Fromberg, 2002) 자유놀이라는 강점을 활용하여 유아의 인지행동을 보다 높은 개념 수준으로 끌어올릴 수 있었지만, 전체 유아를 대상으로 한 교사 지시적 놀이(연구자들이 '정면[frontal]놀이'라고 명명하는)는 유아의 인지행동(개념 수준)과 관련이 없었다. 즉, 교사는 소집단의 자유놀이에서 유아의 개인차와 또래관계를 충분히 고려하면서 유아의 인지행동을 적절하게 자극시켜 줄 때 놀이경험이 유아의 개념발달을 격려할 수 있다는 것이다.

③ 사 고

유아가 지식, 개념 이해, 문제해결 과정 등에 능동적으로 자연스럽게 참여할 수 있도록 하는 것은 유아의 사고능력 발달에 있어서 매우 중요하다(Griffin, 2005). 역할놀이, 상징놀이는 보존개념에서 요구하는 두 가지의 인지적 조작—탈중심화, 가역성—을 필요로 한다(Rubin et al., 1983a). 탈중심화는 유아가 실제의 자신과 놀이 속에서의 역할을 동시에 깨닫고 구분하는 것이며, 가역성은 유아가 자신이 맡은 가상의 역할에서 언제든지 실제의 자신으로 돌아갈 수 있음을 인식하는 것이다. 예를 들면, 경찰관놀이를 하면서 한 유아가 "경찰관은 이렇게 하는 거야."라고 실제의 자기로 돌아가 경찰관 역할을 맡은 친구에게 가상의 역할에 대해 이야기하는 경우다.

상징놀이 경험은 유아의 확산적 사고 배양에 많은 영향을 미친다. 유아는 사물의 변형과 역할놀이를 통해 확산적 사고(thinking) 기술을 연습하고, 놀이 상황에서 다양한 행동과정을 생각하고 결정함으로써 다양한 놀이 아이디어를 산출한다. 또한 유아는 상징놀이를 즐기는 동안 재미있고 흥미로우며 종종 아주 유쾌해하는데, 이러한 정서는 유아가 놀이에 강하게 몰입하여 창의적으로 아이디어를 연합하도록 자극한다. 놀이와 환상에 대한 감정표현은 유아의 정서체계에 영향을 주며, 유아는 놀이가 이루어질 때 발생하는 정서를 활용함으로써 확산적 사고가 촉진된다(Russ, Robin, & Christiano, 1999).

Fisher(1992)는 놀이가 확산적 사고, 특히 관념적 유창성에 영향을 미친다고 하였다. 창의적 상상력의 속성인 관념적 유창성은 융통성과 독특성의 연합을 산출하는 능력으로 구성되어 있다. 사회극놀이에 초점을 맞춘 연구 결과들에서는 전반적으로 이 둘 간의 관련성이 아주 높은 것으로 나타났다. 놀이에서의 정서척도(Affect in Play Sale: APS)를 사용한 Russ 등(1999)의 연구에서는 학령기 아동을 대상으로 놀이와 놀이의 질에 따라 나타나는 감정을 측정하였다. 그 결과, 초등학교 저학년 때의 양질의 놀이는 이후 학년에서의 창의적 사고를 예측할 수 있었다. 또한 유아의 혼자놀이 유형(능동적 혼자놀이, 수동적 혼자놀이, 억제된 놀이)과 수렴적 및 확산적 사고의 관계를 연구한 Lloyd와 Howe(2003)는 능동적 혼자 놀이자는 확산적 사고 점수가 높고, 놀잇감을 비의도적으로 사용(예: 퍼즐 조각을 자동차로 사용)하려는 경향이 높다고 보고하였다.

그러나 놀이와 사물의 확산적 사용 관계는 정적 상관이 없다고 설명하는 Smith와 Whitney(1987)의 연구, 극놀이와 확산적 사고 관계는 정적 상관이 없다고 설명하는 Dunn과 Herwig(1992)의 연구처럼, 일부 연구들에서는 놀이와 확산적 사고의 관계에 대해 부정적 결과를 제시하고 있다.

(2) 놀이와 상위인지 발달

① 상위인지

상위인지(meta-cognition)는 자신이 어떻게 지식을 습득해 가는지에 대한 유아의 인식과정(Lillemyr, 2009)으로서 유아가 표상과 문제해결 능력을 발달시키는데 중요한 역할을 한다(Fuson, Kalchman, & Bransford, 2005). 놀이와 유아의 상위인지 발달 간에는 밀접한 관련성이 있다. 가장 보편적인 예로, 유아는 놀이과정 동안 또래와의 상호작용을 통해 자신의 생각과 관점뿐만 아니라 타인의 생각과 관점에 대해서도 알게 된다.

상위인지 중 상위언어 발달과 놀이와의 연결은 사회극놀이를 통해 이루어지는 사회적 상호작용의 대화를 통한 공고화에서 중요하다. 이 중요성은 Goncu와 Kessel(1984)의 연구에서 연령과 관련되는 것으로 나타났다. 연구자들은 24명의 중산층 유아의 놀이 상호작용에 관한 녹화 자료를 분석하였는데, 놀이에서의 상위 의사소통은 놀이자의 의도와 행동을 연계시키는 데 필수불가결한 것으로 증명되었고, 연령이 높은 유아가 낮은 유아보다 연계된 발화의 범위가 유의미하게 높은 것으로 나타났다.

🐦 놀이에서의 상위 의사소통

사회극놀이에 참여할 때 유아가 사용하는 언어적 교환에는 가장 의사소통과 상위 의사소통이 있다. '가장 의사소통' 이란 유아가 역할을 맡아 그 역할에 적절한 말투를 사용하면서 나타난다. 가장 의사소통은 설정해 놓은 놀이 틀 내에서 이루어진다. 예를 들어, 두 유아가 병원 장면을 연기하고 있다면 한 유아는 "의사선생님, 저는 지금 몹시 아파요. 저를 좀 낫게 해 주세요."라고 말할 수 있다.

'상위 의사소통' 은 유아가 일시적으로 놀이 틀을 깨뜨려 놀이 자체에 대해 언급하면서 나타난다. 상위 의사소통 교환 시 유아는 실제 생활의 존재로 돌아가 서로의 실제 이름으로 부르게 된다. 예를 들어, 병원 장면에서 의사 역할을 하는 유아의 부적절한 행동이나 말투에 대해 다른 유아는 "수지, 의사는 그렇게 말하는 게 아니야."라고 말할 수 있다. 상위 의사소통의 의사교환은 극화과정에서 발생하는 갈등을 해결하는 데 이용된다.

Sawyer(1997)는 상위 의사소통을 내재적 혹은 외현적으로 구분될 수 있다고 하였다.

외현적 의사소통
A: 닌자 거북이 놀이 하자.
B: 좋아.

내재적 의사소통

A: 나는 도나첼로(닌자 거북이 TV 프로그램 속의 한 주인공).

B: 나는 라파엘(그 프로그램 속의 다른 주인공).

출처: Jonson, Christie, & Yawkey (1999b).

유아의 사회적 맥락에서 이루어지는 가장 역동적인 과정인 놀이는 상징적 기능, 사고와 감정의 통합과 같은 발달적 성취를 이루게 한다. 특히 두 명 이상의 놀이자가 하나의 주제를 정하고 진행하는 사회극 놀이는 또래 간의 활발한 상호작용이 일어나기 때문에, 놀이를 위해 필요한 언어나 행동을 통하여 놀이자 간의 공유된 이해를 구성하려고 노력하는 협상과정으로 상호 주관성이 요구되는 활동이다(Goncu, 1993, 1984). 유아는 사회극 놀이의 과정에서 개인적 경험과 정서를 조정하고 협상하며, 놀이 주제를 정하고 상대방과 상징적 개념을 공유하며 확장해 나가기 위하여 의사소통과 상위 의사소통을 전략적으로 사용한다(Goncu, 1993; Goncu & Kessel, 1984; Miller & Garvey, 1984).

② 마음의 이론

마음의 이론(theory of mind)은 경험의 내재적 상태 및 행동 간의 관계를 이해하는 유아의 사고체계(Wellman, 1990)이고, 타인의 지식과 믿음을 이해하고 그것이 자신의 지식, 믿음과는 다를 수 있다는 것을 깨닫는 것이다(Smith, 1999). 즉, 실제 세계의 경험이 행동으로 이행되는 과정 속에는 경험을 바탕으로 형성되는 신념, 동기, 의도, 정서 등의 내재적 상태가 마음에 존재하며 이러한 마음이 행동으로 나타나고 결정하게 된다고 본다.

마음의 이론은 4세를 기점으로 중요한 발달적 변화가 이루어진다. 4세 이전의 대부분의 유아는 사전 획득 정보(다른 사람은 알고 있지 않고 자신만이 가지고 있는 지식)에 대하여 민감하지 못하기 때문에 사전 획득 정보가 결여된 이들은 틀린 믿음을 갖게 된다는 것을 깨닫지 못한다(Johnson, Christie, & Wardle, 2005). 그러나 마음의 이론이 발달하면서 유아는 타인의 직접 경험을 바탕으로 타인의 생각이나 신념과 자신의 생각이나 신념을 구분하게 된다. 즉, 유아는 내재적 상태와 실재를 구분하는 능력을 갖게 되며 내재적 상태와 실재가 다를 수 있다고 여기게 된다.

특히 상징놀이에서의 가장 경험은 유아가 마음의 이론을 발달시키는 도구적 역할을 한다(Lillard, 1998).

상징놀이와 마음의 이론 간의 관계를 분석한 연구에서는 마음의 이론이 틀린 믿음 과제를 해결하는 데 작용하는 것으로 분석되었다. 틀린 믿음 과제에서 유아에게 '맥시'라는 인형을 제시하고는 그 인형이 파란 컵 선반장에 사탕을 숨기도록 하였다. 맥시가 나가고 없는 동안, 맥시의 엄마가 들어와서 바로 옆의 흰 컵 선반장으로 사탕을 옮겼다. 그다음 엄마가 나가고 맥시가 다시 돌아온다. 선반장 문을 닫아서 유아는 선반장에 들어 있는 사탕을 볼 수 없다. 연구자는 인형을 그 장면에 등장시키고 퇴장시키는 방법으로 유아에게 엄마가 사탕을 옮기는 것을 맥시가 보지 못했다는 사실을 알게 해 주었다. 그런 다음 유아에게 "맥시는 어디서 사탕을 찾을 수 있을까?"라고 질문하였다. 그 정답은 맥시가 사탕을 숨긴 곳이 파란 장이고 맥시는 엄마가 사탕을 옮겼다는 것을 알지 못하기 때문에 파란 장이다. 연구 결과를 통해 4세 미만의 유아는 자기중심적 사고의 특징으로 자신의 사전 획득 정보를 감추는 데 실패하면서 맥시가 흰 장에서 사탕을 찾을 것이라고 주장하는 경향성이 있음을 알 수 있었다(Berk, Mann, & Ogan, 2006). 그 외 많은 연구에서(Astington & Jenkins, 1995; Dockett, 1994; Youngblade & Dunn, 1995)도 상징놀이에서의 가장 경험 혹은 역할전환 경험이 마음의 이론과 관련된 과제에서 보다 뛰어난 수행을 하게 한다고 하였다. 즉, 이러한 연구 결과들은 상징놀이에서의 가장 경험이 사회인지 발달과 마음의 이론 발달에 원인적 대행체라는 가정을 지지해 준다(Lillard, 1998). 그러나 최근 연구에서는 상징놀이와 마음의 이론 관계는 단순한 하나의 원인과 결과의 관계가 아니기 때문에 상징놀이가 마음의 이론 발달에 필수적이라고 할 수는 없다고 밝히고 있다. 이러한 견해와 함께 Bergen(2002)은 마음의 이론과 학업기술 영역 간의 관계에 대한 경험적 연구가 이루어지지 않고 있다는 점을 지적하였다.

(3) 놀이와 창의적 문제해결 발달

① 문제 해결
과정지향성, 비실제성, 유연성 등의 놀이 특성은 놀이 동안 유아로 하여금 다양한 행동을 시도해 보게 하여 행동 선택 사항을 증가시키게 되는데(Lillemyr, 2009),

Bruner(1972)는 이러한 행동이 유아의 문제해결 능력에 기여한다고 하였다. 초기 연구들에서는 놀이과정에서 자연스럽게 조임쇠, 구슬 등을 가지고 놀이한 유아들이 문제해결 과제와 관련하여 직접적인 훈련을 받은 유아들만큼 문제해결 과제를 잘 수행하였다고 주장하면서(Sylva, Bruner, & Genova, 1976), 놀이가 유아의 문제해결 능력 향상에 기여한다고 하였다. 그러나 4~10세 아동의 문제 해결에 미치는 놀이의 효과에 대한 Vandenberg(1981)의 연구를 기점으로 놀이와 문제해결 능력 간의 관계에 대한 새로운 관점이 제기되었다. 목표물에 도달하기 위해서 2개의 긴 막대기를 연결하는 과제와 튜브 안에 꽂혀 있는 스펀지를 꺼내기 위해 2개의 파이프 청소기를 묶는 과제를 수행하게 한 연구 결과, 놀이 집단의 경우 막대기 연결 과제에서는 통제집단보다 수행 정도가 우수하였으나 파이프 청소기 묶기 과제에서는 그렇지 않은 것으로 나타났다.

놀이와 문제해결 능력 간의 관계는 연령, 과업의 특성, 선행 경험과 같은 다양한 요인에 의해서 중재되기 때문에 그 관련성이 보다 복잡해질 수 있다. 놀이와 문제해결 능력은 양방향 관계다. Wyver와 Spence(1999)는 상징놀이와 문제해결 능력 간의 관계는 '확산적 문제해결 기술의 발달이 놀이기술의 발달을 촉진하면서 동시에 이들 간에는 역전관계도 성립되는 복잡한 상호 인과성 모형관계'임을 주장하였다.

② 창의성

창의성은 일반적으로 새로운 아이디어나 해결방법을 찾아내는 능력을 의미하는 것으로 주어진 맥락에 알맞은 아이디어를 생산해 내는 능력이라고 할 수 있다.

유아의 놀이와 창의성 간에는 깊은 연관성이 있다. 먼저 놀이와 창의성은 모두 상징을 이용하는 유아의 능력에 좌우되기 때문이다(Pellegrini, 2009; Singer & Singer, 1998, 2001). 또한 놀이와 창의성 간에 연관성이 깊은 것은 둘 다 주어진 상황 속에서 대안적인 가능성을 받아들이는 확산적 사고의 발달과 관련 있기 때문이다. 즉, 새로운 관점에서 문제를 해결하거나 독특한 방법으로 도구를 사용할 수 있는 사고를 하기 때문이다. 비구조화되거나 최소한의 구조화(발산)된 놀잇감을 갖고 노는 유아는 수렴적인 놀잇감을 갖고 놀이하는 유아보다 창의성이 높을 가능성이 있으며 더 다양한 상징놀이를 한다.

놀이와 창의성 간의 관계에 관한 연구 결과는 복합적이다. Liberman(1977)은 놀이성 검사에서 높게 평정된 유아들이 다른 유아들보다 확산적 사고 검사에서 높은 점수를 얻었으며, Dansky(1980)는 정규적으로 상징놀이에 참여한 유아들의 경우만 자유놀이가 확산적 사고에 도움이 된다고 하였다. 대부분의 연구 결과는 상징놀이의 상징적 변형이 창의성을 증진하는 놀이의 핵심적 요인이 된다는 Sutton-Smith(1967)의 주장을 지지하고 있다.

그러나 Smith와 Whitney(1987)는 Dansky와 Silverman(1975)의 실험을 반복한 결과 놀이와 사물의 창의적 사용 간의 관계를 제시하는 데 실패하였고, Dunn과 Herwig(1992)은 극놀이와 확산적 사고 간의 관련성을 발견하지 못하였다. 이들 연구에서는 놀이와 창의성의 관계에서는 생태학적인 요인에 대한 고려가 이루어져야 한다고 주장한다. 예를 들어, 반일제 또는 종일제 유아교육 프로그램의 차이가 놀이와 창의성의 관계를 조절하는 데 영향을 미칠 수도 있다는 것이다.

2) 인지놀이의 발달

유아가 놀이에서 사물을 사용하는 기술은 연령의 증가와 함께 다양한 변화를 보인다. 유아는 놀이에서 간단한 도구를 사용할 수 있고, 도움을 받아 요리 활동에도 참여할 수 있으며, 블록이나 다른 놀잇감을 활용하여 정교한 구성물을 만들 수도 있다. 또한 유아는 여러 사물을 사용하는 놀이에서 상당한 수준의 문제해결 전략을 보여 주기도 한다. 이와 같이 연령의 증가와 함께 변화하는 유아의 사물놀이 발달과정을 단순히 사물을 기능적으로 다루는지 혹은 사물을 보다 창의적으로 다루는지에 초점을 두어 살펴보고자 한다.

(1) 사물놀이의 발달

외부세계를 내재화하는 동기화 요인에 초점을 두고 있는 각성조절이론은 신기함, 복잡성, 조작 가능성과 같은 자극의 속성이 유아가 사물과 상호작용하도록 동기를 유발시킨다고 한다. 자극의 속성에 대한 유아의 반응은 다양한 형태로 일어날 수 있는데, Hutt(1966)은 Berlyne의 각성과 동기에 대한 연구에 기초하여 탐색과 놀이 간의 차이를 구별하였다. 탐색과 놀이는 모두 사물에 대하여, 그리고 그 사물을 가지고 무엇을 할 수 있는지에 대하여 알고자 하는 내적 동기가 존재하는 공통점이 있다. 그러나 탐색은 유아가 '이 물건은 무엇을 하는 것인가?'라는 의문을 가질 때 일어나며, 놀이는 '이 물건을 가지고 무엇을 할 수 있는가?'라는 의문을 해결하기 위해 노력할 때 일어나는 것이다. 여기서는 '이 물건을 가지고 무엇을 할 수 있는가?'에 해당하는 놀이에 대해 주로 다룰 것이며, 유아가 놀이 속에서 본래 사물의 사용 목적과는 다르게 어떻게 사물을 이용하여 놀이하는지를 살펴볼 것이다.

① 사물탐색과 사물조작 놀이

생후 1년 동안 영아가 사물을 가지고 놀이하는 방법에는 큰 변화가 생긴다. 놀이 행동은 반복되는 경험의 결과로 발달하는 것이다. 출생 당시에 영아는 반사능력과 감각능력만을 갖추고 있을 뿐 사물을 가지고 어떻게 놀이할지에 대해서는 알지 못한다. 그러나 생후 1년 동안 영아의 사물놀이는 반복적이고 미분화된 수준에서 보다 조직적이고 연속적인 행동 형태로 진보한다. 2세경에 이르면 영아는 과거의 경험을 조합하여 새로운 도식을 구성할 수 있게 되며, 사물을 보다 자주 의식적이고 관습적으로 사용하게 된다.

영아는 사물 탐색과 조작을 통하여 사물을 점차 의식적이고 관습적으로 사용하게 된다.

사물 탐색의 양은 연령의 증가와 함께 증가하며, 유아가 탐색놀이에 보내는 시간의 정도는 주어지는 자극의 특성에 따라 달라지는 경향이 있다. 즉, 보다 복합적인 사물이 사용되면 탐색 행동이 증가하고, 덜 복합적인 사물이 사용되면 탐색 행동이 감소한다. 유아의 사물 탐색과 놀이에 참여하는 방식은 연령이 증가할수록 체계적이고 순서적이며 계획적이 된다(Power, 2000).

유아의 놀이는 사물놀이에서 상징놀이로, 전 상징적 행위 도식에서 상징적 행위 도식으로 발달적 전이가 나타난다. 이러한 발달적 전이를 설명하기 위해 Fenson, Kagan, Kearsley와 Zelazo(1976)는 9~18개월 유아의 사물놀이를 비교하였다. 연구 결과, 영아 초기에는 빨기, 두드리기 같은 운동 도식이 지배적이었으나, 13.5개월경이 되면 비슷한 사물끼리 모으거나 분류하고 자기 주도적인 방법으로 간단한 가작화를 하기 위하여 사물을 기능적으로 사용하기 시작하였다. 또한 연령의 증가와 함께 복합적 놀이의 증가와 사물의 기능적 또는 운동적 사용에서 관례적으로 사용하는 경향이 증가하였다.

② 구성놀이(복잡한 사물놀이)

유아기에 이르러 사물놀이는 시간적·공간적으로 사물과 행위를 순서 짓는 능력의 증가와 함께 단순한 사물놀이에서 복잡한 사물놀이로 발전된다. 유아는 탐색과 조작 놀이를 통해 사물과 놀잇감에 보다 친숙해지며, 점차적으로 개인적인 놀이 목표에 부합하는 다양한 놀이에 참여할 수 있게 된다(Pellegrini, 2009).

Piaget의 영향을 받은 Smilansky(1968)는 인지발달의 발달적 위계로 나타나는 놀이 유형으로 기능놀이, 구성놀이, 극놀이를 제안하였다. 이 중 구성놀이는 유아가 무엇인가를 만들기 위해 놀잇감을 사용하는 형태의 놀이 행동으로서 조직적이고 목표 지향적인 특성을 갖는다. 연령이 증가할수록 유아는 그리기, 디자인하여 구성하기, 작은 구성물 만들기 등의 행위를 통해서 복잡한 구조의 구성물을 만들고 인식 가능한 형태의 결과물을 만들어 낼 수 있게 된다.

유아기에 가장 보편적으로 나타나는 구성놀이의 주요 형태는 블록놀이다. 유아가 블록을 가지고 어떻게 놀이하는지에 대한 연구는 Gesell(1940)에서부터 시작되어 지속적으로 연구되어 왔다. 블록놀이는 2세경에 시작되고, 3세경에는 수직 구조물에서 수평 구조물로 옮겨 가면서 복잡성이 증가하며, 4세경에는 정교한 구조물을 만들 수 있게 된다. 즉, 블록놀이는 연령이 증가함에 따라 점차적으로 표

연령이 증가하면서 유아의 놀이에는 복잡한 표상 형태의 구성놀이가 나타난다.

상적이 되어 간다(Reifel, 1984).

초등학교 저학년 시기에는 블록놀이를 포함한 보다 복합적인 형태의 구성놀이가 미술, 공예, 창의적 놀이 등으로 전환되어 나타나는데, 이러한 현상은 연령의 증가에 따라 유아의 극화놀이가 드라마와 공연극으로 전환되는 것과 유사하다(Trageton, 1997). 초등학교 저학년 시기의 아동은 복잡성과 정교화 면에서 더욱 발전되어 복합적 다차원 기준을 적용하여 사물을 분류할 수 있고, 문제 해결을 위하여 자료를 측정하고 균형을 맞추는 등의 활동을 할 수 있다. 따라서 블록놀이에서도 레고나 링컨 레고와 같은 놀잇감 끼우기, 톱니 연결하기, 사물 연결하여 끼우기 등과 같은 형태의 놀잇감을 익숙하게 사용하며, 연령이 증가할수록 작은 나사, 너트, 볼트를 좋아하고 전지를 충전시켜 움직일 수 있는 구성 놀잇감 세트의 놀이를 즐기게 된다(Goodson & Bronson, 1985).

(2) 상징놀이의 발달

유아의 지적 발달을 알려 주는 중요한 근거 중 하나는 상징놀이다. 놀이 속에서 가장에 대한 인식과 참여를 통하여 유아는 행동과 이해가 통합된 촉발이 나타나게 된다(Friedman & Leslie, 2007; Lillard, 2001; Rakoczy, 2008). 유아의 상징놀이는 유아의 마음의 이론, 마술적 사고, 자신과 타인의 상태 이해에 대한 추가적인 통찰력을 제공한다. Vygotsky(1976)는 상징놀이를 걸음마기 아기가 성장한 후에 여러 가지 상징을 사용하는 방법을 익히기 위해 연습하는 활동으로 보았다. 2세경 부터 나타나기 시작하는 유아의 표상능력은 상징놀이 참여를 가능하게 하며, 유아기 동안 보다 조직화된 상징놀이를 향해 지속적으로 발달한다. 여기서는 유아의 상징놀이의 발달 경향과 특성을 가장 행위와 사물, 역할 수행과 주제의 관계에서 살펴본다.

① 가장 행위와 사물

가장 행위의 복잡성은 사물의 변환 유형과 변환 수준에 따라 결정된다. 가장 행위는 자기 지향적 혹은 자신을 행위자로 포함시키는 초보적인 형태(먹는 척하기, 전화로 이야기하는 척하기, 모자 쓰는 척하기, 컵으로 물 마시는 척하기 등)에서 다른 사물이나 사람이 다른 사물에 행위를 하는 외부 지향적 형태(엄마가 아기에게 우유를 먹이는 척하기 등)로 변화한다.

12개월경의 영아는 자기 지향적 혹은 자신을 행위자로 포함시키는 초보적 형태의 상징놀이를 한다. 가장 행위는 잠자기, 먹기, 마시기, 전화기에 말하기 등 일상생활의 경험을 나타내지만 반드시 실제적인 요구나 소망과 연결되지는 않는다.

유아는 발달과 함께 보다 복잡하고 연속적인 형태의 가장놀이에 참여하게 된다.

이 시기의 영아는 전형적으로 동물이나 사물 혹은 사람 흉내를 내는 특징이 있으며, 점차 연령이 증가해 가면서 익숙한 행동을 표현하는 데 사물을 활용하게 된다(Watson & Jakowitz, 1984). 18개월경이 되면 유아는 외부 지향적인 가장 행위를 하기 시작한다. 예를 들어, 엄마가 컵으로 물을 마시는 척하거나 인형이 전화로 말하는 것 같은 상징놀이를 한다. Piaget(1962)에 의하면 영아의 가작화 능력은 계속적으로 증가하면서 다양한 사물 대체를 할 수 있게 되지만 진정한 의미의 상징놀이는 외부 지향적 형태의 가장 행위가 가능할 때부터 이루어진다.

유아가 놀이에서 나타내는 실제 사물에 대한 대체 사물의 형태와 기능은 가장 행위의 복잡성을 판단하는 또 하나의 기준이다. 유아는 대체 사물의 형태와 기능 선택 시 실제 사물의 모양과 의도하는 기능 면에서 유사성이 있는지 살피게 되는데, 연령이 어릴수록 유사성은 더욱 많아지게 되는 것이다. 예를 들어, 모형 바나나는 모형 전화기의 수화기와 유사한 모양이기에 전화기의 대체물로 모형 바나나를 사용할 수 있지만 차를 모형 전화기로 대체하기는 쉽지 않다. 그 이유는 실제 사물과 대체 사물 간의 모양과 의도하는 기능상에 유사성이 없어 유아에게 상당한 상징적 도약을 요구하기 때문이다.

유아는 발달과 함께 보다 복잡하고 연속적인 형태의 상징놀이에 참여하게 되며, 사물을 관습적이고 일관성 있게 사용하면서 놀이 속에서의 가장 행위들을 의미 있게 연결시켜 간다. 2~3세경에 유아는 인형에게 차를 주는 형태의 가장 행위를 할 때 주제나 이야기를 반영한 두 가지 혹은 그 이상의 연속적인 행동을 연결하여 수행할 수 있다. 유아는 컵받침에 컵을 놓고, 그다음 컵에 숟가락을 넣고, 이어 주전자로 컵에 차를 따르고, 마지막에는 인형 앞에 컵을 갖다 놓을 수 있다. 이러한 가장 행위의 연속적인 특성은 연령이 증가함에 따라 다양성과 변환의 수준이 증가한다.

가장 행위의 복잡성에 영향을 미치는 중요한 변인 중 하나는 유아가 경험할 수 있는 물리적 환경이다. Jakowitz와 Watson(1980)은 실제 비행기에 익숙한 유아에게는 비행기 가장 놀이가 쉽게 일어날 수 있지만, 그렇지 않은 유아에게는 비행기 가장 놀이가 결코 일어나지 않을 수도 있다는 점을 강조하였다.

② 역할 수행과 주제

3세경에 유아의 상징놀이에서는 초기에 나타나는 사물 가장 행위와는 다른 역할 수행(role enactment, 역할놀이)이라는 중요한 변화가 일어난다. 이 시기의 유아는 놀이에서 가족과 같이 친숙한 사람의 역할을 수행하기 시작하는데, 이러한 역할 수행은 다른 사람에 대한 인식뿐만 아니라 역할의 속성, 역할관계, 역할에 적합한 행동에 대한 지식을 나타내기 때문에 중요하다. 역할 수행을 하면서 유아는 가장 행위 이면의 역할에 대한 정체성을 추론하고 상상하게 되는데, 이러한 능력은 유아가 상징놀이를 더욱 정교하고 즐겁고 의미 있게 하도록 한다(Singer & Singer, 2001).

역할 수행은 놀이 주제와 연결된다. 놀이 주제의 경우, 유아는 소꿉놀이나 의사놀이와 같이 매우 친숙한 주제에서 시작하여 점차적으로 일상에서 벗어난 특이한 주제에 많은 흥미를 가지게 된다. 역할 수행에서도 친숙한 직업 역할보다는 허구의 인물 역할을 수행하는 데 더욱 관심을 갖게 된다. 유아가 역할 수행을 위해 선택하게 되는 잠재적 주제들은 그들의 언어, 인지, 사회적 능력이 증가하고 자신이 살고 있는 세계에 대해 더 많은 지식을 갖게 되면서 (일상의 실제 세계와 매체를 통해 알게 되는 경험을 통해) 더욱더 다양해진다.

초등학교 저학년 아동의 역할 수행과 놀이 주제는 보다 발전하여 놀이 에피소드를 세부적으로 분류하고 조직하며, 높은 수준의 상위 의사소통 능력을 보이기도 한다. 또한 실제 극놀이를 하는 것보다는 소품을 만들고, 계획과 협상을 하는

주제와 관련된 역할 수행은 역할에 대한 정체성을 상상하게 한다.

등의 계획하기에 더 많은 시간과 노력을 들인다(Johnson, 1998). 따라서 이 시기의 아동은 유아기에 비해 더 풍부한 주제, 잘 짜인 대본, 정교화된 줄거리가 있는 상징놀이에 참여할 수 있게 된다.

2. 놀이와 사회성 발달

놀이는 유아가 사회적 기술과 지식(차례 지키기, 공유하기, 협동하기 등) 습득, 타인의 감정 이해능력 획득 등에 영향을 주는 중요한 사회적 맥락으로 작용한다. 부모, 교사, 또래 등과 같은 사회적 환경은 놀이에 영향을 주고, 놀이는 유아의 사회적 능력 형성에 영향을 준다(Ginsburg, 2007). 즉, 놀이와 사회성 발달은 양방향적인 관계다(Creasey, Jarvis, & Berk, 1998).

1) 놀이와 사회성 발달

(1) 놀이와 사회적 능력

유아는 자신이 속한 사회에서 요구하는 기본적 지식을 배우고, 언어 습득을 통해 의사소통을 하며, 타인과의 상호작용을 통해 많은 사회적 지식을 배우게 된다. 특히 사회성 발달은 또래와의 관계를 통해 자신의 역할을 지각하게 되면서 이루어진다.

유아가 놀이에 참여하기 위해서 요구되는 사회적 능력 중 가장 기본적인 능력은 놀이 규칙에 대한 이해다. 모든 집단놀이에는 규칙이 있다. 단순하게 보이는 까꿍놀이에서도 부모와 영아가 서로의 차례를 기다려야 한다는 규칙이 존재한다. 사회극놀이에서의 규칙은 훨씬 더 복잡하고 어렵다. 예를 들어, 사회극놀이에서 유아가 젖병을 빠는 아기의 역할을 맡았다면 놀이가 진행되는 내내 그 역할에 적절한 행동을 일관성 있게 해야 하는 규칙이 존재한다. 만일 그 규칙을 어겨 걸어다니거나 말을 하는 등 젖병을 빠는 아기에게 어울리지 않는 부적절한 행동을 하면 유아는 다른 놀이 참여자들에 의해 날카로운 비난을 받는다. 사회극놀이에서 요구되는 규칙은 놀이 시작 전에 정해져 있지 않고 놀이과정 동안 유아에 의해 조정되고 변경된다는 특징이 있다. 그리고 이러한 특징은 유아가 놀이과정을 통해 규칙과 규칙 설정의 속성에 대해 검토해 볼 수 있는 기회를 제공한다.

놀이는 유아가 성인의 역할을 연습하는 동안 자신의 두려움을 정복하고 숙달할 수 있는 세상을 만들어 내는 과정이다(Ginsburg, 2007). 이러한 과정을 통하여 유아는 집단과의 협동, 공유, 협상, 갈등 해결을 할 수 있도록 도와주는 새로운 역량을 발달시키게 된다. 특히 서로 간의 역할을 수행하고 협상을 하는 놀이는 건강한 발달의 핵심인데, 이러한 놀이에 참여하기 위해서는 다수의 사회적 능력이 요구된다. 예를 들어, 유아가 '자동차 정비소'라는 주제의 사회극놀이에 성공적으로 참여하기 위해서는 먼저 수리공, 계산원, 손님 등의 역할을 정하고 우유 상자를 기름통으로, 연필을 타이어 압력 측정기로 사용하자는 가작화 과정에 동의하게 된다. 그리고 에피소드를 어떻게 구성해 갈 것인지에 대해서도 협동하여 결정해야 한다. 이처럼 사회극놀이 빈도와 또래 인기도, 사회적 기술 점수 간에는 유의미한 정적 상관관계가 있으며(Rubin & Hayvern, 1981), 복잡한 놀이 형태일수록 보다 높은 사회적 기술이 나타난다.

(2) 놀이와 조망수용 능력

조망수용 능력은 타인의 관점에서 상황을 볼 수 있는 능력으로 타인을 어떻게 보는지에 대한 시각적 조망 수용, 타인에 대하여 어떻게 생각하는지에 대한 인지적 조망 수용, 그리고 타인에 대하여 어떻게 느끼는지에 대한 정서적 조망 수용이 있다. 유아는 타인의 관점에 대한 이해에 앞서 타인도 자신의 생각과 감정이 있다는 것을 인식해야 한다. 유아는 연령이 증가함에 따라 다른 사람도 생각과 감정이 있으며 그것이 자신의 생각과 감정과는 다를 수 있다는 것을 알게 된다.

조망수용 능력은 사회성 발달에서 매우 중요하다. 사회극놀이는 유아의 조망수용 능력과 사회적 능력의 발달에 중요한 역할을 한다. 사회극놀이에 참여하는 유아들은 놀이 맥락 안에서 아기, 형제자매, 부모, 조부모, 소방관 등 다양한 역할을 수행하게 된다. 이때 유아는 정확한 역할 수행을 위해 자신의 모든 배경 지식을 총동원하여 역할을 맡은 사람의 입장으로 들어가 그 사람의 관점에서 세상을 보려고 노력하게 되는데, 이러한 가상전환 행동은 조망수용 능력과 다양한 인지적 기술들을 촉진시켜 유아의 탈중심화 과정을 촉진시킨다(Rubin et al., 1983a). Connolly와 Doyle(1984)은 사회극놀이와 조망수용 능력 간의 높은 정적 상관을 강조하였는데, 이는 사회극놀이가 타인의 관점에 대한 인식과 정서 이해, 정서조절 등의 능력을 요구하기 때문이다(McArdle, 2001).

　개인의 정신은 사회문화적 맥락에서 구성원 간의 상호작용을 통하여 공유되기 때문에, 사회문화적 맥락은 인간의 성장과정에 중요한 영향을 미친다(Lillemyr, 2009; Pellegrini, 2009). 학습과정의 내면화를 통하여 형성된 인간의 고등정신 기능은 사회문화적 맥락으로 흡수되며 구성원 간의 상호작용 역할의 역동성을 지닌다(Bodrova & Leong, 1996). 인간은 사회문화적 환경 속에서 서로 간의 상호작용을 통하여 무언가를 이루어 가는 과정에서 서로의 관점을 조절하고 공동의 화제를 도출하며 이해를 구성해 나가게 되는데 이것이 바로 상호주관성이다. 놀이 상황에서 유아는 상호주관성을 형성한다. 유아의 정서 표현, 정서 이해, 정서 조절 등의 능력은 타인과의 사회적 상호작용을 얼마나 성공적으로 경험했는가에 달려 있다(Halberstadt, Denham, & Dunsmore, 2001). 자신의 감정을 적절하게 표현하고, 또래의 감정을 이해하며, 협력과 이타적 행동 등을 포함한 친사회적 행동과 조망수용 능력은 사회극놀이 진행을 위해 상대방과 협상하여 공유된 이해를 구성하는 상호주관성의 과정에서 필요한 것이다.

2) 사회놀이 발달

　유아의 상호작용적 놀이는 연령에 따라 증가하며, 사회적 놀이가 점차 복잡해지면서 차례 지키기, 시도하기, 유지하기, 끝맺기와 같은 사회적 행동이 더 확실하게 나타난다. 또한 사회적 행동과 함께 사회적으로 적합한 방식으로 언어를 사용하는 능력도 더 정교해진다.

　영아기와 걸음마기 동안 사회놀이 발달의 주요 요인은 놀이를 경험하는 사회적 맥락과 사물놀이 경험이다. 먼저 유아의 놀이기술 발달 변화에 민감한 어머니와 함께 놀이하는 경험(Damast, Tamis-LeMonda, & Bornstein, 1996), 놀이에서 놀이 상대자와의 협력을 통한 상호작용 경험(Singer & Singer, 1990)은 영아기와 걸음마기 동안의 사회놀이 발달에 기초를 제공한다. 즉, 자신의 한계와 능력을 잘 아는 사람, 놀이가 보다 순조롭게 진행될 수 있도록 도와주는 사람과 놀이하면서 경험하게 되는 즐거운 상호작용은 사회놀이 발달에 주요 요인이 된다.

　사물놀이 경험 또한 영아기와 걸음마기 동안의 사회놀이 발달에 또 하나의 중요한 요인이다. 놀잇감은 병행놀이에서 상호작용놀이로 전환할 수 있도록 하는

유아는 발달해 가면서 점점
복잡한 상호작용적 놀이가
증가한다.

매개체 역할을 한다. 즉, 놀잇감은 '사회적 윤활유'의 역할을 한다. 영아기와 걸음
마기의 사회놀이는 또래와의 놀잇감 사용 경험을 통하여 혹은 또래와의 상호작용
을 통하여 보다 향상된 형태의 사회놀이로 발달해 간다(Jacobson, 1981).

　유아는 연령의 증가와 함께 보다 성숙해지고 다양한 사회적 상황 속에서 경험
을 하게 되면서 사회놀이의 기술이 계속 발달하게 된다. 사회놀이의 발달에 관한
Parten(1932)의 고전적 관찰 연구 이래, 유아의 사회놀이 수준은 혼자놀이에서 병
행놀이, 그다음 연합놀이, 협동놀이의 순으로 발달해 간다는 점에 일반적인 합의
가 있다. 그러나 Parten의 사회놀이 발달 수준이 실제로 유아의 사회놀이의 변화
를 파악하는 데 도움이 되는지에 대한, 그리고 특수한 사회적 상황에서의 놀이 변
화에 대한 세부적인 분석이 필요하다는 점이 제기되었다. 그 결과, 많은 연구에서
(Bakeman & Brownlee, 1980; Rubin, 1982)는 일반적으로 유아는 Parten이 제안
한 사회놀이 발달단계를 따르지만 그렇지 않은 특수한 상황도 존재함을 강조하였
다. 사회놀이 발달단계 중 혼자놀이가 미성숙에 기인한 놀이라고 제안한 Parten

의 견해와는 달리, 혼자놀이는 유아에게 유용한 놀이로서(Burger, 1995; Lloyd & Howe, 2003) 연령이 높은 유아도 혼자놀이와 상호작용놀이 사이를 교류하며, 특별한 놀이 상대자와 놀이를 시작하거나 끝내기 위하여 전략적으로 병행놀이를 사용하는 경향이 많다는 것이 발견되었다. 그리고 병행놀이와 혼자놀이에서도 성숙한 사회적 놀이의 특성이 존재할 수 있음이 제안되었다.

　Howes(1980)의 사회놀이 관찰체계는 Parten의 병행놀이를 세부적으로 분석한 것으로, 유아 간에 나타나는 상호작용의 상호성, 복잡성의 증가에 따라 참여적 병행놀이, 상호 인식놀이, 단순 사회놀이, 보완적 놀이, 상호 보완적 놀이의 단계로 범주화하였다. 또한 Howes와 Matheson(1992)은 유아 간에 나타나는 상호작용의 복잡성, 의사소통 및 상위 의사소통의 증가 정도에 따라 병행놀이, 병행적 인식놀이, 단순 사회놀이, 보완적·상호적 놀이, 협동적 사회놀이, 복잡한 사회놀이로 범주화하여 유아의 놀이를 관찰하였다. 연구에 따르면 단순 병행놀이와 상호인식 병행놀이는 연령이 증가하면서 감소하였고, 보완적·상호적 사회놀이와 협동적 사회놀이는 증가하였다. 그러나 단순 사회놀이는 연령에 따른 변화가 없었다.

　혼자놀이는 연령의 증가와 함께 비록 빈도는 비슷하게 나타나지만 내용 면에서는 질적인 향상이 일어난다. 예를 들어, 어린 유아는 더 많은 혼자 기능놀이에, 나이 든 유아는 더 많은 혼자 구성놀이에 참여한다. 그리고 혼자놀이의 빈도, 특히 극놀이 영역에서 혼자놀이와 사회놀이의 비율은 물리적으로 경계 지어진 영역, 놀이 영역 간의 잘 구분된 통로, 쉽게 이용 가능한 적절한 놀잇감 등 물리적 환경에 따라서도 달라질 수 있다(Petrakos & Howe, 1996). 최근 놀이 연구자들은 혼자놀이를 사회적 또는 비사회적 놀이 범주에 따라 억제된 행동, 혼자 능동적 행동, 혼자 수동적 행동으로 세분하였다(Coplan, Findlay, & Nelson, 2004; Coplan, Gavinski-Molina, Lagace-Seguin, & Wichmann, 2001).

■ 억제된 행동(reticent behavior): Parten의 방관자적 행동(다른 사람들을 바라보면서 그들의 놀이에 흥미를 가지지만 직접 참여하지는 않는 행동)과 비참여 행동(아무것도 하지 않고 다른 사람들의 놀이에도 관심이 없으며 목적 없이 교실을 돌아다니는 행동)이 이에 속한다. 유아가 이런 유형의 행동을 많이 보인다면 또래 집단에서 문제를 나타내는 것일 수도 있다(Coplan & Rubin, 1998).

■ **혼자 능동적 행동**(solitary-active behavior): 혼자 기능놀이(혼자서 사물을 가지고 혹은 사물 없이 근육운동을 반복하는 놀이)와 혼자 극화놀이(혼자서 가장 행위와 역할 수행을 하는 놀이)가 포함된다. 이런 유형의 놀이를 하는 유아는 종종 또래에게 거절당하는 경우가 있는데, 이는 미성숙이나 충동성 또는 사회성 면에서 문제를 나타내는 것이라고 추측해 볼 수 있다. 그러나 혼자 능동적 행동이 또래로부터 공정하지 못한 이유로 거절당해서 보이는 행동이라면 그 해석도 달라져야 할 것이다.

■ **혼자 수동적 행동**(solitary-passive behavior): 혼자 구성놀이를 의미하는 행동으로서 혼자서 자신에게 흥미 있는 무엇인가를 만들거나 수행하는 행동이다. 이런 유형의 행동은 주로 사람 지향적인 유아보다 사물 지향적인 유아에게서 많이 보인다. 이러한 유아는 또래에게 거절당하지도 않고 문제적 성향의 행동을 보이지도 않지만 너무 이런 유형의 행동을 보이는 유아가 교실에서 적응을 잘 하지 못한다면 위축으로 인한 결과일 수도 있다(Harrist, Zaia, Bates, Dodge, & Pettit, 1997).

초등학교 저학년 아동의 사회적 상호작용 기술 수준은 매우 높아져 지각, 사고, 의도, 감정의 측면에서 타인의 감정을 수용할 수 있다. 또한 충동조절 능력과 만족을 느끼기 위해 계획하고 지연하는 만족지연 능력이 잘 형성되어 있으며, 분화된 자아개념을 가지고 있기 때문에 유아기에 비해 보다 많은 사회적 능력과 성숙된 친구관계를 형성할 수 있다(Elkind, 2007).

3. 놀이와 정서발달

놀이는 유아의 자아개념, 정서 조절, 스트레스 대처 등에 매우 중요하다. 유아는 놀이과정 동안 비위협적인 상황에서 감정을 투사시켜 공포와 스트레스를 다루게 되며, 정서를 동일시하는 것도 배우게 된다. 유아는 다른 사람과 함께 놀이하고 다양한 역할을 맡아 봄으로써 감정이입과 탈중심화를 배우며, 다른 사람의 관점을 수용하는 것도 배울 수 있다.

1) 놀이와 자아개념

놀이 현상은 놀이자 개인의 성격과 자아정체감 내에서 총체적이며 통합적이다 (Erikson, 1940; Sutton-Smith, 1980). 놀이는 발달을 강화시키고 유아가 정서적·행동적 어려움을 극복하도록 하는 치료제로서, 불안과 같은 자아갈등을 극화와 놀이를 통해 해결하게 해 준다. 놀이는 자아 수행력의 매개체이며, 유아가 환경에 대해 보다 강력해지고 숙달될 수 있는 기회를 제공한다. Peller(1952)는 유아가 놀이하는 동안 정서적 분위기와 감정이 수반된 과거 개인적 사건을 재경험하기 때문에 놀이의 반복이 자아개념 형성에 필수적인 과정이라고 보았다. Sutton-Smith (1980)는 놀이에서의 역할전환 방식이 유아의 통제감과 자율성을 조장한다고 하였다. 현실세계에서의 유아는 선택권이 거의 없고 부모가 자신의 전체 상황을 통제하게 된다. 그러나 놀이에서는 역할의 가작화를 통해 일상에서 경험하는 통제감의 상실을 회복할 수 있는 기회를 갖게 되는 것이다.

유아의 자아정체성 발달은 놀이를 통하여 일어난다. 유아는 놀이 속에서 안전한 위치를 확보하게 되며, 이러한 확고한 위치는 타인을 위한 감정이입도 성취할 수 있게 만든다. 유아는 발달함에 따라 혼자 또는 타인과 함께 어렵고 복잡한 상상놀이에 점점 더 많이 참여할 수 있게 되고, 현실과 비현실 사이의 복잡 미묘한 차이를 보다 잘 구별할 수 있게 된다(Vandenberg, 1998). 유아는 놀이 속에서 결과에 대한 걱정 없이 다양한 행동을 시도하고 그것을 통해 모험을 할 수 있다. 놀이는 유아의 과거를 반영하면서 동시에 유아의 소망과 유아가 되고자 하는 기대와 같은 미래를 예견하기도 한다. 유아는 놀이 속에서 즐거움, 자유, 현실과 비현실의 경계에서 흥미를 느낀다. 따라서 유아의 삶에서 놀이를 빼앗지 않아야 하며, 유아의 연령이 어릴수록 놀이는 더욱 보호되어야 한다.

2) 놀이와 정서 이해

정서 이해와 정서적 자기통제의 발달은 유아기에 획득되어야 하는 중요한 사회적·정서적 발달 중 하나로, 놀이는 유아기의 정서 이해능력에 있어서 중요한 도구다(Trevarthen & Aitken, 2001). 놀이는 유아가 스스로 놀이를 선택한다는 점에서 유아의 통제하에 있으며, 직면하게 되는 도전과 정서 수준 또한 적합한 수준에서 경험하게 된다. 따라서 유아는 놀이과정 동안 자신의 부적절한 정서와 충동을 스스로 통제할 수 있게 된다. 현대사회에서 유아는 다양한 이유로 인해 과거에 비해 더 많은 스트레스에 노출되어 있다. 놀이와 스트레스 대처는 서로 밀접한 관련이 있다. 놀이는 현실로부터의 전환이라는 기능적 특성으로 스트레스에 대처할 수 있도록 하며, 과거의 심리적 상처를 치유하도록 돕는 카타르시스의 기능을 한다. 또한 놀이의 이런 특성은 대처기술과 적응 유연성의 발달을 촉진시켜 유아가 스트레스를 극복하도록 해 준다(Elkind, 2007; Ginsburg, 2007).

대처는 문제 상황에서 자신이 해야 하는 일에 대해 생각할 수 있는 능력으로, 상징놀이는 대처기술과 연계되어 있다. 상징놀이에서의 변환능력은 유아의 사고 유연성을 증가시킨다(Russ, 1998). 놀이에서의 정서적인 환상은 모호성에 대해 참을 수 있는 인내와 다양한 경험에 대해 마음을 열 수 있는 개방성이라는 성격적 특성과 관련이 있다. 이러한 정서과정과 성격 특성이 사회적 문제 해결과 대처를 포함하는 창의적인 인지능력을 향상시키는 것이다(Russ, 1999).

정서는 인지구조 발달에 영향을 미치고 인지구조 발달은 정서에 영향을 미친다(Singer & Singer, 1990). 상상력이 풍부한 유아는 자신의 정서체계에 보다 개방적이기 때문에 놀이를 통해 상징과 기억의 저장고를 더 정교하고 풍부하게 발달시킬 수 있게 되고, 결국 사고를 더 잘 조작할 수 있게 된다. 놀이의 환상적 특성은 유아로 하여금 적응 유연성을 길러 줄 수 있다. 또래와의 성공적인 협동놀이를 위해서 유아는 정서적 자기조절과 타인의 입장에서 사고할 수 있는 조망수용 능력을 필요로 한다(Casby, 1997).

4. 놀이와 언어발달

놀이와 언어는 서로 유기적인 관계 속에서 서로를 강화시켜 주면서 발달한다. 걸음마기의 영아는 처음에는 사물을 가지고 상징놀이를 할 때 사물 관련 소리를 내면서 놀이하다가, 단어가 나타나고 단어의 조합이 시작된 후에야 비로소 놀이에서 구체적인 언어를 사용한다(Christie & Roskos, 2006). 유아는 언어를 놀이 자체로 활용하면서 점차적으로 언어의 요소를 탐구하고 규칙체계의 이해나 메타 언어적 인식을 발달시켜 간다(Pellegrini, 1984). 놀이의 성숙한 수준은 언어의 확장

기회를 통하여 높아지게 된다. 놀이 역할의 레퍼토리가 확장되면 유아는 언어와 상위언어적 인식의 사용을 통하여 어휘, 문법의 숙달, 화용론적 사용 등을 증진시킨다.

1) 놀이와 구어발달

놀이는 유아로 하여금 언어능력을 최대한 활용하도록 자극한다. 즉, 언어는 놀이가 진행되는 과정에 필요한 의사전달 매체의 역할을 한다. 예를 들면, 유아는 놀이를 할 때 혼잣말로 중얼거리며 놀기도 하지만 또래와 상호작용을 하면서 자신의 생각과 의견을 나누며 놀기도 한다. 유아는 다양한 놀이 상황에서 언어를 통한 의사 전달 및 소통을 위해 적절한 언어를 선택 · 사용하는 과정에서 개념발달을 이루고 의사소통 능력을 기를 수 있게 된다. 또한 놀이를 하면서 친구의 말을 따라 해 보기도 하고, 친구와 놀이하는 과정에서 일어나는 사건이나 소리, 또는 놀이에 쓰이는 여러 가지 사물에 대해 이야기를 주고받으면서 다양한 어휘를 습득한다. 특히 사회적 놀이는 유아의 일상생활과 관련이 깊은 놀이다. 사회적 놀이를 하는 동안 유아는 일상생활과 관련된 단어나 상황에 적절한 문장을 습득하게 되고, 때와 장소 혹은 상대에 따라 적절한 언어를 바르게 사용할 수 있는 능력을 기르게 된다.

이와 같이 사회적 도구로서의 언어에 대한 인식은 유아기에 이루어져야 하는 중요한 언어발달 과업 중 하나로서, 유아는 성인과의 이야기 나누기나 게임 등 여러 활동을 통하여 의사소통 능력을 발달시킨다. 성인이 의도한 의미를 유아가 성공적으로 인식할 수 있도록 유아와의 상호작용에서는 주변에서 보고 경험한 구체적인 예들을 활용하여 말하는 것이 필요하다(Clark, 1997; Call & Tomasello, 1995). 언어와 함께 제스처, 몸의 자세, 주의집중 등도 화자의 의도를 전달하는 단순하면서도 복잡한 의사소통의 형태로 의사소통에서 전달하려는 의미를 보다 명확하게 해 준다(O'Neill & Holmes, 2002). 그림책 이야기를 활용한 집단 게임놀이 프로그램이 유아의 의사소통 능력에 미치는 영향에 대한 연구(이영자, 이종숙, 신은수, 2005)에서는 놀이를 실시한 집단이 놀이를 실시하지 않은 집단에 비해 의사소통 능력이 발달한 것으로 나타났다.

상징놀이는 유아의 상위언어적 인식이 나타나는 놀이다. 유아는 상징놀이에서 무엇을 말해야 하고 자신의 역할에 맞는 대사나 대화 부분에서 어떻게 표현해야 하는지를 배울 수 있다(Pellegrini, 2009). 예를 들어, 한 유아가 다른 유아에게 "너는 나에게 깨끗이 하라고 소리 질러야 해. 넌 나쁜 언니니까."라고 말하는 것이 상징놀이에서 유아가 보이는 상위언어적 인식에 대한 증거다(Davidson, 1998).

사회극놀이 또한 유아의 상위언어적 인식을 볼 수 있는 좋은 놀이 유형이다. 사회극놀이는 공동으로 놀이 주제를 택하는 과정, 언어나 행동에 대한 합의된 이해 도출의 과정 등에서 상호주관성을 필요로 한다(Goncu, 1993). 이러한 놀이 경험을 통해 유아는 서로 다른 개인적 경험과 정서를 조절하여 협상하며, 상대방과 상징적 개념에 대한 이해를 구성하는 목적이 있는 언어적 상호작용을 하게 된다. Goncu와 Kessel(1984)은 24명의 중산층 유아를 대상으로 놀이 틀 안에서 유아가 사용한 상위 의사소통 행동(놀이 계획, 협상, 놀이에의 초대 등)과 가장 의사소통을 구분하였는데, 연령이 높은 유아가 사용하는 상위 의사소통 언어는 연령이 낮은 유아보다 놀이자의 의도나 행동과 더 관련이 깊었다.

2) 놀이와 문해발달

놀이는 유아의 문해발달과도 관련이 있다. 유아가 상징놀이에서 사용하는 말과 상징은 유아의 문해능력과 관련이 있다(Frost, Wortham, & Reifel, 2005). 극화놀이에서 유아가 사용하는 정교한 언어는 차후 나타나는 문해능력과 관련이 있으며 (Neuman & Roskos, 1997), 훗날 유아의 읽기성취 정도를 예견하는 지표가 될 수도 있다(Roskos & Neuman, 1998).

문해가 풍부한 놀이환경에서의 놀이 경험은 유아의 문해 활동을 증가시키고 동시에 놀이의 질을 향상시키는 데 기여한다. 문해가 풍부한 놀이 영역에서의 놀이는 유아의 읽기와 쓰기 활동을 크게 증가시키며(Christie & Enz, 1992; Neuman & Roskos, 1992), 극놀이 관련 에피소드의 지속성과 복잡성을 증가시켜 준다 (Neuman & Roskos, 1992). 유아는 인쇄물이 풍부한 상황에서 놀이할 때 그 영역에 제시되어 있는 인쇄물에 대하여 읽기학습을 하게 되며(Neuman & Roskos, 1993; Vukelich, 1994) 문해가 풍부한 놀이 참여 경험을 통해 읽기 이해력에서 중요한 역할을 하는 책략(자기 점검, 자기 수정)을 발달시키게 된다(Neuman & Roskos, 1997). 또한 문해가 풍부한 놀이 장면에서 교사(성인)의 비계설정이 이루어진다면 유아의 문해 활동의 양은 더욱더 증가된다(Christie & Enz, 1992).

5. 놀이와 신체발달

1) 놀이와 신체발달

놀이는 대근육, 소근육 발달을 포함하여 달리고 점프하고 던지는 등의 광범위한 운동기술의 발달과 퍼즐 맞추기, 그리기, 인형 옷 입히고 벗기기, 다양한 도구의 사용 등 세부적인 운동기술의 발달에 중요한 공헌을 한다.

유아의 대근육 발달을 돕는 놀이 활동으로는 대표적으로 놀이기구를 이용한 놀이를 들 수 있다. 놀이기구를 사용함에 있어 발달차와 개인차가 존재하지만, 대부분의 유아는 쉬운 놀이를 시작으로 점차 어려운 놀이에 도전해 간다. 유아는 이러한 자기 수정적 놀이 활동을 반복하면서 운동과 신체 조정능력을 발달시켜 간다. 또한 유아는 달리기, 깡충 뛰기, 잡기놀이 등의 이동놀이를 즐긴다. 유아는 종종 빨리 달릴 수 있는 사람이 의도적으로 천천히 달려 다른 사람들이 자신을 잡을 수 있도록 하는 놀이를 하며, 이 과정에서 서로 잡기와 잡히기를 번갈아 하면서 역할전환이 일어난다. 이동놀이는 연령이 증가하면서 유아가 점차 효율적인 주자가 되어 달리는 동안 불필요한 동작을 줄일 수 있게 된다(Haywood, 1986). 소아비만이 증가하고 있는 현실에서 이동놀이에 대한 연구들은 더 유용하게 평가받고 있다. 그러나 이동놀이는 유아기 동안 증가하고 초등학교 저학년 이후에는 거의 나타나지 않는 것으로 보고된다(Pallegrini & Davis, 1993).

유아는 그림 그리기, 가위로 오리기, 풀로 붙이기, 종이에 긁적거리기 등 소근육을 이용하는 활동을 한다. 또한 눈과 손의 협응력이 발달해 가면서 사물의 조작이 가능해지고, 다양한 사물을 구성하는 놀이를 즐기게 된다.

유아는 신체발달에 따라 거친 신체놀이가 나타나는데, 거친 신체놀이는 사회놀이와 상징놀이가 중첩된 이동놀이다. 거친 신체놀이에서 놀이의 주된 대상은 친구의 신체와 행위다. 이 놀이에서는 큰 소리로 떠드는 것부터 레슬링 흉내, 달리기-쫓기, 도망가기, 차기, 달려들기, 쌓아올리기, 밀기, 때리기, 찌르기 등의 신체적 운동을 포함한다(Suton-Smith, Gerstmyer, & Meckley, 1988).

2) 신체놀이의 발달

신체놀이는 신체의 일부분만을 이용하여 하는 경우도 있지만 다른 형태의 놀이(사물놀이, 사회놀이 등)와 중복되어 나타나기도 한다. 거친 신체놀이는 사회적 놀이와 중복되어 나타나는 대표적인 운동놀이다. 여기서는 신체놀이의 발달을 이동놀이를 포함한 신체놀이와 거친 신체놀이로 나누어 살펴본다.

(1) 이동놀이를 포함한 신체놀이

운동놀이는 연령의 증가와 함께 발달하는 유아의 신체 및 운동 기술의 발달과 관련이 있다. 대근육운동의 발달은 손기술을 포함한 소근육운동의 발달과 함께 이루어진다. 영아는 1~3개월경에는 배를 땅에 대면 턱과 머리를 들어 올릴 수 있게 되고, 4~6개월경에는 목 근육을 통제하여 머리를 곤두세워 앉는 자세를 취할 수 있게 되며, 5~6개월경에는 잠시 동안 앉아 있을 수 있게 된다. 7개월경이 되면 영아는 약간씩의 이동이 가능해지면서 몸을 움직여 앞으로 나아갈 수 있게 되고, 첫돌을 전후로 걸을 수 있게 된다. 영아의 이러한 걷는 기술은 장소 도달하기

유아는 신체발달의 향상으로 다양한 형태의 운동놀이가 가능해진다.

나 사물 탐색하기 등과 같은 다른 목적을 위한 수단으로 활용된다. 출생에서부터 점진적인 잡기와 조작을 포함한 손기술은 유아로 하여금 사물놀이를 가능하게 해 주며, 이러한 신체 및 운동 기술의 발달은 유아가 사물, 행동, 3차원 공간, 인과관계에 대해 비형식적, 실제적, 직관적 이해를 획득하는 데도 도움을 준다.

　유아의 운동놀이 발달은 걸음마기 동안(2~3세까지) 계속적으로 이루어진다. 쉽게 걷고 달리고, 도움 없이 계단을 오르내리며, 한 손으로 컵을 잡고 다른 한 손으로는 과자를 쥘 수 있게 된다. 이 시기의 운동놀이 발달은 큰 물체 잡기와 이동을 위하여 대근육을 사용하는 대근육운동 활동과 소근육, 손과 눈의 협응, 작은 물체를 사용하는 소근육운동 활동으로 나타난다.

　3~4세의 유아는 쉽게 걷고 달릴 수 있으며, 한 발로 서 있을 수 있게 되고, 세발자전거 타기나 바퀴 달린 것을 타는 놀이에서 즐거움을 갖게 될 정도로 운동 및 신체 기술과 운동놀이에서 많은 발달적 진보를 보인다.

　4~5세 유아의 운동놀이는 성숙한 운동능력과 함께 다양해진다. 유아는 앵금질하기, 기어오르기, 위로 뛰어오르기, 달리기 등을 할 수 있게 되면서 잡기놀이와 거친 신체놀이를 포함하여 거의 모든 운동놀이를 즐길 수 있게 된다.

• • • • • •
연령의 증가와 함께 유아의 소근육운동 능력이 향상된다.

5~6세경에는 보다 많이 향상된 신체발달과 운동능력으로 줄 뛰어넘기, 체조하기 등과 같은 새로운 형태의 운동놀이가 가능해진다. 그리고 이 시기의 유아는 구슬 꿰기, 자르기, 선 긋기, 그리기, 붙이기 등을 능숙하게 할 수 있을 정도로 소근육 발달도 향상된다. 소근육 사용 기술 및 능력과 함께 대근육 강화와 협응력, 균형감각의 발달이 이루어지며, 나아가 이러한 능력의 발달은 더 다양한 운동놀이의 출현을 가능하게 해 준다.

초등학교 저학년 아동의 소근육운동 기술은 모형차 만들기, 기차칸 구성하기, 우표나 동전, 다른 공예품 수집하기 등의 놀이 활동에 사용된다. 그리고 대근육운동 능력의 발달은 두발자전거 타기, 줄넘기, 나무에 오르기, 그네 타기 등을 가능하게 하고, 롤러브레이드, 아이스 스케이팅, 체조, 수영, 기타 다른 형태의 스포츠를 가능하게 한다. 잡고 도망가기, 숨고 찾기, 뒤쫓기 등의 행동과 이와 유사한 거친 신체놀이, 그 외 위험한 놀이까지 다양한 형태의 운동놀이가 나타난다.

(2) 거친 신체놀이

유아가 즐기는 놀이의 종류는 매우 다양하다. 그러나 실제로 성인은 많은 유아가 즐기는 놀이일지라도 그들의 놀이에 대해 잘 인식하지 못하는 경우가 있다. 그러한 놀이 중 하나가 거친 신체놀이(rough-and-tumble play)다. 거친 신체놀이는 진짜 싸움이 아니라 싸우는 척하면서 노는 놀이행위다.

거친 신체놀이는 실제 싸움과는 다른 상황에서 발생하는 것으로 주로 레슬링, 차기, 때리기, 추적하기, 쫓기기 등의 행위를 포함하며, 복종과 지배의 결과를 산출하지 않는다는 특징이 있다(Humphreys & Smith, 1987). 또한 경쟁의 요소가 없고 힘을 최대한 사용하지 않으며 미소와 웃음이 있다. 거친 신체놀이와 진짜 싸움은 놀이하는 동안 웃는지, 놀이가 끝난 후 어떤 행동을 보이는지 등으로 구별할 수 있다.

거친 신체놀이는 유아가 자기 자신이나 다른 사람의 신체 부위와 행동을 놀이의 대상인 상징적 의미로 받아들이는 놀이의 유형으로서 상징놀이, 신체놀이와도 중복된다. 첫째는 운동놀이의 형태로서 거친 신체놀이는 실제 싸움이 아닌 싸움놀이의 주된 형태로 씨름하기, 뛰어다니기, 쫓기, 밀고 당기기, 차기, 덤비기, 올라타기, 밀기, 때리기, 찌르기와 크게 소리 지르기 등의 공격적 놀이 유형을 포함한다(Sutton-Smith et al., 1988). 이는 다양한 운동기술의 연습과 에너지 이완의 기회가 필요하다. 둘째로 거친 신체놀이는 여러 명의 유아가 함께 하는 놀이로서 긍정적인 감정으로부터 부정적인 감정을 여과시키고, 집단에 적절히 참여하기 위해 충동 조절을 학습하는 등의 다양한 감정 조절 학습의 도구다. 셋째로 거친 신체놀이는 싸움놀이이지 실제 싸움이 아니기 때문에 유아가 실제 싸움의 자극 역치를 넘지 않도록 신경 쓰면서 놀이해야 한다. 또한 유아는 놀이과정 동안 나쁜 사람에서 좋은 사람으로, 다시 나쁜 사람으로 바뀌는 역할전환을 경험하게 되고(Pellegrini, 1991), 종종 허구적 인물을 가작화함으로써 다양한 의미의 상징적 전환을 보인다.

거친 신체놀이와 발달의 관계는 다른 놀이 유형들에 비해 많이 연구되지 않았다. 그 이유는 연구자들이 거친 신체놀이를 제대로 인식하지 못하고 정확하게 평가하지 못해서(Pellegrini, 1989), 거친 신체놀이로 인해 유아가 폭력에 무감각해질 수 있다는 염려를 했기 때문이다(Pellegrini, 1989). 그러나 최근에는 거친 신체놀이를 공격적인 행동 범주에서 분리시켜 싸움과는 본질적으로 다른 놀이의 한 종류라는 인식하에 긍정적 측면에 대한 관심이 모아지고 있다.

유아는 자신과 비슷한 사회성을 보이는 유아와 어울려 놀이하는 경향이 있다. 인기 있는 유아는 다른 인기 있는 유아와 거친 신체놀이를 통하여 더욱 다양한 사회적 문제해결 기술을 배우지만, 또래에게서 소외되는 유아는 그런 기회를 얻지 못하여 친사회성 발달의 기회를 얻지 못한다. 즉, 유아는 거친 신체놀이를 통하여 사회적인 능력을 키우고 또래 간의 우정을 쌓을 수도 있지만 동시에 사회적으로 고립될 수도 있다(Fagot & Leinbach, 1983). 더구나 어린 시절의 낮은 지위는 유아가 성인이 된 후에도 적응 문제를 야기하므로 거친 신체놀이는 또래 간의 사회적 능력을 향상시킬 수 있다는 점에서 중요한 놀이라고 할 수 있다(Ladd, 1983). 유아는 거친 신체놀이를 하면서 불필요한 에너지를 방출하고, 자신의 감정을 조절하며, 특히 남아에게는 거친 신체놀이가 사회적 문제를 해결하고 전략을 세우는 등의 사회적 기술을 발달시킬 수 있는 기회를 제공한다.

이상에서 살펴본 것처럼 다양한 유형의 놀이 경험은 유아의 사고발달, 상위인지 발달, 창의적 문제 해결력 등 인지발달에 영향을 줄 뿐만 아니라, 또래와의 상호작용에 의한 사회적 기술 및 조망능력의 발달, 자아개념과 정서 조절 같은 정서발달, 또래와의 의사소통에 의한 구어 및 문해 발달, 또래 및 교구와의 상호작용을 통한 대소근육의 발달, 그리고 다양한 신체 접촉에 의한 또래 간 사회적 능력 발달을 이룰 수 있는 풍부한 기회를 제공한다.

놀이와 개인·사회·문화

발달적 기능이 인간의 발달단계에서 사용하는 규준적인 집합적 설명이라면, 개인차는 성장 비율이나 발달적 기능 형태의 다양성을 의미하는 것이다. 유아 놀이와 관련하여 보다 포괄적인 이해와 개념 정의는 유아의 발달과 놀이 행동에 영향을 미치는 다양한 변인을 고려할 때 가능하다(Pellegrini, 2009). 따라서 이 장에서는 유아의 발달과 놀이 행동에 영향을 미치는 변인을 크게 개인적 변인, 사회적 변인, 문화적 변인으로 나누어 각 변인들과 놀이 간 관련성을 살펴본다.

1. 놀이와 개인적 변인

1) 성(性)과 놀이

(1) 신체놀이에서의 성차

신체놀이에서의 성차는 놀이 행동의 경향성, 놀이환경 선택 등에서 차이를 보이며, 보통 4~5세경에 나타나기 시작한다(Fagot & O'Brien, 1994).

남아는 여아보다 신체적 접촉, 싸움, 놀리기를 포함하여 더 활동적이고 거친 특성을 보인다(Maccoby, 1998). 남아가 활동적이고 신체적인 접촉이 많은 거친 놀이를 선호하는 반면, 여아는 조용하고 소극적인 놀이 경향을 보인다(Smith & Inder, 1993). 또한 실내 및 실외 놀이환경 선택에도 여아는 실내놀이환경을 선호하는 반면, 남아는 실외놀이환경을 더 선호하는 경향이 있다(Cunningham, Jones, & Taylor, 1994).

놀이에서의 활동적이고 적극적인 행동 경향성은 그림 그리기와 같은 정적인 활동에서도 나타난다. 예를 들어, 남아는 화성과 우주 전쟁의 그림 소재를 즐겨 선택하고, 그림을 그릴 때도 입으로는 폭발음을 내면서 마치 자신이 그림 안으로 뛰어 들어가는 것처럼 생동감 있게 행동한다(Paley, 1984).

신체놀이에서의 성차에 따른 놀이 행동 경향성은 초등학교에 들어가는 연령이 되면서 스포츠, 운동경기, 그 외 다른 신체 활동에서 두드러지게 나타나게 되어,

대규모의 놀이 집단, 경쟁성, 상호의존성, 역할 분화, 규칙 지배적 집단놀이 등에서 성차가 뚜렷하게 나타난다(Elkind, 2007; Hughes, 2010).

(2) 사회놀이에서의 성차

사회놀이에서의 성차는 유아가 사회놀이 시 선호하는 놀이친구의 성, 사회놀이에서의 상호작용 양식 등에서 나타난다.

유아는 남아와 여아 모두 동성의 놀이친구를 더 선호하며(Fishbein & Imai, 1993; Ramsey, 1998), 동성의 놀이친구 선호 시기에서는 여아가 남아보다 훨씬 어린 시기부터 동성의 놀이친구를 선호한다. 그러나 유아기 이후 연령부터는 여아의 동성 놀이친구 선호도가 감소하고 남아의 동성 놀이친구 선호도는 증가하는 특징이 있다(Diamond, LeFurgy, & Blass, 1993; Ramsey, 1998). 성에 따라 동성 놀이친구 선호 경향이 나타나는 시기에서의 차이는 있으나, 모든 유아가 사회놀이에서 동성의 놀이친구를 더 선호하는 이유는 무엇일까? Hartup(1983)은 사회놀이에서 동성의 놀이친구를 더 선호하는 이유로 성역할 고정화, 공통 관심 등을 설명하였다.

사회놀이에서의 성차는 동성의 놀이친구 선호 경향뿐만 아니라 상호작용 양식에서도 나타난다. 남아는 여아에 비해 독단적이고 지배적인 상호작용 경향을 보인다. 또한 대집단 경쟁놀이에 더 많이 참여하고 규칙 지배적인 활동을 선호하며 활동 자체에 더 많은 초점을 두는 경향이 있다. 반면에 여아는 소집단이나 친한 짝 친구들을 더 선호하며 주관적이고 개인 간의 사회적 관계에 초점을 두는 경향이 있다(Maltz, 1982; Pellegrini, Long, Roseth, Bohn, & Van Ryzin, 2007; Tarullo, 1994).

마지막으로 상상놀이 친구 선택에서도 남아는 상상의 놀이친구로 동물을 좋아하며, 매체에서의 캐릭터를 상상의 놀이친구로 선택할 경우 남자 주인공만을 선택하는 경향이 있다. 반면 여아는 원더우먼, 슈퍼맨, 배트맨과 같이 남성, 여성 주인공 모두에 관심을 보이는 경향이 있다(Singer & Singer, 1990).

(3) 사물놀이에서의 성차

사물놀이에서의 성차는 유아가 놀이에서 사용하는 놀잇감의 종류, 놀잇감 사용 방법 등에서 나타난다.

어린 연령의 남아는 바닥에서 밀거나 당기는 놀잇감, 블록 또는 바퀴 달린 놀잇감을 가지고 하는 놀이를 선호하는 반면, 여아는 인형 가지고 놀기 혹은 색칠하기, 퍼즐 맞추기 같은 놀이를 더 선호하는 경향이 있다(Wardle, 1991). 또한 남아는 놀잇감과 놀이 자료를 정형화되고 반복적인 방법으로 조작하는 기능놀이 형태를 선호하는 반면, 여아는 목표를 가지고 놀잇감과 놀이 자료를 구성하는 구성놀이 형태를 더 선호한다(Johnson & Roopnaire, 1983).

놀이에서의 성차에 따른 특정 놀이 자료 선호 경향성은 1960년대 이후의 놀이 관련 문헌에서 계속적으로 다루어지고 있는 내용이다(Johnson, Christie, & Yawkey, 1999). 많은 연구에서는 놀이에서의 특정 놀이 자료 선호 경향성에 성적 비대칭이 나타남을 증명하였다(Carter & Levy, 1988; Powlishta, Serbin, & Moller, 1993; Smith & Inder, 1993). 놀이에서 여아는 남아에 비해 더 다양한 놀이 자료와 활동을 즐기는 경향이 나타나는데, 이는 놀잇감 선택에 대한 성적 비대칭 때문이라는 것이다. 즉, 여아는 남아용 놀잇감과 여아용 놀잇감을 모두 사용하여 놀이하는 경향이 있는 반면, 남아는 여아용 놀잇감을 거부하여 남아용 놀잇감만을 가지고 놀이하는 경향이 더 많았다(Liss, 1981; Pellegrini et al., 2007).

(4) 상징놀이에서의 성차

상징놀이에서는 놀이의 조직적 복잡성이나 사물 변형의 수준에서는 성차가 나타나지 않으나 역할 수행과 놀이 내용 및 주제에서는 성차가 나타난다.

역할 선택에서의 성차는 유아가 자유롭게 놀이를 선택할 수 있는 자유놀이에서도 나타난다(Bergman & Legcourt, 1994; Howe, Moller, Chambers, & Petrakos, 1993). 역할 수행과 놀이 내용 및 주제에서 나타나는 성차의 경우, 여아는 인형, 의상, 가사용품을 포함하는 가정 중심적 주제를 선호하는 반면, 남아는 자동차, 총과 같은 놀잇감을 포함하는 장난스럽고 위험한 혹은 모험적인 주제에 더 관심을 보인다(Levin & Carlsson-Paige, 1994). 또한 남아는 집, 의사, 유치원과 같은 친숙하고 현실적인 주제에서 벗어나 탐험가, 슈퍼 영웅, 다양한 창조물과 같은 친숙하지 않은 환상적인 주제를 더 많이 선택하지만, 여아는 상징놀이가 나타나는 초기부터 모든 유아에게 대중적인 역할과 놀이 주제를 선택하는 경향이 있다(Pellegrini et al., 2007).

2) 성격과 놀이

(1) 사물 대 사람 지향성

사물 대 사람 지향성은 놀이에 영향을 미칠 수 있는 개인적 변인 중의 하나다. 어떤 유아들은 사람과의 상호작용이 많은 활동을 더 선호하는 반면, 다른 유아들은 사물에만 관심의 초점을 두는 혼자놀이 활동을 더 선호할 수 있다.

Jennings(1975)는 사물놀이 경험이 많은 유아가 물리적 재료의 조직화와 분류를 요구하는 검사에서 유능한 것으로 나타남을 강조하면서, 유아의 사물 대 사람 지향성의 성격적 특성에 따라 물리적 조작을 포함한 인지 과제 수행능력에 차이가 있을 수 있음을 제안하였다. 그러나 유아의 사람 지향 혹은 사물 지향의 성격적 특성은 단순히 관련 경험을 많이 하느냐에 따라 길러질 수 있는 측면이 아니며, 사회문화적 맥락이라는 측면에서의 해석이 필요하다. 사람 지향성은 상호 의존적 또는 집단적 문화의 특성이 강한 사회문화적 환경에서 높이 평가받는 반면에 사물 지향성은 개인주의적 문화에서 높이 평가받는 경향이 있기 때문이다.

(2) 인지 양식

인지 양식은 인지 과제에 반응하는 선호 방식에서 나타나는 개인차를 말한다. 인지양식 척도에는 장독립(field-independence)과 장의존(field-dependence)이 있다. 먼저 장 독립적인 유아는 자신이 처해 있는 상황의 특수한 상황적 요소의 영향을 덜 받기 때문에 복잡한 구도에서 단순한 형상 찾기와 같은 과제의 수행능력이 뛰어나다. 반면에 장 의존적인 유아는 전체 구도 속에서 숨겨진 형상 찾기와 같은 과제 수행에 있어서 장 독립적인 유아보다 시간을 더 많이 필요로 한다. Saracho(1999)는 장 의존적인 유아는 집단 극놀이와 사회놀이를, 장 독립적인 유아는 구성놀이와 조작놀이를 더 선호하는 경향이 있다고 하였다. 즉, 장 독립적인 유아는 사물놀이를 선호하고, 장 의존적인 유아는 사람 지향적인 놀이를 선호한다.

그러나 유아의 인지 양식과 놀이의 관계는 보다 종합적으로 분석되어야 한다. 인지 양식의 발달 특성상 유아는 발달할수록 장 독립적인 경향이 많아질 뿐더러, 유아가 사용하는 학습 양식은 인지 양식을 포함하여 성격, 사회적 지향성과 같은 여러 가지 변인이 복잡하게 연결되어 있기 때문이다(Gardner, 1999).

(3) 놀이성

놀이성(playfulness)은 놀이 성향에서 나타나는 개인차와 관련된 심리적 개념으로서(Rogers & Sawyer, 1998), 놀이 행동과 확산적 사고의 다양성에 영향을 미치는 성격 차원 중 하나다. 놀이성은 신체적 자발성, 사회적 자발성, 인지적 자발성, 즐거움의 표현, 유머 감각의 다섯 가지 특질로 구성될 수 있다(Liberman, 1977).

놀이성은 유아의 확산적 능력, 정신연령, 생활연령 등과 정적인 상관관계가 있다. 특히 Barnett(1991)은 Liberman이 제안한 놀이성의 다섯 가지 특질과 개인적 특성(성, 형제자매의 수, 출생 순위) 그리고 다른 성격 특질들 간의 관계를 분석한 결과 자신감이라는 성격 특질만이 놀이성의 다섯 가지 특질 모두와 상관이 있음을 발견하였다.

〈표 4-1〉 Liberman의 놀이성 구조

특 질	징 후
신체적 자발성	몸 전체나 신체 부위를 통한 풍부하고 조화로운 움직임
인지적 자발성	상상력, 창의성, 사고의 유연성
사회적 자발성	다른 사람들과 함께할 수 있는 능력
즐거움의 표현	웃음, 행복함과 즐거움의 표현
유머 감각	우스운 사건 이해, 재미있는 상황 인식, 호의적인 농담

출처: Liberman (1977)에서 재인용.

(4) 환상성

환상성(fantasy-making predisposition)은 Singer(1973)에 의해 제안된 놀이 관련 개인차 변인 중의 하나다. 환상성이 높은 유아는 환상성이 낮은 유아보다 놀이하는 동안 높은 수준의 상상력, 긍정적 정서, 집중력, 사회적 상호작용, 협동성을 보인다. 특히 환상성이 높은 유아는 '모호한 자극 카드(Barron Movement Threshold Inkblot Series)' 과제에서 환상성이 낮은 유아보다 과제 수행능력이 뛰어났으며, '머릿속에 있는 작은 그림'을 보고 상상친구에 대해 이야기하는 경향이 더 많이 나타났다(Singer & Singer, 2001).

환상성은 유아의 충동통제, 만족지연 능력과도 관련이 있다. 환상성이 높은 유아는 환상성이 낮은 유아보다 외부적 강요나 외연적 실행 없이도 스스로 즐겁게 할 수 있기 때문에 타인으로부터 간섭이나 방해를 덜 받는 경향이 많다. 또한 환상성이 높은 유아는 환상성이 낮은 유아보다 기다림이 요구되는 상황에서 충동통제를 더 잘 하는 경향이 있다(Berk, Mann, & Ogan, 2006).

2. 놀이와 사회적 변인

유아의 사회적 환경의 다양성은 놀이 행동, 놀이 성향, 놀이 선호도, 놀이 발달 과정 등에 있어서 다양한 개인차를 만들어 내는 변인이 된다. 이러한 놀이에서의 개인차를 만들어 내는 다양한 사회적 중재자에는 부모, 또래, 교사가 포함된다.

1) 부모의 영향

부모는 유아의 놀이에 중요한 영향을 끼친다. 호의적인 가정환경과 부모와의 긍정적인 관계는 유아의 놀이기술을 풍부하게 하는 데 매우 중요한 조건이다.

놀이의 질은 자녀양육 방식, 놀이 공간, 놀잇감 등에 영향을 받는데, 특히 부모의 구체적 시범과 격려는 유아의 가장놀이 참여를 격려하는 데 절대적이다(Ginsburg, 2007; Hughs, 2009). 유아의 상상놀이는 어머니와 함께 할 때 놀이 횟수는 물론 놀이 지속시간이 길어지고 다양성도 풍부해진다. 아버지의 역할도 유아의 놀이발달에 중요하게 작용하여, 아버지의 부재가 유아의 역할놀이에서는 아버지 역할을 배제한 놀이를 하거나 공격적인 아버지 역할을 하는 등의 경향으로 나타나기도 한다(Dunn & Wooding, 1977).

부모는 놀이에서의 유아의 성 유형화에도 영향을 끼친다. 유아의 성 유형화 행동은 가족 내에서 부모가 유아의 성 유형화 행동에 어떻게 반응하는가에 따라 형성된다(Maccoby & Jacklin, 1974).

부모가 남아와 여아의 사회화에 대한 기대가 서로 어떻게 다른지는 생의 초기에 부모가 아들과 딸에게 제공하는 놀잇감과 입히는 옷에서도 나타난다. 부모가 2세 미만의 어린 자녀와 함께 놀잇감을 갖고 놀이하는 모습을 관찰한 Eisenberg (1983)의 연구에서도 부모들은 자녀의 성에 일치하는 놀잇감을 제공하는 것으로 나타났다. 이런 경향성은 오래전부터 수행되었던 연구에서도 동일하게 나타나는 것이다. 부모는 남아의 방에는 여러 가지 탈것, 운동기구, 기계 병정 놀잇감을 더

부모는 유아의 놀이발달에 중요한
역할을 한다.

많이 제공하고 소꿉놀이와는 거리가 먼 활동을 주로 격려한 반면, 여아의 방에는
인형, 인형 집, 소꿉놀이 같은 놀잇감을 더 많이 제공하고 가정 관련 놀이 활동을
격려하였다(Rheingold & Cook, 1975).

　부모의 성 유형화 행동은 부모와 자녀의 놀이 상호작용에서도 나타나며, 부모
의 이러한 행동은 유아의 성 유형 놀이에 영향을 준다. 부모는 자녀가 자신의 성
에 일치하는 놀잇감을 선택했을 경우 보다 긍정적으로 상호작용하고 개입을 더
많이 하는 경향이 있으며, 이러한 반응은 남아의 경우 더욱 분명하게 나타난다.
즉, 부모는 남아가 남아용 놀잇감을 가지고 놀이할 때 보다 적극적이고 긍정적인
반응을 한다(Caldera, Huston, & O'Brien, 1989). 또한 부모는 유아에게 성 정형화
된 놀이 활동을 더 많이 격려하며, 어머니는 가장놀이에, 아버지는 신체놀이에 더
많이 참여한다. 그리고 가장놀이 상황에서는 어머니와 딸이 가장 많이 상호작용
하고, 신체놀이 상황에서는 아버지와 아들이 가장 많이 상호작용한다(Lindsey &
Mize, 2001). 부모의 개입 수준과 유형은 유아의 연령에 따라 차이가 있는데, 자녀
의 연령이 낮을수록 어머니는 주도적 역할을 더 많이 한다(Howes, Unger, &
Matheson, 1992). 부모는 자녀의 연령이 낮을수록 놀이 시작 모델링, 놀잇감 제
공, 직접 참여를 더 많이 하는 반면, 연령이 높을수록 지켜보기, 지시하기, 질문하
기, 설명하기, 추론하기 등을 더 많이 하는 경향이 있다(조순옥, 2001).

2) 또래의 영향

놀이에서의 성차는 또래와 함께 놀이하는 과정에서 더욱 가속화되며, 유아의 성 유형화된 놀이는 자신의 놀이 행동에 대한 또래의 반응이 어떠하냐에 따라 결정된다(Rogers & Evans, 2008). 유아의 놀이 유형을 보면 교차 성의 놀잇감을 사용하는 놀이는 남아와 여아 모두 혼자 있는 상황에서 가장 많이 나타났고, 여아가 남아보다 교차 성의 놀잇감을 사용하는 놀이를 더 많이 하는 것으로 나타났다. 즉, 놀이과정에서 동성 또래에 의한 놀이 강화는 유아의 놀이를 보다 성 유형화된 놀이 행동으로 변화시키는 중요한 영향력을 미친다고 할 수 있다(Lamb, Eastbrooks, & Holden, 1980).

유아는 연령이 증가할수록 놀이과정에서 또래의 의견을 더 많이 반영하게 되면서 또래의 영향력이 더욱 커지게 된다(Rogers & Evans, 2008). 특히 유아는 함

또래는 유아의 놀이발달에 중요한 역할을 한다.

께 놀이하는 또래와의 결속력이 어떠한가에 따라 또래의 영향을 받는 정도가 달
라지는데, 친한 친구와 놀이할 때 더 많은 사회적 놀이를 하고 그 수준에서도 높
은 수준의 인지적 놀이를 하는 경향이 있다(Dolyle, Connolly, & Rivest, 1980).

3) 교사의 영향

교사는 유아의 놀이에 중요한 영향을 끼치는 사회적 변인으로서, 교사가 유아
의 놀이에 미칠 수 있는 영향의 범위와 그 정도는 매우 다양하다.

교사의 신념과 사고과정은 유아의 놀이에 영향을 미칠 수 있는 중요한 변인 중
하나다. 특히 놀이에 대한 교사의 효능감은 놀이에서 교사의 행동을 예측하게 할
뿐만 아니라 교사 능력의 개인차까지도 설명하는 중요한 개인적 변인으로서, 놀
이와 관련된 질적 변화를 가져올 수 있는 중요한 동기로도 작용할 수 있다(유영의,
신은수, 2005; Fritz, Miller-Heyl, Kreutzer, & Macphee, 1995). 놀이에 대한 교사의
효능감이 높을수록 구성놀이에서 유아의 놀이 지속시간, 놀이 내용의 풍부성, 놀
이 내용의 결속력 등이 향상되는데, 이는 놀이에 대한 교사의 효능감이 유아의 놀
이에 미칠 수 있는 가능성을 의미하는 것이다(유영의, 신은수, 2005).

교사는 유아의 성 유형화된 놀이에도 영향을 끼친다. 교사는 미술, 공예, 인형

교사는 유아의 놀이발달에 중
요한 역할을 한다.

놀이, 소꿉놀이 등과 같이 여성 유형화된 놀이 활동에 더 많은 시간을 보내고 (Sayeed & Guerin, 2000), 역할 영역에서는 전통적인 여성 역할에 대한 모델링을 보여 주며, 블록 영역과 과학 영역에는 거의 참여하지 않는 경향이 많았다(Wardle, 1991). 교사가 흥미 영역에 대한 관심, 개입 정도가 다른 이유에는 유아교육 현장의 교사가 대부분 여성이며, 여성 교사들은 블록이나 자동차를 가지고 바닥에서 놀이하는 것보다 자신의 성에 적합한 놀이와 역할에 보다 친숙해 있기 때문이다.

교사는 유아의 놀이발달에도 중요한 역할을 한다. 유아 놀이에 적절한 교사의 개입은 놀이의 질을 높일 수 있고, 유아의 놀이 참여도를 증진시키는 데도 영향을 미칠 수 있다(Ward, 1996). 또한 유아의 놀이에 교사가 적절히 개입할 때 사회극놀이가 양적·질적으로 향상되었으며 창의성과 문제 해결력이 증진되었다(Dansky, 1980; Smilansky, 1968). 그러나 교사의 개입이 반드시 긍정적 결과를 가져오는 것은 아니다. 지나치게 과도한 교사 개입이나 진행되고 있는 유아 놀이의 내용을 고려하지 않은 부적절한 개입은 오히려 놀이의 질을 떨어뜨리거나 놀이 자체에 대한 유아의 흥미를 없애는 결과를 초래할 수도 있다(Johnson & Reynolds, 1992; 신은수, 2000; Miller & Almon, 2009). 따라서 무엇보다도 교사는 교실에서 일어나는 유아의 다양한 놀이 행동, 함께하는 놀이 친구, 모델이 되는 놀이 행동 종류에 대해 정확하게 인지할 필요가 있다.

4) 교육환경

최적의 교육환경은 놀이의 질을 높이는 데 있어서 중요하게 고려되어야 하며, 가정환경과 교육기관 간 연계성을 고려하면서 공간 면적, 환경 구성방법 등 다양한 측면을 고려하여 창출되어야 한다.

먼저 교실의 놀이실 면적과 공간 배치는 유아의 놀이에 중요한 영향을 미친다. 유아의 놀이와 밀집도의 관계를 보면, 놀이실의 면적이 유아 수에 비해 좁은 경우 비참여 행동이나 방관적 행동, 목적 없이 빈둥거리는 행동이 많이 나타난다. 또한 공간, 유아의 수, 설비의 양을 체계적으로 다양화하여 놀이와 밀집도의 관계를 분석해 보았을 때, 공간의 감소는 놀이 시에 대근육 놀이나 거친 신체놀이의 양을 감소시키는 데 영향을 미쳤다. 그리고 공간의 감소 측면에서도 유아 1명당 0.7평까지는 유아의 사회적 행동에 영향을 미치지 않지만, 0.42평이 되면 공격성이 증가하고 집단 활동이 감소하는 것으로 나타났다(Smith & Connolly, 1980).

유아가 가지고 놀이하는 놀잇감의 종류, 특징, 수량도 유아의 놀이 행동에 영향을 미친다. 유아는 권총과 같은 공격적인 놀잇감을 가지고 놀이할 때 싸우거나 협박하는 등의 반사회적인 놀이 행동을 더 많이 한다. 퍼즐처럼 용도가 정해진 폐쇄적 놀잇감을 가지고는 정해진 놀이방법으로만 놀이하지만, 블록과 같이 용도가 정해져 있지 않은 개방적 놀잇감으로는 다양한 방법의 놀이를 한다. 놀잇감의 양도 유아의 놀이 형태에 영향을 미치는데, 놀잇감의 양이 많으면 놀잇감과 접촉하는 경우가 많고 양이 적으면 친구와의 상호작용이 많아지는 경향이 있다(Elkind, 2007). 그 밖에 놀잇감의 사실성과 구조성의 수준도 유아의 놀이 형태에 영향을 미친다. 나이 어린 유아는 구조화가 높고 사실적인 놀잇감이 주어졌을 때(신나리, 1994), 5~8세의 유아는 구조화가 낮은 놀잇감이 주어졌을 때 상상놀이를 더 많이 하는 것으로 나타났다. 또한 2~6세의 유아에게는 사실성이 낮은 놀잇감보다 사실성이 높은 놀잇감일 경우, 4~6세의 유아에게는 사실성이 낮은 놀잇감일 경우 가작화 놀이를 더 많이 하였다(Fein & Robertson, 1975).

교실의 공간 구성 변형(흥미 영역에 따른 놀이 공간 개방 여부, 흥미 영역 구성 방식, 흥미 영역의 세분화 정도 등)은 놀이의 질을 향상시키기 위하여 중요하게 고려되어야 할 변인이다. 유아는 물리적, 기능적 특성을 반영하여 흥미 영역별로 구성된 놀이 공간에서 언어적 상호작용, 협동, 가작화 놀이 등을 더 많이 하였으며(Field, 1980; Neill, 1982), 놀이실의 각 영역이 특성에 따라 교구장이나 가림대로 적절하게 구분되었을 때 친구 방해하기, 뛰어다니기 등의 행동이 감소하고 놀이 지속시간이 더 길어지는 경향이 있었다(이정미, 1986).

교실의 공간 구성 변형은 유아의 성 유형화된 놀이 행동에도 영향을 미칠 수 있다. 예를 들어, 여아들만 선호한다고 잘못 인식되는 소꿉 영역의 경우 영역 이름을 극놀이 영역으로 변경하고, 놀이 영역에 헬멧, 소방 호스, 자동차 용품과 같은 남성 유형 놀잇감을 보충할 필요가 있다(Hughs, 2010). 이와 함께 교사는 교실이나 영역에서 나타나는 사회 집단 유형에 대해서도 민감할 필요가 있다. 즉, 교사는 교실에서 나타나는 사회 집단 유형을 잘 인식하여 평등한 프로그램을 만들기 위해 노력할 필요가 있으며, 특히 동성 · 이성 친구와 짝이 되어 놀이하게 하고 혼성 집단 놀이 기회를 의도적으로 만들어 줄 필요가 있다. 놀이 쌍의 집단 역동성과 또래 집단놀이 간의 관계에 관심을 둔 Fabes, Martin과 Hamish(2003)의 연구에서

4세 유아는 자유놀이 시간 동안 이성과 짝을 이루어서 거의 놀지 않았으며, 남아와 여아가 포함된 큰 또래 집단에서는 성 유형화된 놀이가 적게 나타났고 대부분 교사 가까이에서 노는 경향이 있었다.

3. 놀이와 문화적 영향

놀이는 유아가 속해 있는 문화의 가치를 반영하고 전달하며 유지시키는 기능을 한다. 따라서 문화적 맥락에서 유아의 놀이를 이해하는 것은 매우 중요하다. 즉, 유아의 놀이 유형과 놀이 표현방법은 유아가 속해 있는 문화적 맥락에 의존한다 (Kaiser & Rasminsky, 2003). 예를 들어, 언어 표현에 가치를 두는 문화에서는 환상놀이와 상상놀이를 장려할 것이고, 신체 움직임과 실제 사물 조작에 가치를 두는 문화에서는 기능놀이와 구성놀이를 장려할 것이다(Singer & Singer, 2001, 2005). 아프리카 리베리아 유아들의 일상적 놀이는 자신들이 처해 있는 사회문화적 특성과의 관련성을 보여 준다(Lancy, 1996). 경제적인 어려움 때문에 어린 시기부터 노동에 참여해야 하는 리베리아 유아들의 놀이는 농사짓기, 천 짜기, 추수하기 같은 역할놀이가 대부분이다. 그리고 연령이 높아지면서 남아는 사냥놀이와 싸움놀이에 많이 참여하고, 남아와 여아 모두 숨기 게임(hiding games), 돌 던지기 게임(stone-tossing games)과 같은 집단 게임에 참여하는 경향이 두드러지게 나타난다.

놀이와 문화의 영향에 대한 관심은 특정 문화 관련 놀이 행동 연구(deMarrais, Nelson, & Baker, 1994), 국가 간의 유아 놀이 비교연구(Pan, 1994), 이중언어를 사용하는 유아들의 놀이 비교연구(Farver, Kim, & Lee, 1995; Farver, Kim, & Lee-Shin, 2000) 등 문화적 맥락에 따른 놀이의 유사점과 차이점 등으로 다양화되고 있다.

첫째, 문화와 유아의 놀이 형태, 놀이 내용 간의 관련성은 유피크(Yup'ik) 에스키모 여아의 특정 문화의 놀이에 대한 연구(deMarrais et al., 1994)에서 찾아볼 수 있다. 남서부 알래스카 마을에 살고 있는 6~12세 여아들의 놀이 활동인 '진흙에 이야기 새기기(storyknifing in mud)'는 유아들이 놀이를 통해 또래로부터 친척관계, 성역할과 지역사회의 규범, 가치에 관한 문화적 지식을 습득할 수 있는 기회를 제공한다. 즉, 놀이는 여아들로 하여금 문화와 관련된 여성의 역할 관련 기술, 습관, 태도를 학습할 수 있는 기회를 제공한다.

Pan(1994)의 대만과 미국 유아의 놀이 비교연구에서도 유아의 놀이에 미치는 문화의 영향력을 설명하고 있다. 놀이 유형 중 구성놀이는 대만과 미국 모두에서 공통적으로 나타나는 놀이이지만 집단 극놀이의 경우는 차이가 있었다. 미국 유아의 놀이에서는 병행 구성놀이가, 대만 유아의 놀이에서는 규칙 있는 상호작용 게임이 많이 나타났다. 3~5세의 한국계와 영국계 미국 유아의 문화적 차이를 조사한 Farver, Kim과 Lee(1995)의 연구에서도 한국계 미국 유아가 영국계 미국 유아보다 놀이하는 동안 더 협동적인 것으로 나타났음을 설명하면서 상호의존성과 현장 민감성에 가치를 두는 문화적 가치와 놀이가 관련이 있음을 시사하였다.

둘째, 성인이 놀이에 대하여 갖는 신념과 태도는 문화의 가치관에 따라 다양할 수 있다. 미국 중산층 가정에서 부모와 자녀의 놀이를 관찰한 Haight(1998)의 연구에서는 미국의 중산층 부모들이 놀이 가치를 중요하게 여기며 직·간접적으로 자녀의 놀이를 격려하고 개입하는 것으로 나타났다. 또한 자녀의 상상놀이에 직접 참여하여 언어적으로 자극을 주거나 직접 지도하는 등 격려의 역할을 많이 수행하는 것으로 나타났으며, 가정에 다양한 놀잇감을 구비하는 등 놀이를 촉진하는 환경에도 관심이 많았다. 또한 인도의 부모와 자녀의 놀이 연구(Roopnarine, Hossain, Gill, & Brophy, 1994)에서도 부모들은 자녀와 함께 놀이하는 경험의 중요성을 인식하고 있었다. 그 밖에 서로 다른 문화권을 비교 분석한 연구(Farver & Howes, 1993)에서는 놀이의 교육적 가치를 인식하고 자녀의 놀이에 적극적인 파트너로서 참여하는 미국 어머니들과는 다르게 멕시코 어머니들은 놀이의 가치를 낮게 평가할 뿐만 아니라 자녀와의 놀이에 참여하는 정도도 낮은 것으로 분석되었다. 미국과 과테말라의 어머니와 자녀의 놀이 상호작용을 비교 분석한 Rogoff, Mistry와 Mosier(1993)의 연구에서도 자녀의 놀이 상대자로서 자신의 역할에 대한 중요성을 높게 평가하는 미국 어머니들과는 달리 과테말라 어머니들은 자녀의 놀이 파트너로서 자신의 역할에 대한 인식이 없을 뿐더러 자녀의 놀이에 참여하는 정도가 낮은 것으로 나타났다.

셋째, 이중언어를 사용하는 유아들의 자유놀이를 관찰한 Orellana(1994)의 연구에서는 스페인어를 사용하는 유아들이 상징놀이에서 영웅의 역할을 수행할 때는 스페인어가 아닌 영어를 가장 많이 사용하였다. 이는 지배적 문화의 힘과 놀이에서의 언어 선택 간의 관련성을 의미하는 것이다. 문화적 가치관과 특성에서의 다양성은 또래 간의 놀이 행동과 상호작용에서도 찾아볼 수 있다. 동일한 놀잇감과 조건이 제공된 상황에서 한국계 미국 유아와 백인계 미국 유아의 상상놀이에서의 상호작용 유형을 비교한 연구(Farver & Shin, 1997)에서 한국계 유아들은 상호 의존적인 의사소통 전략을 많이 사용하는 반면, 백인계 유아들은 자기주장적이고 독립적인 의사소통 전략을 많이 사용하는 것으로 나타났다.

　놀이와 문화적 맥락의 관계는 앞에서 설명한 다양성 외에도 문화적 맥락에 관계없이 보편적으로 나타나는 보편성도 존재한다. Frederic(2010)의 「세계의 게임: 게임 만들기, 게임으로 놀이하기, 게임이 되게 하기(Games of the World: How to Make Them, How to Play Them, How They Came to Be)」와 편해문(2010) 등은 전 세계 유아의 놀이의 보편성에 대하여 설명하였다. 유아의 놀이에서는 국가와 문화적 상이함에도 불구하고 놀이와 놀이 맥락이 거의 같은 경우, 놀이는 비슷하지만 놀이 맥락이 다른 경우, 놀이는 조금 다르지만 놀이 맥락이 같은 경우 등 여러 측면에서의 보편성이 존재한다.

　다양한 문화적 특성과 놀이의 관계를 살펴볼 때는 문화적 다양성이라는 새로움을 위해 항상 개방되고 준비하며 적응력 있는 지적 · 사회적 습관을 모색하는 문화적 관점을 갖는 것이 중요하다(Johnson, Christie, & Yawkey, 1999). 또한 다양한 생각, 언어, 문화 등에 익숙해지는 것과 함께 긍정적이고 개방적인 태도를 길러야 할 필요가 있다.

놀이 관찰과 평가

놀이에 기초한 관찰은 유아의 각 발달 영역의 특성에 대하여 다른 평가도구보다 정확성을 높일 수 있고, 유아의 사회 및 인지적 능력의 발달 특성뿐만 아니라 개별 유아의 발달 특성 및 상호관련성을 밝힐 수 있는 중요한 평가방법이다. 관찰에 의한 정보는 유아를 보다 잘 이해하는 데 도움을 주며, 교사들에게 적절한 환경을 준비하게 하고 적절한 개입시기를 알려 주어 유아의 흥미와 요구를 만족시키는 놀이가 이루어지도록 도와준다. 그리고 일상생활을 풍부하게 하는 데 가치 있는 정보로 활용될 수 있다.

이 장에서는 유아교육 현장에서 유아의 놀이 관찰의 필요성, 체계적인 놀이 관찰법, 놀이 관찰척도, 놀이 관찰에 기초한 평가에 대하여 살펴보고자 한다.

1. 놀이 관찰의 필요성

1) 놀이 관찰의 목적

관찰은 유아의 놀이 행동을 이해하는 출발점이자 중요한 열쇠가 된다. 유아의 놀이에 관해 알려진 대부분의 지식은 유아의 놀이과정을 관찰하여 얻은 결과다. 유아의 놀이 행동을 목적 없이 바라볼 때는 별로 많은 사건이 진행되지 않는 것 같지만, 막상 놀이 행동을 기록해 보면 그 속에 담겨 있는 엄청난 정보에 당황하게 된다. 교사는 놀이하는 유아를 관찰함으로써 유아의 놀이 행동에 대해 많은 것을 배울 수 있다. 예를 들어, 유아가 좋아하는 놀이 유형은 무엇인지, 놀이 수준은 어느 정도인지, 선호하는 놀잇감은 무엇인지, 놀이하기 위해 선택하는 공간은 어떠한지, 유아가 즐기고 참여하는 놀이 주제는 무엇인지, 성인과 친구와의 상호작용은 어떠한지 등의 무수히 많은 정보가 교사의 눈과 귀를 통해 발견된다. 유아교사가 유아를 관찰해야 하는 목적을 정리하면 다음과 같다.

(1) 유아를 이해하는 측면

놀이는 유아의 흥미나 발달 수준이 그대로 반영되고, 인위적이 아닌 자연스러운 상태다. 따라서 놀이에 기초한 관찰은 유아의 전반적인 행동 특성을 정확하게 이해하는 데 도움이 된다. 즉, 놀이 행동을 통하여 유아의 놀이 양상과 놀이발달 수준뿐만 아니라 신체발달, 언어발달, 인지발달, 사회성 발달, 정서발달의 상태가 어떠한지, 관심 분야는 무엇이며 어디에 흥미 있어 하는지, 유아의 개별적 요구 사항은 어떠한지, 친구관계는 어떠한지 등을 파악하고 평가할 수 있다.

예를 들어, 어떤 유아가 병원놀이에서 색연필을 가지고 주사라고 한다면 가작화를 하는 것이다. 그리고 여러 가지 색깔의 레고 블록으로 집짓기를 하던 유아가 어느 날 한 색깔의 블록만으로 집 짓는 행동을 한다면 분류개념이 발달된 것이며, 길이가 서로 다른 막대를 키 순서대로 나열한다면 서열화 개념이 발달한 것이다. 또한 어떤 유아가 역할 영역에서 혼자 인형을 가지고 공격적인 행동을 한다면 유아의 내면적인 갈등이 표출되는 것으로서 정서적으로 문제가 있다는 단서가 될 수 있다. 이렇게 유아의 놀이를 관찰함으로써 유아를 이해하게 되고, 유아의 일상생활을 더욱 풍부하게 만드는 개입을 할 수 있다.

(2) 교사가 자신을 반성하는 측면

관찰은 관찰 대상을 이해하는 데 필수 조건이면서 동시에 관찰자 자신의 교수방법을 이해하는 데도 도움을 준다. 교사는 관찰하고 기록함으로써 자신의 교수 실제가 어떠한지 그 효과를 평가할 수 있다. 교사가 제공한 놀이 활동에 유아의 적극적인 관심과 참여가 있다면 유아에게 적절한 활동을 제공한 것이다. 반면 유아가 놀이 활동에 아무런 도전 없이 무미건조하거나 참여하지 않는다면 놀이 수준이 유아에게 너무 쉽거나 어려운 경우일 수 있다. 또한 여러 명의 유아가 역할 영역에서 매우 분주하게 움직이고 있으나 한 주제에 관련된 놀이가 조직적으로 진행되지 않고 유아 각자가 서로 다른 놀이에 참여하고 있다면 교사의 개입이 필요한 경우다.

이렇게 면밀한 관찰을 통하여 유아의 놀이 행동이 교사에게 반영됨으로써 교사는 유아의 놀이 참여를 유지·발달시킬 수 있고, 유아의 요구에 부응하는 활동을 만들 수 있게 된다. 요컨대, 관찰은 교사에게 유아에 대한 이해를 증진시키고 다양한 놀이 교수행동을 발달시킬 수 있게 한다.

(3) 평가적인 측면

관찰에서 얻은 자료는 다음 놀이 활동을 계획하는 데 기초가 된다. 즉, 그것은 사정(assessment)의 개념을 포함한다. 사정은 유아의 놀이 행동을 관찰·분석하여 다음 활동을 결정하는 데 시작점이 된다. 이는 후속 활동과 연결되어서 지속적인 평가를 이룬다는 점에서 형성평가의 개념을 포함한다. 평가는 유아의 교육에 관한 결정을 내리기 위해 성장 및 행동 상황을 관찰하고 기록하며 문서화하는 과정을 가리킨다. 평가과정에서 교사는 유아의 놀이 요구에 관한 통찰력을 얻을 수 있다. 평가방법에 능통한 교사는 유아의 장점과 단점은 무엇인지, 유아의 관심사와 성향은 어떠한지, 유아가 요구하는 것은 무엇인지 등에 대하여 좀 더 우수한 결정을 내릴 것이다.

예를 들어, 몇 명의 유아가 단위 블록으로 집짓기를 하는데 양쪽 기둥의 높이가 똑같지 않고 한쪽이 기울여져 있는 것을 관찰하였을 때, 이 유아는 대칭적인 균형감이 부족하다는 평가로만 그치고 후속 작업이 없다면 총괄평가가 된다. 그러나 유아에게 문제점을 인식하게 하여 다시 균형 잡힌 튼튼한 집을 만들도록 유도한다면 놀이평가가 그다음 활동에 활용되는 것으로 사정(형성평가)의 의미를 가진다. 조형 영역에 많은 유아가 비좁게 앉아서 그 날 제공된 특별한 놀이를 하고 있다면 교사는 조형 영역의 공간을 좀 더 확장할 필요가 있다. 만약 공간 확장이 어렵다면 조형 영역에 참여하는 유아의 수를 제한하여 유아의 놀이가 지속될 수 있도록 배려해야 한다.

2) 놀이 관찰을 위한 일반적 지침

비체계적인 관찰은 유아의 놀이기술과 흥미를 발달시키는 데 한계가 있으므로 교사는 유아의 놀이 행동을 체계적으로 관찰할 수 있어야 한다. 유아 놀이 행동의 관찰 시 발달적으로 적합한 자료를 수집하기 위한 일반적 지침은 다음과 같다.

(1) 관찰자는 무엇을 관찰해야 하나

교사는 정확한 목적을 가지고 관찰을 해야 한다. 자연적인 상황에서의 행동은 매우 복잡해서 단순하게 관찰하거나 한 번에 유아의 모든 측면을 알 수는 없다. 그러므로 관찰자는 모든 상황을 다루는 것이 아니라 전체 상황에서 가장 중요한 요소를 선택하고 연구해야 한다. 그러나 때로는 관찰 목적을 미리 정하지 않고 행동과 사건의 관련성을 알아보기도 한다. 실외 활동 중 혼자서 놀거나 게임을 조직하는 과정에서 유아의 대근육 움직임, 사회적 능력 및 인지적 문제해결 능력의 발달을 평가할 수 있다. 그러나 유아의 놀이에 관한 정확한 이해를 위하여 유아 놀이를 관찰하고 평가하려면 다음의 기본적 연구 틀을 결정하여야 한다.

- 유아의 놀이에서 알고자 하는 관심 주제를 정하고, 문제와 가설을 구체적으로 설정한다.
- 유아의 놀이에서 연구하고자 하는 놀이 행동이 나타나는 대상, 즉 유아를 선정한다.
- 유아의 놀이에서 연구하고자 하는 놀이 행동이 발견 또는 관찰될 상황이나 맥락을 결정한다.
- 유아의 놀이에서 연구하고자 하는 놀이 행동에 관한 정보를 수집 가능하게 하는 관찰과정과 관찰 방법 및 도구를 구체화한다.

(2) 관찰자는 어떻게 기록해야 하나

첫째, 유아가 사용할 놀이 영역의 공간을 충분히 확장시켜서 놀이가 잘 나타나게 한 후 관찰한다. 즉, 교사는 관찰 전에 풍부한 자료를 제시하여 유아의 구성놀이(블록, 레고, 끼우기 놀잇감)와 극화놀이(소방서, 병원, 가족놀이 소품, 복장, 주제와 관련된 소품상자)가 활동적으로 나타나도록 공간을 구성한다. 또한 관찰 시 놀이 형태가 나타나지 않는다면 그 원인이 놀이기술의 결핍인지 혹은 자료의 부족인지 살펴볼 필요가 있다.

둘째, 또래 간에 서로 친숙하게 될 기회를 제공한 후 관찰한다. 교사는 관찰 시 유아가 또래와 친숙하여 다양하고 높은 사회적·인지적 놀이가 나타나게 한 후 관찰하여야 한다(Doyle, Connolly, & Rivest, 1980). 예를 들어, 학기 초에 시행된 관찰에서는 유아의 진짜 놀이능력이 과소평가되어 놀이 행동의 실체를 파악하는 데 문제가 되기도 한다. 덧붙여 교사는 최근에 입소한 유아를 관찰할 경우에는 유아가 또래 및 환경에 적응한 후에 관찰하여야 한다.

셋째, 관찰은 유아의 다양한 놀이 시간 및 장소에서 이루어져야 한다. 유아의 놀이는 시간이 흐르면서 변화하기 때문에 시간의 경과에 따라 나타나는 다양한 놀이 행동이 관찰되어야 한다. 교사는 하루 혹은 단기간의 관찰로 유아의 놀이 행동을 결정하지 않아야 한다. 즉, 관찰 시 우연적 사건이나 상황 또는 일시적으로 나타나는 상황은 제외하여 관찰하여야 한다. 예를 들면, 어느 날 관찰 대상 유아가 이전에 어울리지 않던 친구와 놀이 짝이 되어서 사회적 놀이가 나타나지 않을 수도 있고, 놀잇감이 그들의 흥미와 맞지 않아 놀이하지 않을 수도 있으며, 질병, 집안 문제, 다른 일시적 상황이 유아의 놀이에 영향을 줄 수도 있기 때문이다. 교사는 가급적 관찰기간을 길게 잡아서 폭넓게 관찰을 실시하여 일시적 · 우연적 상황과 사실들이 유아의 놀이에 주는 영향을 최소화하여 관찰하여야 한다. 교사는 적어도 1주일에 2, 3회의 관찰을 통해 누적 관찰을 하여야 한다.

넷째, 관찰은 객관적으로 이루어져야 한다. 객관적 관찰은 관찰자의 주관적인 판단을 줄여 주어 유아의 행동을 올바르게 해석할 수 있는 단서를 제공해 준다. 관찰과정에서 객관적 진술만 기록하는 것은 아주 중요하다. 객관적이 되기 위해서는 반드시 관찰되는 행동만 기술해야 한다.

2. 놀이 관찰법

유아의 놀이 행동을 이해하는 데 사용되는 관찰법에는 일화기록, 시간표집, 사건표집, 행동목록, 평정척도 등이 있다. 일화기록이나 사건표집은 비구조적인 관찰법으로서 교사가 유아의 놀이 장면을 있는 그대로 묘사하듯이 기술해야 한다. 이러한 관찰법은 시간이 오래 걸리지만 유아의 놀이 행동이나 놀이 발생의 맥락에 대한 풍부한 정보를 제공한다. 반면 행동목록과 평정척도는 매우 구조적이고 무엇을 어떻게 기록해야 하는지 분명한 기준이 마련되어 있다. 그러나 유아의 놀이 행동에 대한 정보가 부분적이며, 놀이의 맥락적인 정보를 얻는 데 한계가 있다. 따라서 놀이 관찰자는 사용할 관찰법을 결정할 때 사용상의 용이성과 기술될 내용의 풍부성 간의 관계를 고려하여 관찰법을 선택해야 한다.

1) 일화기록

일화기록(anecdotal records)은 특정한 사건(에피소드)에 대한 주요 사항을 서술하는 것을 말한다. 일화기록은 관찰자가 보고자 하는 놀이 행동이 발생하면 언제 어디서나 기록이 가능하며, 미리 관찰 시간이나 사건에 제한을 두지 않는다. 관찰된 사건을 있는 그대로 사실적이고 객관적으로 기록하는 일은 매우 중요하다. 만일 기록과정에서 관찰자의 주관적인 판단이나 해석이 먼저 포함된다면 유아의 놀이 장면 속에 담겨 있는 많은 정보가 소실되거나 정확한 정보를 얻을 수 없게 된다. 일화기록은 특별한 관찰 도표나 특수한 장치가 필요 없으며, 어떤 환경에서도 이루어질 수 있고 어떤 특수한 훈련도 필요로 하지 않으며, 단지 종이와 기록도구만을 사용한다.

일화(에피소드)가 발생 중이거나 발생 직후에 즉시 기록하는 것이 좋다. 일화기록은 간단하지만 상당한 양의 서술적인 정보를 포함한다. 예를 들면, 관찰 대상 유아의 이름, 관찰 날짜, 시간, 장소, 장면 등의 기본적인 정보를 기록하는데, 이러한 자료는 나중에 유아의 놀이 행동을 해석하고 평가하는 데 중요한 자료로 활용된다. 일화는 일어난 순서대로 기록해야 하고, 동일한 용어로 일관성 있게 기록해야 하며, 관찰하고자 하는 유아의 특징적인 행동이나 말 그리고 주변 다른 유아들의 반응을 그대로 정확하게 기록해야 한다. 아울러 유아들 간의 대화 분위기를 유지하기 위하여 표현된 단어를 정확하게 기록해야 한다.

(1) 일화기록의 사례

• 관찰유아: 이선희   • 유아연령: 3년 9개월   • 성 별: 여
• 관 찰 자: 서윤정   • 관찰일자: 2009년 12월 1일   • 관찰시간: 10:30~10:45
• 관찰장면: 자유선택활동 중 역할 영역

선희는 유치원에 도착하자마자 역할 영역으로 들어갔다. 선희는 테이블 위에 금전 등록기를 놓았다. 그 후 빈 음식통 몇 개를 테이블 위에 늘어놓았다. 은호가 들어왔다. 은호는 금전 등록기 뒤에 서서 말했다. "나 이거 가지고 놀 거야." 선희가 말했다. "이건 내 거야. 내가 먼저 가지고 있었어."

(2) 일화기록의 장점과 단점

일화기록을 사용함에 있어 가장 중요한 장점은 그것이 특별한 배경 설정이나 시간대가 필요하지 않고 가장 쉽게 관찰할 수 있으며, 유아의 놀이 상황을 구체적으로 묘사하기 때문에 놀이에 대한 맥락적인 상황을 알 수 있다는 점이다. 또한 시간에 따라 지속적으로 기록할 수 있으므로 유아의 성장과 발전 양상을 잘 보여 줄 수 있다. 단점으로는 관찰된 사건이 관찰자의 관심사에 토대를 두고 있으므로 사건의 완전한 묘사가 이루어질 수 없게 된다. 또 나중에 기록할 경우 잊어버리거나 주관적 기록을 할 우려가 있다. 만일 관찰자가 하루가 끝나갈 무렵 사건을 기록하기로 결정했으나 세부 사항을 떠올리는 데 서툴다면 중요한 정보가 없어질 수도 있다.

2) 시간표집법

시간표집법(time sampling)은 미리 선정된 행동을 정해진 시간 동안 관찰하는 것이다. 관찰은 한 번으로 끝나는 것이 아니라 시간 간격에 맞추어 여러 번 반복적으로 이루어진다. 시간표집은 쉽게 관찰되고 자주 일어나는 놀이 행동을 관찰하는 데 유용하다. 놀이에서 시간표집을 하는 방법을 보면, 우선 한 유아를 15초 관찰한 다음 관찰한 놀이 행동이 어느 범주에 해당되는지 일치되는 칸에 표시를 한다. 그리고 다음 유아를 동일한 방법으로 관찰하고 기록한다. 이러한 방식으로 관찰 대상 모두의 기록이 끝나면, 다시 처음 유아에게로 가서 두 번째 관찰을 실시한다. 두 번째 관찰과 기록이 모두 끝나면 다시 처음 유아에게로 가서 세번째 관찰과 기록을 실시한다. 이와 같이 유아의 놀이 행동을 정해진 시간 동안 표집하는 것이 시간표집법이다.

(1) 시간표집의 사례

		사회적 놀이			비놀이					
		혼자놀이	병행놀이	집단놀이	방관	전이	탐색	읽기	대화	배회
인지 놀이	기능놀이				////	卌		卌		
	구성놀이		卌 //							
	극놀이									
	규칙 있는 게임			卌 卌 //						

관찰유아: <u>김영수</u>   성별: <u>남자</u>   연령: <u>만 5세</u>   관찰시간: <u>자유선택활동</u>

(2) 시간표집법의 장점과 단점

시간표집법의 장점은 다음과 같다. 첫째, 관찰하고자 하는 시간의 한계가 분명하고 관찰하려는 행동에 대한 정의가 분명하기 때문에 다른 어느 관찰법보다 신뢰도와 객관성이 높다. 둘째, 한꺼번에 많은 수의 유아를 관찰할 수 있기 때문에 자료 수집 면에서 효율적이다. 셋째, 관찰을 부호로 기록하기 때문에 관찰 결과를 해석할 때 시간과 노력을 절약할 수 있다. 넷째, 수량화를 통해 통계적 분석이 가능하다. 다섯째, 빠르게 일어나는 행동을 체계적으로 관찰하는 데 가장 적합한 방법이며, 개인 혹은 집단을 모두 관찰할 수 있는 장점이 있다(황해익, 송연숙, 정혜영, 2003).

그러나 시간표집법은 다음과 같은 단점도 있다. 첫째, 시간표집으로 얻은 결과를 해석할 때 질적인 방법으로 해석하기가 어렵다. 예를 들면, 영수가 친구들과의 사회적 놀이가 단절되어 있다면 또래 친구들이 영수에게 어떤 영향력이 있는지 알 수가 없다. 둘째, 시각적으로 관찰 가능한 행동에는 적합하나 그렇지 않은 유아 내면의 감정이나 생각을 관찰하기에는 부적합하다. 셋째, 사건이 일어난 순서 등을 알 수 없다. 따라서 행동 간의 상호관계를 알 수 없다.

3) 사건표집법

사건표집법(event sampling)은 관찰자가 보고자 하는 특정한 행동이나 사건이 나타나기를 기다렸다가 그 행동이나 사건이 발생하면 기록하는 방법이다. 관찰자가 유아의 인지적 놀이 수준을 알아보고자 한다면 인지적 놀이가 발생하는 순간을 포착하여 그 놀이 장면을 서술식으로 기록하는 것을 말한다.

ABC 서술식 사건표집법은 특정 놀이 행동의 원인을 알려고 할 때 가장 적합하게 사용할 수 있는 방법이다. 자연스러운 상태에서 일어나는 행동의 원인과 결과를 알 수 있다. 관찰하고자 하는 선행사건(antecedent event: A)과 행동(behavior: B) 그리고 후속 결과(consequence: C)를 순서대로 기록하는 방법이다.

(1) ABC 서술식 사건표집법의 사례

시 간	사건 전	시 간	사건 후

(2) 사건표집법의 장점과 단점

사건표집법의 장점으로는, 첫째 사건을 포함한 전후관계가 그대로 기록되고 그 행동의 배경을 알 수 있게 해 준다. 둘째, 유아에게서 자주 일어나지 않는 행동을 연구할 수 있으며 여러 종류의 행동이나 사건을 관찰할 수 있다. 셋째, 특정 사건이 발생할 때만 주의를 요하므로 관찰자의 시간이 절약될 수 있다. 단점으로는, 첫째 교사의 시간과 노력이 많이 요구된다. 둘째, 교사가 관찰하고자 하는 초점을 가지고 유아의 행동을 관찰하기 때문에 교사의 주관적인 관점이 반영될 수 있다.

4) 행동목록법

행동목록법(checklists)은 관찰할 놀이 행동의 목록표를 사전에 만들어 놓고 그에 준거하여 해당되는 행동의 존재 유무를 표시(✔)하는 관찰법이다. 행동목록법의 기본적인 목적은 관찰자가 알고 싶어 하는 행동이나 중요하게 생각되는 행동의 유무를 확인하는 것이다.

(1) 행동목록의 사례

놀이에서의 사회성 발달

• 관찰유아: ＿＿＿＿＿＿＿＿＿＿＿　• 생년월일: ＿＿＿＿＿＿＿＿＿＿＿

• 성　　별: ＿＿＿＿＿＿＿＿＿＿＿　• 관찰일시: ＿＿＿＿＿＿＿＿＿＿＿

• 관 찰 자: ＿＿＿＿＿＿＿＿＿＿＿

다음은 유아의 놀이에서 사회성 발달을 평가해 볼 수 있는 체크리스트이다. 체크리스트에 있는 행동이 나타나면 ✔ 표시를 하시오.

	예	아니요	비고
1. 친구들과 함께 놀이한다.	＿＿	＿＿	＿＿
2. 다양한 놀이에 참여한다.	＿＿	＿＿	＿＿
3. 친구에게 놀이를 하자고 제안한다.	＿＿	＿＿	＿＿
4. 이미 진행되고 있는 놀이에 자연스럽게 끼어든다.	＿＿	＿＿	＿＿

---

(2) 행동목록법의 장점과 단점

　행동목록법의 장점은 특별한 훈련 없이도 관찰할 수 있는 가장 간단한 관찰법으로서 관찰자가 관찰 대상 유아의 행동 유무를 빠른 시간에 기록할 수 있다. 또한 유아의 행동을 계속적으로 작성함으로써 유아의 단계적인 행동발달 상태를 기록하는 데 도움이 된다. 단점으로는 점검표에 어떤 행동의 존재 유무만 기록되어 있어서 행동의 출현 유무는 알 수 있지만 그 행동을 어떤 식으로 얼마나 오랫동안 하였는지 그 빈도와 질적인 측면을 놓칠 수 있다. 또한 행동목록표를 사용하기는 용이하나 행동 지표를 개발하는 데는 어려움이 있다.

5) 평정척도

　평정척도(rating scales)는 어떤 놀이 행동의 특성이나 질의 정도를 수량화하는 방법으로서, 특정 놀이 행동이 얼마나 많이 혹은 적게 존재하는지의 질을 판단하여 행동이 나타나는 정도를 알려 준다. 행동목록법은 단지 어떤 특성의 존재 유무만을 단순히 표시하는 방법이지만, 평정척도는 놀이 행동의 출현 유무뿐 아니라 행동의 질적인 특성을 등급으로 구분해서 기록하는 방법이다. 관찰자는 어떤 놀이 행동이 연속성 있는 몇 개의 범주로 나누어진 평가지에서 유아의 행동을 가장 잘 나타내는 진술문을 택하게 된다.

(1) 평정척도의 사례

- 관찰유아: _____　　• 생년월일: _____
- 성　　별: _____　　• 관찰일시: _____
- 관　찰　자: _____

다음의 각 항목에 알맞은 평점을 준다. 다음과 같이 1~5로 평가하여 해당 숫자에 ○표를 하시오.

(1: 아주 못함　2: 못함　3: 보통　4: 잘함　5: 아주 잘함)

1. 다양한 놀이에 참여한다.	1	2	3	4	5
2. 친구들과 함께 놀이한다.	1	2	3	4	5
3. 친구에게 놀이를 하자고 제안하거나 먼저 시작하는 경우가 많다.	1	2	3	4	5

(2) 평정척도의 장점과 단점

평정척도의 장점으로는 사용하기에 편리하고 작성하기에 시간이 적게 소요된다. 또한 놀이발달 영역을 한꺼번에 평가하는 것이 가능하고 사용하기 간편하여 특별한 훈련이 필요하지 않으면서 행동의 질 평가가 가능하다. 단점으로는 정확하고 객관적인 관찰 항목을 개발하기 어려우며, 개인의 편견이 개입될 우려가 있다.

6) 녹음과 영상을 통한 관찰

비디오, 카메라, 녹음기 등은 유아 놀이의 관찰을 보조하는 방법으로 사용될 수 있다.

첫째, 비디오, 카메라, 녹음기 등은 놀이 관찰을 보조하는 중요한 도구들이다.

비디오는 유아의 놀이(소꿉놀이 영역, 쌓기놀이 영역)를 관찰하고 기록하는 것을 도와줄 수 있고, 녹화된 테이프는 언제든지 재생시킬 수 있다. 그러나 단지 관찰 영역에서 놀이를 선택한 아이들만 녹화된다는 한계가 있다.

둘째, 비디오 기록은 손으로 관찰하여 기록하는 것보다 유아의 놀이 행동에 대해 더 자세하게 알려 준다. 즉, 유아의 놀잇감, 관찰 대상 유아와 다른 아이 및 성인과의 상호작용, 언어 사용, 유아와 교사의 비언어적 행동 등 놀이 형태에 대한 정보를 잘 보여 줄 수 있다.

셋째, 비디오 기록은 교사의 관찰기술을 개선시키는 데도 사용할 수 있다. 예를 들어, 교사들은 각자 녹화된 놀이를 보면서 관찰 기록표에 기록한 다음, 각각의 놀이 행동을 어떻게 부호화했는지 서로 비교하는 과정을 통해 관찰능력을 발달시킬 수 있다. 이러한 방법은 교사의 관찰 및 기록 방법의 신뢰성과 일관성을 증진시킬 수 있다.

넷째, 비디오 기록은 교사가 놀이 개입기술을 개선시키고 평가하는 데도 사용할 수 있다. 교사는 유아의 놀이 상황을 관찰함으로써 그들의 놀이 개입 전략을 개선해 갈 수 있다. 예를 들어, 너무 지시적이고 지배적인 교사는 점점 그것을 줄여갈 수 있고, 관리적 행동에 주의를 기울였던 교사는 유아의 놀이에 더 참여하는 방향으로 전환할 수 있다. 이런 자기평가 방법은 비디오를 가지고 더 효과적으로 수행될 수 있다. 비디오 기록은 교사의 행동과 그에 대한 유아의 반응을 더 자세하게 제공해 준다.

비디오카메라의 활용 가치는 우선 재생 가능성으로 한 번 녹화된 것을 몇 번이고 되돌려 볼 수 있다는 점이다. 그리하여 교사는 관찰 시 기록한 것과 비교하여 실제 교수행위를 분명히 파악할 수 있으며 언어적·시각적 정보를 제공받을 수 있다. 또한 교사 스스로 자신의 행동을 여러 번 반복해 볼 수 있게 한다. 둘째, 지속적인 기록이라는 점이다. 이에 따라 교사의 발전 정도를 파악할 수 있으며, 교사는 계속 발전하고자 하는 많은 자극을 받게 된다. 마지막으로 교사의 독립성과 자율성을 보장해 준다는 점이다.

3. 놀이 관찰척도

　교사가 유아의 놀이를 체계적으로 관찰하고 평가할 수 있는 놀이 관찰척도에는 유아의 사회-인지적 놀이 수준에 관한 Parten/Piaget 척도, 사회적 놀이에 관한 Howes의 또래놀이척도, 집단 극화놀이에 관한 Smilansky의 사회극놀이목록 등이 있다. 교사는 다양한 놀이척도를 사용함으로써 유아의 놀이에 대한 풍부한 정보를 제공받을 수 있다.

1) 사회-인지적 놀이척도

(1) Parten/Piaget 척도

　유아는 다양한 놀이 경험을 하게 되면서 점차 혼자놀이에서 사회적 놀이로, 단순한 기능적 놀이에서 구성놀이, 극화놀이, 규칙 있는 게임과 같은 인지적 수준이 높은 놀이로 발달해 간다.

　Rubin, Maioni와 Hornung(1976)은 Parten(1932)의 사회적 참여척도를 보완하여 사회적 놀이단계, 그리고 Piaget(1962)의 인지적 놀이 범주를 보완한 Smilansky(1968)의 인지적 놀이단계를 결합시켜서 사회적-인지적 놀이척도를 고안하였다. Rubin은 Parten의 사회적 참여척도 중에서 연합놀이와 협동놀이를 집단놀이라는 한 범주 안에 결합하여 척도를 수정하였다(Rubin, Wasten, & Jambor, 1978). Parten/Piaget 놀이척도는 열두 가지 놀이 범주(〈표 5-1〉 참조)와 놀이에 포함되지 않는 비놀이 활동(방관자 행동과 비참여 행동 등)으로 구성되어 있다.

　유아는 연령이 증가함에 따라 혼자 기능놀이로부터 혼자 구성놀이, 혼자 극화놀이로 이동하는 경향이 있다(Moore, Evertson, & Brophy, 1974; Rubin et al., 1978; Smith, 1978). 교사들에게 Parten/Piaget 놀이척도는 유아의 사회-인지적 놀이 발달 단계를 종합적으로 평가하기에 유용한 도구가 된다.

〈표 5-1〉 사회-인지적 놀이 요소: 열두 가지 범주

사회적 놀이 / 인지적 놀이	혼자놀이	병행놀이	집단놀이
기능놀이	혼자 기능놀이	병행 기능놀이	집단 기능놀이
구성놀이	혼자 구성놀이	병행 구성놀이	집단 구성놀이
극화놀이	혼자 극화놀이	병행 극화놀이	집단 극화놀이
게임	혼자 규칙 있는 게임	병행 규칙 있는 게임	집단 규칙 있는 게임

(2) 사회-인지적 놀이의 범주와 조작적 정의

사회-인지적 놀이의 범주와 각 놀이 유형에 대한 조작적 정의는 다음과 같다.

① 인지적 수준

■ **기능놀이**(functional play): 사물을 가지고 또는 사물 없이 하는 반복적인 근육운동이다. 예를 들면, ⓐ 달리기, 뛰어오르기, ⓑ 모으기와 버리기, ⓒ 사물이나 자료 조작하기, ⓓ 비형식적 게임(나란히 줄 세우기) 등의 놀이가 포함된다.

■ **구성놀이**(constructive play): 사물(블록, 레고, 팅거토이 등)이나 재료(모래, 점토, 물감 등)를 사용하여 무엇인가 만들고 구성하는 놀이다.

■ **극화놀이**(dramatic play): 역할놀이와 가작화 변환으로 '~하는 척하는' 상상 놀이다. 예를 들면, ⓐ 역할놀이(부모, 아기, 소방관, 상어, 영웅, 괴물로 가장하기), ⓑ 가작화 변형(눈에 보이지 않는 핸들을 움직이며 운전하는 척하기, 연필로 주사 놓는 척하기) 등이 포함된다.

■ **규칙 있는 게임**(games with rules): 이전에 세워진 규칙들에 대한 인지, 인정과 순응을 하여 놀이하는 것이다. 예를 들면, 술래잡기, 무궁화 꽃이 피었습니다, 구슬놀이, 카드놀이, 공차기 등이 있다.

② 사회적 수준

■ **혼자놀이**(solitary play): 말할 수 있는 거리에 있는 유아들이 여러 가지의 다른 재료를 가지고 혼자 놀이하며 다른 유아들과 대화하지 않는다.

■ **병행놀이**(parallel play): 근처에 있는 몇몇 다른 유아들이 비슷한 놀잇감을 가지고 놀거나 비슷한 활동을 한다. 그러나 다른 유아들과 함께 놀이를 하려는

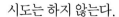

시도는 하지 않는다.
- **집단놀이**(group play): 정해진 규칙이 있거나 혹은 없이 다른 유아들과 함께 상호작용하면서 역할을 담당하며 조직적으로 놀이를 한다.

③ 비놀이
- **비참여/방관/전이**: 비참여적 행동, 방관적 행동, 한 활동에서 다른 활동으로의 이동 등이 포함된다.
- **비놀이 활동**: 학문적 활동이나 교사가 지정한 과제 등을 사전 계획대로 따라 하는 활동이다. 예를 들면, 색칠하기, 학습지, 컴퓨터, 교육적 놀잇감(일상생활 틀) 등의 활동이 포함된다.

(3) 사회-인지적 놀이척도의 관찰기록 사례

다음은 Parten/Piaget 척도를 이용해서 놀이 행동의 유형이 어떻게 분류되는지를 사례로 설명한 것이다.

사례: 사회-인지적 척도로 놀이 관찰하기

1. 두 유아가 소꿉 영역에 있다. 각각 요리를 하는 척하고 가상으로 음식을 준비하고 있다. 유아는 각기 서로의 활동은 인식하나 상호작용은 없다. ……………… (병행 극화)
2. 몇몇 유아가 교실을 돌며 다른 유아를 잡는 놀이를 하고 있다. ……… (집단 기능)
3. 한 유아가 블록 구성물을 쌓는다. 다른 유아는 옆에 없다. …………… (혼자 구성)
4. 몇몇 유아가 '푸른 하늘 은하수' 손바닥 치기 놀이를 한다. …………… (집단 게임)
5. 세 명의 유아가 바닥에서 플라스틱 블록으로 변신 로봇을 만들고 있다. 이때 유아들은 아무런 상호작용을 하지 않는다. ……………………………… (병행 구성)
6. 세 명의 유아가 위의 5번에서 만든 변신 로봇으로 총싸움을 하는 것처럼 한다.
   ……………………………………………………………………… (집단 극화)
7. 혼자놀이를 하던 유아가 장난감 전화기를 이용해서 전화를 거는 것처럼 한다.
   ……………………………………………………………………… (혼자 극화)
8. 한 유아가 소꿉 영역에서 다른 유아가 노는 것을 지켜본다. ……………… (방관)
9. 몇몇 유아가 책보기 영역에서 책을 읽는다. ……………………… (비놀이 활동)

10. 두 유아가 장난감 차들을 바닥에 굴리고 있다. 가작화 활동의 현상은 없고 상호작용
　　을 하지 않는다. ··· (병행 기능)
11. 세 명의 유아가 병원놀이를 한다. 한 유아가 의사, 다른 한 유아가 간호원, 다른 유아
　　는 환자 역할을 하고 있다. ··· (집단 극화)
12. 한 유아가 바닥에 공을 튀긴다. 여러 명의 다른 유아들이 옆에 있으나 블록놀이를
　　한다. 공놀이하는 유아와는 상호작용을 하지 않는다. ················· (혼자 기능)
13. 한 유아가 배회하고 있으면서 특별한 어떤 활동도 하지 않는다. ······· (비놀이 활동)
14. 몇몇 유아가 블록을 가지고 고속도로를 함께 만든다. ····················· (집단 구성)
15. 두 명의 유아가 과학 영역에서 햄스터에게 먹이를 주고 있다. ·········· (비놀이 활동)

　　앞에서 제시한 놀이의 분류방법에 의하여 실제 시간표집을 하는 방법은 다음과
같다.

성명: ＿＿＿＿＿＿＿＿＿＿　　관찰일시: ＿＿＿＿＿＿＿＿＿＿＿

인지적 수준

		기능놀이	구성놀이	극화놀이	규칙 있는 게임
사회적 수준	혼자놀이	(12) 공 주고 받기	(3) 블록 구성 하기	(7) 전화하기	
	병행놀이	(10) 자동차 굴리기	(5) 로봇 만들기	(1) 음식 준비하기	
	집단놀이	(2) 체스하기	(14) 길 만들기	(6) 로봇으로 전투하기 (11) 병원놀이 하기	(4) 손바닥 치기

	비참여/방관/전이	비놀이 활동
비놀이	(8) 소꿉놀이 지켜보기 (13) 배회하기	(9) 책 읽기 (15) 햄스터 먹이 주기

실제 기록용지에 표시할 때는 숫자나 설명보다는 '正' 표시를 사용한다.

(4) 사회-인지적 놀이척도의 기록방법

Rorper와 Hinde(1978)는 다차원 검색(multiple-scan sampling) 절차를 사용하여 Parten/Piaget 척도로 15초 동안 관찰했을 경우 유아의 사회-인지적 놀이 행동이 가장 잘 관찰된다는 것을 발견하였다. 15초 간격은 관찰자가 현재 일어나고 있는 놀이의 형태가 어떤 것인지를 알 수 있을 만큼의 충분한 시간이며, 한 번의 관찰시간 동안 놀이 형태가 바뀌기 어려울 만큼의 충분히 짧은 시간이다.

관찰과정은 다음과 같이 진행된다. 첫째, 관찰을 무작위 순서로 하기 위해 기록용지를 뒤섞는다. 둘째, 파일의 맨 위에 있는 유아부터 관찰을 시작한다. 셋째, 위의 유아를 15초 동안 관찰한 후 관찰된 놀이 범주와 일치되는 칸에 표시를 한다. 예를 들면, 그 유아가 다른 몇 명의 유아들과 블록으로 구성물을 만들고 있었다면 집단 구성 칸에 표시한다. 넷째, 첫 번째 유아의 놀이를 기록한 후에 관찰된 유아의 기록용지는 파일의 맨 아래에 넣고, 그다음 나오는 유아에 집중하여 관찰한다. 다섯째, 두 번째 유아도 15초 동안 관찰하고 놀이 유형을 기록한 후 그 기록용지는 파일 맨 아래에 넣는다. 이러한 방식으로 유아는 각각 15초 동안 순차적으로 관찰된다.

모든 유아를 한 번씩 관찰하게 되면 두 번째 관찰을 시작하는 식으로 돌아간다. 대략 1분당 3명의 유아를 관찰할 수 있다(각 관찰에서 5초의 기록시간이 허용된다.). 이런 식으로 12명으로 구성된 집단 내 각 유아의 관찰은 20분 놀이시간 동안 매 4분 혹은 5분에 한 번씩 이루어질 수 있다. 각 유아마다 20~30회의 관찰이 이루어졌을 때, 기록 자료는 각 유아의 놀이 패턴을 설명해 준다.

자료를 해석할 때에는 유아의 연령을 고려하여 사회-인지적 척도 기록 자료의 두 가지 측면에 초점을 두어야 한다.

첫째, 유아의 사회적 놀이 수준은 그 유아의 연령에 적당한가? 2~3세 유아의 기록용지에서 병행놀이, 혼자 기능 또는 비참여/방관/전이 칸에 표시가 많은 것은 이상한 것이 아니라 일반적인 현상이다. 그러나 4~5세 유아에게 그러한 패턴이 나타나는 것은 사회적으로 미성숙한 놀이를 나타내는 것이며, 이런 경우는 유아가 집단놀이에 참여하는 데 필요한 기술을 배우도록 도움을 주는 개입이 이루어져야 한다. 또한 이러한 경우에는 유아의 사회적 놀이기술을 자세히 볼 수 있는 다음의 Howes의 또래놀이척도를 사용할 수 있다.

둘째, 유아는 인지적으로 성숙한 놀이 형태에 정기적으로 참여하는가? 4~5세 유아는 비교적 극화놀이와 구성놀이에 많이 참여한다. 만약 사회−인지적 척도 기록용지에서 기능놀이 부분에 많이 표시된다면 극화놀이나 구성놀이를 위한 자료를 제공하거나 성인이 개입하여 극화놀이나 구성놀이를 격려할 필요가 있다. 또한 4, 5세 유아에게 발달적으로 중요한 놀이 형태에 참여가 부족하면 놀이 훈련 및 지도가 필요하다고 볼 수 있다.

2) Howes의 또래놀이척도

Howes는 Parten/Piaget의 놀이단계보다 좀 더 세부적으로 유아의 사회적 놀이를 조사하는 관찰법을 발전시켰다. 또래놀이척도는 단순한 병행놀이(수준 1), 상호 관심 있는 병행놀이(수준 2)와 함께 네 가지 범주의 집단놀이가 포함되는데, 그것은 단순한 사회적 놀이(수준 3), 상호 보완적 놀이(수준 4), 협동적 사회가장 놀이(수준 5), 복합적 사회가장 놀이(수준 6)다.

Howes의 단계는 또래놀이의 세 가지 차원, 즉 유아들 간의 사회적 상호작용의 복잡성, 유아 상호작용의 보완적이고 상호적인 정도, 놀이의 유지와 계획 시 사용되는 언어의 확장에 초점을 둔다. 수준 1, 2는 유아의 사회적 행동과 활동이 분화되지 않고 비상호적이고 비언어적인 놀이단계이며, 수준 3, 4는 언어적 상호작용을 포함한 사회적 활동과 상호 보완적 활동에 참여하는 놀이단계다. 수준 5는 유아가 자신이 맡은 역할대로 말하는 가장 대화를 하는 단계이고, 수준 6은 유아가 놀이를 계획하고 조직하기 위하여 일시적으로 가장 놀이를 멈추고 상위 의사소통 교환을 하는 단계다.

Howes의 또래놀이척도의 행동목록

• 수준 1: 단순한 병행놀이(parallel play)

가까운 거리에 비슷한 놀이를 하는 두 유아가 있지만 서로 눈 맞춤이나 사회적 활동을 하지 않는다. 예를 들면, 몇몇 유아가 블록놀이를 하는 어떤 유아 옆에 앉아 있더라도 완전히 자기만의 놀이에 전념하는 경우다. 즉, 유아는 자신 외의 다른 유아의 존재를 인식하지 못한다.

- 수준 2: 상호 관심 있는 병행놀이(parallel aware play)

  유아들은 서로 비슷한 활동을 하고 있고 눈을 맞추기도 한다. 예를 들면, 블록놀이를 하는 유아들은 때때로 서로 쳐다보고 서로 만든 것을 보기도 한다. 즉, 유아의 행동이 사회적 상호작용이라 할 수는 없지만 다른 유아의 활동을 인식하고 있다. 이 단계의 유아는 서로의 놀이를 모방하기도 한다. 즉, 다른 유아의 블록 쌓은 것을 모방하기도 한다.

- 수준 3: 단순한 사회적 놀이(simple social play)

  유아들은 같은 유형의 활동을 하면서 사회적으로 상호작용한다. 유아들은 말하고 사물을 교환하면서 웃거나 다른 형태의 사회적 상호작용을 한다. 예를 들면, 블록을 가지고 놀이하는 유아들은 서로의 구성물에 대해 '참 예쁘다' 또는 '못 만들었다' 등의 평가를 할 수 있다.

- 수준 4: 상호 보완적 놀이(complementary and reciprocal play)

  유아는 사회적 놀이에 참여하거나 게임을 한다(한 유아의 행동을 다른 유아가 그대로 따라 하기). 예를 들면, 블록놀이를 하는 한 유아가 다른 유아에게 블록을 하나 주고, 그것을 받은 유아는 다른 블록을 다시 준다. 숨바꼭질이나 쫓고 쫓기는 게임도 이 범주에 속한다.

- 수준 5: 협동적 사회가장 놀이(cooperative social pretend play)

  유아는 사회극놀이를 하는 동안 보완적인 역할을 수행한다. 역할이 분명하게 이름 붙여질 필요는 없지만 이때 유아의 행동은 분명히 일치되어야만 한다. 예를 들면, 유아는 엄마 아빠의 역할을 흉내 낼 수 있고 인형을 목욕시키는 척할 수 있다.

- 수준 6: 복합적 사회가장 놀이(complex social pretend play)

  유아는 놀이에 대한 사회가장 놀이와 상위 의사소통 모두를 나타낸다. 상위 의사소통은 유아가 놀이에 대한 그들의 가상 역할을 말하기 위해 일시적으로 놀이를 중단할 때 발생한다. 예를 들면, 명명하기와 역할 정하기를 하고("난 엄마 하고 너는 아빠 해."), 새로운 놀이 각본을 제안하며("자, 우리가 정글에서 길을 잃었다고 하자."), 현재 장면을 수정한다("도서관에서는 책을 사는 게 아니야. 넌 그것을 빌려야 해.").

출처: Howes & Matheson (1992) 참조.

Howes의 또래놀이척도를 이용한 사회적 놀이를 관찰하고 기록하기 위해서 교사는 15초 관찰의 시간관찰법을 사용할 수 있다. 먼저 1회의 15초 관찰법을 사용하여 유아를 관찰하고, 놀이의 사회적 수준을 나타내는 적당한 목록의 칸에 기록을 한다. 관찰 시 유아가 교사와 상호작용을 했다면 교사와 관련된 항목에 'Y'라고 표시한다. 마지막으로 유아가 놀이한 영역과 놀잇감을 표시한다. 기록 후에는 다음 유아를 15초 동안 관찰하고 위와 같은 과정으로 관찰과 기록을 계속한다. 일단 모든 유아를 관찰한 후에는 다시 첫 번째 유아를 관찰하고 두 번째 관찰과 기록을 시작한다. 두 번의 관찰시간과 관찰과 관찰 사이에 모든 정보를 용지에 기록하는 시간이 15초가 걸리므로 약 1분을 계획한다.

Howes의 또래놀이척도는 유아의 사회적 놀이 수준의 관찰이 가능하며 유아의 사회적 인식, 사회적 의사소통, 다른 유아와 활동하면서 협동하는 능력 등의 정보를 제공하여 준다. 나아가 관찰 시 교사와의 상호작용 유무, 놀이 영역, 놀잇감 사용을 기록한다면 각 유아의 사회적 놀이의 개별 수준을 파악할 수 있어서 유아의 사회적 놀이의 질을 높이는 유용한 정보를 얻을 수 있다.

Howes의 또래놀이척도 관찰 기록지

유아 이름: _____   관찰 날짜: _____

날짜	혼자 놀이	단순한 병행 놀이 수준 1	상호 관심 있는 병행놀이 수준 2	단순한 사회놀이 수준 3	상호 보완적 놀이 수준 4	협동적 사회가작화 놀이 수준 5	복합적 사회가작화 놀이 수준 6	성인 개입 (Y=네)	환경과 자료
총합									

출처: Howes와 Matheson (1992)에서 발췌.

또래놀이를 바탕으로 한 놀이의 기록방법

관찰 내용	기록방법
1. 각각 가깝게 있는 두 유아가 큰 트럭을 굴리고 있다. 이때 각각 자기의 길을 이용한다. 관찰하고자 하는 유아가 다른 한 유아를 발견할 때까지 방을 둘러보고 있다. 그러고 나서 그 유아는 트럭을 굴리기 위해 돌아간다.	이것은 2단계에 속하는데, 그 이유는 관찰된 유아가 다른 유아의 존재를 보았기 때문이다. 만약 관찰하고자 하는 유아가 다른 한 유아를 보지 않았다면 1단계가 된다.
2. 블록 영역에서 두 명의 유아가 함께 집을 짓는다. 그들은 각자에게 어떤 블록을 사용할 것인지, 어디에 놓을지를 말한다.	이것은 5단계에 속하는데, 그 이유는 유아들이 서로 놀면서 대화를 나누었기 때문이다. 만약 그들이 말을 하지 않았다면 4단계에 속한다.
3. 역할 영역에서 한 유아는 다른 유아가 자신의 머리를 자르는 것처럼 행동하는 동안 의자에 앉아 있다. 그러나 대화는 없다.	유아가 함께 놀이하고 각자 서로의 역할을 인식하지만 서로 대화나 사회적 노력이 없기 때문에 4단계에 속한다. 만약 그들이 서로 말을 하거나 거울을 준다거나 하는 사회적 노력이 있었다면 5단계에 속한다.
4. 두 여아가 서로 옆에 앉아 퍼즐을 한다. 한 유아가 "나, 못 하겠어."라고 말하자, 다른 유아는 "다른 모든 조각을 가지고 노력해 봐."라고 대답한다.	이것은 3단계인데, 두 여아는 서로에게 사회적 노력을 했으나 각자의 퍼즐을 한다. 만약 두 번째 여아가 자기 퍼즐을 놔두고 도와주었거나 대화가 지속되었다면 5단계에 속하고, 심화된 대화가 없었다면 4단계에 속한다.

3) 사회극놀이 관찰척도: Smilansky의 사회극놀이 목록

Smilansky(1968)의 사회극놀이 목록은 높은 수준의 집단 극화놀이 수행능력으로 ① 역할 수행하기, ② 가작화하기, ③ 사회적 상호작용, ④ 언어적 의사소통, ⑤ 지속성의 다섯 가지의 구성 요소를 가지고 있다. 가작화하기의 세 가지 유형인 사물의 가작화, 행동의 가작화, 상황의 가작화와 언어적 의사소통의 두 가지 유형인 상위 의사소통, 가장 의사소통을 목록화하여 사회극놀이 기술을 자세하게 관찰할 수 있다. 이 척도는 놀이 구성 요소 중에서 유아의 놀이에 존재하는 것과 존재하지 않는 것의 파악이 용이하며, 관찰 자료에 기초하여 유아에게 부족한 놀이 구성 요소에 초점을 두어 지도하는 데 유용하다.

사회극놀이 목록: 기록용지

| 이름 | 역할 수행하기 | 가작화하기 | | | 사회적 상호작용 | 언어적 의사소통 | | 지속성 |
		사물	행동	상황		상위 의사소통	가장 의사소통	

출처: Smilansky (1968)에서 발췌.

사회극놀이 목록 기록용지는 행동목록표(checklist) 형식으로 유아들의 이름을 적고, 다섯 가지의 놀이 구성 요소를 각 칸에 적는다. 사회극놀이 목록의 관찰은 다음 순서로 이루어진다.

- 관찰 대상이 될 2~3명의 유아를 정한다. 그들은 Parten/Piaget 척도에 의해 관찰했을 때 낮은 빈도의 집단 극놀이를 나타내는 유아로 선정한다.
- 전체 놀이시간 동안 유아들에게 주의를 집중하고 그들에게 돌아가면서 주의를 쏟는다. 약 1분 동안 한 유아를 관찰한 후 다음 유아를 관찰한다.
- 놀이시간이 끝난 후에 각 유아의 놀이에서 관찰된 사회극놀이 요소를 기록용지의 해당 칸에 기록한다. 만약 하나의 놀이 구성 요소가 놀이시간에 매우 단순하게 일어났다면 아직 완전히 발달하지 않았음의 표시로 '?'를 해당 칸에 기입한다.
- 관찰 대상 유아의 놀이 구성 요소에 관찰되지 않는 목록이 많으면 다른 날 그 유아를 다시 관찰한다. 한 유아에게 관찰되지 않는 특정한 놀이 행동을 한 번

의 관찰에 의해 결정하기보다는 다양한 상황에서 관찰한 후 놀이의 구성 요소의 존재 유무를 결정하는 것이 바람직하다.

사회극놀이 목록에 의한 관찰 및 평가 시에는 유아의 연령에 기초하여 놀이를 평가하여야 한다. 집단 극화놀이는 2세부터 시작되는 반면에 많은 유아가 3세 또는 그 이상의 연령까지도 정교하고 복잡한 사회극놀이에 참여하지 못하는 경우가 있다. 따라서 교사와 부모는 2세 또는 3세의 유아 놀이에 다섯 가지의 사회극적 요소가 나타내지 않더라도 지나치게 염려할 필요는 없다.

🐦 사회극놀이 목록의 정의

- 역할 수행(role playing): 유아는 가족 구성원, 경찰관, 드라큐라 백작 등의 역할을 택하고, "나는 엄마야." 등의 언어적 선언을 통해 이러한 역할을 의사소통하며 역할에 적합한 행동(유아 돌보는 척하기)을 한다.
- 가작화하기(make-believe transformation): 사물, 행동 또는 상황을 표상하기 위해서 상징을 사용한다.
  - 사물: 사물이 다른 사물로 대체되거나(나무 적목을 컵인 척하는 것), 언어적 선언을 통해 상상이 창조되기도 한다(빈손을 바라보며 "나의 잔이 비었다!"라고 외치는 것).
  - 행동: 생략된 행동들은 실제 행동을 대신하거나(손을 위아래로 움직이면서 망치질하는 척하는 것), 언어적 진술로 상상의 행동을 창조해 낸다("나는 못질을 하고 있어.")
  - 상황: 상상놀이의 상황이 언어적 선언을 통해 만들어진다("우리는 지금 제트 비행기에 타고 있는 거야.").
- 사회적 상호작용(social interaction): 적어도 두 유아가 놀이 사건과 관련해서 직접 상호작용을 한다(또래놀이척도의 항목에서 네 번째 놀이단계인 상호 인식이 있는 보완적 놀이단계에서 나타난다.).
- 언어적 의사소통(verbal communication): 유아는 놀이 사건과 관련된 언어적 의사소통에 참여한다. 언어적 의사소통에는 두 가지의 유형이 있다.
  - 상위 의사소통: 놀이 사건을 조직하고 구성하기 위해 사용된다. 유아는 다음과 같은 말을 사용한다.

(a) 사물 가작화를 변별하여 명명하기("밧줄을 뱀인 척하자.")

(b) 역할 분담하기("나는 아빠 할게, 너는 아기 해.")

(c) 이야기 구성하기("우리는 먼저 시장에 간 다음 장난감 가게에 갈 거야.")

(d) 역할에 적합하지 않은 행동을 한 놀이자 비난하기("엄마는 그렇게 하지 않아." 또는 "바보야, 그것은 말이 아니라 뱀이야.")

- 가장 의사소통: '~인 척하는' 의사소통으로 유아가 정한 역할에 적합하게 말하는 것이다. 교사 역할을 맡은 유아는 다른 놀이자에게 "너는 버릇없는 아이구나. 원장선생님께 보내야겠어."라고 말할 것이다.

• 지속성(persistence): 유아가 하나의 놀이에 참여하는 지속성을 의미한다. 연령은 놀이의 지속성에 영향을 미치는 중요한 변인 중의 하나다. Sylva, Roy와 Painter (1980) 그리고 Smilansky(1968)의 연구에서는 연령이 어린 유아는 적어도 5분 정도의 놀이 지속성이 있으며 연령이 증가할수록 놀이 지속시간이 길어지는 것으로 분석되었다.

4) 놀이성 관찰척도

놀이성은 기본적인 성격 특성과 같은 것이다. 어떤 유아는 자주 놀이를 즐기고 아주 빈약한 환경에서도 자신의 놀이세계를 창조하는 성향을 가지고 있다(Barnett, 1990). 또 어떤 유아는 풍부한 놀이환경에서조차 거의 놀지 않는다. Liberman (1977)은 이러한 유아의 놀이성을 신체적 자발성(physical spontaneity), 사회적 자발성(social spontaneity), 인지적 자발성(cognitive spontaneity), 즐거움의 표현 (manifest joy), 유머 감각(sense of humor)의 다섯 가지로 제시하였는데, Barnett (1990)은 교사가 유아의 놀이 선호성을 파악할 수 있도록 유아의 놀이 성향을 측정하는 척도로 만들었다.

놀이성 관찰척도의 다섯 가지 놀이성 요소는 각각 네다섯 가지의 조작적 정의로 표현되었고, 유아의 놀이성의 특징은 5점 척도로 평가하도록 되어 있다. 교사는 놀이성 관찰척도를 사용하여 유아의 놀이성을 평가하면서 성인의 개입이나 놀이친구의 도움이 필요한 유아가 놀이에 즐겁게 참여할 수 있도록 도움을 줄 수 있다.

Barnett의 놀이성 관찰척도

	유아의 놀이성 정도				
	전혀	조금	다소	많이	아주 많이
신체적 자발성					
유아의 동작이 잘 협응된다.	1	2	3	4	5
놀이하는 동안 유아는 신체적으로 능동적이다.	1	2	3	4	5
유아는 보다 능동적인 것을 선호한다.	1	2	3	4	5
유아는 달리기, 한발뛰기, 껑충뛰기, 도약을 많이 한다.	1	2	3	4	5
사회적 자발성					
유아는 타인의 접근에 쉽게 반응한다.	1	2	3	4	5
유아는 타인과의 놀이를 제안한다.	1	2	3	4	5
유아는 다른 유아와 협동적으로 놀이한다.	1	2	3	4	5
유아는 놀이감을 흔쾌히 공유한다.	1	2	3	4	5
유아는 놀이 시 지도자 역할을 한다.	1	2	3	4	5
인지적 자발성					
유아는 스스로 게임을 창안한다.	1	2	3	4	5
유아는 놀이에서 비전형적인 놀잇감을 사용한다.	1	2	3	4	5
유아는 여러 가지 배역을 가장한다.	1	2	3	4	5
유아는 놀이 동안 활동을 변화시킨다.	1	2	3	4	5
즐거움의 표현					
유아는 놀이 동안 즐거움을 표현한다.	1	2	3	4	5
유아는 놀이 동안 충만함을 나타낸다.	1	2	3	4	5
유아는 놀이 동안 열정을 보인다.	1	2	3	4	5
유아는 놀이 동안 감정을 표현한다.	1	2	3	4	5
유아는 놀이하면서 노래하고 말한다.	1	2	3	4	5
유머 감각					
유아는 다른 유아들과 농담을 즐긴다.	1	2	3	4	5
유아는 다른 사람을 조용하게 놀린다.	1	2	3	4	5
재미있는 이야기를 말한다.	1	2	3	4	5
유아는 유머러스한 이야기에 웃는다.	1	2	3	4	5
유아는 주변에서 익살부리는 것을 좋아한다.	1	2	3	4	5

출처: Barnett (1990).

5) Penn의 상호작용적 또래놀이척도

Penn의 상호작용적 또래놀이척도(Penn Interactive Peer Play Scale: PIPPS)는 유아의 또래놀이 상호작용을 측정하는 관찰도구다(Fantuzzo, Coolahan, Mendez, McDermott, & Sutton-Smith, 1998). 상호작용적 또래놀이척도 문항은 놀이 방해 12문항, 놀이 단절 9문항, 놀이 상호작용 8문항으로 총 29문항으로 구성되어 있으며, 각각은 다음을 나타낸다.

- 놀이 방해(play disruption): 공격적 행동 및 자기통제의 결여와 관련된 부정적 행동이다.
- 놀이 단절(play disconnection): 위축된 행동과 관련된 부정적 행동이다.
- 놀이 상호작용(play interaction): 친사회적 행동, 인간관계 기술, 자기통제, 단호한 언어 등과 관련된 긍정적 행동이다.

Penn의 상호작용적 또래놀이척도의 각 문항은 4점 척도('관찰되지 않는다'는 1점, '가끔 관찰된다'는 2점, '자주 관찰된다'는 3점, '매우 자주 관찰된다'는 4점)로 평가한다. 점수에 대한 해석으로는 놀이 방해와 놀이 단절은 점수가 낮을수록 긍정적인 반응이고, 반대로 놀이 상호작용은 점수가 높을수록 긍정적인 반응이다.

Penn의 상호작용적 또래놀이척도의 문항

	관찰되지 않음	가끔	자주	매우 자주
놀이 방해				
싸움과 논쟁 시작하기	1	2	3	4
다른 유아가 갖고 있는 물건 빼앗기	1	2	3	4
놀이 방해	1	2	3	4
신체적 공격	1	2	3	4
언어적인 공격	1	2	3	4
다른 유아의 물건 파괴하기	1	2	3	4
역할 바꾸지 않기	1	2	3	4

고자질하기	1	2	3	4
울거나 불평하거나 화를 내기	1	2	3	4
다른 유아의 의견에 동의하지 않기	1	2	3	4
장난감 공유하지 않기	1	2	3	4
다른 유아들의 놀이 생각을 거절하기	1	2	3	4
놀이 단절				
다른 유아에 의해 무시되기	1	2	3	4
놀이 집단 주변을 배외하기	1	2	3	4
움츠리기	1	2	3	4
놀이 시작하는 데 도움을 필요로 하기	1	2	3	4
놀이에서 목적 없이 쳐다보기	1	2	3	4
불행한 것처럼 보이기	1	2	3	4
권유받을 때 놀이하는 것을 거절하기	1	2	3	4
놀이에서 갈팡질팡하기	1	2	3	4
교사의 지시를 필요로 하기	1	2	3	4
놀이 상호작용				
다른 유아가 상처받고 슬플 때 위로해 주기	1	2	3	4
다른 유아 돕기	1	2	3	4
놀이를 만드는 데 창의성 보이기	1	2	3	4
또래갈등을 안정시키도록 돕기	1	2	3	4
이야기를 말로 하기	1	2	3	4
다른 유아가 놀이에 참여할 수 있도록 격려하기	1	2	3	4
다른 유아의 행동을 긍정적으로 지도하기	1	2	3	4
놀이하는 동안 긍정적 정서 유지하기	1	2	3	4

6) 놀이 영역/놀이 활동의 참여도 관찰평가

유아의 놀이 영역과 놀이 활동 참여도의 관찰기록은 놀이 참여의 양과 질적인 면을 모두 기록할 수 있다. 교사는 유아가 참여한 놀이 영역이나 놀이 활동 유형의 빈도수를 양으로 기록하거나 유아의 참여 정도의 질을 관찰·기록하여 평가한다.

유아의 놀이 참여도는 일과 중 각기 다른 시간에 교실 전체를 관찰하는 형태로 각 시간에 유아가 참여하는 놀이 영역이나 활동의 유형을 기록한다. 유아의 놀이

놀이 참여도

- 관찰자:

- 날짜:　　월　　일
- 시간: ___ 시 ___ 분 ~ ___ 시 ___ 분

① 빈도 표시 (///)
② 놀이 주도(주), 놀이 유지(유), 놀이 방해(방)

유아명 ＼ 놀이 영역 활동	미술	언어	과학	수학	극화	적목	조작	음률	물/모래	기타
강수빈										
고재영										
김태윤										
박규리										
변혜진										
송기은										
심재윤										
안인엽										
이경은										

참여의 빈도수 기록을 통하여 교사는 교실에서의 전체 혹은 개별 놀이 영역의 참여율을 알 수 있고, 놀이 영역의 선호도, 놀이 활동의 선호도에 기초하여 유아의 놀이 경향성과 놀이 영역 구성의 문제점 등을 파악할 수 있다. 유아의 놀이 참여도의 질적인 관찰, 즉 협동놀이나 집단놀이의 참여 정도인 놀이 주도, 놀이 유지, 놀이 방해의 정도를 관찰·평가하여 유아의 놀이를 지도하고 유아의 놀이 진행을 도울 수 있는 평가 자료로 사용할 수 있다.

유아의 놀이 영역 및 활동의 참여도 관찰은 다음과 같이 진행한다.

① 유아의 이름표와 교실의 놀이 영역이나 놀이 활동을 기록한 관찰기록표를 준비한다. 기록표에는 관찰자, 날짜, 관찰시간의 길이를 기록할 수 있도록 한다.
② 교사는 관찰시간의 길이와 횟수를 정하여 유아의 놀이를 기록한다. 예를 들어, 자유놀이시간에 관찰을 한다면 15분마다 유아의 놀이 참여 빈도(///)를

기록한다. 유아의 놀이 참여도를 질적으로 평가하고자 한다면 빈도기록에서 놀이 주도(주), 놀이 유지(유), 놀이 방해(방) 등 교사가 알아보기 쉬운 표시로 대체하여 기록한다.

③ 교사는 놀이 참여도를 빈도나 수준별 빈도로 파악하여 전체 혹은 개별 유아의 놀이에 관한 선호도, 참여도를 평가한다.

4. 놀이 관찰에 기초한 평가

교사는 체계적 관찰에 기초하여 유아의 놀이 행동을 해석하고 그 내용을 교육과정 개선 혹은 유아 행동지도 등에 반영할 수 있어야 한다.

1) 놀이 관찰에 기초한 평가단계

놀이 관찰에 기초한 평가는 기록-해석-평가의 단계로 이루어진다.

① 기록: -객관적으로 기록해야 한다.
        -기록된 정보는 비평의 대상이 되어서는 안 된다.
        -이 시점에서는 어떤 판단이나 추론을 해서는 안 된다.
② 해석: -관찰된 행동을 설명하고 의미를 부여하는 시도를 한다.
        -유아의 발달과 성장에 대한 정확한 이해하에 해석해야 한다.
        -때로는 다양한 해석이 필요하다.
③ 평가: -축적된 관찰 자료를 바탕으로 현재의 상태와 앞으로의 방향에 대한 결론을 내린다.

2) 놀이 관찰에 기초한 평가 실제

(1) 일화기록

일화기록의 일지 작성은 놀이에서 무엇을 보고 들었는지를 정확하게 기록하는 데 초점을 두어야 한다. 이러한 기록은 단지 자료를 수집하는 것 이상의 의미를 가진다. 유아의 놀이 상황이 기록을 통해 시각화되면 그 놀이 장면에는 어떤 의미가 담겨 있는지 해석하고, 이를 그다음 놀이 계획을 결정짓는 데 유용한 자료로 활용한다. 즉, 관찰은 유아의 놀이 행동 기록을 해석하고 평가하는 데 의의를 가진다. 다음은 놀이 장면을 기록하고 해석하며 평가한 사례다.

① 기 록

- 관찰유아: 이민선　　• 유아연령: 3년 9개월　　• 성 별: 여
- 관 찰 자: 서윤정　　• 관찰일자: 2009년 12월 1일　　• 관찰시간: 10:30 ~ 10:45
- 관찰장면: 자유선택활동 중 역할놀이 영역

　민선이는 청진기를 가지고 지수에게 가서 "내가 의사 할게, 너는 간호사 해."라고 말한다. 그러고는 인형을 가져와 테이블에 눕히고 "아가야, 배가 아프니?"라고 하며 배와 머리 위에 청진기를 대면서 지수에게 "간호사 주사 주세요."라고 말한다. 지수는 색연필을 가지고 인형에게 주사를 놓는 행동을 한다. 옆에서 놀이 상황을 지켜보던 교사가 "의사 선생님, 저는 머리가 아파요. 진찰 좀 해주세요."라고 말한다. 민선이와 지수는 "여기 누우세요."라고 말하고 교사의 머리에 청진기를 대면서 "약을 드셔야겠어요."라고 말한다. 교사는 "그렇군요. 그럼 빨리 약을 먹어야겠네요."라고 말하고는 지수에게 돈을 내면서 "간호사 선생님, 여기 진찰료입니다. 의사가 약을 먹으라고 하시네요. 약국에 가져갈 수 있는 처방전을 주세요."라고 말한다. 교사의 말에 지수는 "네, 잠깐만요." 하고 미술 영역으로 가서 백지 한 장을 가져온다. 지수는 "여기 있습니다. 안녕히 가세요."라고 말하며 민선이와 마주보며 웃는다.

② 해 석

　민선이는 병원놀이에서 자신이 의사 역할을 담당하려고 지수에게 간호사를 맡도록 유도하면서 놀이를 이끄는 역할을 하고자 한다. 민선이는 의사와 간호사의 역할에 대해서 인지하고 있으며, 사물(인형)에게 아픈 상황을 가작화하면서 언어적으로 상호작용을 하지만 배가 아픈데 청진기로 머리를 진찰하는 미숙한 행동을 하였다. 교사가 환자로 놀이에 참여

하면서 놀이를 확장시켰으며, 유아들의 근접발달영역을 파악하여 간호사에게 돈을 내고 약 처방전을 달라고 이야기하는 등 더 높은 수준의 비계설정을 해 줌으로써 유아들의 병원놀이가 잘 이루어지도록 지원하였다.

③ 평 가

민선과 지수는 병원놀이에서 교사의 도움으로 놀이가 유지되었고, 교사가 놀이 참여자로 함께하는 지원이 없었다면 놀이가 확장되지 않았을 것이다. 교사는 유아들 스스로가 협력적이고 조직적인 역할 분담이 이루어지도록 사전 경험을 제공해야 한다.

(2) 시간표집법

사회-인지적 놀이척도는 놀이와 비놀이로 구분되고, 놀이는 다시 인지적 놀이(기능놀이, 구성놀이, 극놀이, 규칙 있는 게임)와 사회적 놀이(혼자놀이, 병행놀이, 집단놀이)의 범주로 구분된다. 이 척도를 사용하여 한 유아의 사회-인지적 놀이를 시간표집 한 결과를 근거로 관찰 대상 유아의 놀이 유형을 분석하고 평가해 보면 다음과 같다.

① 기 록

- 관찰대상 유아 이름: 김영수
- 연령: 만 5세
- 성별: 남자
- 관찰시간: 자유선택활동 시간

		사회적 놀이			비놀이					
		혼자놀이	병행놀이	집단놀이	방관	전이	탐색	읽기	대화	배회
인지놀이	기능놀이	卌 //// //	///		////	卌				
	구성놀이		卌 //							
	극놀이									
	규칙 있는 게임									

② 해 석

　　이 사례에서 영수는 놀이가 15회, 비놀이는 16회 한 것으로 나타났다. 영수는 놀이에 참여하기보다는 배회, 전이, 방관의 비놀이 형태가 더 많이 나타났다. 또한 놀이에 참여한 경우 놀이 유형은 혼자서 하는 기능놀이가 많았다. 영수는 만 5세임에도 또래들과의 사회적 상호작용이 나타나지 않고 혼자서 기능적인 놀이만을 한다.

③ 평 가

　　영수에게 이러한 놀이 형태가 지속적으로 나타난다면 교사는 영수를 사회성이 부족한 소극적인 아이 그리고 인지적 놀이 수준이 낮은 아이로 평가할 수 있다. 영수에게 교사의 개입이 절대적으로 필요한 시점이다. 교사는 영수가 또래들과 어울릴 수 있는 사건을 만들거나, 집단놀이에서 교사가 놀이 참여자로 함께하여 영수를 놀이에 끌어들이고 다른 유아들과 어울릴 수 있게 하는 역할을 담당해야 한다.

　　이상에서 살펴본 것과 같이 놀이의 체계적인 관찰을 통하여 유아의 놀이 활동에 대한 정보를 수집할 수 있는데, 이러한 정보는 교사들이 적절한 환경을 준비하고 적절한 개입을 하여 유아의 흥미와 요구를 만족시키는 놀이가 되도록 하는 데 도움을 준다.

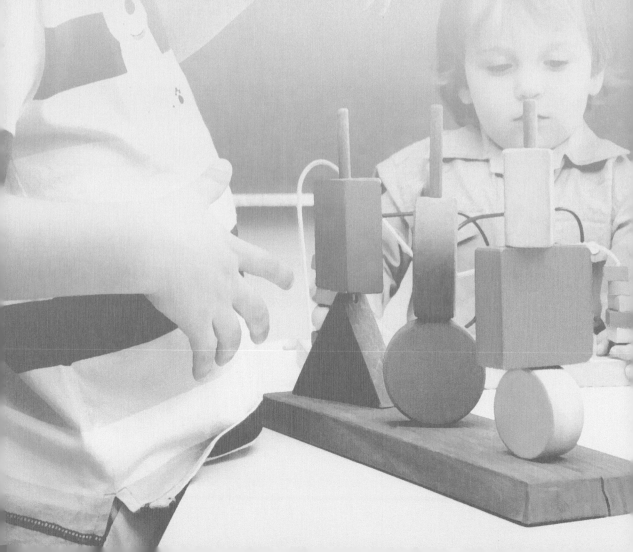

제2부

놀이와 교육

· 제 6 장 ·

놀이와 환경

1. 유아 놀이환경의 특징

유아의 놀이 행동은 주변 환경과 배경에 의하여 영향을 받는다. 유아는 또래와 성인과의 상호작용을 통하여 놀이의 형태와 수준이 변화하고 발달해 가며, 동시에 물리적 환경은 이러한 사회적 상호작용이 일어나는 장소와 배경을 제공한다. 이러한 점에서 유아를 위한 놀이환경은 경험이 풍부한 장소, 놀이가 풍부한 장소, 교수방법이 풍부한 장소, 사람들과 함께 하는 장소, 의미 있는 장소의 요소를 갖추는 것이 좋다. 이 장에서는 유아기 놀이환경의 특징을 살펴본 후, 실내놀이와 실외놀이로 구분하여 구성 요인, 공간 배치, 영역 구성, 안전과 지도 방법 등에 대하여 살펴보고자 한다.

1. 유아 놀이환경의 특징

유아의 놀이 행동은 환경에 따라 많은 영향을 받는다. 실외환경은 공간적으로 넓고 대근육을 움직이는 놀이 기구나 설비를 구비하고 있으므로 일반적으로 대근육을 사용하는 달리기, 오르기, 뛰기 등의 활동이 활발하게 나타나는 반면, 실내환경에서는 구성놀이를 위한 놀잇감이 제공되므로 구성적 놀이의 빈도가 높게 나타나는 경향이 있다. 사회적 놀이에서도 유아는 실내보다 실외에서 또래 간 상호작용이 활발하게 나타나는 경향이 있다.

실내외 공간에 따른 유아의 놀이 행동은 사회계층과 성별에서도 나타난다. 여아보다 남아가 실외놀이에서 적극적으로 놀이하는 경향이 있으며, 사회경제적 수준이 낮은 계층의 유아는 실외놀이에서 보다 활발하다. 덧붙여 남아는 실외 극화놀이에 많이 참여하지만, 여아는 실내 극화놀이에 더 적극적이다. 유아는 실외놀이를 통하여 대근육을 발달시키는 신체적 활동이 나타나며 실내놀이를 통하여 소근육을 사용하는 조작 및 구성 놀이와 극화놀이 등이 나타난다. 따라서 유아의 균형 있는 놀이 활동을 위하여 바람직한 실내와 실외의 환경을 제공하여 유아의 놀이를 격려하여야 한다(DeBord, Hestenes, Moore, Cosw, & McGinnis, 2005).

유아기의 교육적인 놀이환경을 구성하기 위해서는 다음과 같은 몇 가지 조건이 고려되어야 한다(Prescott, 1984).

- 개방성과 폐쇄성의 조화가 있는 환경: 유아교실은 쌓기놀이처럼 놀이방법이 다양한 개방적 놀이와 퍼즐 맞추기처럼 놀이방법이 고정된 폐쇄적 놀이 등 모든 놀이가 가능한 놀이환경이어야 한다.
- 단순성과 복합성의 수준이 다양한 환경: 유아교실에서 제공된 놀이 시설물이나 놀잇감은 유아가 자신의 수준에 맞춰 적극적으로 선택하여 조작하고 놀이방법을 변경시킬 수 있는 가능성이 있어야 한다.
- 높은 활동성과 낮은 활동성이 있는 환경: 유아교실에는 대근육을 움직이는 놀이와 소근육을 움직이는 놀이(퍼즐 맞추기, 구슬 꿰기 등)가 모두 가능한 놀이환경을 구성하여야 한다.
- 혼자놀이와 집단놀이가 다양하게 제공되는 환경: 유아가 혼자서 놀이를 하고 또 친구들과 어울려 소집단 및 대집단 놀이를 할 수 있는 놀이환경이어야 한다.
- 부드러움과 딱딱함을 경험할 수 있는 환경: 유아가 놀이하면서 다양한 감각 경험을 할 수 있도록 딱딱함과 부드러움이 있는 다양한 놀잇감이 포함되어야 한다.
- 접촉과 은둔을 경험할 수 있는 환경: 유아가 사회적 접촉이 빈번한 놀이 경험과 조용한 장소에 은둔하여 자신만의 놀이세계에 몰입하는 놀이 경험이 모두 가능하여야 한다.
- 도전과 안전을 조화롭게 경험하는 환경: 유아의 놀이환경은 유아의 안전을 보장하면서 동시에 유아의 도전 및 탐색의 요구를 제한하지 않는 조화로운 환경이 되어야 한다.

1) 실내놀이환경의 특징

유아의 놀이 행동은 실내놀이실 면적과 공간 배치, 유아가 사용할 수 있는 놀잇감의 범위와 종류 등에 많은 영향을 받는다(Decker, Decker, Freeman, & Knopf, 2008). 놀이실 면적이 유아 수에 비해 좁은 경우 비참여 행동이나 방관적 행동, 목적 없이 빈둥거리는 행동이 많이 나타나고, 대근육 놀이나 거친 신체놀이가 잘 일어나지 않는다. 교실의 공간 구성도 흥미 영역별로 구성된 놀이 공간에서는 언어적 상호작용, 협동, 가장 놀이 등이 많이 나타나고(Field, 1980; Neill, 1982), 놀이실의 각 영역을 분리대로 경계 지어 배치할 때는 다른 친구를 방해하는 행동이나 뛰어다니는 행동이 감소하고 놀이 지속시간이 더 길어진다.

유아기의 바람직한 놀이 행동이 풍성하게 일어나는 것을 격려하는 실내놀이실에는 다음과 같은 공통된 특징이 있다(Johnson, Christie, & Wardle, 2005).

첫째, 충분하고 다양한 종류의 놀잇감이 있다. 교실에서 놀이하는 모든 유아가 사용하기에 충분한 양과 유아가 선택하며 놀이할 수 있는 다양한 종류의 놀잇감이 있어서 다양한 놀이가 가능하도록 되어 있다.

둘째, 놀잇감 선택과 정리를 용이하게 하는 교구장이 있다. 교구장이 있어서 유아가 필요할 것을 쉽게 찾고 혼자서도 쉽게 꺼낼 수 있으며, 놀이한 후에는 제자리에 정리할 수 있도록 되어 있다.

셋째, 놀이할 수 있는 충분한 공간이 있다. 놀이마다 필요한 공간은 다양하다. 가령 블록놀이인 경우에 책상을 사용하는 작은 블록도 있지만 속이 빈 공간 블록인 경우에는 넓은 공간이 필요하고, 극화놀이와 연결될 경우에도 넓은 공간이 필요하다.

넷째, 교실의 혼잡함과 소음을 허용하는 분위기가 필요하다. 놀이하면서 다른 유아와 상호작용하며 이야기하고, 블록을 떨어뜨리거나 교구끼리 부딪치고, 극놀이를 하기 위해 대본을 의논하거나 음률 활동 등을 한다면 자연스럽게 소음이 발생할 수밖에 없다. 소음이 없거나 책상 앞에서 조용히 이루어지는 놀이로만 제한한다면 유아의 전인적 발달을 도와주는 놀이가 되기 어렵다.

다섯째, 성인의 감독이 용이해야 한다. 성인이 유아의 문제 상황을 관찰하기 용이해서 해결과정에서 필요한 도움을 줄 수 있어야 하며, 목공놀이나 조형놀이에서 놀잇감을 안전하고 적절하게 사용하는지의 감독이 용이해야 한다.

여섯째, 교실의 청결 유지가 용이해야 한다. 유아의 놀이는 혼잡스러울 가능성이 많고, 특히 미술 영역이나 물놀이 영역에서는 바닥이 더러워질 가능성이 있기 때문에 청소하기 쉬운 바닥을 설치하거나 쉽게 교체할 수 있는 바닥 깔개 등을 사용하면 좋다.

일곱째, 변화와 다양성이 가능해야 한다. 유아는 새로움과 자극을 지속적으로 찾기 때문에 놀이실 공간은 유아교육과정 및 활동 전개의 필요에 따라 주기적으로 변화 있는 놀이환경을 제공할 필요가 있다. 점점 유아들이 종일제 프로그램이나 방과후 프로그램에서 많은 시간을 보내기 때문에 교실에 주기적으로 순환할 수 있는 다양한 영역이 있어서 경험의 변화 및 다양성을 제공하는 것이 좋다. 놀이실이 필요에 따라 재구성되면 유아는 놀이환경에 싫증을 느끼지 않게 되고, 그들의 참여와 반응에 따라 계속적으로 놀이실 구성이 수정·보완되므로 놀이 효과를 높일 수 있다. 그러나 놀이실 공간을 너무 자주 바꾸면 유아의 정서적 안정감을 해칠 염려가 있으므로 일부에만 변화를 주어 다양하면서도 안정감 있는 환경을 제공하는 것이 좋다.

2) 실외놀이환경의 특징

성인에게 어렸을 적 좋아했던 놀이 경험을 물었더니 놀랍게도 70% 이상이 실외에서 일어났던 놀이를 말하였다(Henninger, 1993). 어렸을 적에 좋아했던 놀이 중 실외놀이의 비중이 높게 나타난 이유에는 아마도 실외놀이나 행동의 자유로움에 있을 것이다. 유아는 실외에 있을 때 달리고 뛰고 소리치며 자유로운 놀이 활동에 참여할 수 있다. 이러한 실외에서의 감각적 신체 활동은 온몸의 감각을 자극하는 데 매우 효과적이다. 따라서 유아를 위한 놀이환경은 실내의 교육환경뿐만 아니라 실외놀이환경에서 유아가 마음대로 뛰어놀 수 있을 만큼 충분히 넓고 자신을 잘 표현할 수 있도록 설계되어야 한다. 실외놀이를 통해 유아에게 모든 유형의 놀이가 촉진되고 실외 신체활동에 대한 성향이 발달할 수 있도록 계획하는 것이 중요한데, 이를 위해서는 실외놀이가 너무 학습적이거나 교사에 의해 통제되어서는 안 된다.

유아는 잘 준비된 실외놀이환경에서 놀이를 하지만 비구조적인 자연환경에서도 놀이를 즐기는 경향이 있다. 일반적으로 실외놀이는 대근육 중심의 활발한 신체운동이 이루어지는 장소로 그 기능을 제한시켜 생각하기가 쉽다. 그러나 유아교육기관에서 실외놀이는 유아의 전인적인 성장·발달을 촉진시키는 복합기능을 수행하는 장소가 되도록 제공하여야 한다(White, 2008).

유아의 발달을 지원하는 실외놀이환경의 특징은 다음과 같다.

(1) 건강 유지와 신체적 활동 제공

실외놀이장은 유아가 여러 가지 신체 활동을 자유롭게 해 볼 수 있는 장소다. 유아가 실내에서 놀이를 할 때에는 공간이나 소음 때문에 자유롭게 활동을 하기가 어렵다. 그러나 실외놀이 공간에서는 넓은 공간, 신선한 공기, 자연과 더불어 마음껏 떠들고 활발하게 뛰어놀 수가 있다. 실내놀이에 비해 실외놀이가 갖는 큰 이점은 유아가 움직임을 자유롭게 표현할 수 있는 커다란 공간과 실외에서 제공할 수 있는 다양한 형태의 기구나 자료다. 실외 기구나 자료는 유아에게 달리기, 점프하기, 기어오르기, 파기와 같은 다양한 대근육 활동을 하고 자전거, 스쿠터, 외바퀴 손수레, 롤러브레이드 등과 같은 바퀴 달린 놀이기구들을 사용할 수 있게 해 준다(Lovell & Harms, 1985). 게다가 이런 실외 활동은 미세운동 발달과 눈-손-발의 협응력 발달을 향상시키고, 기본적인 운동기술의 발달은 유아의 사회·정서적 성장과 관련이 있기 때문에 중요하다. 유아는 실외환경 속에서 나타나는 신체적인 도전을 경험하게 되며 자신의 신체적 성취에 대해 즐거움과 자신감을 경험할 뿐 아니라 개인적인 성취감과 확신을 가질 수 있다(White, 2008).

유아기부터 실외놀이의 경험을 통해 대근육 및 소근육 기술과 심장혈관의 지구력을 발달시킬 필요가 있다. 실외놀이를 통해 유아의 운능력과 동작기술이 발달할 수 있고, 이러한 신체 활동은 최근 증가하는 소아비만을 예방하는 데도 효과적이다(Gabbard, 2000; Gallahue, 1993; Sutterby & Frost, 2002). 또한 실외놀이는 유아가 자연환경을 즐기고 신선한 공기를 마시며 운동하게 하고 교실에 있을 때보다 덜 억압되게 만들기 때문에 유아의 건강을 유지하는 데 중요하다(Aronson, 2002). 이렇게 형성된 유아의 신체적 발달과 환경보호에 대한 성향은 유아가 성인이 되어 가면서 하이킹, 정원 가꾸기, 자전거 타기, 등산 등의 실외 활동을 즐기는 생활을 선호하여 건강을 유지하도록 하는 데 도움이 된다.

(2) 유아를 유아답게 하는 즐거움 제공

유아기에는 탐색하고, 실험하고, 조작하고, 형태를 바꾸고, 확장하고, 영향을 주고, 변화시키고, 놀라워하고, 발견하고, 연습하고, 그들의 한계에 맞서 헤쳐 나가고, 소리 지르고, 노래하고, 창조할 수 있는 기회가 필요하다. 실외놀이는 유아에게 즐거움 경험을 준다. 유아는 실외놀이를 통해 자유를 누리고, 다양한 탐색과 도전을 시도할 수 있으며, 새로운 발견의 기쁨을 얻을 수 있다. 따라서 건강한 성인이 되기 위한 최고의 준비는 즐거운 유아기를 갖는 것이다.

현대의 유아는 좁은 주거환경, 학업에 대한 스트레스, 쫓기듯 바쁜 일정, 유아답게 놀이할 기회의 감소 등으로 유아기의 즐거움을 빼앗기고 있다. 실외환경은 위험을 감수한 자유로운 모험과 실험적 도전으로 유아답게 놀이하는 기회를 제공하여 유아의 기본적인 욕구를 충족시킬 수 있다(Greenman, 1993). 기본적인 유아의 욕구를 충족시키기 위하여 개방된 공간을 사용하는 것은 유아기에 매우 중요하다. 실외놀이는 실내놀이에서 줄 수 없는 큰 공간과 제한이 적은 자유로움으로 유아의 시끄럽고 활발한 움직임을 지지해 주고, 이러한 신체 활동을 통해 긴장과 흥분된 감정을 해소하도록 해 준다. 유아에게는 다양한 실외놀이의 경험을 통해 잘 알지 못하고 예측할 수 없는 것, 도전적이고 모험적인 것 등을 탐색할 기회가 필요하다.

(3) 세상에 대한 다양하고 풍부한 감각 경험 및 학습 제공

실외놀이는 유아에게 다양하고 풍부한 감각 경험을 제공하여 세상에 대해 많은 것을 학습할 수 있도록 해 준다. 유아는 실외놀이를 하면서 날씨의 춥고 따뜻함, 바람의 세기, 습도의 높고 낮음 등을 감각적으로 느낄 수 있으며 주변의 여러 가지 사물을 통하여 다양한 촉감 경험을 할 수 있다. 또한 유아가 실외에서 배우는 것은 실내에서 배우는 것보다 즐겁고 효과적이며 다양한 방법을 활용할 수 있다.

유아는 실외놀이를 통해 막대가 모래 위에 설 수 있을까, 그네는 왜 멈출까, 오르막길에서는 자전거가 왜 안 갈까 등을 경험하면서 수학, 과학, 생태학, 식물학, 조류학, 건축, 농업, 계절, 시간, 날씨 등에 관한 많은 것을 배운다. 이처럼 세상이 어떻게 이루어지고 변화하는가에 대한 기본적·근본적인 정보를 자연스럽고 효과적으로 배울 뿐만 아니라 학습이 구체적이고 개인적으로 의미 있기 때문에 학습 내용을 보다 잘 기억하게 된다(Ormrod, 1997).

(4) 자신과 환경에 대한 학습 기회 제공

실외놀이는 유아가 자신의 신체적, 정서적 가능성을 알아보기 위해 주변 환경에 대해 새로운 시도와 도전을 하면서 자신의 한계와 가능성을 인식할 수 있는 기회를 제공한다. 얼마나 높게 그네를 탈 수 있을까? 얼마나 빨리 자전거를 탈 수 있을까? 또한 물리적인 세상을 배우기 위해 유아는 그에 대한 다양한 실험을 해 봐야 한다. 모래를 쓰러지지 않게 쌓을 수 있을까? 연못에 나뭇조각을 놓으면 어떤 일이 생길까? 정원의 흙을 파 보면 무엇이 보일까? 이러한 놀이에서 중요한 것은 동물, 식물, 사물이 환경의 자연적인 질서 속에서 어떻게 조화를 이루며 살아가는가를 발견하는 것이다.

유아는 환경과의 상호작용 경험을 통해서 자연세계와의 관계를 발견할 수 있다. 자연환경은 유아가 만지고 듣고 냄새 맡고 보고 하는 등의 감각을 이용한 다양한 경험과 선택의 기회를 제공한다. 유아는 흙, 물, 나뭇잎, 나무껍질과 같은 자연물로 실험을 할 수 있고 자연과 생태계의 현상을 조사할 수 있다. 계절과 날씨 변화를 관찰하거나 동물, 식물과 수확물을 보호하는 방법도 알 수 있다. 이러한 경험은 자신과 환경에 대한 학습 기회를 제공한다.

(5) 다양한 놀이 경험 제공

실외놀이는 대근육과 운동기술의 발달뿐만 아니라 사회·인지적 놀이 형태를 지지하는 다양한 놀이 경험을 제공한다. 실외놀이에서는 다양한 구성놀이와 극화놀이가 일어난다. 모래를 쌓아 모래성을 만들거나 터널, 두꺼비집을 만드는 구성놀이와 다양한 모양의 용기로 모양 찍기를 하며 이루어지는 극화놀이를 하는 동안 유아는 다른 사람과 상호작용을 한다. 실내놀이에 비해 실외놀이에서 제공되는 커다란 크기의 구성 자료와 넓은 공간은 협력을 요구하는 복잡한 사회극놀이가 일어나도록 자극할 수 있다. 이러한 놀이에 포함한 계획과 협상 경험은 문제해결을 위해 필요한 인지적·사회적 기술이 발달하도록 도와준다.

또한 실외에서 제공되는 경험에는 미술, 음악, 이야기 나누기와 같은 실내 활동이 포함될 수 있고, 실내환경과 다른 특성을 갖고 있어서 실외 자연과의 접촉은 심리적인 안정감, 자연세계의 생태계에 대한 개념학습을 위해서도 중요하다(Naylor, 1985).

2. 실내놀이환경

유아교육기관 놀이실의 공간 구성은 교육 프로그램의 철학적 배경이나 교육기관의 유형에 따라 다양하지만, 일반적으로는 유아가 자유선택 놀이를 할 수 있도록 놀이실 공간을 각 활동 영역 혹은 흥미 영역으로 구분하여 배치한다. 실내놀이실은 유아의 발달 수준과 행동 특징, 유아의 흥미를 공간 구성에 반영하고 각 공간의 기능이 충분히 발휘되도록 실내놀이실의 구성 요인을 고려하여 구성해야 한다.

1) 실내놀이실의 구성 요인

실내놀이실의 구성 요인은 실내놀이실의 공간적 특성, 안전과 위생, 공간의 배치 등을 중심으로 살펴보고자 한다.

(1) 실내놀이실의 공간적 특성

유아 놀이의 대부분은 실내 공간에서 일어나므로 교육기관의 실내놀이실 공간의 위치, 방위, 면적 등의 공간적 특성을 파악하여 유아의 놀이환경을 구성하는 것이 좋다. 일반적으로 놀이실은 1층에 배치하고, 방위는 남향이나 동향이 적절하다. 놀이실 면적은 학교 시설·설비 기준령(1996)에 의하면 유아 1인당 최소 공간 면적은 2.11m²(0.64평)로 30명 기준으로 63.36m²(19.2평) 이상이어야 하지만, 유아 1인당 3.3~4.95m²(1~1.5평)로 30명 기준으로 99m²(30평) 정도가 적절하다.

유아교육기관은 유아의 발달과 학습을 최적화할 수 있는 공간을 제공하여 놀이를 최대화할 수 있도록 해야 한다. 놀이 공간과 유아 놀이의 관계에 관한 연구에 의하면, 유아 1인당 사용 가능한 공간이 감소하면 대근육 놀이가 감소하고, 놀이 공간이 좁을수록 공격성이 증가하고 넓을수록 사회적 상호작용의 빈도가 감소한다(Fagot, 1977; Loo, 1972). 또한 Smith와 Connolly(1980)는 놀이 공간이 유아의 놀이에 미치는 영향에 관한 연구에서 공간의 넓이, 유아의 수, 교구의 양을 체계적으로 변화시킨 결과, 1명당 1.32m²(0.4평), 2.31m²(0.7평), 4.62m²(1.4평), 6.93m²(2.1평)의 면적을 비교할 때 공간이 좁을수록 대근육 활동의 양이 감소하며, 면적 2.31m²(0.7평)까지는 유아의 사회적 행동에 영향이 없으나 그 이하의 공간에서는 공격성이 증가하며 집단 활동이 감소하게 된다고 하였다. 즉, 놀이실의 면적이 유아의 놀이 행동에 영향을 주므로 교사는 전체 공간의 면적을 고려한 놀이환경을 제공하여야 한다. 예를 들어, 유아의 대근육 활동을 격려하기 위하여 넓은 실내 공간을 확보하여야 하나, 공간이 적다면 미끄럼틀이나 실내 복합 대근육 놀이대를 제공하여 다양하고 많은 수의 유아가 참여하게 할 수 있다. 덧붙여 극화놀이 영역에 낮은 이층의 공간을 구성하여 제공하면 유아의 활동 공간을 넓히면서 극화놀이를 확장시키는 효과를 제공할 수 있다.

만일 놀이 공간이 부족하다면 교사는 다양한 방법으로 놀이환경을 조절하여야 한다. 가능한 방법으로는 놀이 공간의 가구 재배치하기, 유아를 분산시켜 유아의 수 줄이기, 놀이 영역에 맞도록 유아의 수 제한하기 등이 있다.

유아에게 필요한 공간 면적은 한 유아가 놀이환경에서 사용할 수 있는 공간의 양을 말한다. 유아가 놀이할 수 있는 놀이 공간은 유아 1인당 놀이 시 차지하는 공간의 넓이인 공간밀도로 산출할 수 있다.

공간밀도 산출공식

공간밀도 = (교실 면적 − 사용할 수 없는 면적)/유아의 수

※ 교실 면적: 교실의 가로 × 세로

사용할 수 없는 면적: 가구의 공간, 가구 사이의 좁은 공간, 성인을 위한 공간, 조용한 공간 등

공간밀도뿐만 아니라 사회적 밀도 역시 유아의 놀이 행동에 영향을 미친다. 밀도가 높은 환경에서는 유아들 간의 신체적 접촉이 빈번하게 되며, 이러한 현상은 유아들이 서로의 활동을 방해하는 결과를 낳을 뿐만 아니라 공격적 행동을 증가시키기도 한다. 반면 밀도가 낮은 환경에서는 뛰어다니는 것과 같은 활동이 줄어들기도 하지만 다른 사람에게 관심을 가지고 배려하는 행동 또한 줄어드는 경향이 나타나기도 한다. 따라서 좁은 공간에 많은 수의 유아를 배치하는 것은 피해야 한다. 특히 혼잡한 공간에 놀이 시설이나 기구 등이 적게 제공되었을 때 유아 간의 갈등과 공격적 행동이 많이 나타날 수 있기 때문이다.

(2) 안전과 위생

유아의 놀이를 장려하기 위한 놀이실의 환경 요인을 파악하면서 우선적으로 고려해야 할 것은 놀이 시 발생할 수 있는 안전과 위생에 관한 문제다. 유아는 각종 안전사고를 일으킬 가능성이 많기 때문에 안전하고 위생적인 놀이실을 조성해 주기 위하여 다음 사항을 점검해 보아야 한다(Decker et al., 2008; Sutterby & Frost, 2006).

- 놀이실 바닥은 미끄럼이나 굴곡이 있으면 넘어질 위험이 있으므로 평평하고 안전한 바닥으로 구성한다.
- 책상이나 교구장의 형태는 모서리가 없고 유아의 신체 크기에 적합하여야 하며 사용 시 가볍고 안전하여야 한다.
- 출입문의 형태나 크기, 손잡이의 위치는 유아의 키에 적합하고 사용이 용이하며 안전하여야 한다.
- 놀이실 난방시설은 안전하고 화재의 위험이 없어야 한다.
- 교사가 놀이실 전체를 한눈에 바라볼 수 있어 유아의 모든 활동 상황을 살펴볼 수 있는 공간 배치를 하여야 한다.
- 망가지거나 낡은 놀이시설이나 놀잇감이 없도록 파악하여야 한다.
- 놀이실의 채광과 조명이 밝아 유아의 놀이 활동에 적합하여야 한다.
- 세균 감염의 위험이 없도록 청결하며 환기가 잘 되는 위생적인 공간이어야 한다.

(3) 공간의 배치

유아의 놀이 활동은 놀이 영역의 공간 배치에 영향을 받으므로 효율적으로 배치해야 한다. 교실의 놀이 영역은 놀이실의 크기, 교육 목적 및 유아의 인원수와 연령을 고려하여 적절하게 선정 · 배치한다. 유아는 넓은 단일 공간보다 다양한 영역으로 나누어진 공간에서 놀이할 때 놀이의 질이 높아진다(Field, 1980; Sheehan & Day, 1975). 잘 정비된 놀이환경에서 유아는 탐색적 활동, 사회적 상호작용, 협동이 보다 많이 나타나고, 교사 개입에도 긍정적인 효과가 있는 것으로 나타났다(Moore, 1986). 놀이 공간의 통합이 가능한 공간 배치는 유아의 놀이를 다양하게 변화시킬 수 있다. Kinsman과 Berk(1979)에 의하면, 극화 영역과 쌓기 영역을 통합하면 남아와 여아 모두의 놀이가 활발해지며 두 영역의 교구 활용도가 다양해진다. 그러므로 유아의 실내놀이실은 놀이 영역으로 구분해서 각 영역에 필요한 공간과 놀이에 필요한 시설물이나 놀잇감을 제공하는 것이 좋다. 교실의 놀이 영역을 구분하면 구성놀이와 극화놀이가 활발하게 진행되는데, 영역의 구분 시 가림대나 교구장을 낮게 설치하여 유아의 시선을 가리지 않도록 하는 것이 필요하다.

놀이실을 놀이 영역으로 구분하여 배치하면 다양한 교육적 효과를 얻을 수 있다. 첫째, 각 놀이 영역이 물리적, 시각적 경계로 분명해지기 때문에 다른 놀이를 하는 유아의 방해를 받지 않고 놀이에 몰입할 수 있다. 둘째, 각 놀이 영역이 독립된 공간과 놀잇감을 갖게 되어 유아가 좀 더 발전되고 안정된 놀이를 할 수 있다. 셋째, 구분된 여러 놀이 영역 중에서 유아가 자율적으로 선택하는 놀이 영역에 참여하게 되므로 유아의 의사결정 능력과 자율성 및 독립심이 증진될 수 있다.

놀이 공간 배치 시 고려해야 할 기본 요소는 다음과 같다.

첫째, 넓게 트인 공간을 각 놀이 영역의 특징을 고려하여 적절한 공간으로 나누어 제공한다. 놀이 공간이 구분되면 유아가 교실에서 뛰거나 거친 행동을 하는 경향이 줄어들고 각각의 놀이에 적절한 행동을 하여 놀이에 집중할 수 있다. 아울러 서로 연관되는 놀이 영역을 인접하게 배치하여 놀이 효과를 높이도록 한다.

둘째, 놀이실을 놀이의 활동성과 소음을 기준으로 하여 정적 놀이 영역(예: 독서 영역, 수·과학 영역 등)과 동적 놀이 영역(예: 음률 영역)으로 구분해서, 놀이가 서로 방해받지 않고 진행될 수 있도록 한다.

셋째, 한 영역에서 다른 영역으로 이동하기 쉽도록 통로를 만들어야 하며 놀이실의 출입구 가까이에는 영역 배치를 피하도록 한다. 유아가 놀이 영역 중간으로 이동하거나 먼 거리를 돌아서 이동하지 않도록 통로를 명확히 구성하여 유아의 놀이 진행을 방해하지 않도록 한다. 이동 통로가 없으면 놀이가 진행되는 공간으로 이동하게 되어 유아의 놀이를 방해하거나 갈등을 일으키게 된다.

넷째, 각 놀이 영역을 구분 짓기 위해서 책꽂이, 교구장 및 칸막이를 L, U형으로 설치한다. 칸막이는 유아의 키 높이보다 낮아야 하며 놀이 종류에 따라 요구되는 공간의 크기나 통로를 고려하여 설치한다.

다섯째, 놀이 영역의 명칭을 글씨나 그림으로 표시하여 각 영역에 붙인다. 또한 교구장에도 각 놀잇감의 명칭을 붙여 유아가 놀이를 선택하고 정리하는 데 도움이 되도록 한다.

여섯째, 놀이 영역의 배치는 필요에 따라 변경할 수 있도록 해야 한다. 교구장이나 기타 시설물은 이동하기 쉽도록 제작하여 유아의 요구 및 참여 인원수에 따라 놀이 영역을 확대·축소할 수 있도록 한다. 또한 학습 주제나 단원에 따라 놀이 영역의 배치를 변화시켜야 한다.

일곱째, 놀이실의 공간 배치는 교사가 유아를 돌보고 지도하는 데 불편함이 없도록 해야 한다. 특히 보조교사가 없는 유아교육기관에서는 유아의 안전 관리상 교사가 교실 전체의 유아를 살필 수 있도록 유의해야 한다.

여덟째, 어지럽히기 쉬운 영역(미술, 식사 등)은 타일 바닥을 깔고, 따뜻한 바닥이 필요한 영역(대집단 모이기 시간)이나 소음이 많은 영역 블록은 카펫을 까는 것이 좋다.

실내놀이 영역의 공간은 물의 사용 여부와 소음의 발생 정도에 따라 구분하여 배치할 수 있다(Frost & Kissinger, 1976).

[그림 6-1]은 놀이 영역의 공간 배치를 보여 주고 있다.

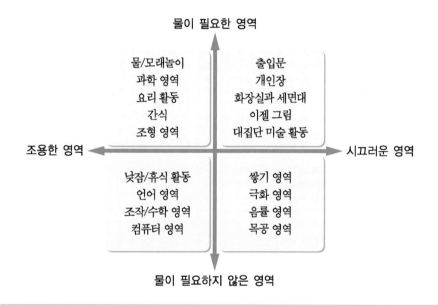

[그림 6-1] 놀이 활동 영역의 공간 배치

2) 실내놀이 영역의 구성

유아의 놀이 형태는 놀이 영역에 영향을 받으며 놀이 영역에 따라 다르게 나타난다. 유아는 놀이 영역에서 이루어지는 놀이의 사회적 수준과 언어의 사용에서 차이를 보이는데, 혼자놀이는 테이블 자료가 있는 곳에서 많이 나타나며, 병행놀이는 미술 영역과 언어 영역에서 많이 나타난다. 그리고 집단놀이는 쌓기와 극화 영역에서 사회적 상호작용과 언어적 상호작용이 많이 나타나며, 특히 극화 영역은 성숙되고 복잡하며 상상적이고 맥락적인 언어의 사용을 촉진하게 된다

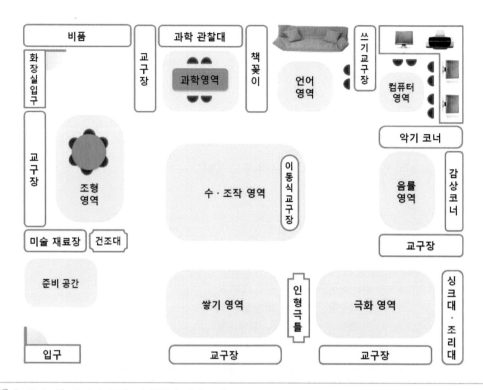

[그림 6-2] 유아기 실내놀이 영역의 배치도 예

(Pellegrini, 1984). 유아의 실내놀이환경은 놀잇감을 쉽게 발견할 수 있으며 유아에게 풍부한 선택 기회를 주기 위하여 흥미 영역별로 구분ㆍ제공되어야 한다.

실내놀이 영역은 유아의 활동을 지지하며 영역에 맞는 놀이 활동으로 구성하여야 한다. 유아기 실내놀이 영역의 배치도의 예는 [그림 6-2]와 같다.

(1) 유아기 실내놀이 영역

① 언어 영역

언어 영역은 조용한 공간의 안락한 분위기에서 방해받지 않고 책읽기나 쓰기 활동을 할 수 있도록 배치해야 한다. 소음이 많거나 유아의 활동이 동적 활동으로 이루어지고 통로와 떨어져 유아가 많이 왕래하지 않는 장소에 배치하는 것이 적합하다. 언어 영역은 밝은 곳에 위치하여야 하며 편안하게 앉을 수 있는 의자나 방석 등을 준비해 주는 것이 좋다. 책싸개는 유아의 눈높이에서 쉽게 선택하도록

투명하여야 하며, 책은 다루기 쉽도록 가벼워야 한다. 녹음기 등의 듣기 활동을
위한 설비를 위하여 전기가 연결되도록 하여야 한다.

② 조작 영역

조작 영역은 작은 부품으로 놀이할 수 있는 조작 및 구성 놀이를 하는 영역으로
정적인 구성 활동이 이루어지도록 배치한다. 조작놀이 영역은 레고, 링컨 로그 등
의 다양한 퍼즐, 끼우기 등의 조작 놀잇감을 모두 분리된 상자나 쟁반에 넣어 개
방된 교구장이나 바닥 공간, 놀이하는 책상에 비치해서 유아가 자유롭게 선택하
여 놀이하고 정리할 수 있도록 구성한다. 조작 놀잇감 중 퍼즐이나 조각이 있는
놀잇감은 모양을 표시한 용기를 제공하여 상호 연결할 수 있도록 한다.

③ 수학 영역

수학 영역은 다양한 자료를 가지고 조작하고 문제를 해결하며 몰입할 수 있도록 밝고 조용한 장소에 배치한다. 유아가 혼자서 활동하거나 2~3명이 소집단 활동을 하는 경우는 책상과 의자가 필요하지만, 주사위를 사용하거나 그룹 게임을 하는 경우는 바닥에 카펫을 깔아 주는 것이 좋다.

④ 과학 영역

과학 영역은 다양한 동식물의 관찰과 탐색 및 실험 등이 이루어질 수 있는 영역으로 안전한 곳에 배치하는 것이 좋다. 만일 과학 활동으로 식물을 재배한다면 햇빛이 잘 드는 창문가에 이 영역을 배치해야 하며, 물의 사용이 용이한 공간에 위

치해야 한다. 그리고 조명, 전기도구를 사용할 수 있도록 전기가 연결되도록 하여
야 한다.

⑤ 조형 영역

조형 영역은 물의 사용이 용이하고 조용한 곳에 위치하며 유아가 왕래하지 않
는 공간에 배치한다. 조형 영역에는 이젤 그림판, 종이, 물감병, 파스텔, 색연필,
크레용, 점토, 고무찰흙, 스텐실 등의 미술 재료를 제공한다. 조형 활동 후 바닥
청소가 용이해야 하며 그림물감 등을 사용한 활동 결과물을 말리고 전시할 수 있
는 공간과 시설이 확보되어야 한다. 이젤 그림판은 조형 영역 중 독립된 공간을
확보하여 비치하고, 다양한 미술 도구와 재료를 유아가 자유롭게 선택할 수 있는
개방적으로 정리된 교구장을 비치한다.

⑥ 극화 영역

극화 영역에서는 유아의 역할전환을 통한 동적 활동이 일어나므로 정적 활동
영역과 떨어진 공간에 배치해야 한다. 극화 영역이나 연결 영역에는 놀이도구 상
자와 깨지지 않는 커다란 거울이 있어야 하며, 부엌가구, 옷장 등 커다란 가구가
비치되므로 6.6~9.9m²(2~3평) 정도의 넓은 공간을 확보해야 한다. 또한 커튼이
나 소파 등을 설치하여 아늑한 공간을 제공하면 유아의 가작화 활동을 도와줄 수
있다.

⑦ 쌓기 영역

쌓기 영역은 유아가 다양한 블록 구성물을 만들 수 있도록 다양한 모양과 크기의 블록을 충분히 제공하고 넓은 공간을 제공해야 한다. 바닥 공간은 건축물 구성을 하기에 충분하도록 크고 개방된 곳이어야 한다. 또한 쌓기놀이 영역와 근접하게 상상놀이를 도울 역할놀이 영역을 배치하여 통합적 놀이가 이루어지도록 하면 효과적이다. Decker, Decker, Freeman과 Knopf(2008)에 의하면 1~2명의 유아가 적목놀이를 하기 위해서는 2.31m²(0.7평)의 공간이 필요하고, 3~5명의 유아의 경우는 6.93m²(2.1평)의 공간이 필요하다. 소음을 방지하도록 바닥에 카펫(털이 짧고 조밀한 것)을 깔아 주고, 다양한 모형 소품이 정리된 교구장을 배치

한다. 또한 유아가 쌓기 활동에 방해받지 않고 집중할 수 있도록 교구장으로 둘레를 막아 주거나 부분 카펫이나 테이프를 이용하여 바닥의 경계를 구분 지어 주는 것이 좋다. 블록 교구장은 다양한 블록의 정리가 용이하도록 선반에 명확히 다양한 적목의 크기와 모양이 표시되어야 한다.

⑧ 음률 영역

음률 영역은 악기의 소리와 유아의 동작으로 다른 놀이를 방해하지 않도록 정적 활동 영역과 멀리 배치한다. 유아가 자유롭게 신체 표현을 할 수 있는 넓은 공간을 확보하고 바닥에 카펫을 깔아서 소음을 방지하고 유아가 넘어졌을 때 다치지 않도록 한다.

⑨ 목공 영역

목공 영역은 활동 시 소음이 많이 발생하며 위험한 도구를 사용하는 공간이므로 유아의 왕래가 적고 격리된 장소에 배치해야 한다. 목공놀이가 안전하게 진행되도록 충분한 공간에 구성하며, 실외나 별도의 활동 공간에 배치할 수도 있다.

⑩ 물·모래 영역

　물·모래 영역은 물을 사용하기에 용이한 공간에 배치하고 바닥에 신문지나 비닐을 깔아서 청소하기 편리하도록 한다. 물·모래놀이는 활동이 동적으로 진행되므로 정적 활동 공간과 먼 곳에 위치하고 실외와 가까운 영역에 구성할 수 있다.

⑪ 컴퓨터 영역

　컴퓨터 영역은 전기를 사용하기 편하고 습기가 없는 한쪽 벽면에 안전하게 배치하여 전기선이 유아의 왕래에 방해되지 않도록 해야 한다. 유아들이 교육용 게임 자료, 궁금한 것을 인터넷으로 조사하고 필요한 자료를 출력할 수 있도록 인터넷 연결, 프린터 설치 등을 함께 하는 것이 좋다.

(2) 영아기 실내놀이 영역

3세 미만의 영아를 위한 놀이환경은 영아의 발달적 특성에 기초하여 다양한 감각을 경험할 수 있고 안전하며 위생적이어야 한다.

Greenman과 Stonehouse(1997)는 영아기 놀이는 영아가 자신의 감각운동적 활동을 통하여 주변 환경에서 사람, 사물, 장소를 능동적으로 탐색하고 발견할 수 있는 발견적 놀이라야 한다고 하였다. 또한 영아의 발견적 놀이가 가능하도록 놀이환경에 다양한 놀잇감과 놀이기구를 제공하여 다양하게 사용하고 연결하며 변형시켜 보는 탐색적 기회가 충분히 제공되어야 한다(Early Childhood Development, 2001). 영아기 놀이 영역은 발견적 탐색놀이, 자유롭게 점토나 가루 등을 이용하는 뒤범벅놀이, 물놀이, 창의적 놀이 등이 가능해야 한다(Terreni, 2002).

이러한 영아의 요구를 근거로 2~3세 영아를 위한 환경 구성의 원리를 제시하면 다음과 같다.

첫째, 안전에 대한 욕구가 반영되도록 조성한다. 영아는 주변 세계와 사물에 호기심을 갖고 무엇이든 만지고 입에 갖다 대는 등 적극적인 탐색을 하기 때문에 안전과 보호가 절대적으로 필요하다.

둘째, 정서적인 편안함을 추구하는 요구가 만족되도록 조성한다. 영아는 부모와 떨어져 있는 것에 대한 불안감이 있고, 낯선 것에 대한 두려움, 어두운 것 혹은 큰 소리에 대한 공포심을 나타내기 때문에 가정처럼 안정되고 아늑하고 편안한 놀이 공간을 조성해 준다.

셋째, 탐색의 욕구가 충족되도록 조성한다. 영아는 새로운 것에 대한 호기심이

많아 적극적으로 보고 만지고 맛보는 등의 다양한 감각 활동을 하면서 주변 환경
과 사물을 관찰하고 탐색해 가기 때문에 이러한 욕구의 충족이 가능한 놀이환경
을 마련해 주어야 한다.

넷째, 움직임의 욕구가 만족되도록 조성한다. 영아는 끊임없이 움직이면서 걷
고 뛰고 기어오르는 등의 대근육 활동을 능동적으로 하기 때문에 움직임을 충족
시키는 놀이환경을 제공해 주어야 한다.

영아기 발달적 특성에 적합한 영아를 위한 놀이 영역을 제시하면 다음과 같다.

① 책보기 영역

영아기에는 언어발달이 급속하게 촉진되므로 영아가 휴식을 취하면서 그림책
을 보거나 교사, 친구와 대화할 수 있도록 푹신한 방석, 쇼파, 쿠션, 흔들의자 등
을 준비한다. 영아기 유아는 반복하거나 친숙한 내용의 짧고 단순한 이야기, 의성
어 및 의태어가 많은 그림책, 선명한 색깔과 단순한 형태의 그림책, 입체책, 헝겊
책 등이 적합하다. 책들은 표지의 앞면이 보이도록 진열한다.

② 뒤범벅 놀이하기 영역

영아의 감각운동적 발달과 발견적 놀이를 촉진할 수 있도록 곡류나 옥수수 알
갱이·점토·가루 등을 이용하여 자유롭게 뒤범벅하여 섞어 놀 수 있는 활동을
제공한다. 자료로는 다양한 병뚜껑, 방울술, 여러 크기의 양철그릇, 나무와 금속
으로 된 고리, 다양한 길이의 줄, 큰 코르크, 플라스틱 통과 뚜껑, 리본과 레이스,

나무원통, 실감개, 투명한 플라스틱 튜브, 병, 거르는 체, 여과기 등을 제공할 수 있다. 이 자료들은 안전하고 날카로운 부분이 없어야 하며, 정기적으로 세척할 필요가 있다.

③ 탐색 · 조작하기 영역

영아의 소근육을 사용하는 놀잇감, 다양한 감각으로 탐색할 수 있는 놀잇감, 분류 능력을 기를 수 있는 놀잇감 등을 준비한다. 예를 들어, 퍼즐(2세는 4~5조각, 2세 반~3세는 10조각 이내), 나무판과 못판, 촉감상자, 큰 구슬 꿰기, 여러 가지 자연물과 확대경, 일상생활 훈련 놀잇감 등을 제공한다.

④ 역할 놀이하기 영역

영아는 일상생활에서 경험한 단순한 내용의 역할놀이를 많이 한다. 사실적이고 친근한 인형이나 봉제 동물 인형, 머리카락과 움직이는 눈이 있는 인형, 가볍고 영아의 손에 맞는 손인형, 사실적으로 보이는 가구, 소꿉 그릇과 도구들, 전신거울 등을 제공한다.

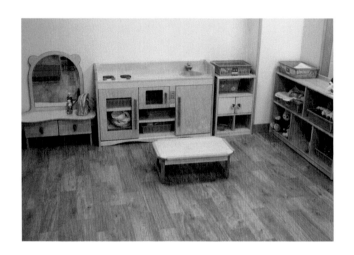

⑤ 쌓기 놀이하기 영역

영아는 다양한 블록을 탐색하며 단순한 탑 쌓기, 한 줄로 늘어놓기, 다리 만들기 등을 하며 놀이한다. 따라서 기본 모양의 가볍고 커다란 블록을 충분하게 제공한다. 실제 형태와 유사한 바퀴 달린 장난감 자동차, 동물 모형 등의 소품을 제공한다.

⑥ 창의적 놀이하기 영역

영아기는 미술, 음악, 신체 활동을 통한 다양한 창의적 놀이를 좋아한다. 다양한 소리를 낼 수 있는 종, 딸랑이, 북, 탬버린 등을 제공하고, 크레파스, 그림물감과 붓, 찰흙, 색종이, 끝이 무딘 가위, 종이 등을 제공한다.

⑦ 대근육 놀이하기 영역

영아기에는 움직임에 대한 욕구가 강하므로 실내에서도 대근육 활동을 할 수 있는 영역이 필요하다. 낮은 오르기 기구, 미끄럼틀, 스펀지 계단, 흔들 배, 탈 수 있는 놀잇감, 인형 유모차 같은 밀고 당기는 놀잇감, 기어서 통과하는 터널 등을 제공한다.

3. 실외놀이환경

실외놀이환경은 지형학적 위치, 계절과 날씨 및 시간대에 따라 다양하게 구성해야 한다. 실외놀이환경은 실외놀이터의 변천과 유형, 실외놀이터의 구성 요인, 실외놀이 영역의 배치, 실외놀이에서의 안전과 지도 등을 중심으로 살펴보고자 한다.

1) 실외놀이터의 변천과 유형

실외놀이터의 유형에 따라 유아의 놀이에 미치는 교육적 의미는 다르게 나타난다. 실외놀이터는 시대에 따라 다양하게 변천해 왔다(Frost, 2010; Johnson et al., 2005).

(1) 놀이시설의 시대별 변천

① 제조된 놀이기구의 시기
1910~1950년대의 놀이기구는 철강, 철재기구, 나무가 주된 재료였고, 주로 매우 높은 오르기 기구, 그네, 구름사다리 등이 콘크리트와 아스팔트 위에 설치되었다. 공원 놀이터에는 감독자가 있어야 했고, 주변에 쉬는 곳과 의자가 있었다. 자동차가 보편화되자 도로에서 떨어진 곳에 담장이 설치되었고, 학교 놀이터와 동네 놀이터는 구별되어 배치되었다.

② 신기함의 시기
1950~1960년대에는 공식적인 놀이터 운동이 레크리에이션 운동으로 바뀌었고, 놀이터의 모습이 유아의 발달적 요구보다는 실제로 설계하고 판매하는 회사에 의해 제조된 놀이기구가 중심이 되었다. 또한 신기함과 환상 요소를 갖춘 구조물이 놀이터에 첨가되기 시작하였는데, 1960년대 미국에서 선풍을 일으킨 우주 경쟁의 영감을 받아 로켓 모양의 구조물이 생겨났다(Frost, 2010).

③ 복합 놀이기구의 시기

1970~1980년대는 나무로 된 복합 놀이기구가 지배적이었고, 1980년대부터는 금속과 폴리우레탄 재질의 놀이기구가 유행하였다. 복합 놀이기구 구조물에는 미끄럼틀과 그네가 있는 신체적 활동, 다양한 올라갈 기회, 극놀이 집, 숨는 장소와 모래 구성놀이, 이동놀이 기구가 한데 모여 있었다(Wardle, 1997). 또한 회전그네(단일축 그네), 세 가닥 체인이나 밧줄에 타이어가 수평으로 매달려 있는 타이어 그네가 유행하였다.

④ 현대적 시기

현대적 시기의 놀이터는 안전성과 접근 용이성이 강조되면서 공원, 학교, 유아교육기관의 놀이터가 많이 생겨났다. 안전성이 강조되면서 실외놀이터는 미국의 소비자품질안전위원회(CPSC) 지침서와 미국장애인법(ADA) 지침서의 영향을 받게 되었다. Frost와 Sweeney(1996)는 놀이터 관련 소송 빈도가 미국에서 점차 빠르게 늘어났는데, 놀이터 사고가 공립학교 놀이터에서 가장 많이 일어나며 그다음은 공공 공원과 보육시설이라고 지적하였다.

(2) 실외놀이터의 유형

실외놀이터의 유형은 전통적 놀이터, 현대적/창의적 놀이터, 모험적 놀이터 등으로 분류할 수 있다(Frost, 2010; Johnson et al., 2005).

① 전통적 놀이터

전통적 놀이터는 바닥이 흙이나 풀, 아스팔트로 넓게 덮여 있고, 넓게 퍼져 있거나 단독형의 놀이기구, 그네, 미끄럼틀, 시소 등이 서로 분리되어 위치한 형태로 대근육운동을 위한 공간 구성에 중점을 두고 있다.

전통적 놀이터는 유아의 놀이 다양성과 수준에 긍정적인 역할을 하지 못하는 경향이 있다. 전통적 놀이터는 놀이 방식에 제한이 있는 놀이기구로 구성되어 유아의 놀이기구 사용 빈도가 낮고 사용시간도 짧은 경향이 있다. 연구에 의하면 유아는 전통적 놀이터보다는 길거리에서 노는 것을 즐긴다(Campbell & Frost, 1985; Naylor, 1985). 전통적 놀이터에서의 놀이는 대근육 활동이 높고, 극화놀이의 빈도가 매우 낮으며, 혼자놀이나 병행놀이가 높게 나타난다. 게다가 딱딱한 바닥과

철로 구성된 놀이기구로 인하여 안전에 문제가 있다.

② 현대적/창의적 놀이터

현대적 놀이터는 전문 건축가나 예술가가 나무, 값비싼 돌, 콘크리트나 기타 건축 자재를 사용해서 미적으로 조성해 놓은 놀이시설과 나무, 타이어, 파이프관, 밧줄, 전신 감개 등으로 구성된 형태가 있다. 현대적 놀이터는 유아에게 다양한 경험과 환경을 제공하며, 나무, 줄, 사다리, 타이어로 만든 그물, 타이어 그네, 평균대, 터널, 미끄럼 등 복합적으로 구성된다. 현대적 놀이터는 복합적으로 모아서 구성하고 서로 연결한 놀이기구의 특성을 갖고 있다.

현대적 놀이터는 바닥이 다양한 형태로 구성되어 있다. 자전거와 같은 바퀴 달린 놀이기구를 위한 콘크리트나 아스팔트로 된 바닥, 놀이기구의 아래와 주변에는 모래나 톱밥으로 덮인 부드러운 바닥, 앉아서 놀이할 수 있는 잔디로 된 바닥 등이 있다. 현대적인 놀이터는 연못, 모래놀이터, 잔디밭으로 구성되어 유아가 다양한 자연환경에 접할 수 있도록 되어 있다.

현대적 놀이터와 전통적 놀이터가 유아의 놀이 형태에 미치는 영향을 살펴보면, 현대적 놀이터는 극화놀이와 집단놀이의 빈도가 높게 나타나며 전통놀이터보다 놀이의 시간이 길고 다양한 놀이 경험을 제공한다.

③ 모험적 놀이터

모험적 놀이터는 1943년 Sorensen에 의해 덴마크의 엔드럽에 최초로 설립되었다. 모험적 놀이터는 완성된 놀이터가 아니라 유아가 창조하여 완성시키는 유형으로, 유아의 창의성을 자극할 수 있도록 목공 연장, 건축 자재, 물감 등을 제공하여 유아가 구성물을 구성하고 해체할 수 있는 놀이 경험을 제공할 수 있다. 유아는 나무, 밧줄, 타이어, 망치, 못, 연장 등을 사용하여 조작하며, 다양한 재료를 사용하여 구성하고, 허물고, 땅을 파고, 진흙에서 놀이하기도 한다.

모험적 놀이터는 항상 적어도 한 명 이상의 성인 놀이지도자가 유아의 놀이를 방해하지 않으면서 놀이를 감독해야 한다. 놀이지도자는 교사, 목수, 정원사, 친구, 부모 등의 다양한 역할을 하면서 유아의 놀이를 촉진해 주어야 한다. 유아는 자신의 놀이환경을 구성하면서 경쟁심, 협동심 및 책임감을 획득하며 놀잇감을 구성하는 기술을 습득하게 된다. 그러나 유아가 위험하지 않도록 성인의 감독이

있어야 하고, 놀이 공간의 유지와 감독자의 비용 등에서 경제적인 부담이 있다.

④ 실외놀이터의 특징 비교

실외놀이터의 유형에 따라 유아의 놀이 특성은 달라진다. 〈표 6-1〉은 이상의
세 가지 놀이터가 지닌 특징을 연결성, 융통성 있는 자료, 점진적 도전, 경험의 다
양성, 촉진되는 놀이 유형 등으로 구분하여 비교한 것이다(Frost, 2010; Johnson et
al., 2005).

모험적 놀이터는 전통적 놀이터와 현대적/창의적 놀이터에 비해 융통성 있는
자료와 경험의 다양성이 매우 높고, 연결성과 점진적 도전도 높은 편이다. 모험적
놀이터는 극화, 집단 놀이가 높은 편이고, 현대적/창의적 놀이터는 구성, 극화,

〈표 6-1〉 실외놀이터의 특징

	전통적 놀이터	현대적/창의적 놀이터	모험적 놀이터
연결성	−	+	+
융통성 있는 자료	−	+	++
점진적 도전	−	+	+
경험의 다양성	−	+	++
촉진되는 놀이 유형			
기능놀이	++	+	+
구성놀이	−	+	++
극화놀이	−	+	++
집단놀이	−	+	+

−: 약점, +: 강점, ++: 중요한 강점.

집단 놀이가 중간 수준이며, 전통적 놀이터는 기능놀이만 높고 다른 놀이는 낮은 편이다. 따라서 실외놀이터가 지닌 우수성을 비교하면 모험적 놀이터가 가장 높고 다음은 현대적/창의적 놀이터, 그다음은 전통적 놀이터라고 볼 수 있다. 그러나 모험적 놀이터는 놀이 공간의 확보 및 유지, 안전 등의 문제로 설립하기가 쉽지 않다. 일반적으로 현대적/창의적 놀이터가 학교와 지역사회에 적합한데, 현대적/창의적 놀이터에 모험적 놀이터의 강점을 통합한다면 현대적/창의적 놀이터의 복잡성을 높이면서 안전한 실외놀이를 제공할 수 있다.

2) 실외놀이터의 구성 요인

실외놀이환경은 공간적으로 실내놀이환경과는 다른 특징을 지니기 때문에 유아에게 독특한 놀이환경을 제공하게 된다. 유아교육기관에서는 실외놀이터를 구성하기 전에 교육적인 기능을 발휘할 수 있는 이상적인 실외놀이 시설이 될 수 있도록 전체적인 설계를 하는 것이 좋다.

(1) 교육적 실외놀이터의 구성 요소

유아의 놀이 경험을 풍부하게 하고 놀이의 수준을 높일 수 있는 놀이터를 구성하기 위하여 고려할 점은 다음과 같다.

① 연결성

연결성은 현대적/창의적 놀이터의 특징 중 하나다. 유아의 복잡하고 높은 수준의 놀이를 촉진하기 위해서 놀이기구의 연결성을 높이는 것은 중요하다. 놀이 구조물이 분리된 것보다 놀이기구를 상호 연결하여 한 활동에서 다른 활동으로 연속적인 놀이가 이루어지도록 구성하면 유아의 사회적 상호작용이 활발해진다. 유아의 놀이는 실외놀이 시설과 상호관련성이 있는데, 유아의 사회적 상호작용과 집단놀이를 촉진하기 위한 방법은 다음과 같다.

- 복합 놀이대를 구성하여 유아가 서로 모여서 다른 유아의 놀이를 관찰하고 함께 참여하도록 한다.
- 넓은 미끄럼대와 타이어로 된 회전그네를 제공하여 유아들이 동시에 놀이하

도록 한다.
■ 두 명 이상의 유아가 함께 사용하는 시소 등의 놀이기구를 설치한다.

② **다용성**

놀이기구의 다용성은 놀이기구가 연결되어 다양하게 조작되고 변화 가능한 정도를 의미한다. 놀이기구가 다용도로 사용할 수 있도록 되어 있으면 유아의 흥미와 능력에 따라 다양한 경험이 제공될 수 있다. 현대적 놀이터와 모험적 놀이터의 물과 모래의 시설은 유아의 조작놀이와 구성놀이를 증가시킬 수 있다. 모험적 놀이터는 다용성이 높은 편인데, 모험적 놀이터에 제공된 나무, 타이어, 밧줄, 파이프 등의 재료는 유아가 다양한 방법으로 구성할 수 있도록 되어 있다. 현대적 놀이터의 모래와 물, 고정되지 않은 재료도 놀이기구의 다용성을 높여 준다. 고정된 놀이기구가 많은 정적인 놀이환경에서는 유아가 놀이기구와 관계없는 다른 게임을 많이 하는 반면, 동적인 놀이환경에서는 고정되지 않은 놀이기구를 사용하게 되므로 다양한 구성놀이와 사회극놀이를 많이 하게 된다.

③ **수준의 적합성과 다양성**

유아의 놀이는 연령에 따라 발달적으로 차이가 있으므로 놀이기구의 활동 수준이 다르게 제공되어야 한다. 어린 유아에게는 단순한 활동과 함께 낮은 오르기 기구, 짧고 완만한 경사의 미끄럼대, 낮은 놀이대를 제공하고, 더 나이 든 유아에게는 수준 높은 놀이기구인 높은 놀이대, 밧줄 사다리, 길고 가파른 미끄럼대 등을 제공한다. 현대적 놀이터는 유아의 수준에 맞게 다양한 놀이 경험을 제공하며, 수준에 따라 두 가지 수준의 복합 놀이대를 제공하여야 한다. 놀이시설의 다양성을 제공하여 유아가 놀이의 다양한 활동 형태를 경험하게 되면 유아의 흥미를 이끌어 유아의 잠재적 가능성을 높이게 된다. 현대적 놀이터와 모험적 놀이터는 물, 모래, 잔디 및 다양한 놀이기구가 제공되어 놀이의 다양성이 풍부하게 제공된다.

(2) 다양한 놀이 유형을 장려하기 위한 설계 요소

유아는 실내놀이보다 실외놀이를 더 즐기는 경향이 있다. 실외놀이를 생각하면 흔히 오르기 놀이기구를 떠올리기 쉬운데, 실외에서 장려될 수 있는 놀이의 유형은 다양하다. 유아를 위한 좋은 실외놀이터는 각각의 다양한 놀이와 유아의 발달 연령에 맞는 재료, 놀이기구, 설계 요소가 있어야 한다(Frost, 2010; Wardle, 2000; White, 2008).

① 신체놀이

신체놀이를 위해서는 오르기 기구와 그네, 세발자전거 길, 유아가 달리거나 낮은 자세로 길 수 있고 눕거나 구를 수 있는 넓은 풀밭과 언덕이 있어야 한다. 유아를 위한 놀이터에는 큰 오르기 구조물, 다양한 미끄럼틀, 기어갈 수 있는 관, 극놀이 기구, 사다리와 계단, 회전타이어 그네, 세발자전거 길 등이 있어야 하고, 영아를 위한 놀이터에는 누워서 기고 구를 수 있는 넓은 풀밭과 언덕, 낮은 계단, 기어오르기 터널, 낮은 미끄럼틀, 그네타기 등이 있어야 한다. 실외 신체놀이에서는 대소근육과 같은 신체기술의 증진뿐만 아니라 모든 감각, 근육발달, 뇌와 신경의 기능발달 등 유아의 전반적인 신체발달을 지원하는 것이 중요하다.

② 구성놀이

유아들이 가장 선호하는 놀이는 구성놀이다(Ihn, 1998). 모래와 물 놀이를 제공하고, 미술, 목공놀이, 블록놀이, 바퀴 달린 장난감, 놀이터 전역의 이동 놀이기구를 위한 공간을 제공하면 자연스럽게 구성놀이가 증진될 수 있다. 구성놀이는 모래상자, 물과 모래 영역, 편평한 장소, 잔디에서도 이루어진다(Wardle, 1994). 그러나 구성놀이는 이동 놀이기구(나무판, 블록, 옷감, 나뭇가지, 상자, 나뭇조각 등)와 다양한 도구(모래놀이 도구, 정원 가꾸기 도구, 물놀이 도구, 물감 도구 등)를 제공할 때 이루어진다. 또한 막대기와 나뭇잎, 돌, 진흙, 모래와 같은 자연환경 속의 재료도 구성놀이를 이끌 수 있다. 유아는 다양한 자료를 가지고 구성하는 과정에서 그들이 원하는 결과를 얻기 위해 자료를 능숙하게 다루는 기술과 계획하는 기술을 발달시킬 수 있다. 아울러 자연적이고 조작적인 재료를 이용하여 실제 세계의 표상을 창조하는 상상력과 독창력을 표현할 수 있다.

또한 건물 가까이에 있는 딱딱한 바닥 위에 블록놀이, 바퀴 달린 장난감, 미술용 이젤, 목공놀이 등을 제공하고, 햇빛을 가릴 그늘을 제공하고 비를 피할 수 있는 지붕을 만들어 주면 좋다. 그리고 이동 놀이기구를 보관할 수 있는 창고나 보관함이 근처에 있어야 한다(Wardle, 2000).

③ 사회놀이

실외놀이터는 유아에게 기본적인 사회적 기술과 사회적 유능성을 발달시킬 수 있는 기회를 제공해야 한다. 그네에서 서로 밀어 주거나 물놀이를 하면서 물을 함께 쓰거나 모래놀이를 하면서 다른 유아들과 의논하고 협력하는 기술이 필요하다. 실외에서의 신체놀이, 구성놀이, 사회극놀이, 정원 가꾸기, 날씨 관찰하기, 산책 가기 등의 활동에는 사회놀이가 포함되어 있다(White, 2008).

④ 사회극놀이

실외놀이터에 놀이집, 정자, 요새 등이 있고 유아가 형태를 다양하게 바꾸고 변화시키며 자신의 의미를 부여하고 상상력을 확장할 수 있는 다양한 시설물이 있다면 사회극놀이가 풍부하게 이루어질 수 있다(White, 2008). 실외용 놀이집은 네개의 벽, 지붕, 창문의 기본 구조가 있어야 유아들이 쉽게 집, 병원, 가게, 멋진 성 등으로 꾸밀 수 있다.

⑤ 규칙 있는 게임

손수건 돌리기, 신호등 게임, 사이먼 가라사대, 리더 따라 하기 등의 게임은 모두 규칙이 있는 게임으로 가장 높은 수준의 인지적 놀이다(Piaget, 1962). 이러한 게임은 실내보다 실외에서 하는 것이 더 좋고, 딱딱한 바닥보다는 풀밭 위에서 하는 것이 훨씬 좋다.

(3) 실외놀이터의 일반적 설계기준

유아의 실외놀이터는 유아의 놀이를 지지하고 발전시킬 수 있도록 설계하여야 한다.

① 일반적 설계기준

실외놀이터의 물리적 환경 조건과 시설 운영에 중점을 두어 Hurtwood(1968)는 실외놀이터의 설계 시 일반적으로 고려해야 할 사항을 다음과 같이 지적하였다.

- 심미성을 고려하여 전체적인 색, 균형 및 재질의 조화를 이루어 유아가 놀이하면서 정서적으로 안정되고 심미감을 느끼도록 설계한다.

- 경제성을 고려하여 놀이 시설 및 공간의 낭비가 없도록 하고 예산 및 놀이 기구와 시설에 경제적 낭비가 없도록 설계한다.
- 이용성을 고려하여 실외놀이터의 모든 장소가 접근 용이하고 이용 빈도가 높도록 설계한다. 예를 들면, 어둡고 햇볕이 잘 들지 않는 위치는 피하고, 유아의 안전이 보장되며, 주변의 거주자에게 피해를 주지 않고, 전체 환경과 시각적으로 조화를 이루도록 설계한다.
- 놀이의 시설을 고려하여 앉을 자리와 책상, 비바람을 피할 수 있는 시설, 다양한 놀이 시설 및 기구를 마련하고, 가까운 곳에 화장실을 설치한다.

② 영아의 실외놀이터 설계기준

만 2세까지의 영아는 주로 탐색과 운동 놀이를 하기 때문에 안전하고 청결한 실외놀이환경을 고려해야 한다. 영아기 발달에 적합한 실외놀이터의 설계기준을 살펴보면 다음과 같다(Frost, 2010; Frost, Wortham, & Reifel, 2008).

- 영아가 다양한 신체적 동작의 운동놀이를 할 수 있어야 한다. 걸음마기 영아는 주로 대근육을 중심으로 기어가기, 일어서기, 깡총뛰기, 붙잡기, 잡아당기기, 밀기, 걷기, 균형 잡기 등과 같은 반복적인 신체적 동작을 즐기기 때문에 영아의 발달에 적합한 놀이시설을 제공한다.
- 영아의 다양한 감각을 자극할 수 있어야 한다. 영아는 무엇이든 만지고 맛보고 보고 듣는 등의 감각을 통하여 주변 세상을 발견하기 때문에 실외놀이터에 다양한 감각 자극을 위한 놀이기구를 제공한다.
- 영아가 호기심을 갖고 탐색하고 도전할 수 있어야 한다. 영아는 새로운 것에 대한 호기심이 많아서 새로운 자극에 대하여 강한 호기심을 갖고 탐색해 가므로 영아가 늘 신기함을 느끼고 다양한 도전을 해 볼 수 있는 다양한 실외놀이감을 제공한다.
- 영아가 안전하고 편안한 놀이를 할 수 있어야 한다. 영아는 무엇이든 입에 넣거나 신체발달의 미숙으로 잘 넘어진다. 그러므로 실외놀이기구나 놀잇감은 실외놀이장의 바닥, 놀이기구의 높이와 형태, 놀이기구 및 놀잇감의 재료, 놀이기구의 페인트 상태 등에서 안전과 위생을 충분히 고려하여 설계해야 한다.

③ 유아의 실외놀이터 설계기준

3~8세 유아의 발달에 적합한 실외놀이터의 설계기준을 살펴보면 다음과 같다 (Frost, 2010; Frost & Klein, 1979).

- 유아의 다양한 놀이가 장려되어야 한다. 즉, 유아가 쉽게 접근할 수 있고, 개방적이고 여유 있는 공간을 조성하며, 실내에서 실외로 자유롭게 이동할 수 있고, 유아 연령에 적합한 놀이시설을 제공한다.
- 유아의 다양한 감각을 자극할 수 있어야 한다. 즉, 크기, 빛, 질감 및 색깔의 변화와 대조를 경험하도록 융통성 있는 시설을 통하여 다양한 감각 경험을 제공한다.
- 유아의 호기심을 자극할 수 있어야 한다. 즉, 유아가 변형시킬 수 있는 개방적 놀이시설을 설치하고, 유아가 자발적으로 조작할 수 있는 실험 자료와 구성 놀잇감을 제공한다.
- 유아의 다양한 상호작용이 빈번하게 일어날 수 있어야 한다. 즉, 유아와 자료의 상호작용이 일어나도록 하루 일과에 맞춘 자료를 체계적으로 보관하고, 책읽기, 퍼즐 맞추기, 혼자놀이를 위한 반 밀폐된 공간을 구성하며, 유아 간의 상호작용이 일어날 수 있는 다양한 공간, 충돌을 피할 수 있는 적절한 넓이의 공간, 사회화를 유발시키는 시설을 제공한다. 더불어 유아와 성인의 상호작용을 도울 수 있는 간편하고 적절하며 편리한 보관시설, 감독이 용이한 공간 조직, 성인이 휴식을 취할 수 있는 공간을 구성한다.
- 유아의 기본적인 사회적, 신체적 욕구를 만족시킬 수 있어야 한다. 즉, 유아가 안락감을 느끼도록 하며, 유아의 신체 조건에 맞고 위험하지 않도록 설계한다.
- 유아의 놀이가 발전된 놀이로 확장될 수 있어야 한다. 즉, 기능놀이, 연습놀이, 대근육운동 놀이, 활동적 놀이의 영역, 구성놀이, 쌓기놀이, 창의적 놀이의 영역, 극화놀이, 가상놀이, 사회적 놀이의 영역, 조직화된 규칙 있는 게임을 할 수 있도록 설계한다.

(4) 실외놀이터의 구성 조건

유아의 발달에 적합한 최적의 실외놀이터를 구성하기 위해서는 위치와 면적,

지면, 재료, 공간 조직 등의 조건을 고려해야 한다(Wardle, 1994, 1997).

① 위치와 면적

실외놀이터는 건물 주변으로 분산시키지 않고 건물의 남쪽 면에 위치할 수 있도록 설계되어야 한다. 만일 실외놀이터가 유치원 건물을 둘러싸고 있는 형태라면 실외놀이터와 기타 공간이 엄격하게 구분되지 않아서 공간의 활용도가 낮아지고, 교사가 유아를 감독하고 지도하는 데에도 어려움이 발생한다. 실외놀이터를 건물의 남쪽에 배치하면 종일 햇볕이 골고루 드는 쾌적한 환경을 조성할 수 있다. 실외놀이터는 배수시설을 갖추어 배수가 잘 되도록 해야 한다.

한편 실외놀이터의 최적 면적을 결정하려면 원아의 연령과 인원수(또는 학급수), 교육 프로그램의 특성, 건물의 크기 및 주변 환경을 고려하여야 한다. 실외놀이터의 일반적인 기준 면적의 산출은 어려우나, 시설·설비 기준령에서는 40인 기준에 최소 면적 150m², 40인 이상이면 1인 추가 시 1m²의 가산 면적을 갖추도록 하였다(교육법전편찬회, 1996). 그리고 Leeper, Skipper와 Witherspoon(1979)은 유아 1인당 6.93~9.9m²(2.1~3평)를 실외놀이터의 최저 면적으로 갖추어야 한다고 제시하였다.

② 지 면

실외놀이터의 지면은 유아의 활동과 안전에 직접적인 영향을 미치는 중요한 조건으로서 단일 지면으로 구성하기보다는 다양한 감각 경험이 가능하도록 해야 한다. 즉, 공간의 용도에 따라서 풀밭, 흙, 모래, 콘크리트, 모래 등으로 다양하게 구성해야 하는데, 1/2~2/3은 잔디밭으로 하는 것이 좋고 일부는 콘크리트나 아스팔트 같은 단단한 지면으로 구성하는 것이 좋다.

실외놀이터 지면이 안전하고 다양한 표면적 특징을 갖추기 위해서는 다음 몇 가지 사항을 고려하는 것이 좋다.

- 넓고 탁 트인 평지에는 잔디 영역을 구성하여 유아가 안전하게 뛰어놀거나 앉아서 하는 게임과 이야기 나누기 활동을 할 수 있도록 한다.
- 유아가 넘어지거나 높은 곳에서 떨어져 다칠 위험이 있는 장소에는 흡수성이 좋고 부드러운 모래, 톱밥, 고무 매트, 우레탄 고무 등을 깔아서 안전을 제공

해야 한다.

- 유아의 대집단운동 놀이 영역으로 단단한 지면을 구성하고, 지면의 일부를 원래의 땅바닥으로 유지하여 흙장난을 하거나 물놀이를 하거나 화단을 가꿀 때 활용하게 한다.
- 그네, 미끄럼대와 자전거, 마차 등의 탈것 놀이 영역은 우레탄 바닥으로 마찰력이 있으며 유아의 안전한 놀이가 활발하도록 지면을 구성한다.

③ 재 료

유아는 실외놀이기구를 이용하면서 손으로 잡거나 앉기, 미끄러져 내려오기 등 신체적으로 접촉하며 놀이하기 때문에 놀이기구 재료의 특성을 파악하는 것이 필요하다.

- 나무: 나무는 비교적 가격이 저렴하고, 기증되는 재료로 이용할 수 있으며, 창의적 설계와 구성이 가능하여 사용과 수선이 쉬운 장점이 있다. 하지만 날씨에 약하여 쉽게 쪼개지거나 갈라질 가능성이 많고 불에 타기 쉬운 점 등 내구성이 낮은 단점이 있다.
- **얇은 합판**: 얇은 합판은 자연 재료로서 색깔 선택이 다양하고, 편평한 바닥에 적합하며, 재수선이 가능하고, 지속성이 높아 영아용 놀이터에 사용하기 좋은 장점이 있다. 그러나 플라스틱이나 금속보다 쉽게 부서지고, 품질이 나쁘며, 편평한 설계에만 제한되고, 가격이 비싸다는 단점이 있다.
- 플라스틱: 플라스틱은 내구성이 높아 열에 쉽게 뜨거워지거나 부스러지지 않아 안전하고, 다양한 형태와 색상으로 디자인할 수 있어 부드럽고 친근한 느낌을 주는 장점이 있다. 하지만 가격이 비싸고, 색상이 변하기 쉬우며, 단일 제조방법으로 인해 도전과 융통성 있는 사용에 제한적이라는 단점이 있다.
- **강철 혹은 알루미늄**(코팅, 색칠, 비처리된 것): 강철 혹은 알루미늄으로 된 실외놀이가구는 내구성이 강하고, 선택이 다양하다는 장점이다. 그러나 열에 의해 쉽게 뜨거워지고, 탄력성이 없어 안전상의 위험성 있고, 놀이기구에 문제가 있을 시 수리나 첨가 등이 어렵고, 가격이 비싸다는 단점이 있다.

④ 공간 조직

실외놀이 공간을 조직할 때는 공간의 균형, 통로, 공간의 구성, 울타리와 창고 등에 대하여 고려해야 한다.

- **공간의 균형:** 실외놀이터 공간을 균형 있게 배치하기 위해서는 다음의 사항을 고려하는 것이 좋다(Seefeldt & Barbour, 1993).

  첫째, 동적 활동과 정적 활동 공간의 균형으로, 실외놀이터에는 뛰어다니거나 기어오르는 등의 동적 활동을 위한 공간과 소꿉놀이, 물·모래놀이, 구성놀이 등의 소근육을 활용하는 정적 활동을 위한 공간이 적절히 배치되어야 한다.

  둘째, 그늘진 공간과 양지 바른 공간의 균형으로, 실외놀이터가 놀이의 종류나 계절의 영향을 받지 않고 충분히 활용되기 위해서는 그늘진 공간뿐 아니라 양지 바른 공간도 있어야 한다. 만일 그늘진 곳이 없다면 나무를 심거나 천막을 쳐서 그늘을 만들어 주어야 한다.

  셋째, 단단한 지면과 부드러운 지면의 균형으로, 실외놀이터의 지면은 흙, 콘크리트의 단단한 지면과 모래, 잔디밭의 부드러운 지면을 고루 갖추어야 한다.

  넷째, 높은 곳과 낮은 곳의 균형으로, 유아가 흥미를 느끼는 실외놀이터는 평지와 더불어 정글짐이나 언덕 등과 같은 높은 장소를 다양하게 조성하여 유아의 모험심과 도전감을 높일 수 있어야 한다.

- **통로:** 실외놀이터는 유아가 이동하기에 적합한 통로를 구성하여 놀이 시설물을 적절히 이용하도록 배치하고 구성하여야 한다. 실외놀이터의 통로는 장소를 이동하기 위하여 통과하는 바닥이나 땅 위의 빈 공간을 뜻하는데, 실외놀이터에 통로가 만들어지면 다음과 같은 이점이 있다(Kritchevsky, Prescott, & Walling, 1977).

  첫째, 한 놀이 시설물을 이용하고 있는 유아가 다른 시설물에서 놀고 있는 유아에게 접근하여 방해하는 일이 덜 생긴다.

  둘째, 유아가 놀이 시설물이나 그 주변을 위험하게 지나다닐 상황이 줄어들게 된다.

셋째, 놀이 시설물이 유아의 시야에 잘 들어오게 된다.

넷째, 쓸모없는 공간이 생기지 않는다.

■ **공간의 구성:** 실외놀이터에서 다양한 놀이를 효율적으로 즐길 수 있기 위해서는 각 놀이 영역이 잘 구성되어야 하고, 빈 공간을 구성하여 공간의 융통성을 제공하는 것이 좋다. 실외놀이터의 빈 공간에는 시설물이 배치되어 있지 않기 때문에 교사의 의도나 유아의 요구에 따라 융통성 있게 활용할 수 있다. Frost와 Klein(1979)은 실외놀이터의 영역을 구성할 때 기본적으로 고려해야 할 사항을 제시하였다.

첫째, 단순한 단일 기능의 시설물은 복합적인 다기능 시설물에 비하여 유용하지 못하다.

둘째, 각 영역에는 유아가 자연스럽게 참여하는 모든 형태의 놀이를 수용할 수 있는 다양한 종류의 시설물이 충분히 갖춰져야 한다.

셋째, 놀이 영역을 조성하거나 시설물을 배치할 때에는 통합적 놀이가 이루어지도록 배려하여 놀이가 보다 효과적으로 일어날 수 있게 한다.

넷째, 각 놀이 영역은 기능적으로나 시각적으로는 서로 분리되고, 공간적으로는 통합될 수 있도록 경계 지어야 한다.

다섯째, 놀이 영역을 구성할 때는 놀이 영역 내 이동이나 놀이 영역 간 이동을 원활히 하도록 배려해야 한다.

■ **울타리와 창고:** 실외놀이터에서 유아를 보호하고 놀이 시설물을 보존·저장할 수 있도록 울타리와 창고를 구성한다. 먼저 울타리는 유아의 안전 관리를 위해 실외놀이터 주변에 설치해야 한다. 울타리의 높이는 120cm 정도가 적합하며, 유아의 시야를 많이 가리지 않도록 나무를 심거나 낮은 담장을 설치하여 유아의 신체 특성에 적합하도록 구성한다(Frost & Klein, 1979). 창고는 이동식 실외놀이기구의 정리·보관이 용이하도록 하며, 놀이기구를 효과적으로 제공하고 놀이기구를 보호하여 수명을 연장시키고 정리정돈하는 습관을 길러 줄 수 있다.

3) 실외놀이 영역의 배치

실외놀이 공간은 실내놀이 공간과 같이 동적 활동과 정적 활동 영역, 물이 필요한 영역과 물이 필요하지 않은 영역으로 구분하여 볼 수 있다. 실외놀이의 정적 활동 영역은 전체 놀이 공간의 1/3 정도로 구성하고, 동적 활동 영역과 구분하기 위하여 낮은 관목을 심거나 지붕을 만들어 준다. 그리고 낮은 테이블, 잔디를 만들어 유아가 책읽기, 조작 및 구성 놀이의 개별 소집단 놀이나 이야기 나누기를 할 수 있도록 한다.

실외놀이 공간은 놀이의 활동성에 따라 전이 영역, 조작 및 구성 활동 영역, 사회·극화 활동 영역, 동·식물 기르기 영역, 신체적 활동 영역으로 구분된다. 놀이 활동 영역은 구분되는 경계가 있어야 하며, 인접 영역은 통합할 수 있도록 구성하여야 한다(이영자, 이기숙, 1993; Esbensen, 1987). 실외놀이 영역의 교육적 배치도의 예는 [그림 6-3]과 같다.

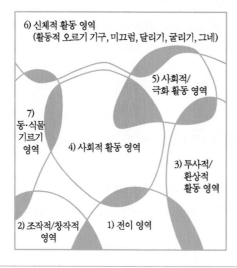

[그림 6-3] 실외놀이의 교육적 배치도의 예

(1) 실외놀이 영역의 배치 유형

① 전이 영역

전이 영역은 유아가 실외놀이를 준비하고 계획하는 공간으로 실외놀이 공간으로 이동하는 영역이다. 전이 영역은 실내의 현관이나 교실과 통하는 문과 인접한 장소에 배치하고 유아가 실외놀이를 계획하는 계획판을 제공하기도 한다. 실외놀이의 준비를 위한 계획하기, 이야기 나누기 등의 활동은 다른 유아의 이동에 방해되지 않고 혼잡하지 않도록 통로와 떨어진 충분한 공간에서 이루어지도록 한다.

② 대근육 놀이 영역

대근육 놀이 영역은 복합 놀이대, 자전거길, 그네, 미끄럼, 오르기, 달리기 등과 같이 대근육을 사용하는 신체적 놀이가 이루어지는 영역으로 구성된다. 대근육 영역은 넓은 공간을 확보하여 유아의 활동을 격려하여야 하며, 대근육 놀이의 각 영역은 서로 방해되지 않도록 세분화된 독립적인 영역으로 구성한다.

■ 복합 놀이대

대근육 놀이 영역은 단일 기능의 놀이기구를 여러 형태로 설비하기보다는 다양한 놀이기구의 기능이 계속적 연결 상태로 설계된 복합 놀이대를 제공하는 것이 유아의 놀이 경험과 수준을 다양하게 제공할 수 있다. 실외 복합 놀이대는 4~5세를 위한 복합 놀이대와 2~3세를 위한 복합 놀이대로 구분하여 설치하여야 한다. 유아의 복합 놀이대는 연령에 따라 높이가 다르고, 미끄럼의 경사와 오르기대의 복잡도 등에서 차이가 있고, 그 기능에도 다양한 차이가 있다. 복합 놀이대는 오르기 기구, 미끄럼 타기, 터널 지나기, 밧줄 오르기, 놀이집 등 다양한 놀이기구가 연결되어 있다. 복합 놀이대는 조용한 영역과 떨어진 장소에 충분한 공간을 이용하여 설치한다.

■ 미끄럼 영역

복합 놀이대와 독립된 미끄럼 영역은 미끄럼대와 계단 오르기 및 경사 오르기대로 구성된다. 미끄럼대는 2~3세용과 4~5세용으로 경사 및 높이를 다르게 설치하여야 하며, 미끄럼대 위에는 60cm 높이의 난간을 설치하여 떨어지지 않도록

한다. 미끄럼대는 모래나 고무바닥을 깔아 유아가 내려오는 충격을 흡수하도록
하며, 내려오는 방향에는 유아가 접근하지 못하도록 낮은 관목을 설치하고 통로
를 뒤로 설치한다.

■ 그네 영역

유아의 그네로는 타이어 그네, 안장 그네가 적절하며, 유아의 연령에 따라 유아
의 체중 및 신장을 고려하여 그네의 높이와 그네 줄의 길이가 조절되어야 한다.
유아의 그네로는 4~5세용과 2~3세용의 대형, 소형의 그네를 설비하고, 저연령
유아의 그네는 줄이 짧고 안전띠가 있는 그네를 설치한다. 그네는 6×6m의 충분
한 공간에 설치하고 관목이나 낮은 울타리를 설치하여 그 영역을 표시하여야 한
다. 바닥은 모래나 고무바닥으로 처리하여야 하는데, 모래의 깊이는 최소한
30cm는 되어야 한다. 그네의 줄은 튼튼하고 매끄러워야 하며, 사슬로 된 그네 줄
은 사슬의 구멍 크기가 8mm 이하로 유아의 손이 닿는 곳에는 고무 등을 끼우는
것이 좋다. 그네 사이의 공간은 최소한 70cm 떨어져 있어야 하고 움직이는 그네
의 앞, 뒤, 옆에는 유아가 접근하지 않도록 해야 한다. 그리고 그네 옆으로 통로를
만들어 안전한 이동이 가능하도록 한다.

■ 자전거 영역

자전거 영역은 자전거, 손수레 등 타고 끄는 활동이 이루어지는 영역으로서 아
스팔트, 우레탄으로 덮은 시멘트 등으로 바퀴의 이동과 유아의 안전을 고려하여

구성한다. 자전거 길은 곡선이나 8자형의 길로 구성하고, 폭은 두 대의 자전거가 지나갈 수 있어야 한다. 그리고 교차로, 이동 방향, 중앙선을 표시하여 유아들이 부딪히지 않도록 설치한다. 자전거길 위에서는 건너는 교차로를 사용하여 유아가 안전 규칙을 적용할 수 있도록 하여야 한다.

■ 개방 영역 및 기타 대근육 놀이

개방 영역은 고정 놀이시설이 설치되지 않은 영역으로 음률 활동, 공놀이, 신체 게임 등이 이루어지고 농구골대, 흔들 보트 등의 이동시설을 설치하여 사용할 수 있는 영역이다. 교사는 놀이의 주제, 계절을 고려하여 다양한 자료와 기구를 첨가할 수 있다. 시소나 흔들목마 등의 영역은 다른 대근육 놀이보다 활동의 양과 수

준이 낮은 놀이이므로 유아의 이동이 적은 영역에 구성한다. 시소와 흔들말은 유아의 충격과 안전을 위하여 모래나 고무 등 바닥을 깐 후에 설치하고 손잡이, 의자, 발걸이 등이 유아의 신체에 맞도록 구성한다.

③ 자연물 놀이 영역

자연물 놀이 영역은 물, 모래, 흙, 나무 등의 자연물을 사용하여 놀이하는 비구조적인 실외놀이 영역으로 유아에게 충분한 공간과 자연물을 제공하고 자유롭게 놀이하도록 구성한다.

■ 물놀이 영역

물놀이 영역은 배수가 잘 되고 수도시설과 가까운 곳이나 연결된 장소로 모래놀이터 가까이 설비하여야 한다. 물놀이대의 깊이는 15cm 정도가 적당하며, 물놀이를 위한 다양한 크기의 용기, 빨대, 깔대기, 계량컵, 양동이, 호스, 구멍이 다양한 투명한 통 등의 물놀이 기구를 제공한다. 교사는 계절이나 놀이의 주제에 따라 여름에는 간편한 옷차림으로 활동적인 물놀이를 격려하기도 하고, 물의 특성을 탐색하거나 얼음이나 눈을 사용한 실험을 통한 정적인 물놀이를 제공할 수 있다.

■ 모래놀이 영역

모래놀이 영역은 배수가 잘 되고 양지 바른 곳에 위치하며 직사광선을 막을 수 있는 지붕이나 나무 그늘을 부분적으로 구성하여 항상 활동할 수 있도록 한다. 모래는 깊이가 20~25cm 이상 되도록 하고 모래를 평지보다 낮게 설치하며 최소한 1년에 한 번씩은 갈아 주거나 소독하여 사용한다. 소형 모래놀이 상자를 이용한 모래놀이 영역은 저연령 유아의 모래놀이에 적합하고 구분된 모래통을 제공하여 높이 쌓기, 파내기, 물길 만들기 등 연속 활동으로 확장되도록 한다. 모래놀이에 물놀이대와 물놀이 기구를 함께 사용하도록 하면 젖은 모래와 마른 모래를 사용한 형태 만들기, 찍기, 담기 등의 모래놀이로 확장할 수 있다. 교사는 모래놀이 도구와 정리함을 제공하여 다양한 도구의 사용과 정리를 용이하게 하도록 격려한다.

■ 목공놀이 영역

목공놀이 영역은 실외놀이 공간 중 테라스나 그늘진 장소와 같이 유아의 이동이 적은 독립되고 조용한 영역에 구성한다. 목공놀이는 나무를 통한 다양한 경험을 제공하고 실제 연장을 사용하는 구성적 활동 영역으로 칠하기 영역 가까이에 충분한 공간을 제공한다. 교사는 유아의 신체에 적합한 연장과 도구, 목공놀이대를 준비하고, 목공놀이를 할 때에는 성인의 감독하에 연장의 사용과 나무 다루기 등 지도를 통한 개별 활동으로 이루어지도록 한다.

④ 동 · 식물 기르기 영역

동 · 식물 기르기 영역은 유아가 동물과 식물의 자연 생태를 경험하는 영역으로 실외 영역의 햇볕이 들고 통풍이 잘 되는 장소에 구성한다.

■ 동물사육장

동물사육장은 햇볕이 잘 들고 바람이 통하며 배수가 잘 되는 곳에 설치한다. 유아가 동물을 관찰할 수 있도록 망을 설치하고 작은 문을 만들어 먹이와 물을 줄 수 있도록 한다. 바닥은 흙을 깔거나 시멘트를 바르고 짚을 넣어 동물이 안전하게 자라도록 구성한다. 교사는 유아가 동물의 특성과 성장과정을 잘 관찰하며 기르도록 과학 영역과 연결하여 교육한다.

■ 식물재배장

식물재배장은 배수가 잘 되고 햇볕이 잘 드는 영역에 구성하여 유아들이 채소, 꽃 등을 기르도록 구성한다. 식물재배장은 반별로 구역을 나누어 표시하고 가꾸는 식물의 명칭을 표시한다. 교사는 유아가 식물의 성장주기를 관찰하고, 식물을 심고 수확하는 과정을 직접 경험해 보도록 구성한다.

⑤ 정적 놀이 영역

정적 놀이 영역은 사회극놀이, 조형이나 조작 및 구성 놀이, 언어 활동이 이루어지는 영역으로 전체 실외놀이 공간의 1/3의 영역으로 구성된다.

■ 사회극놀이 영역

사회극놀이 영역은 조용한 활동이 이루어지도록 그늘진 장소에 작은 놀이집, 책상과 의자를 배치한다. 사회극놀이 영역은 물, 모래놀이 영역과 인접하도록 배치하여 모래 및 물놀이와 연결된 소꿉놀이 등이 이루어지도록 구성한다. 교사는 큰 공간 적목, 큰 플라스틱 적목을 제공하여 유아가 집이나 활동 공간을 구성하고 사회극놀이가 확장되어 이루어지도록 다양한 소품을 제공한다.

■ 구성놀이 영역

　구성놀이 영역은 실외 공간에서 이젤 페인팅, 밀가루 반죽 등 정적인 활동이 이루어지는 영역으로 나무 그늘이나 테라스 등에 이젤, 책상과 의자를 배치하여 조용하고 독립된 장소에 구성한다. 교사는 실내의 조형 및 구성 활동이 연장되고 확장될 수 있도록 조형 활동의 자료를 제공하고 그림 등을 말리는 공간을 구성한다. 그리고 돗자리를 펴고 작은 적목과 조작 놀잇감을 제공하여 유아의 조용한 구성놀이를 격려할 수 있다.

■ 언어 영역

　언어 영역은 테라스나 그늘진 장소나 정자 등에 돗자리를 깔거나 책상과 의자, 방석 등을 배치하여 영역을 구성한다. 언어 영역은 유아가 이야기 나누기, 동화책 보기, 휴식을 할 수 있도록 조용하고 안락한 독립된 영역으로 구성한다.

(2) 연령별 놀이터

　실내놀이실처럼 실외놀이터 역시 영유아의 발달적 특징을 고려하여 배치하는 것이 바람직하다.

① 영아기/걸음마기 놀이터

영아의 놀이터에서는 안전과 보호를 위해 성인의 면밀한 감독이 필수적이다. 따라서 영아가 놀이하는 가까운 곳에 성인을 위한 의자와 벤치, 그늘을 제공하는 것이 좋다. 영아는 감각운동적 활동을 하기 때문에 움직일 기회가 많고 다양한 감각적 경험을 할 수 있는 물, 언덕, 길, 안전한 식물 등을 통해 소리, 빛, 촉감, 냄새, 맛 등의 감각 경험을 할 수 있는 다양한 활동이 필요하다. 실외놀이터를 영아반과 가까운 곳에 배치하여 성인이 영아의 기저귀를 갈거나 응급상자를 가져오는 등의 활동이 용이하도록 한다.

영아의 놀이터는 유아의 실외놀이 영역보다 상대적으로 작지만 청결하고 안전하며 감각 자극을 위한 놀잇감을 선택할 수 있도록 비치한다. 놀이터에는 쥘 수 있는 놀잇감, 블록, 밀고 당기는 놀잇감, 감각, 소리 나는 놀잇감을 제공하는 것이 좋고, 걸음마기의 구성놀이를 위한 다양한 도구, 블록, 모래, 물 등을 제공하는 것이 좋다.

② 유아기 놀이터

유아기 놀이터는 걸음마기 놀이터보다 더 크고 복잡한 광범위한 범주의 놀이가 가능하도록 구성되어야 한다. 그네, 오르기, 평행봉 등과 같은 놀이기구 영역, 달리고 구르고 게임하고 소풍을 즐길 수 있는 넓은 풀밭 영역, 커다란 블록과 장난감, 세발자전거, 공놀이 게임, 목공과 조형 등의 야외수업을 위한 단단한 바닥, 자연 현상의 학습 경험을 할 수 있는 장소 및 정원이 제공되어야 한다.

놀이터에는 유아의 구성놀이를 장려하기 위한 이동식 놀잇감, 모래와 물 놀이도구 보관 창고, 대근육 놀이를 위한 큰 기구, 가상놀이 자료 및 장소, 구성놀이를 위한 자료, 애완동물 등을 제공하는 것이 좋다.

4) 실외놀이에서 안전과 지도

(1) 안 전

① 놀이기구의 배열 및 배치

놀이기구의 배치는 사고를 증진시키거나 감소시킬 수 있다. 그네는 중요한 놀

이기구의 하나이지만 매우 넓은 공간을 차지해서 소규모 놀이터에는 설치하기가
어렵다. 그네는 다른 유아들이 이동하는 길에서 떨어져 있고, 적절한 양의 충격
흡수 재료와 고무의자나 펠트의자가 있을 때 안전하다. 활동적인 오르기 구조물
은 정원이나 극놀이 영역, 출입구로부터 떨어져야 안전하고, 미끄럼틀의 아랫부
분은 놀이하고 있는 다른 유아로부터 떨어져 있어야 안전하다. 유아가 한 놀이터
에서 다른 놀이기구로 이동할 때 다른 놀이기구를 통과하도록 배치해서는 안 되
고, 놀이 기구 및 영역을 특정 영역에 모이게 하는 배치는 피해야 한다.

② 놀이터의 크기

너무 큰 놀이터는 놀이기구가 너무 흩어져 있어 사회적 놀이를 방해하고 성인
이 감독하기에 어려움이 있으므로 유아의 전체 놀이터 사용 시 제한을 두게 된다.
너무 작은 놀이터는 양질의 충분한 공간을 제공하지 못하고 놀이기구의 다양성과
복잡성에서 제한적일 수 있다. 놀이터의 이상적인 크기는 공간, 감독, 놀이시설,
기타 요소들에 따라 다르며, 놀이터 간 사용 시 서로 다른 시간대에 사용하거나 여
러 연령대가 사용할 수 있는 놀이터의 창의적 운영을 최대화하여 사용할 수 있다.

③ 감독의 용이

실외놀이에서는 유아에게 안전한 놀이가 되도록 성인이 민첩하게 감독하는 것
이 중요하다. 보이지 않는 영역을 제거하고 놀이기구가 교사의 시야를 가리지 않
도록 한다. 또한 성인이 전화, 물, 화장실 사용, 그늘과 앉을 곳, 편안함이 있을 수
있도록 고려하는 것도 필요하다.

④ 안전성

유아의 안전사고 중 많은 부분은 실외놀이에서 이루어진다. 캐나다, 영국, 호
주, 미국에는 놀이터 안전기준이 마련되어 있다. 지역적 재료와 가능한 자원, 놀이
의 문화적 역할과 놀이환경, 문화적 차이의 놀이터 공공예술품, 문화, 지역, 기후,
신체적 특성을 고려하여 지침을 개발할 필요가 있다. 실외놀이에서 고려해야 할
18개월에서 12세까지의 놀이터 안전 지침은 다음과 같다(U. S. Consumer Paoduct
Safety Commission, 1997).

- 모든 시설 밑에 흡수성 있는 바닥을 제공한다.
- 손가락이 끼거나 눌릴 수 있는 부분이 없어야 한다.
- 유아의 머리가 들어가지 않도록 8~22cm 정도의 공간이 없어야 한다.
- 유아 신체 부위가 들어갈 수 있는 날카로운 모서리와 55° 이하의 각이 없어야 한다.
- 모든 것은 S자 훅으로 마감 처리한다.
- 무거운 금속이나 나무, 플라스틱 그네는 없어야 한다.
- 그네 구조물에 두 개 이상의 그네를 달지 않는다.
- 모든 미끄럼대는 최소 8cm 옆면이 있어야 하고, 출구는 지면에서 평행으로 위치하게 한다.
- 나사, 못, 볼트, 금속 조각, 튀어나온 파이프, 미끄럼대 입구 등이 돌출되지 않아야 한다.
- 모든 콘크리트 발판은 지면보다 아래에 있어야 한다.
- 입구와 출구를 제외하고 지면보다 5cm 이상 높은 표면은 난간을 만든다.
- 시설 사이나 나무에 고정시키기 위하여 줄, 철사, 밧줄 등을 사용하지 않는다.
- 뜨거운 기후에서는 금속성 미끄럼대가 없어야 한다.
- 유아들이 왕래할 수 있는 통로 지역에 충분한 안전 공간을 제공한다.
- 그네는 플랫폼과 같은 다른 시설에 부착하지 않아야 한다.
- 놀이터는 설계 대상의 유아들만 사용하여야 한다.
- 정기적 수리와 유지를 해야 한다.

유아교육기관의 실외놀이터의 안전 및 평가에 관한 학자들의 견해를 종합하여 놀이터 안전 점검 체크리스트를 제시하면 다음과 같다(Day, 1994; Harms & Lovell, 1985; Wellhousen, 2002; U. S. Consumer Paoduct Safety Commission, 1997).

놀이터 안전 점검(수시) 체크리스트

◎점검일: 매월   주   요일(년 월 일) ○: 양호   △: 보통   ✕: 미흡

구분	점검 사항	그렇다	아니다	비고
놀이 기구	• 바닥에 안전하게 고정되어 있는가? • 그네, 말타기 등의 움직이는 공간을 고려하여 부딪히지 않도록 배치되어 있는가? • 놀잇감의 크기와 높이는 영유아에게 적합한 것인가? • 그네, 오르기 기구의 루프는 안전한가? • 나사나 조임쇠 등은 안전캡이나 안전장치로 덮여 있는가? • 벗겨진 케이블, 닳은 로프, 펴진 고리, 뒤틀린 체인이 있는가? • 미끄럼틀이나 오름대의 양 옆에 난간이 설치되어 있는가? • 표면의 페인트는 인체에 무해한 것인가? • 페인트칠이 벗겨진 것은 없는가? • 날카로운 부분, 모서리, 뾰족한 부분은 없는가? • 볼트와 너트는 튀어나와 있지 않은가? • 유아가 걸려 넘어지거나 부딪힐 수 있는 방해물이 없는가? • 옷을 잡아당길 만한 돌출 부분이 있는가? • 고장 나거나 부서진 곳, 망가져 위험한 놀이기구는 없는가? • 놀이기구의 재료는 내구성이 강한 것인가? • 썩거나 쪼개진 목재가 있는가? • 못이 빠져나온 것, 나무가 갈라진 것, 가시가 일어나는 것은 없는가? • 유아가 머리를 밀어 넣을 수 있는 구멍이 있는가? • 세발자전거, 자동차와 같은 움직이는 놀잇감은 수선 상태가 좋은가?			
놀이 바닥	• 바닥과 모래에 못, 나사, 유리 조각 같은 이물질이 없는가? • 그네, 흔들목마, 미끄럼틀, 기어오르는 기구 등의 교구 아래에 20~25cm 두께의 신축성 있는 물체(모래, 콩자갈 등)가 있는가? • 잔디, 나무 등의 상태는 적절한가? • 바닥은 배수가 잘 되고 오염물이 고이지 않는가?			
주변 환경	• 울타리의 높이(121.9cm)와 안전 상태는 좋은가? • 정문은 안전한가?			
감독	• 정기적으로 안전 사항을 점검하여 기록하는가? • 성인 대 아동의 비율은 적절한가?			

⑤ 관리

실외놀이터를 철저하게 보호하고 관리하는 것은 안전을 위해 매우 중요하다. 관리에는 깨진 병을 줍고 모래를 쓰는 것에서부터 파손된 놀이기구를 고치고 위험 요소를 제거하며 계속적인 잠재적 문제를 예견하는 것이 포함된다.

모든 유아교육기관에서는 안전을 위한 정규적인 놀이터 시설 점검 및 보호를 위한 관리를 해야 하고, 놀이터 시설 보수를 위해 필요한 재정도 확보해야 한다. 유아의 흥미, 교육과정, 주제, 가족 참여에 따라 놀이터를 풍부하고 복합적이며 도전적으로 계속 변화를 주어야 한다.

실외놀이터는 사고 예방과 응급처치에 대한 지식을 갖고 있는 성인에 의해 관리될 필요가 있고, 성인의 책임하에 시설, 출입구, 바닥, 동물, 부서진 물건, 위험 요소의 관리가 필요하며, 놀이 영역의 합리적이고 적합한 규칙을 만들어야 한다. 실외놀이가 교육적이고 평화로운 분위기가 되도록 거친 신체놀이와 공격성을 구별하여 못살게 구는 유아와 그 피해자의 문제에 대해 적절한 대처가 필요하다.

(2) 교사의 역할 및 지도방법

실외놀이에서 유아의 놀이를 장려하는 교사의 역할은 중요하다. 유아의 놀이 경험은 신중한 성인의 안내와 계획을 통해 향상될 수 있다.

성인의 도움으로 유아는 실외놀이에서 이동 가능한 자료와 놀이기구를 선택할 수 있고, 실외놀이의 주제를 선택할 수 있으며, 창의적인 놀이 경험을 위한 환경을 배열할 수 있다. 교사가 놀이기구를 적절하고 창의적으로 사용하는 방법을 알고 실외놀이기구에서 일어날 수 있는 위험성을 이해하고 있을 때 유아의 부상이 적게 나타난다. 실외놀이기구 사용의 계획과 준비가 유아의 탐색과 실험 요구와 균형을 이룰 때 안전한 놀이 기회가 제공된다.

또한 성공적인 놀이 경험을 위해 교사가 실외 공간을 계획하고 준비하는 시간을 가질 때 실외놀이는 눈에 띄게 향상될 수 있다. 유아가 놀이기구를 적절히 선택하여 사용하고 또래와 놀이하기 위해서는 도움이 필요하다. 교사는 유아가 질적이고 창의적인 실외놀이 경험을 할 수 있도록 도와줄 필요가 있다(Frost, 2010; White, 2008).

① 영아 놀이터

영아 놀이터에서 교사는 잡아 주기, 부드럽게 흔들어 주기, 책 읽어 주기, 주변을 탐색하고 조사하기 등의 활동을 지원해 주어야 한다. 또한 기저귀 갈아 주기, 햇볕으로부터 보호하기, 넘어지거나 다쳤을 때 위로해 주기, 안전 지켜 주기 등도 교사의 역할에 포함된다. 영아는 모든 것을 입에 집어넣기 때문에 교사는 부지런해야 하며, 실외놀이의 가치를 바르게 이해하여 날씨가 허락하는 한 영아가 실외놀이를 할 수 있도록 해야 한다.

② 유아 놀이터

첫째, 유아 놀이터에서 가장 중요한 교사의 역할은 감독이다. 감독에는 안전 규칙을 세우고, 잠재적 위험 장소나 가능한 문제를 미리 예견하며, 잠재적 문제에 대해 놀이터를 지속적으로 평가하는 것이 포함된다.

둘째, 교사는 놀이터에서 이루어지는 다양한 놀이 특성을 잘 관찰할 수 있어야 한다. 교사는 유아의 실외놀이의 관찰을 통하여 문제 상황을 발견하고 도움이 필요한 순간에 적절한 도움을 제공할 수 있어야 한다.

셋째, 놀이터에서 교사는 비지시적 방법을 사용하여 모든 발달 영역의 근접발달영역 이내에서 유아가 발달하도록 돕고, 적절한 사회적 기술과 갈등해결 기술 학습 및 실외놀이의 긍정적인 성향을 기르도록 비계설정 및 모델링, 직접 참여 및 정리 시 원조 역할을 해야 한다.

넷째, 놀이터에서 교사는 직접적인 방법을 사용하여 상해를 방지하고, 안전 수칙을 강화하며, 다양한 실외 활동을 제공하고, 활동, 게임, 프로젝트를 소개하는 활동을 할 수 있다.

이상에서 살펴본 것처럼 유아기 놀이환경은 유아의 균형 잡힌 전인적 발달에 많은 영향을 끼치므로, 유아기 발달에 적합한 좋은 놀이환경을 구성하여 유아가 다양하고 풍부한 실내외 놀이 경험을 하도록 노력할 필요가 있다. 특히 학문적 기술을 강조하는 과잉된 학습 분위기 환경에서 벗어나 자유롭고 창의적인 놀이 경험과 자신과 환경에 대한 자연적인 학습 경험 및 심신의 건강 유지를 위한 다양한 실외놀이가 이루어질 수 있도록 안전한 실외놀이환경을 잘 구성하여 유아가 마음껏 뛰어놀 수 있게 해야 할 것이다.

놀이와 놀잇감

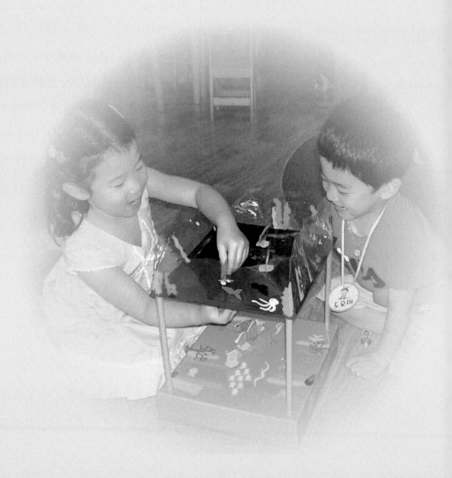

　유아는 놀이과정을 통하여 성인의 행동을 모방하고, 운동기능을 익히며, 정서적 경험은 물론 그들의 세상을 보다 잘 알아가게 된다. 이처럼 놀이는 유아의 성장은 물론 학습에도 매우 중요한 역할을 한다(Hirsh-Pasek & Golinkoff, 2008). 놀이와 필연적 조건으로 밀접하게 연결되어 있는 놀잇감은 유아와도 매우 밀접한 관계를 맺고 변화·발전되어 왔다. 유아에게 놀이는 생활 속에서 자연스럽게 발생하는 것이며, 이러한 놀이를 지속시키고 발전시키기 위해서는 놀이의 도구라 할 수 있는 놀잇감이 매우 중요한 역할을 한다(Wardle, 1999). 유아가 왜 놀잇감을 선택하는지, 어떻게 놀이하는지, 놀잇감이 유아의 놀이에 어떤 영향을 주는지, 어떤 놀잇감을 좀 더 추가할 때 놀이가 촉진될 것인지 등은 놀이 연구자뿐 아니라 부모나 놀잇감을 제작하는 업체의 주요 관심사가 되고 있다. 이러한 놀잇감 및 놀이의 중요성 때문에 유아가 선택하는 놀잇감에 대한 연구도 꾸준히 이루어지고 있다(Goldstein, Buckingham, & Brougere, 2004; Van Horn, Nourt, Scales, & Alward, 2007).

　유아의 발달이나 놀이에 대한 이론이 수세기에 걸쳐 변화되어 왔던 것처럼 놀잇감을 중요하게 보는 가치도 이러한 역사적 흐름과 맥을 같이하여 변화·발전되어 왔다. 유아의 놀이를 보다 정확하고 폭넓게 이해하기 위해서는 놀이의 도구이자 매개체라 할 수 있는 놀잇감에 대한 이해에서부터 출발해야 한다. 이러한 놀잇감의 중요성을 고려하여 이 장에서는 놀잇감에 대한 개념 이해를 바탕으로 유아 놀이와 놀잇감의 관계, 놀잇감의 선택기준 및 다양한 준거에 기초한 놀잇감의 종류에 대하여 살펴보고자 한다.

1. 유아 놀이와 놀잇감

1) 놀잇감의 개념 및 역할

　유아의 놀이는 그들에게 제공되는 놀잇감과 밀접하게 연결되어 있다. 놀잇감은 놀이를 하고자 하는 흥미를 유발시키고 효율적인 놀이로 진행시키는 매개체의 역할을 하는 모든 물건을 지칭한다. 유아에게 적절한 놀잇감이 어떠한 것인가에 대한 사회적 합의는 각 시대의 독특한 문화 패턴과 밀접하게 연관되어 있어 시대나 지역에 따라 다르게 정의된다(Pellegrini, 2009). 군사적 가치를 강조한 중세시대에는 군사적 가치가 있다고 여기는 놀이 및 놀잇감의 종류를 합법적인 것으로 격려하고 그렇지 않은 것은 금지하였다. 이처럼 놀잇감은 단순한 놀이도구의 의미를 넘어 그 시대의 가치를 반영한다고 할 수 있다(Chuang & Chen, 2007).

놀이는 유아가 놀이하는 환경 내에서 이루어지는 직접적인 물리적 경험이다. 유아의 놀이는 기능놀이에서 구성놀이, 극화놀이로 변화하게 되는데, 그 과정에서 놀잇감의 역할도 변화한다. 유아는 사물을 사용하여 외부세계를 표상하기 시작하며, 상징적 표상을 통하여 가치 있는 경험을 획득하는 과정에서 놀잇감은 놀이를 자극하거나 뒷받침하는 역할을 한다. 놀잇감은 놀이 유형을 구성하는 데 중요한 역할을 한다. 놀잇감 중 블록, 레고와 같은 놀잇감은 구성놀이를 격려하며, 인형, 옷, 소꿉놀이 소품은 극화놀이를 자극한다. 또한 놀이 경험은 유아의 사회성 발달에 영향을 줄 수 있다. 예를 들면, 퍼즐이나 그림책 등은 유아의 혼자놀이를 격려하며, 블록이나 소꿉놀이 소품은 유아의 집단놀이를 돕는다.

놀잇감은 유아의 놀이를 유발할 뿐만 아니라 유아가 활발한 놀이를 하는 데 필요한 도구이며 유아의 성장과 발달에 커다란 도움을 준다. 이러한 놀잇감은 유아가 참여하는 놀이의 유형과 내용 모두에 중요한 영향을 미친다. 좋은 놀잇감은 유아의 상상력을 촉진시키며, 상상력을 자극하고 몰두할 수 있도록 도와 유아의 복합적 놀이를 유도한다(Wardle, 1999). 또한 모래, 물, 찰흙과 같이 구조화 정도가 낮은 개방적인 놀잇감은 유아가 여러 가지 방법으로 놀이할 수 있어 유아의 창의성 증진에도 도움이 되는 반면, 직소(jigsaw) 퍼즐과 같이 구조화 정도가 높은 폐쇄적인 놀잇감은 한 가지 방법으로만 사용할 수 있어 창의적 놀이로의 발달을 돕지 못한다. 이처럼 유아의 놀이는 놀잇감의 종류에 따라 유아의 놀이 유형과 사고 기술에 영향을 미치며, 다양한 방법으로 사용할 수 있는 개방적인 놀잇감은 유아의 확산적 사고의 촉진과 놀이 확장을 지원한다(Llyold & Howe, 2003).

놀잇감의 역할에 대하여 Bergen(1996)은 사회적·상호작용적 관점에서 설명하였다. 즉, 유아는 자기 동기적이고 즐거운 경험으로서 새로운 자아정체감을 찾고자 하는데, 놀잇감이 이러한 과정에서 매우 중요한 역할을 한다는 것이다. 인간 존재의 의미를 구성해 가는 과정에서 놀잇감의 역할을 살펴보면 다음과 같다.

첫째, 활동성과 주관성의 기능을 나타낸다. 둘째, 놀잇감은 사회성의 특성을 나타낸다. 셋째, 정체성은 주체와 주체 간의 관계에서도 형성되지만 물질과의 관계에서도 발생하므로 놀잇감은 물질로서의 특성을 나타낸다. 넷째, 놀잇감은 시간적 연속선상에서 시간과 역사의 개념을 촉진하는 특성을 나타낸다. 마지막으로, 놀잇감은 자발성과 즐거움을 위한 최상의 근원으로서 예측이 불가능한 모호성과 다중 의미(multimeaning)의 특성을 나타낸다.

놀잇감은 특정 유형의 놀이를 하도록 유아를 격려함으로써 발달을 직간접적으로 촉진할 수 있으며, 동시에 유아의 발달 수준은 유아가 선택하는 놀잇감의 유형에 영향을 미친다. 이처럼 놀잇감은 유아의 놀이 유형은 물론 놀이발달에도 영향을 미치며, 놀이 경험은 유아의 발달을 반영하고 촉진하는 역할을 한다.

2) 놀잇감과 유아 놀이의 관계

유아 놀이에서 매개체의 역할을 하는 놀잇감에는 놀이용으로 만들어진 놀잇감뿐만 아니라 놀이에서 사용하는 주변의 많은 사물도 포함된다. 놀잇감은 유아의 놀이를 유발할 뿐만 아니라 놀잇감의 종류 및 유형에 따라 유아의 놀이 형태가 달라지기도 한다. 유아는 놀잇감에 대한 선호도를 가지고 있으며, 어떤 놀잇감이 제공되느냐에 따라 놀이에 참여하는 시간이 길어지기도 하고 짧아지기도 한다.

놀잇감과 유아의 놀이 간 관계는 주어진 놀잇감의 복합성(complexity) 및 다양성(variety) 그리고 한 유아당 제공되는 놀잇감의 양과 연결시켜 생각해 볼 수 있다(Kritchevsky, Prescott, & Walling, 1977). 복합성이란 유아가 놀잇감을 얼마나 다양한 방법으로 조작하고 변환시켜 사용할 수 있는가와 연결된다. 놀잇감의 복합성이 높을수록 유아는 놀이과정에서 다양한 방법으로 놀잇감을 활용할 수 있으며, 집단놀이에의 가능성 또한 높아지게 된다. 다양성은 서로 다른 유형의 놀잇감이 얼마나 제공되는가와 연결된다. 유아는 다양한 놀잇감이 제공될수록 다양한 유형의 놀이에 참여할 수 있는 기회를 더 많이 갖게 되며, 각자의 놀이 요구 및 흥미에 적합한 놀잇감을 쉽게 발견할 수 있게 된다. 한 유아당 제공되는 놀잇감의 양 또한 유아가 자신의 요구 및 흥미에 부합하여 놀이를 진행할 수 있도록 하는 데 중요한 역할을 한다(Glassy & Romano, 2003).

(1) 놀잇감의 복합성과 놀이의 관계

놀잇감의 복합성은 유아의 놀이 행동 및 탐색 활동, 호기심 등에 영향을 미친다. 유아는 단순한 놀잇감보다는 복합적인 놀잇감을 선호한다. 유아는 복합성이 다른 세 가지 유형의 놀잇감을 제시하였을 때 간단한 유형의 놀잇감보다 복잡한 유형의 놀잇감에 먼저 접근하였으며, 놀이시간 또한 복잡한 유형의 놀잇감을 가지고 놀았을 때 더 긴 것으로 나타났다. 놀이터에서의 경우 유아는 복합적인 기능을 가진 복합 놀이기구에 대해 흥미를 많이 나타냈으며, 자신의 놀이 활동에 연합시키는 수준이 매우 높았다고 한다. 이에 반해 단순한 놀이기구는 유아 간의 상호작용을 촉진하는 것으로 나타났다.

다양한 기능과 도전적 요소를 갖추지 못한 복합 놀이기구는 유아의 놀이 활동을 위하여 자주 선택되지 않았으며(Deacon, 1994; Moore, 1992), 복합성이 높은 놀이기구에 대한 선호도 또한 그 놀이기구에 익숙해짐에 따라 줄어드는 경향이 나타났다(Llyold & Howe, 2003). 이와 같은 현상은 특히 모든 시설이 잘 구비되어 있는 놀이터에서 나타나는데, 영유아의 경우에는 복합적인 놀이기능을 가진 기구보다는 모래나 물 같은 자연적 놀잇감을 더 선호하는 것으로 나타났다(Frost, 2010).

놀잇감의 복합성과 놀이 간 관계를 정리해 보면, 유아는 복합성이 높은 놀잇감을 선호하는 경향을 보이며, 이러한 놀잇감을 가지고 놀 때 또래와 상호작용하기보다는 놀잇감과 더 많은 상호작용을 하게 된다는 것을 알 수 있다. 반면, 놀잇감이 매우 단순한 경우에는 놀잇감 자체가 유아의 개별적인 요구를 충족시키지 못하므로 또래와의 상호작용이 늘어나게 된다.

(2) 놀잇감의 양과 놀이의 관계

놀잇감의 양은 유아의 놀이 유형과 상호작용의 정도 및 지속시간에도 영향을 미치므로 한 유아당 놀잇감의 비율은 주의 깊게 고려되어야 한다. 유아에게 제공되는 놀잇감의 양은 사회적 상호작용과 협동놀이의 정도 및 질에 영향을 미치며, 유아들 사이의 갈등 또한 놀잇감의 양에 의해서 영향을 받게 된다(Getz & Berndt, 1982). 놀잇감의 양적 감소 또는 증가는 유아의 사회적 상호작용에 긍정적인 영향과 부정적인 영향을 모두 미친다. 놀잇감의 수가 적은 경우에는 유아 간 갈등이나 공격적 행동을 초래하는 반면, 놀잇감의 공유 및 협동놀이를 유발하기도 한다. 놀잇감의 수가 많은 경우에는 갈등 상황이나 공격적 행동은 줄어드는 반면, 혼자놀이 또는 병행놀이가 늘고 협동놀이가 줄게 된다. 이처럼 놀잇감이 많아질수록 유아의 놀이 참여도는 높아지고 공격적 행동은 줄어들게 된다. 그리고 놀잇감이 줄어들수록 유아 간 사회적 상호작용은 증가하게 되지만, 공격적 행동과 손가락 빠는 행동 등과 같은 스트레스 행동도 증가하게 된다(Smith & Connolly, 1980).

Montes와 Risley(1975)에 의하면, 유아에게 한 번에 하나의 놀잇감을 가지고 놀 수 있도록 제한했을 경우 유아의 협동놀이, 극화놀이 및 복잡한 언어적 상호작용은 증가하였다. 풍부한 놀잇감은 유아 간 갈등을 감소시키지만 다른 유아들과 함께 나누는 행동도 감소시킨다. 충분한 놀잇감이 제공되지 않을 경우에는 유아 간 갈등이 증가하는 반면, 다른 유아들과 함께 어울려 노는 것과 같은 행동도 증가한다. 따라서 유아에게 어느 정도의 놀잇감을 제공하는 것이 가장 적절한지는 이러한 요소들을 신중히 고려하여 결정해야 할 것이다.

그러나 이와 같은 유아의 놀이 행동 변화는 제공되는 놀잇감의 양에만 기인하는 것이 아니라 유아의 수, 사용 가능한 놀이 공간, 놀잇감의 질에 영향을 받으므로, 좋은 놀이 공간을 구성하기 위해서는 앞의 요소들과 유아의 놀이 행동 간의 관계를 주의 깊게 계속적으로 관찰하여 결정해야 할 것이다.

(3) 놀잇감의 유형과 놀이의 관계

유아교육자들에 의하면, 놀잇감과 놀이의 관계에는 복합성과 놀잇감의 양뿐만 아니라 놀잇감의 조건도 중요하며, 놀잇감의 유형은 놀이 유형, 즉 유아의 사회적·인지적 놀이 행동에 영향을 미친다고 한다. 놀잇감의 유형이 유아의 사회적·인지적 놀이 행동에 미치는 영향은 1930년대 이후 많이 연구되었으며, 이 시기의 연구들에서는 일반적으로 소꿉놀이도구, 인형놀이도구 및 모형 자동차 등은 유아의 집단놀이 및 극화놀이를 촉진시킨다고 하였다. 이에 비하여 미술도구, 구성 놀잇감, 퍼즐 등은 유아의 비사회적 놀이 및 구성놀이와 관계가 있고, 블록은 다양한 유형의 사회적 놀이뿐만 아니라 구성놀이와 극화놀이를 촉진시킨다고 하였다. 1970년대에 이루어진 연구들에 의하면, 미술도구, 모래, 물, 퍼즐 등은 유아의 집단놀이와 극화놀이를 제한하며 비사회적 놀이 및 구성놀이를 촉진한다고 하였다(Rubin, 1977; Rubin & Seibel, 1979). Tizard, Phelps와 Plewis(1976)도 미술도구가 제공되었을 경우 구성놀이가 늘어난 반면 극화놀이는 줄어드는 현상을 발견하였다.

(4) 놀잇감의 구조성 및 실제성과 놀이의 관계

놀잇감의 구조성(structure)과 실제성(realism)은 서로 연결되어 있다. 놀잇감의 실제성은 놀잇감이 현실에서의 대응물과 얼마나 닮아 있는가를 나타낸다. 놀잇감의 구조성은 놀잇감이 특정한 용도로 사용되는 정도를 나타낸다. 그래서 놀잇감의 실제성이 높을수록 구조 정도가 높은 것으로 간주되며 특정한 용도로만 사용될 가능성이 높음을 나타낸다. 많은 연구에 의하여 유아는 연령이 증가함에 따라 극화놀이로부터 물건을 다양한 방법으로 대체하여 이용할 수 있는 능력이 높아진다는 사실이 발견되었다(Llyold & Howe, 2003). 유아는 연령이 낮을수록 놀잇감과 현실에서의 대응물이 서로 흡사한가에 많이 의존하는 반면, 연령이 높을수록 어떤 명백한 기능을 지닌 물건을 고유의 기능과는 전혀 다른 물건으로 상상하여 놀이에 이용할 수 있는 능력이 증가한다. 즉, 유아는 어떤 놀이도구의 기능을 대체할 수 있는 능력이 나타나기 시작할 때 블록 등과 같이 기능이 모호한 놀잇감을 자신의 놀이 목적에 맞게 연계시킬 수 있으며, 어느 정도 시간이 흐른 후에는 컵이나 수저와 같이 확실한 기능을 보유하고 있는 물건에 대해서도 전혀 다른 목적으로 놀이에 이용할 수 있게 된다(Elder & Pederson, 1978; Ungerer, Zelazo, Kearsley, & O'Leary, 1981). 놀잇감의 실제성 및 구조성과 극화놀이의 관계에 대한 연구들에서는 구조성이 낮은 놀잇감이 구조성이 매우 높은 놀잇감에 비하여 유아의 환상을 더 촉진하는 것으로 나타났다. 또한 구조성이 낮은 놀잇감은 유아의 반응을 특정한 상황에 얽매이지 않게 함으로써 유아가 좀 더 자유롭게 놀이 주제를 확장시키도록 하는 효과도 있었다. 실제성 및 구조성이 높은 놀잇감은 이런 특성이 낮은 놀잇감에 비하여 유아의 조작적 놀이 및 탐색 활동을 촉진하는 경향이 있었다(McGhee, Ethridge, & Benz, 1984; Rasmussen, Ho, & Bisanz, 2003).

놀잇감의 실제성 및 구조성에 대한 연구 내용을 종합하면, 실제적이고 구조적인 놀잇감은 연령이 높은 유아보다는 연령이 낮은 유아의 극화놀이를 촉진한다는 것을 알 수 있다. 표상적 기술이 부족한 어린 유아의 경우 극화놀이를 시작하기 위하여 주제와 연관된 실제적인 놀잇감이 필요하며, 유아의 연령이 높아질수록 표상적 기술이 증진함에 따라 극화놀이를 위하여 더 이상 실제적인 놀잇감이 필요하지 않게 된다는 것이다. 따라서 놀잇감을 선정할 때는 각 유아의 개인적 요구 및 경험이 고려되어야 하며, 놀이환경을 구성할 때 구조적인 놀잇감과 비구조적인 놀잇감을 함께 제공하여야 한다.

2. 유아 놀잇감의 조건

놀이 경험이 유아의 성장에 긍정적인 영향을 미치기 위해서는 교육적이고 안전한 놀잇감을 많이 확보하는 것이 필요하다. 유아는 놀이를 하면서 시간과 에너지를 소모하고, 이 과정을 통하여 학습 기회를 제공받을 수도 있으므로 다양한 놀잇감이 놀이에 적극 활용될 수 있도록 지원해야 한다(Smith & Pellegrini, 2008). 유아 놀이에 영향을 미치는 성인, 즉 부모와 교사는 놀잇감의 구입과 활용 시 유아의 발달에 적합하며 놀이를 증진시킬 수 있는 놀잇감을 고려하는 것이 중요하다(Abrams & Kauffman, 1990).

1) 놀잇감의 교육적 조건

유아의 놀잇감 제공에 중요한 교육적 조건인 유아의 발달단계의 적합성, 놀잇감의 실제성과 구조성, 그리고 놀잇감의 안전성을 살펴보고자 한다.

(1) 발달단계의 적합성

놀잇감은 유아의 놀이 형태와 수준에 영향을 준다. 놀이가 유아의 성장과 발달을 촉진시키기 위해서는 유아의 발달단계를 고려하여 적절한 놀잇감을 제공하여야 한다. 놀잇감의 특성에 따라 어떤 놀잇감은 집단놀이를 장려하는 반면에 어떤 놀잇감은 독립적이거나 병행적인 놀이를 장려한다. 예를 들어, 소꿉놀이 소품, 인형옷, 인형, 차와 다른 탈것들은 높은 수준의 집단놀이와 관련성이 높고, 미술 놀잇감(가위, 물감, 크레용)과 교수적인 놀잇감(구슬, 퍼즐), 점토 등은 독립적인 놀이와 병행놀이에 사용되는 경향이 있다. 놀잇감은 유아의 인지적 수준과도 연관성이 높다. 집단놀이를 격려하는 놀잇감(소꿉놀이 소품, 인형옷, 인형, 탈것)은 극화놀이와 연관이 높다. 물감, 크레용, 가위는 대개 구성놀이에, 점토, 모래, 물 등은 기능놀이에 사용된다. 블록은 구성놀이와 극화놀이 모두와 관련이 높다(Sutton-Smith, 1996; Rubin & Seibel, 1979).

　이처럼 놀잇감은 유아의 놀이 유형뿐 아니라 인지적 수준에도 영향을 미친다. 따라서 유아의 놀잇감 선정에 영향을 미치는 교사 및 성인은 유아의 놀이발달에 대한 이해를 바탕으로 놀이를 촉진시킬 수 있도록 유아의 발달단계를 고려한 놀잇감을 선정·제공하도록 노력하여야 한다.

(2) 놀잇감의 실제성과 구조성

　놀잇감의 실제성(realism)과 구조성(structure)은 유아의 놀이와 관계가 깊으며 놀이 유형을 결정한다. 놀잇감의 실제성이란 놀잇감이 실제 사물과 닮은 유사성 정도를 의미한다. 사실적인 놀잇감은 상당히 구조적이며 매우 특별한 사용법을 갖고 있는 것이다. 예를 들면, 경찰차 모형은 단지 경찰차로만 사용할 수 있지만, 바퀴가 달린 나무로 제작한 놀이차는 덜 구조적이며 쉽게 다른 종류의 탈것이 될 수 있다. 놀잇감의 구조성이란 놀잇감을 사용하는 방법이 구체적으로 정해져 있는 정도를 말한다.

　놀잇감의 실제성과 구조성이 유아의 놀이에 미치는 영향을 보면, 사실적이고 구조적인 소품은 1~3세 연령 유아의 가작화를 촉진시키나, 3세 이상에서는 영향이 없다고 한다. 표상적 기술이 부족한 어린 연령의 유아는 주제와 관련된 사물과 실제적으로 닮은 사물을 필요로 하지만, 유아가 성장함에 따라 표상적 기술이 적절하게 발달해서 가작화를 돕는 실제적인 놀잇감이 필요없게 된다(McLoyd, 1983; Kuykendall, 2007).

[그림 7-1] **놀잇감의 구조**

이상의 내용을 고려할 때, 유아교육기관에서 교사가 어린 유아의 놀이 증진을 위해서는 사실적인 놀잇감을 많이 제공해야 하며, 나이가 많은 유아의 경우는 덜 사실적인 놀잇감과 함께 사실적인 소품도 제공하여야 한다.

(3) 놀잇감의 안전성

놀잇감의 안전성은 놀잇감을 선택할 때 반드시 고려해야 하는 요소다. 교사는 유아에게 직접적으로 해를 줄 수 있는 놀잇감을 선택하지 말아야 하며 놀잇감의 안전도를 인식하여야 한다. 놀잇감의 안전성에 관련된 요인은 기계적인 형태의 놀잇감에 의한 사고로, 끝이 뾰족하거나 작은 놀잇감은 베거나 타박상, 질식, 호흡곤란을 일으킬 수 있다. 열이나 전기를 사용하는 놀잇감은 화상을 일으킬 수 있다. 많은 사고의 원인은 놀잇감 자체의 위험성보다는 놀잇감의 사용방법에 있다. 대부분의 사고는 성인이나 유아가 놀잇감에 부딪히거나 걸려 넘어지거나 놀잇감으로 맞았을 때 발생한다. 유아의 사고는 유아가 놀이기구를 타다가 떨어졌을 때 많이 발생하며, 가장 심각한 부상은 1~3세에 발생한다.

다음은 놀잇감의 안전성과 관련하여 유아의 놀잇감 제공 시 성인이 고려해야 할 사항이다.

첫째, 놀잇감은 유아가 삼킬 수 있는 위험으로부터 안전하여야 한다. 놀잇감 중 작은 조각은 유아가 쉽게 삼킬 수 있고 목이나 코, 귀에 걸릴 수 있기 때문에 3세 이전의 유아를 위한 놀잇감에 포함시키지 않아야 한다. 어린 유아는 입이 최고의 변별기능을 제공하기 때문에 자동적으로 모든 물건을 입으로 가져가는 발달적 특성이 있다. 따라서 작은 조각으로 구성된 놀잇감을 제공하지 않아야 한다.

둘째, 놀잇감은 견고하여 부서지거나 조각 등이 떨어지지 않도록 안전하여야 한다. 큰 놀잇감에서 부서질 수 있는 작은 부분, 예를 들면 바퀴, 눈, 단추, 장식품 등은 제거하고, 큰 놀잇감의 부분들이 견고하게 함께 붙어 있는지 주의 깊게 확인하여야 한다.

셋째, 놀잇감 중 끈이나 틈이 있는 놀잇감은 유아의 안전에 위험을 줄 수 있다. 특히 놀잇감에 사용되는 끈의 길이가 너무 길면 위험할 수 있으며, 유아의 놀이 시 놀잇감의 줄, 리본, 끈은 유아의 목, 허리, 가슴 주변을 감게 되므로 사용하지 않아야 한다.

넷째, 놀잇감은 유아가 떨어지거나 넘어지거나 미끄러지는 것으로부터 안전해야 한다. 타는 놀잇감은 넓고 안전한 받침대가 있어야 하고, 바닥의 장애물이 잘 보일 수 있어야 한다. 또한 놀잇감에 보호대와 같은 안전장치가 있어서 유아가 모서리 등으로 미끄러지지 않도록 해야 한다. 유아용 높은 의자와 영아용 그네는 미끄러짐을 막도록 보호대가 있어야 하며 안전벨트도 있어야 한다.

다섯째, 놀잇감은 날카로운 꼭지와 거친 모서리가 없이 안전하여야 한다. 날카로운 꼭지와 거친 모서리를 가진 놀잇감은 피해야 하고, 겉이 부드러운 놀잇감도 안의 거친 면이나 부속이 사용 중에 밖으로 노출되지 않도록 하며, 못, 나사, 쇠장식 등이 노출되는 나무 장식과 거친 표면도 없도록 하여야 한다.

여섯째, 놀잇감은 바늘 침이 부착되지 않은 안전한 것이어야 한다. 놀잇감에 바늘 침이 붙은 끝이 뾰족하거나 금속으로 된 다트, 놀이 총알, 로켓 같은 놀잇감은 운동이나 놀이기구에 사용되지 않아야 한다.

일곱째, 놀잇감은 불에 타지 않는 불연소성 재질이어야 한다. 연소성 재질로 된 놀잇감은 위험하므로 성인은 놀잇감이 불연소성임을 파악하고 안전 특성을 알아보아야 한다. 특히 교사는 유아 가까이에서 성냥을 사용하지 않는 것이 중요하다.

여덟째, 유아용 놀잇감은 전기를 사용하지 않는 것이 안전하다. 전기를 사용하는 놀잇감은 8세 이전의 유아가 사용하지 않도록 한다. 유아가 전기를 사용하여 놀이를 할 경우 성인은 주의 깊게 다루어야 한다. 전축이나 녹음기, 다른 전기기구를 사용하여 놀이를 제공하려면 유아가 벽의 전기 플러그를 만지지 않도록 안전한 전기 플러그를 사용하고 전기 선을 막는 장치를 설치해야 한다.

아홉째, 놀잇감의 소리는 안전한 수준으로 유지하여야 한다. 소리 나는 놀잇감 중 총이나 자동차 등 큰 소리가 나는 놀잇감은 제품의 안내문을 보거나 소리를 직접 들어 본 후 부드럽고 낮은 소리가 나는 것을 선택하여야 한다.

2) 바람직한 놀잇감의 조건

유아 놀잇감의 일반적 조건은 놀잇감의 바른 적용과 활용을 위하여 필요한 중요한 요인이다. 유아 놀잇감은 유아의 발달 수준보다 조금 어려워 새로운 기술을 숙달하게 하는 이점이 있어야 하며, 이를 위하여 놀잇감이 유아의 관심을 집중하기에 충분한 자극을 유도할 수 있어야 한다. 또한 놀잇감은 유아의 기술과 흥미를 확장하면서 즐거움을 주어야 한다. 수준 높은 놀잇감은 유아에게 좌절감보다는 탐색, 의욕, 성공을 주는 도전을 제공하고 매력, 호기심, 즐거움을 줄 수 있다.

　유아의 성장과 발달에 도움이 되는 바람직한 놀잇감은 유아의 발달에 따른 능력과 흥미가 고려된 것으로, 유아에게 즐거움을 주고 유아의 성장을 촉진시키는 기능을 하여야 한다. 따라서 교사를 비롯하여 유아의 놀잇감 결정에 영향을 미치는 성인은 유아의 놀이를 확장시킬 수 있는 놀잇감을 제공하여야 한다. 또한 상상력과 창의성 강화를 통하여 유아에게 확산적 사고의 기회를 제공할 수 있는 자료를 선택하여야 한다. 이러한 조건을 충족하기 위해 놀잇감은 다음의 특성을 갖추어야 한다.

- 다양한 놀이 활동을 할 수 있는 기회를 제공하여야 한다.
- 유아의 연령과 발달 수준에 적합하여야 한다.
- 성인의 도움 없이 유아 혼자서도 조작이 가능하여야 한다.
- 유아가 어떻게 사용하든지 안전하고 견고하며 내구성이 높아야 한다.
- 다른 유아와 함께 놀이할 기회를 제공할 수 있어야 한다.
- 실내 · 실외에서 함께 사용할 수 있어야 한다.
- 색채가 유아에게 매력적이어야 한다.
- 유아의 흥미와 창의성을 자극할 수 있어야 한다.
- 성인의 도움 없이 유아가 이동시킬 수 있을 만큼 작고 가볍고 경제적이어야 한다.

　Kuykendall(2007)은 유아에게 놀이는 일이며, 그들이 일을 잘 수행하기 위해서는 도구가 적절해야 한다고 하였다. 또한 놀잇감은 많은 비용이 들거나 놀이의 즐거움과 학습을 제공하기 위해 복잡할 필요는 없다고 하였다. 다음은 그가 제시한 유아를 위한 놀잇감 선정방법이다.

놀잇감 선정방법

놀잇감을 선택하는 데 중요한 다음의 지침을 명심하라.

1. 이 놀잇감이 발달상으로 적절한가?

   놀잇감은 유아의 나이, 흥미, 능력에 적절할 필요가 있다.

2. 이 놀잇감은 많은 다른 방법과 다른 연령대의 아동에게 사용할 수 있는가?

   만약 그렇다면 그것은 지속적인 가치를 가지고 있을 것이다.

3. 이 놀잇감이 어린 유아의 활발한 놀이를 견딜 수 있는가? 아니면 몇 번 사용 후에 깨질 수 있는 놀잇감인가?

   좀 더 내구성이 있는 놀잇감을 위한 투자에 돈을 아끼는 것은 문제가 생길 수 있다.

4. 이 놀잇감은 유아의 상상력을 자극하는가?

   간단히 디자인된 놀잇감은 다양한 방법으로 창조적인 활용을 가능하게 한다.

5. 이 놀잇감은 안전한가?

   놀잇감의 사용을 위해 안전성 메시지와 포장재를 점검해야 한다.

   날카로운 물건이나 삼킬 수 있는 작은 조각을 살펴야 한다.

6. 이 놀잇감은 조립하고 분해하고 쌓거나 연결하는 것을 허용하는가?

   이런 과정에서 유아는 자신의 세계가 어떻게 함께하는지를 배우고 창조를 시도할 기회를 갖게 된다.

7. 이 놀잇감은 협동적 상호작용을 장려하는가?

   전쟁용 놀잇감(놀잇감 총, 단검, 장검)과 다양한 캐릭터(TV 만화)는 협동놀이를 억제한다. 이런 종류의 놀잇감은 부적절한 힘 싸움과 폭력을 용이하게 하므로 피해야 한다.

출처: Kuykendall (2007).

결론적으로 유아의 놀잇감은 유아의 발달 수준, 안전성, 견고성과 내구성, 독자적 조작성과 이동성, 상상력과 같은 정신기능의 자극, 유아의 흥미와 개성, 다양한 놀이 활동 기능 및 발달 영역의 자극, 경제성 등이 있어야 한다.

3. 유아 놀잇감의 유형

유아 놀잇감은 유아의 발달과 놀잇감의 구조에 따른 분류체계를 사용하고 있으나, 유아교육 현장에서는 일반적으로 놀잇감을 설명하고 구분하기 위해 생활연령, 놀잇감의 구조와 크기, 놀잇감의 교육적 기능 등을 사용한다.

1) 생활연령에 따른 놀잇감의 분류

생활연령에 따른 놀잇감의 분류는 일반적으로 가장 많이 사용되고 있다. 연령의 발달적 특성에 따라 적합한 놀잇감의 유형을 결정하는 이 분류체계는 성인에게 놀잇감을 선택하는 데 기본적인 정보를 제공한다는 장점이 있다. 그러나 연령단계가 놀잇감 선택을 위한 부분적인 안내를 제공해 주기는 하지만, 이러한 분류는 발달상의 개인차가 무시되어 영유아의 개별적 성장 수준이 반영되지 않는 다소 부정확한 기준임을 인식하여야 한다.

유아의 놀잇감 사용 경향은 시간이 흐름에 따라 변화하게 된다. 즉, 연령이 증가할수록 사용하는 놀잇감의 종류나 양뿐 아니라 놀잇감의 활용 면에서도 많은 변화가 나타나게 된다. 놀잇감과 유아의 발달은 매우 밀접한 관계가 있다. 유아가 어떤 놀잇감을 가지고 놀려면 그것으로 놀 수 있는 능력이 발달되어 있어야 한다. 따라서 유아의 발달 수준에 근거하여 놀잇감을 제공해 주어야 한다(Hughes, 2009).

여기에서는 유아의 발달 수준을 연령에 따라 영아기(출생~1세), 유아 전기(1~3세), 유아 후기(3~6세)의 3단계로 구분하고 각 단계에 적절한 일반적인 놀잇감의 종류를 제시하고자 한다.

(1) 영아기(출생~1세)

이 시기의 유아는 놀잇감을 처음 접하면서 점차 친숙해져 간다. 영아기는 유아의 감각을 자극하고 잡기와 흔들기를 통하여 유아의 활동을 자극하는 놀잇감을 제공한다. 출생에서 3개월까지는 유아가 사물을 잡을 수 없으므로 성인의 주도하에 시각과 청각을 자극하는 모빌, 딸랑이, 노래가 나오는 통을 제시한다. 3~6개월경에는 유아가 잡거나 빨 수 있는 놀잇감, 즉 헝겊공, 헝겊 블록, 깨물 수 있는 놀잇감을 더 첨가하여 제시한다. 6~12개월경에는 유아가 만지면 반응을 하는 놀잇감, 즉 손으로 잡아당기거나 발로 차는 놀잇감으로 고무공, 헝겊공, 소리 나는 공, 오뚝이, 자동차, 그림이 많은 책, 물놀이 용품(스펀지, 고무 오리나 플라스틱 개구리, 플라스틱 그릇), 일상용품(거울, 냄비, 숟가락)을 제시하는 것이 좋다. 움직임이 시작되는 이 시기의 유아에게는 낮은 오르기대를 제시하는 것도 바람직하다.

또한 걸음마를 시작하는 유아에게는 두드리고 쌓는 놀잇감, 물에 띄우는 목욕용 놀잇감, 그림이 있는 블록을 제공하여 다양하게 조작해 보도록 하거나, 밀고 끌거나 끼우고 분해하는 놀잇감을 제공하는 것도 바람직하다. 포개지는 색깔 컵을 쌓아 볼 수도 있고, 소리 나는 책과 음악이 나오는 놀잇감을 가지고 즐길 수도 있다(Kuykendall, 2007).

(2) 유아 전기(1~3세)

이 시기의 유아는 자신이 주도하여 문제를 해결하고 구성하거나 가작화하는 것을 즐긴다. 유아 전기는 유아의 대근육 발달을 도울 수 있고 감각적 탐색을 유도하는 놀잇감을 제공하는 것이 필요하다. 1~2세에는 걷기에 도움이 되는 끌고 다니는 놀잇감, 던지는 공, 모양 맞추어 넣는 놀잇감, 크기별로 쌓거나 포개 넣는 놀잇감, 구슬 꿰기, 나무토막이나 상자곽, 큰 조각의 퍼즐 맞추기, 흔들배 또는 흔들목마 등을 제시한다.

2~3세경에는 인형, 봉제인형, 모형인형, 소꿉 놀잇감(인형, 각종 그릇, 전화기, 화장대 등), 다양한 블록류, 그림책, 미술 자료(크레파스와 종이, 찰흙, 손가락 그림물감 등), 공 종류(고무공, 비치 공 등), 물·모래놀잇감, 운동 놀잇감(간이 계단, 낮은 평균대, 미끄럼틀, 세발자전거 또는 자동차) 등을 제시한다.

이 연령대의 유아는 세발자전거나 수레와 같은 탈 수 있는 놀잇감, 모래상자, 공, 다른 크기와 모양의 블록, 어린이용 풀장, 유아용 크기의 가구, 간단한 정장용 옷, 푹신한 동물, 인형, 간단한 퍼즐, 게임, 큰 부분을 가진 조립하고 해체하는 놀잇감, 진흙과 모형 밀가루, 큰 크레파스, 칠판과 분필, 간단한 악기, 손가락 물감, 비전동기 기차와 자동차, 차(tea) 세트 등을 즐긴다.

탈 수 있는 놀잇감

봉제 인형

(3) 유아 후기(3~6세)

이 시기의 유아에게는 상상과 논리적 사고 및 대소근육의 협응을 도울 수 있는 놀잇감을 제공한다. 3~4세경에는 상상놀이 소품, 작은 모형류, 퍼즐, 단순한 게임판과 미술용품을 제시한다. 4~5세경에는 목공 놀잇감, 필기용품, 사실적 그림책을 첨가하여 준다. 5세 이후에는 손근육을 세밀하게 사용할 수 있는 자료, 다양한 규칙이 있는 카드 게임, 판 게임 등의 게임류, 세밀한 극화놀이 소품류를 제시한다. 즉, 분류 및 짝짓기 놀잇감, 다양한 블록, 조작놀이용 놀잇감, 그림 카드, 그림책, 사진, 역할놀이 소품과 놀잇감 자동차, 모형 동물, 게임 도구, 실험용 도구, 미술 작업 자료, 목공놀이 용구, 운동놀이 용품 및 시설, 악기류, 물·모래놀이 용품의 놀잇감을 제공한다.

2) 놀잇감 특성에 따른 분류

놀잇감은 교육 활동을 장려하거나 발전시키며 특별한 기술과 개념을 가르치기 위해 교수 및 구성적인 결과에 초점을 두는 교수매체라고 할 수 있다. 놀잇감의 유형은 부분-전체 관계, 신발끈 매기와 끼우기 등의 자조기술, 분류 및 서열화, 일대일 대응과 관련된 것으로 구분할 수 있다. 놀잇감의 유형을 특성에 따라 구체적으로 구분해 보면 조작 놀잇감, 사실적 놀잇감, 모형 놀잇감, 구성 놀잇감, 대근육 놀잇감과 게임으로 나누어 볼 수 있다.

(1) 조작 놀잇감

① 퍼즐

퍼즐은 대부분 눈과 손의 협응력 발달, 모양과 크기 연결, 일대일 대응의 발달에 의하여 부분으로 전체를 구성하는 것을 알게 해 준다. 퍼즐은 작은 수의 조각(4~6개 조각)으로 나뉜 큰 모양의 퍼즐로 시작하며, 초기에는 걸음마기 유아가 쉽게 다룰 수 있도록 손잡이가 있어 끼워 넣는 것이 용이하도록 만들어진 퍼즐을 사용해야 한다. 퍼즐의 재료는 나무, 플라스틱, 폴리우레탄 및 판지(cardboard) 등으로 밝은 색상이 좋다. 조각 그림을 맞추어 큰 그림 만들기는 나이 많은 유아를 위한 것으로 연령이 높아지면서 크기가 작고 조각의 수가 많은 것이 적합하다. 퍼즐은 소근육 기술과 높은 개념발달이 필요하다. 초기에는 3~8개 정도로 수가 적은 조각으로 되어 있거나 매우 단순한 그림으로 된 것이 적절하며, 연령이 높아지면 4세는 10~20개, 5세는 15~30개 이상으로 조각의 수가 많은 퍼즐을 제공한다.

② 쌓아 올리거나 포개는 놀잇감

쌓아 올리거나 포개는 놀잇감은 사물을 작은 것에서부터 큰 것으로 크기에 따라 순서 짓거나 색을 기준으로 늘어놓는 연습을 위하여 고안된 것이다. 이 놀잇감은 유아에게 서열화에 대한 개념을 형성할 수 있도록 도우며, 놀잇감을 사용하는 과정에서 눈과 손의 협응력을 발달시키도록 돕는다.

③ 끈 끼우기 놀잇감

여러 가지 색깔과 모양의 구슬을 실에 끼우거나, 여러 형태로 구멍이 뚫린 판에 끈을 꿰는 놀잇감을 말한다. 구슬은 나무나 플라스틱 구슬로서 크기는 3cm 정도로 구멍이 커야 한다. 끈 끼우기는 나무, 플라스틱, 금속 등 다양한 종류의 모양과 색의 작은 조각 가운데에 구멍을 뚫어 끈에 끼우는 형태로 밀납끈과 함께 제공된다. 끈이나 실은 구멍에 잘 들어가도록 양끝이 빳빳하고 길이는 30cm 정도여야 한다. 또는 조금 더 긴 것도 가능하며, 금색 및 은색 등 밝은 색상이 적절하다. 유아는 끈을 각 조각의 중앙에 끼워 넣음으로써 눈과 손의 협응력과 연속성을 연습할 수 있다.

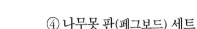

④ 나무못 판(페그보드) 세트

유아는 자신이 생각한 형태를 구성하거나 카드에 그려진 패턴을 만들기 위해 페그보드판 구멍에 못을 끼우게 된다. 페그보드는 유아가 쉽게 잡고 조작할 수 있도록 페그 크기가 5cm 이상인 것이 좋다. 페그보드는 도형에 대한 인식뿐 아니라 눈과 손의 협응력을 증진시켜 준다.

⑤ 짝 맞추기 놀잇감

색깔, 모양, 수, 글자, 개념 등을 기준으로 여러 조각 가운데서 서로 짝을 찾아 맞추는 놀잇감이다. 도미노, 그림찾기판과 카드, 짝 짓기 카드 등이 있다. 짝 맞추기 놀이에 익숙한 유아는 10개 이상의 조각으로 된 짝짓기 놀잇감을 사용할 수 있다.

⑥ 분류하기 놀잇감

색깔, 모양, 수, 글자, 개념 등을 기준으로 분류하는 놀잇감으로 10개 이상의 조각을 가지고 분류하기가 가능하며, 한 번에 하나의 기준을 사용한 분류하기가 적합하다.

⑦ 일상생활 훈련 틀

유아가 혼자서 옷을 입고 벗는 것에 필요한 기본적인 조작 활동을 연습할 수 있는 놀잇감으로 단추, 지퍼, 리본, 벨트 등이 적합하다.

⑧ 열쇠상자

상자에 여러 개의 문이 있고, 문에 맞는 열쇠를 끼워 돌리면 문이 열리는 놀잇감이다. 열고 닫을 수 있는 판에 다양한 열쇠와 자물쇠를 달아 유아의 소근육, 눈과 손의 협응력이 발달하도록 한다.

(2) 사실적 놀잇감

사실적 놀잇감이란 놀이 활동에 사용되는 실제 사물로, 자료를 사용하여 다양한 감각 및 구성, 상상 놀이의 경험 기회와 동기를 부여하는 훌륭한 놀잇감이라고 할 수 있다. 사물을 사용하는 놀이는 유아의 상상력을 자극하여 가장놀이를 비롯한 다양한 놀이를 장려하고, 놀이 속에서 사물을 활용하는 경험을 통하여 사회적

3. 유아 놀잇감의 유형

상호작용과 문제해결 능력, 표상능력 및 언어발달을 촉진시킬 수 있다(Pellegrini, 2009). 사실적 놀잇감에 해당하는 실물 자료에는 모래, 물, 진흙, 점토, 음식물, 나무와 공구, 성인이 입는 옷 등이 포함된다.

① 모래, 물, 진흙

모래, 물, 진흙 등은 뚜렷한 형태가 없고 유아가 넣어 둔 용기에 의해 형태가 만들어진다. 이 자료는 값싸고 뛰어난 융통성을 가지고 있으며, 판넬, 튜브, 틀과 같은 용기를 사용하면서 물과 모래가 어떻게 서로 작용하는지를 학습하는 기회를 제공한다. 모래와 물은 실내의 물·모래 놀이대를 통해 쉽게 사용할 수 있으며, 모래는 실내외 모두 모래상자 안에 넣어 둘 수 있다.

유아에게 적합한 물·모래 놀이대는 37cm 정도의 높이가 적당하며 아기 목욕통의 깊이와 폭 정도가 적절하다. 물·모래놀이의 소품은 다양한 크기와 모양의 무독성 플라스틱 용기, 물에 넣을 수 있는 플라스틱이나 고무 인형, 계량컵, 페인트 솔, 짧은 손잡이의 삽과 덤프트럭, 여러 가지 모양의 틀과 체 등이며, 유리나 부서지는 플라스틱으로 된 재질은 피하여야 한다. 실내놀이용으로는 건축용 모래인 굵은 모래가 미세한 모래보다 더 적합하며 경제적이다. 실물 자료인 진흙은 부드럽고 모래와 비슷하며 쉽게 젖거나 마르기도 하고 모양을 만들기가 쉽다.

② 점토, 밀가루반죽, 고무찰흙

점토, 밀가루반죽, 고무찰흙은 유아가 자유롭게 활용할 수 있는 놀잇감으로 놀이에 이상적이다. 점토는 작업이 가능한 물질로, 굴리거나 섞거나, 두드리거나, 뜯어낼 수 있는 놀이에 적합한 실제 자료로 아이스크림 막대와 모양 틀을 사용할 수 있다. 또한 쿠키 절단기, 모서리가 날카롭지 않은 다양한 모양의 두께 1mm의 점토 찍기틀과 밀대, 모서리가 날카롭지 않은 색깔이 있는 주걱 등과 같은 다른 도구들이 함께 사용된다. 점토 등은 물·모래놀이의 대체물로 유아의 놀이에 효율적으로 사용된다.

③ 음식물

음식물은 다양한 상태, 즉 날것, 요리된 것, 빻은 것, 얼은 것 등 모든 상태에서 놀이할 수 있는 실물 자료다. 유아는 오감각을 사용하여 음식물의 다양한 특성을 경험할 수 있다. 요리 활동을 통하여 젤라틴, 과자, 팝콘 등의 음식물을 만들 수 있다.

④ 나무와 목공도구

유아에게 다양한 모양과 크기의 나무는 좋은 실물 놀잇감이다. 소나무는 합판이나 다른 딱딱한 나무들보다 부드럽고 잘 휘어지며 가볍고 비교적 가시가 적기 때문에 가장 적합하다. 나무와 함께 사용될 수 있는 연장으로는 망치와 못, 나사드라이버와 나사, 작업대와 바이스, 톱, 너트, 볼트, 렌치가 있다. 놀이 시 안전을 위하여 공구 사용 시 주의 깊은 감독이 이루어져야 한다.

⑤ 문해 활동을 지원하는 일상 소품

유아의 놀이는 주제 관련 읽기와 쓰기 자료의 첨가로 매우 확장될 수 있다. 예를 들어, 역할놀이 영역의 부엌에는 빈 상품 용기(과자상자, 음료수통, 케첩병), 요리책, 전화번호부, 음식 쿠폰, 메모지, 연필 등을 포함시킬 수 있다. 식당 영역에는 메뉴, 벽 표시판, 연필, 주문용지(음식 주문서가 있는)를 비치할 수 있다. 이러한 유형의 자료가 놀이환경에 첨가되었을 때 유아의 놀이과정 속에서 읽기와 쓰기 활동의 출현이 크게 증가하게 된다(Christie, 1994; Neuman & Roskos, 1997). 덧붙여, 문해 소품은 유아의 놀이 가능성을 확장시키고 극화놀이 일화의 지속성 및 복잡성을 높일 수 있다(Neuman & Roskos, 1992).

(3) 모형 놀잇감

모형 놀잇감은 유아의 물리적, 사회적 환경에 있는 사물을 축소한 모형들로 집, 자동차, 동물과 같이 실제적 실물모형과 우주선, 영웅적 인물을 복제한 환상적 실물모형이 있다. 모형 놀잇감은 유아가 쉽게 조작하고 어디서나 사용할 수 있으며, 역할놀이 놀잇감, 교통기관 놀잇감, 생물체 놀잇감으로 구분할 수 있다(Yawkey & Toro-Lopez, 1985).

① 역할놀이 놀잇감

역할놀이 놀잇감은 극화 주제와 관련된 사물이나 사람을 표현할 때 사용되는 놀잇감으로서 역할 영역에서 볼 수 있다. 이 놀잇감은 사물의 축소판이 포함되며,

유아가 역할을 맡아서 이야기를 전개해 나가는 극화놀이에서 사용된다. 이러한 놀잇감의 대부분은 가정, 집 관련 주제의 소품으로 유아교육기관의 역할놀이 영역에서 흔히 발견된다. 역할놀이 놀잇감에는 인형, 인형 액세서리, 항아리, 팬, 접시 같은 부엌기구들, 모형 탁자, 난로, 냉장고, 다림이, 다림이판, 빗자루, 유모차, 요람 등이 포함된다.

유아는 다양한 역할을 할 수 있는 의상이나 소품을 매우 좋아한다. 소품은 깨지거나 부서지지 않도록 견고한 것이어야 하고 뾰족하거나 날카로운 부분이 없어야 한다.

많은 일상용품도 극화놀이 소품으로 사용될 수 있음을 알아야 한다. 예를 들어, 고장난 진짜 전화기는 효과적으로 사용될 수 있는데, 이것은 극화놀이와 유아의 가상 전화 걸기를 통합하도록 자극하는 모형 전화기보다 못하지 않다. 고장난 일상용품을 활용한다면 극화 영역의 비품 구입비를 많이 줄일 수 있다.

② 교통기관 놀잇감

교통기관 놀잇감에는 소형 기차, 자동차, 트럭, 마차, 배 등 바퀴가 있는 놀잇감이 포함된다. 이 놀잇감은 모든 연령의 유아의 흥미와 관심을 유발하며, 물건을 실을 수 있는 운송용 놀잇감, 모형차 및 차고와 같은 많은 부속물과 함께 제공할 수 있다.

운송용 놀잇감은 7.5~10cm 정도의 작고 실제와 똑같은 것이나 밀고 다닐 수 있는 크기인 30~38cm 정도 되는 놀잇감이 좋다. 안정성과 기동성이 있도록 바퀴가 큰 것이 좋으며 잡고 움직일 수 있는 부분이 있어야 한다. 조작할 수 있는 부분이 있으면 더욱 좋다. 안정된 움직임이 있도록 견고한 나무나 다소 무거운 플라스틱으로 만들어진 것이 좋으며 금속으로 정교하게 만들어진 것도 좋다. 건전지로 조작되는 것은 3세 이하의 유아에게는 적합하지 않다.

③ 생물체 놀잇감

동물, 사람, 모든 형태의 다양한 생명체를 축소하여 표상한 것으로, 대개는 플라스틱으로 만들어진다. 유아에게 제공되는 다양한 실물모형은 혼자놀이나 집단 극화놀이를 격려한다. 텔레비전, 영화, 만화 주인공을 복제한 놀잇감은 모든 연령의 유아에게 굉장히 대중적이다. 유아는 흔히 이러한 놀잇감에 생명의 속성을 부여하고 극화놀이의 등장인물로 사용하곤 한다. 이러한 생물체의 축소판 형태의 놀잇감을 활용한 극화놀이는 종종 초등 학령기 아동에게도 인기 있게 지속된다.

(4) 구성 놀잇감

구성 놀잇감은 유아의 구성놀이에 사용된다. 교수 자료와는 다르게, 구성 놀잇감은 비구조적이고 개방적이며 유아가 다양한 방법으로 사용할 수 있어 무제한 방법으로 놀이가 가능하다. 구성 놀잇감의 종류는 13장 구성놀이에 자세히 소개되어 있다.

① 블 록

블록은 다양한 종류, 모양, 크기와 색깔로 되어 있다. 블록은 전통적으로 두 개의 하위 범주로 구분되는데, 소형 구성 블록(small building blocks)과 대형 공간 블록(large hollow blocks)이다. 소형 구성 블록은 단위 블록(unit blocks)과 테이블 블록(table blocks)으로 구분된다. 단위 블록은 표준 단위로 되어 있고, 세트의 모든 다른 크기와 모양은 단위의 배수로 되어 있다. 단위 블록은 표준 단위와 다른 크기의 다양한 단위가 있는데, 표준 단위는 제작자에 따라 다양하지만 대부분 3.5×7×14cm의 크기다. 단위 블록은 말린 단풍나무나 자작나무를 가마에 구운 것으로, 표면을 사포로 갈아서 매끄럽게 만들어 견고하지만 비싼 특징이 있다.

테이블 블록은 다른 유형의 소형 구성 블록으로 단위 블록보다 크기가 작아 작

단위 블록

은 공간에서 사용할 수 있으며 가격이 저렴하다. 이 블록은 제조업체마다 크기와
모양이 상당히 다양하다. 몇몇 회사는 테이블 블록 세트에 모형 집과 같은 다른
목재 소품을 첨가하여 극화놀이를 조장한다.

　큰 공간 블록은 크기가 커서 양손으로 블록을 들어야 하므로 유아들의 협력적
구성을 조장한다. 이 블록은 유아가 극화놀이에 사용하는 실제 크기 구조물(집, 보
트, 우주선)을 구성하도록 하며, 유아가 선호하는 블록이다. 큰 공간 블록은 기본
단위, 1/2단위, 2배 단위, 1과 1/2 단위, 경사진 것, 두꺼운 판자의 여섯 가지 모
양으로 되어 있다. 단위 크기는 회사마다 다르며, 이 블록은 주로 소나무나 단풍
나무 혹은 두 나무의 혼합재로 만든다. 모서리는 둥글리고, 옆면은 사포질을 하
며, 표면은 방수처리를 하여 적절하게 관리된다면 10년은 견딜 수 있다.

큰 공간 블록

　대형 카드 보드판 블록과 플라스틱 블록은 내구성이 약하고 촉감이 나쁘며 목
재와 같은 정확성이 부족한 경향이 있다. 그러나 이 유형의 블록은 가격이 저렴하
다는 장점이 있다. 또한 카드 보드판 블록은 놀라울 정도로 강하여 90kg 정도의
무게를 지탱할 수 있는 상품도 있다. 대형 플라스틱 블록은 스티로폼으로 채워져
있어 영아와 특수아가 사용하기에 보다 안전하다.

② 구성 세트
　구성 세트(building sets)는 많은 조각으로 되어 있는데, 유아는 이러한 조각으

로 조립을 한다. 구성 세트의 조각은 다양한 방법으로 조립이 가능하다. 이 자료는 융통성 및 가변성이 있어 거의 모든 연령대의 유아가 사용 가능한 놀잇감이다.

앞에서 제시한 블록과 구성 세트 외에도 종이상자, 널빤지, 양쪽 입구가 뚫린 원기둥, 구를 수 있는 물건 등도 구성물을 실제로 만드는 데에 이용될 수 있다. 이러한 놀잇감은 놀이를 하는 가운데 유아로 하여금 흥미로운 시도나 실험을 하도록 자극할 수 있으므로 구비해 두는 것이 좋다.

(5) 대근육 놀잇감

대근육 놀잇감은 대근육의 발달과 협응력을 기르기 위해 고안된 것이다. 대근육 놀잇감은 대근육을 사용하거나 신체운동과 조절을 돕는 것으로, 바퀴 달린 놀잇감, 미끄러 내리는 놀잇감, 뛰어오르는 놀잇감들이다. 연령이 보다 높은 유아에게는 사회적 놀이와 구성놀이도 조장한다. 예를 들면, 유아가 만든 마차에 서로 태워 주고 끌어 주거나 짐을 실어 옮기기, 손수레로 사용하여 흙이나 다른 자료를 옮기기 활동을 들 수 있다. 이러한 유형의 놀잇감들은 공간이 많이 필요하고 소음이 큰 것이 많아서 실외에서 주로 사용되는 경우가 많다. 대근육 놀잇감에 해당하는 것을 살펴보면 다음과 같다.

- 서로 다른 질감, 무게 및 크기를 가진 다양한 고무, 플라스틱 및 가죽 공
- 밀고 당길 수 있는 놀잇감
- 그네
- 올라탈 수 있는 고정된 놀이기구
- 탈 수 있는 트럭, 트랙터, 기차 등
- 운반 가능한 짐마차, 손수레
- 터널, 미끄럼틀, 낮은 플랫폼
- 낮은 탈것과 세발자전거
- 두발자전거
- 흔들목마나 흔들배
- 플라스틱 방망이와 볼
- 줄넘기 줄
- 레일, 사다리, 정글짐, 계단

- 스케이트
- 평균대
- 농구대, 배구 네트, 축구 골대 등
- 돌차기, 사방치기

(6) 게 임

유아를 위한 게임은 규칙이 적고, 점수화 체계가 단순하며, 전략보다는 우연에 의존한다. 3~5세경 유아는 집중시간이 보다 길어지며, 차례 지키기를 학습하고 단순한 규칙을 따를 수 있게 된다. 따라서 간단히 앉아서 하는 게임을 따라 할 수 있다(Bronson, 1995). 이 시기에는 대응시키는 활동의 빙고 게임과 단순한 카드 게임이 적절하다. 5세 혹은 6세경의 많은 유아는 단순한 판 게임, 기억 게임, 수세기 게임(도미노)을 할 준비가 되어 있다. 그리고 8세경에는 체스와 같은 초보적 전략 게임을 할 준비가 되어 있다.

Isenberg와 Jalongo(1997)는 교사가 유아에게 상업적 게임의 규칙을 수정하고 새롭게 변형된 게임을 만들도록 격려할 것을 추천한다. 또한 유아는 스스로 유아 구성용 게임을 발명하도록 격려되어야 한다. 게임의 발명과 수정 과정은 지적 자율성과 또래와의 협상 및 합의와 같은 사회적 기술발달의 증진에 도움이 된다.

4. 현대사회와 놀이

사회가 변화하면서 유아의 놀이도 변화하고 있다. 유아기의 조기교육을 중시하면서 학문적인 측면을 강조함에 따라 자유놀이의 중요성이 간과되고, 놀이를 위한 시간과 기회도 줄어들었다(Howes, 2010). 유아의 놀이도 사회의 변화를 반영하고 있으며, 현대사회를 살아가는 유아는 매체로 가득 찬 환경에서 자라고 있다. 새로운 미디어와 정보기술의 발달은 유아의 놀이 및 놀잇감과 놀이 유형에 영향을 미쳤다(Goldstein et al., 2004).

유아의 놀이와 발달에 영향을 미치는 몇 가지 중요한 전자매체 중에서 가장 영향력이 큰 것은 TV다. 그리고 음악, 컴퓨터, 컴퓨터 게임, 영화, 비디오 게임 등이 나머지를 차지한다(Gentile & Walsh, 2002). 전자매체는 유아에게 관심을 둘 수 없는 부모나 교사를 위해 유아를 바쁘게 만들 수 있는 손쉬운 방법처럼 보일지도 모른다. 그러나 이러한 편리함에는 중요한 위험이 도사리고 있다. 예를 들어, 과도한 TV 시청은 유아의 신체발달을 해칠 수 있다. 비만의 경우 TV를 하루에 4시간 이상 보는 유아에게서 가장 많이 나타났으며, 1시간 이하로 보는 유아에게서는 가장 낮게 나타났다(Crespo et al., 2001). 유아를 대상으로 한 또 다른 연구에서는 유아의 일일 TV 시청시간의 한 시간마다 비만 위험이 6%씩 증가한다고 하였다. 만일 유아의 방 안에 TV가 있을 경우 하루에 TV를 보는 시간당 비만이 될 확률은 더욱 커져 31%씩 추가로 늘어난다(Dennison, Erb, & Jenkins, 2002). 시트콤 같은 TV 프로그램의 과도한 시청은 유아에게서 좀 더 생산적인 놀이 경험을 위한 귀한 시간을 빼앗게 된다(Powell, 2001).

놀이 행동에 잠재적으로 부정적인 영향을 끼치는 또 다른 요소는 TV, 비디오, 영화 속의 폭력에 과도하게 노출되는 것이다. Buchanan, Gentile, Nelson, Walsh와 Hensel(2002)은 공격성과 매체 폭력 사이의 관계를 조사하여 TV를 더 많이 보았거나 비디오 게임을 더 많이 한 유아는 다른 사람들의 행동의 의도가 좋다고 하더라도 공격적인 의도로 받아들이는 경우가 더 많았다고 밝혔다. 이러한 유아는 다른 사람과 상호작용하면서 최악의 상황을 미리 생각하는 경향이 있다. 폭력적인 대중매체에 노출되면서 외부세계로부터의 적대감에 대한 유아의 지각은 부정적인 방향으로 영향을 받기 때문이다. 전자매체의 유형별 특성에 대하여 살펴보면 다음과 같다.

1) TV

TV는 매체생활의 대부분을 차지하며, 많은 가정에서 소유하고 있다. 유아는 하루 평균 4시간, 매주 25시간 정도 TV를 시청한다. 부모의 사회경제적 지위에 따라 자녀의 평균 TV 시청시간이 달라지는데, 저소득층 유아는 6시간 이상 TV를 보는 것으로 추정된다(Spring, 1993). 이런 상황에서 TV는 유아의 창의적·상상적 놀이 경향을 감소시키고, 학업성적에 부정적인 영향을 주며, 높은 공격성을 보이는 낮은 수준의 모방 같은 놀이를 유발하는 것으로 우려되고 있다(Carlsson-Paige & Levin, 1990; Gentile & Walsh, 2002). 그러나 TV 시청시간뿐 아니라 학업성적에 영향을 주는 다른 여러 변인도 고려되어야 할 것이다.

2) 컴퓨터

컴퓨터는 전자매체의 주요 유형으로 점점 많은 유아가 접하고 있다. 현재 컴퓨터는 학교, 도서관, 많은 유아교육 프로그램에서 사용되고 있으며, 많은 가정에서도 개인 컴퓨터를 소유하고 있다(Edwards, 1993). 오늘날의 컴퓨터는 초고속의 드라이버, 수만 가지 색상표현이 가능한 모니터와 프린터, 소리 활성화가 포함된 내장 소리장치, 많은 저장 용량의 기능을 지닌다. 이러한 최근의 소프트웨어는 발달적으로 적합하고, '유아 보호용(child-proof)' 접속 프로그램을 사용하면 유아의 독립적인 사용이 가능하다(Shade & Davis, 1997).

이전까지는 컴퓨터의 발달적 적합성에 관한 우려가 있어 컴퓨터에 기초한 활동은 상징적이고 구체적이지 않다고 간주되었다. 그러나 Clements와 Nastasi(1993)는 유아에게 구체성이란 물리적 특성보다는 유의미성, 조작 가능성과 더 많은 관계가 있다고 하였다. 오늘날 유아는 컴퓨터 시대에서 자라고 있으며, 유아의 마우스에 의한 화면상의 상징적 내용 조작은 다른 실제 물리적 사물에 대한 활동과 대등한 일상적 경험이 되고 있다. 그러므로 적절성 문제는 컴퓨터가 놀이, 창의성, 학습 지원에 사용될 수 있는 방법, 시기, 이유에 관한 문제로 대치된다.

유아의 컴퓨터 사용방법은 인지적 성숙의 측정으로 인식되어서는 안 된다. 마우스의 사용과 컴퓨터 아이콘의 조작은 구체적인 조작적 사고와 동일한 것이 아니다(Chung & Chen, 2007). 따라서 컴퓨터가 전통적인 놀이 활동, 즉 대근육운동, 가작화, 그림 그리기 등과 같은 활동을 대신하거나 교사 상호작용을 대체하는 것이라고 봐서는 안 된다(Elkind, 1996). 컴퓨터와 소프트웨어는 다른 활동과 자료의 동반물이다. 교사는 프로그램 내의 전반적인 교육목표를 제공하도록 컴퓨터를 교육과정에 통합하는 방법을 모색하여야 한다.

3) 컴퓨터 게임

급격한 기술공학의 발달과 함께 전자매체를 활용한 게임 산업이 급속도로 성장하였다. 이로 인해 시각적으로 매력적이고, 사회적 상호작용에 대한 잠재성이 있으며, 또래 간의 압력이 결합된 게임은 유아들을 사로잡았다. 컴퓨터 게임은 컴퓨터에서 실행되는 게임뿐만 아니라 비디오 게임기, 휴대용 게임기, 오락실 기계와 같이 특별히 고안된 기계에서 실행되는 게임도 포함한다. 이런 게임의 인지적·지각운동적 측면을 분석해 보면 상당수가 고도의 기술을 요구한다는 것, 게임을 하는 사람이 점차 어려워지는 도전을 선택한다는 것을 알 수 있다. 많은 소비자용 게임은 TV와 마찬가지로 폭력적인 이미지를 가지고 있으며, 가상으로 제시된 폭력은 많은 게임의 중요한 특징이기도 하다. 컴퓨터 게임의 놀잇감으로서의 기능에 대해 다양한 의견이 있기는 하지만, 현대사회에서 컴퓨터 게임은 놀잇감의 한 부분을 차지하고 있다(Rasmussem, 2003).

Durkin과 Barber(2002)는 컴퓨터 게임을 하는 16세 유아들이 컴퓨터 게임을 한 번도 해 보지 않은 또래들보다 긍정적인 학교 활동 참여, 정신건강, 자아개념, 친구관계, 활동 참여 등의 여러 척도에서 더 높은 점수를 받았다는 것을 밝혔다. 이어서 그들은 게임이 사회적 기술 결여를 반영하는 고독한 활동이라는 추측과는 반대로 컴퓨터 게임을 하는 사람들이 게임을 하지 않는 사람보다 더 강한 가족 간의 유대를 보였다고 보고하였다. 또한 Anderson과 Bushman(2001)은 게임이 부정적인 측면을 가지고 있다고 밝힌다. 특히 폭력적인 내용을 포함하는 게임은 사회적 고립, 비만, 성별에 대한 고정관념, 공격적인 감정, 사고, 행동의 증가 등과 같은 바람직하지 않은 결과를 나타내었다. 비디오 게임은 독특한 상호작용 가능성과 현실성으로 인하여 전통적인 형태의 매체에 비해 유아들의 태도와 믿음, 행동에 더 부정적인 영향을 미칠 수 있다.

건설적이고 친사회적이며 교육적인 가치가 있는 컴퓨터 게임도 많이 있다. 예를 들어, 유아는 컴퓨터 게임을 통해 이윤을 낼 수 있는 여러 가지 방법을 써서 동물원, 놀이공원, 수족관을 세울 수 있다. 이러한 컴퓨터 게임은 창의적이고 상상력 있는 놀이를 하게 해 준다. 부모는 학습과 긍정적인 놀이 경험 그리고 발달을 촉진시키기 위해 보다 어린 유아가 그런 컴퓨터 게임을 사용하는 것을 배우도록 도와줄 수 있다. 약간의 폭력적인 내용이 있는 게임이라 할지라도 유아가 일련의 사건에 대하여 스스로 조종할 수 있는 힘과 능력이 있다고 느낀다면 어떤 면에서는 도움이 된다. 폭력적인 측면은 놀이에 동기를 부여하는 주된 특징이 아니고 우연한 특징일 수 있다. 컴퓨터 게임에 대한 찬반 양론이 있으나, 부모나 성인의 적절한 지도가 뒷받침된다면 보다 효과적으로 활용될 수 있을 것이다(Lillemyr, 2009).

4) 전자 놀잇감

새로운 기술공학의 발전은 유아의 놀잇감을 다양하게 만들었으며, 새로운 형태의 놀이에 대한 촉매적 역할을 하였다. 뿐만 아니라 구성놀이와 극놀이 같은 전통적인 형태의 놀이에도 영향을 미쳤으며, 놀잇감 제조에서도 많은 기회와 도전을 유아교육에 가져다주었다. 전자 놀잇감은 기술공학이 결합된 건전지 작동 놀잇감과 말을 하거나 특정한 양식으로 행동하도록 컴퓨터 칩이 내장된 놀잇감을 포함한다. 이러한 놀잇감은 부모와 유아에게 인기가 높아졌으나, 유아가 이러한 놀잇감을 가지고 어떻게 놀이하는지와 그것이 어떻게 유아의 놀이에 영향을 주는지에 대한 연구는 부족하다.

Levin과 Rosenquest(2001)는 부모와 교사가 전자 놀잇감의 사용 증가를 걱정해야 한다고 하였다. 왜냐하면 전자 놀잇감은 제한적이고 반복적이며, 유아가 가지고 놀이하기 시작한 지 얼마 지나지 않아 쉽게 싫증을 내기 때문이다. 또한 이런 놀잇감이 창의적인 놀이를 촉진시키지 못하기 때문에 유아의 발달에 부정적인 영향을 미칠 수 있다고 주장하였다. 반면 Marsh(2002)는 전자 놀잇감이 유아의 놀이에 긍정적인 영향을 미칠 수 있다는 사례들을 제시하였다. 그는 놀잇감은 사회문화적 관습과 그 사회의 가치관을 반영하는 사회적 지표라 할 수 있으며, 멀티미디어 세계에 사는 유아는 매체와 전자 놀잇감의 활용을 포함하여 다양한 방식의 학습과 놀이를 경험해야 한다고 하였다. 또한 Marsh는 유아의 전자 놀잇감 사용이 놀이와 발달에 부정적인 영향을 준다는 가설이 맞다고 확인해 줄 연구를 찾기는 힘들다고 주장하면서, 앞으로 기술공학이 결합된 놀잇감의 영향에 대한 연구가 더 많이 이루어져야 한다고 제안하였다.

이상에서 살펴본 바와 같이 놀잇감은 유아의 놀이에 있어 매우 중요한 매개체의 역할을 한다. 유아의 흥미와 수준에 맞는 놀잇감은 놀이를 확장시키고, 이러한 놀이 경험은 유아에게 다양한 학습 기회를 제공하기도 한다(Smith & Pellegrini, 2008). 놀이를 연구하는 많은 학자는 유아가 놀이를 하면서 얻게 되는 교육적 가치와 중요성에 대하여 동의하고 있다. 하지만 가족구조의 변화와 학문적 측면을 강조하는 현대사회의 삶의 스타일과 분위기는 유아가 놀이를 할 수 있는 자유와 휴식시간마저 줄게 하여 유아에게 놀이가 줄어드는 요인으로 작용하고 있다(Kenneth &

Ginsberg, 2007). 그러므로 교사는 유아기 놀이의 중요성과 가치에 대한 인식을 바탕으로, 유아 놀잇감의 특성과 유형 및 바람직한 놀잇감의 조건 등을 이해하여야 한다. 또한 유아의 연령과 발달 수준, 놀잇감의 유형별 특성을 고려하여 바람직한 놀잇감을 선택하고 제공하여야 한다. 이러한 과정을 통해 유아 놀이가 활성화되고 확장될 수 있도록 도움으로써 유아의 발달을 지원해야 할 것이다.

놀이와 교사

유아 놀이에서 사회적 환경으로서 영향을 미치는 성인은 유아가 높은 질의 성공적인 놀이자로 발달하는 데 중요한 변인이 된다. 특히 교사는 유아의 적극적인 놀이 참여를 유도하여 유아 놀이를 정교화하는 데 도움을 주며, 유아 놀이 행동을 교육적으로 이끄는 역할을 한다. 1960년대 이후 Piaget 와 Vygotsky의 인지이론이 대두되면서 유아 놀이의 발달적 역할과 교수매체에 대한 인식에 기초한 놀이에서의 교사 역할이 재인식되었다. 놀이 훈련에 대한 Smilansky(1968)의 연구 이후, 놀이 개입 및 놀이훈련에 대한 연구들은 교사의 개입이 유아 놀이의 복잡성을 증가시키고 유아의 전반적인 발달을 증가시킨다고 제안하고 있다.

유아가 최대의 학습과 발달이 일어날 수 있는 질적으로 높은 놀이에 참여할 수 있도록 교사가 적절하게 지원하기 위해서는 유아 놀이의 개입 시기와 유형을 민감하게 선택할 수 있는 교사의 능력이 필요하다. 유아의 놀이에서 교사의 역할 및 개입에 관한 연구들은 놀이시간 동안에 교사와 유아 간의 상호작용 방법이 중요하다는 것을 보여 준다. 효율적인 놀이 개입은 교사가 '반응적인 상호작용과 간섭하는 상호작용 사이에서 적절한 선'을 찾을 수 있는 능력을 갖고 있을 때 좀 더 효과적으로 이루어질 수 있다(File & Kontos, 1993; Miller & Almon, 2009). 교사는 놀이가 유아의 학문적·사회적 학습에 어떻게 기여하는지에 대한 이해에 기초하여 유아와의 반응적인 상호작용을 통해 놀이를 촉진할 수 있다(Van Hoorn, Nourot, Scale, & Alward, 2007).

이 장에서는 유아의 놀이발달을 위한 교사의 역할을 살펴보고, 놀이에서 교사의 개입과 놀이 확장을 위한 다양한 교수전략에 대하여 구체적으로 제시하였다.

1. 유아 놀이발달을 위한 교사의 역할

유아의 학습과 발달에 대한 놀이의 긍정적 영향을 최대화하기 위해서 교사는 교실에서 놀이를 위한 환경을 제공할 뿐만 아니라 놀이 경험을 확장하는 데 민감하고 적극적인 지원의 상호작용 역할을 하여야 한다(신은수, 2000).

　유아 놀이에서 성인, 즉 교사와 부모의 역할에 관한 인식은 놀이가 교육학적 요인으로 중요시되면서 높아졌다. 1960년 이전에 대부분의 유아교육 이론가들은 정신분석이론에 의해 놀이를 설명하면서, 놀이의 주요 기능은 유아가 그들 내부의 갈등을 풀어나갈 수 있도록 하는 것이라고 하였다(Isaacs, 1930). 정신분석이론에 의하면 부모나 교사의 역할은 놀이를 위한 공간을 제공하고 유아의 정서적 문제에 대한 원인과 해결과정인 놀이를 관찰하고 분석하는 것이다. 즉, 교사는 유아 놀이에 간섭하거나 개입하지 않아야 한다고 보았는데, 이는 교사의 간섭이 놀이를 분열시키거나 유아가 그들의 솔직한 감정을 나타내는 것을 방해하거나 놀이치료의 이익을 줄어들게 한다고 믿었기 때문이다. 1960년 이후에는 Piaget, Vygotsky 그리고 Sutton-Smith 등의 인지적 놀이이론의 영향으로 인지·사회적 발달을 위한 놀이에서의 교사 역할에 관한 관심이 증대되었다(Johnson, Christie, & Yawkey, 1999).

　여기에서는 유아의 놀이발달을 위한 교사의 역할을 놀이 관찰자, 놀이 계획 및 환경 구성자, 놀이 참여자, 놀이 지도자, 놀이 평가자로 나누어 살펴보고자 한다.

1) 놀이 관찰자

　유아교사는 놀이에 성공적으로 참여하기 위하여 주의 깊은 관찰이 필요하다. 관찰은 유아 놀이 활동 시 무엇을 도와주어야 하고, 어떤 일이 놀이를 확장하고 발전시키기 위해 필요한지를 알려 준다. 유아 놀이의 관찰 시에는 '유아의 놀이에서 무엇이 일어나고 있는가?' '유아의 놀이 계획은 무엇인가?' '유아의 의도에 따라 놀이 수행에 필요한 기술과 놀잇감을 가지고 있는가?' 등의 질문을 통하여 유아 놀이의 특성을 파악하고 그 놀이가 지속·확장될 수 있도록 지원하여야 한다. 이를 위해서 교사는 유아의 관점에서 놀이를 실행하여 보고 유아의 놀이를 적극적으로 관찰하여야 한다.

　관찰은 놀이의 제안을 위한 기초로서뿐만 아니라 교사의 참여와 놀이를 제안하여 확장하는 연결 다리로서의 역할을 한다(Manning & Sharp, 1977; Sayeed & Guerin, 2000). 관찰은 유아에게 제공해야 할 추가적인 시간, 공간, 놀잇감뿐 아니라 관련된 경험의 제공이 필요한 시기를 가르쳐 줄 수 있다. 또한 유아 놀이의 관찰은 교사의 간접적인 역할뿐 아니라 유아 놀이에 참여하는 직접적인 역할을 수행해야 할 적절한 시기를 알려 주기도 한다. 놀이 관찰은 교사를 통하여 놀이에 이미 존재하는 것이 무엇인지 알도록 하고, 유아의 현재 흥미와 요구에 기초하여 개입할 수 있도록 돕는다. 교사가 개입하기 전에 주의 깊게 놀이를 관찰하지 않으면 교사의 참여는 바람직하기보다는 오히려 해를 끼치게 될 수도 있다.

2) 놀이 계획 및 환경 구성자

교사는 유아가 놀이 계획을 세워 자신의 놀이를 진행할 수 있도록 유아의 놀이 계획을 도와주어야 한다. 또한 놀이가 시작되기 전에 유아의 연령에 적합한 방법을 사용하여 놀이를 계획하고 놀이의 진행과 종료를 관찰한 후 평가하는 역할도 하여야 한다.

유아의 욕구와 흥미를 자극하는 바람직한 놀이환경 구성은 유아의 놀이에 큰 영향을 준다. 교사는 교실을 다양한 영역으로 배치하고 유아가 자신의 하루 일과를 계획하고 자율적으로 놀잇감을 선택하여 다양한 활동을 경험할 수 있는 환경을 제공해야 한다.

놀이환경은 시간, 공간, 놀잇감, 사전 경험 등으로 구성되어 있다(Wardle, 2003). 체계적이고 조직적인 놀이환경의 구성은 유아에게 의미 있는 놀이 맥락을 제공하

교사는 유아가 놀이를 계획하고 진행할 수 있도록 도와주어야 한다.

여 놀이가 효과적으로 진행될 수 있도록 돕는다(Jones, 2003). 유아의 극화놀이나 구성놀이를 비롯한 다양한 놀이를 계획하고 실행하기 위해서는 충분한 시간이 필요하다. 충분한 시간은 유아가 그들의 놀이를 지속할 수 있도록 해 준다. 놀이에 필요한 시간은 유아의 연령과 놀이기술에 따라 다르지만, 유아가 놀이를 계획하고 진행하며 마무리할 수 있도록 적어도 약 30~50분 정도에서 길게는 1시간 30분 정도의 자유놀이를 할 수 있도록 시간을 충분히 배려하여야 한다(Griffing, 1983). 교사가 영유아에게 매일 충분한 시간의 자유놀이를 제공하기 어려운 경우는 매일 짧은 놀이시간(10~15분)을 계획하기보다 자유놀이 시간을 1주당 몇 회로 제한하더라도 주어지는 자유놀이 시간의 길이를 적어도 30분 이상으로 계획하는 것이 바람직하다.

3) 놀이 참여자

교사의 놀이 참여자로서의 역할은 소극적인 참여인 옆에서 놀이하기와 적극적 참여인 함께 놀이하기의 역할로 구분하여 볼 수 있다(McDaniel, Isaac, Brooks, & Hatch, 2005; Wood, McMahon, & Cromstoun, 1980).

(1) 옆에서 놀이하기

교사가 유아 가까이에서 같은 놀잇감으로 놀이를 하는 유형이다. 교사는 유아와 상호작용하거나 유아의 놀이를 침범하지 않는다. 옆에서 놀이하기식의 참여는 일반적으로 기능놀이와 구성놀이에서 발생하게 된다. 이 방법의 예로, 어떤 유아가 바닥에 앉아 와플 블록을 가지고 놀고 있다면 교사도 유아 옆에 앉아 와플 블록을 사용하여 놀면서 "와, 참 예쁜 집을 만들었다."와 같은 일상적인 말을 하며 유아의 놀이를 자극한다. 하지만 유아에게 대화를 유도하거나 놀이에 참여시키려는 어떤 시도도 하지 않는다.

옆에서 놀이하기 참여 유형은 교사가 유아의 옆에 존재한다는 것이 유아를 편하게 할 수 있고 유아로 하여금 놀이가 가치 있는 행동이라는 것을 가르칠 수 있는 장점이 있다. 이처럼 유아는 교사가 옆에 존재할 때 비록 교사와의 상호작용이 없더라도 그들의 놀이를 더 오래 지속할 수 있는 새로운 방법을 배울 수 있게 된다.

(2) 함께 놀이하기

교사가 계속적으로 놀이에 참여하되 유아 스스로 놀이과정을 조정하도록 유도하는 유형이다. 기본적으로 유아의 질문과 행동에 반응하면서 교사는 유아에게 적절한 질문을 하고 그 놀이를 발전시킬 수 있는 의견을 이야기한다. 유아는 이러한 교사의 제안을 받아들이거나 거절할 수 있는 자유가 있다.

교사는 놀이의 방향을 조정하도록 주제를 덧붙이거나 새로운 놀이소품을 소개하며 놀이를 확장하게 된다. 교사는 정보에 관한 질문, 교수에 관한 질문, 유아의 행동과 질문에 반응하기를 사용하여 유아와 상호작용할 수 있다. 유아들로부터 즉각적인 참여 초대를 받지 못할 때 교사가 함께 놀이하기를 하는 가장 좋은 방법은 진행 중인 놀이를 관찰한 후 유아의 놀이 상황에 적합한 어떤 역할을 정하여 참여하는 것이다. 예를 들어, 교사가 유아의 병원놀이에 환자로 참여한다면 "내가 놀아도 될까?"라고 묻기보다 환자의 역할로 "의사선생님, 저는 배가 아파서 왔어요. 진찰해 주세요."라고 말하며 유아의 놀이에 자연스럽게 참여하여 놀이를 확장시킬 수 있다.

함께 놀이하기는 옆에서 놀이하기와 같이 유아의 놀이를 받아들이면서 놀이를 지속하도록 장려할 수 있다. 함께 놀이하기는 교사가 유아와 친밀함을 형성하고 놀이의 수준을 더욱 높일 수 있으며, 놀이의 상호작용을 통하여 교사가 다양한 놀이 행동의 유형을 만들도록 하며, 놀이와 관련된 대화를 확장시키고 놀이 장면에 다른 유아들을 끌어들일 수 있도록 한다.

4) 놀이 지도자

놀이 지도자는 적극적이며 직접적인 교사 참여의 유형이다. 교사는 새로운 놀이의 계획자, 중재자, 대본 구성자의 역할로 놀이를 계획하고 시작하며 놀이에서 좀 더 지배적인 역할을 하게 된다. 놀이 지도자는 적어도 놀이 사건의 과정 중 부분 혹은 전체를 통제하며 놀이의 계획, 중재, 구성에 적극적으로 참여하는 역할을 통하여 새 놀이 행동을 가르치고 지도한다.

놀이 지도자로서의 교사는 직접적이며 구조화된 방법으로 교사가 놀이를 시작하기 때문에 놀이 시 문제가 있는 유아에게 적절하며, 교사와 유아 사이의 놀이에 지도적인 상호작용이 포함된다. 놀이지도는 유아가 목표가 있는 교수과정에 익숙

해지게 하는 데 적합한 방법이나, 교사 통제의 정도는 놀이의 본질인 유아 내적인
통제과정과 본질적 동기에 문제를 유발할 수 있다. 즉, 교사의 통제 행위가 유아
의 놀이를 중단시킬 수 있으므로 교사는 유아가 바람직한 놀이 행동을 보이기 시
작하자마자 놀이지도를 단계적으로 축소해야 한다. 교사는 놀이 행동이 적절한
수준으로 진행되면 함께 놀이하기에 의한 비지시적 역할로 전환하거나 그 놀이
상황에서 나와야 한다. 교사가 유아 놀이에서 외부로 나오게 되면 유아에게 놀이
의 통제권을 되돌려 주고 그들의 독립심과 자신감 고취를 돕게 된다.

5) 놀이 평가자

놀이 평가자로서의 교사는 놀이에 관한 체계적 관찰을 통하여 유아의 놀이 행
동에 관한 정보를 얻고, 유아의 놀이에 관한 흥미와 기술적 발달 등을 파악하게
된다. 교사는 유아 놀이의 평가를 통하여 놀이의 방향 제시와 유지가 가능하며,
동시에 학부모나 다른 교수 요원들에게 전달하여 유아의 발달을 도울 수 있다. 더
욱이 유아 놀이의 변화에 관한 기록평가는 교사 자신에게도 확신을 준다. 유아 놀
이에 대한 관찰은 기록에 의하여 체계적 평가가 가능하다. 교사는 놀이를 평가할
때 다음을 유의하여야 한다.

교사는 유아의 놀이 결과물을 발표
하도록 격려하여 평가 기회를 가질
수 있다.

- 유아의 놀이에 관한 경험과 관심을 목록화하고 유아의 행동, 언어와의 관계를 관찰하고 기록한다.
- 유아의 흥미를 파악한 후 놀이에서 유아의 관심을 표현하는 방법을 관찰하고 유아의 언어를 기록한다.
- 유아의 놀이 결과인 유아의 그림, 글씨 등과 적목이나 구성물의 사진, 교사의 스케치, 메모 등을 수집하여 보관한다.
- 교사는 소집단, 대집단 활동의 평가를 통해 놀이 계획, 진행 및 종합에 관하여 평가하고, 놀이 결과물의 게시 및 전시, 더 나아가 유아 발표의 유도에 의한 평가 기회를 제공한다. 유아 놀이의 평가에 기초하여 유아는 새로운 놀이 방향을 제시받게 된다.

유아의 놀이가 교육적이고 의미 있는 놀이가 되기 위해서는 교사의 역할이 중요하게 작용한다. 교사는 유아 주도의 자유놀이와 교사에 의해 안내되는 놀이 간에 균형을 이루어 유아가 다양한 경험을 할 수 있도록 노력하여야 한다(Miller & Almon, 2009).

2. 유아 놀이에서 교사의 개입

1) 교사 개입의 중요성

유아를 성공적인 놀이자로 촉진시키기 위해서 교사는 먼저 유아의 놀이가 확장되기 위해 필요한 것이 무엇인지, 교사가 개입할 필요가 있는지를 판단하여야 한다. 개입(intervention)이란 학습과 교수의 진단적이고 처방적인 접근이며, 유아에게 적절하고 발달에도 도움을 주는 행위다(Hankerson, 1982).

놀이를 촉진시키기 위한 교사의 개입에 대한 의사결정은 두 가지 측면에서 이루어질 수 있다. 첫째, 유아의 놀이와 발달 및 학습 간 관계에 대한 교사의 신념 및 가치, 그리고 개별적인 유아 놀이지도에 대한 교사의 목표에 따라 달라질 수 있다. 둘째, 유아의 놀이 상황에 대한 예민한 관찰을 근거로 교사가 개입할 시기와 상황을 판단하여 적절성을 결정할 수 있다. 교사가 개입할 수 있는 영역은 놀이환경 및 사회적 경험의 제공 그리고 유아의 놀이 상황에서의 교사 참여 등이다. 교사는 유아가 양질의 놀이에 참여할 수 있도록 환경을 조절하면서 시간, 공간, 자료, 필요한 경험 등의 자원을 적절하게 제공하여야 하고, 또래 간 상호작용 및 활동 자료와의 상호작용이 적극적으로 진행될 수 있도록 격려하면서 현재 진행 중인 유아의 놀이 상황에서 적절한 지원적인 개입을 하여야 한다(신은수, 1991; Kontos & Wilcox-Herzog, 1997).

유아 놀이에서 교사의 역할 및 개입에 관한 의견은 오랫동안 논쟁이 되어 왔다. 유아 놀이에서 교사 개입의 필요성에 대한 지지자들은 교사의 개입이 유아의 놀이 경험을 풍부하게 해 주고 지적·사회적 발달에 대한 놀이의 효과를 극대화할 수 있다고 주장한다(Jone & Reynolds, 1992; Kitson, 1994: Roskos & Neuman, 1993). 반면에, 교사 개입에 대한 부정적인 입장에서는 교사의 개입이 유아의 놀이활동을 방해 혹은 억제하여 놀이 활동에서 일어날 수 있는 학습의 기회를 줄일 수 있다고 주장한다(Miller, Fernie, & Kantor, 1992; Pellegrini & Galda, 1993).

유아 놀이에서 교사 개입의 필요성을 주장하는 연구자들은 놀이에서 교사 개입의 적절한 형태에 대한 많은 근거를 제시하고 있다.

첫째, 유아의 놀이에 교사가 참여하게 되면 유아의 발달과 학습에서 놀이의 중요성과 그 가치를 이해하여 승인하게 된다(Manning & Sharp, 1997). 둘째, 놀이를 하는 동안 교사와의 긍정적인 상호작용을 경험한 유아는 좀 더 안정된 애착을 형성하게 된다(Howes & Smith, 1995). 셋째, 유아의 놀이는 교사에 의한 사회적 상호작용이 있을 때 더 높은 사회적·인지적 복잡성의 놀이가 일어나고 놀이 지속 시간도 증가한다(신은수, 1998; 이현순, 1990; Hutt, Tyler, Hutt, & Christopherson, 1989; Sylva, Roy, & Painter, 1980). 넷째, 교사는 유아가 놀이하는 동안 또래 간의 관계를 조정하고 다른 유아들과 잘 지낼 수 있는 성공적인 기술을 지도할 수 있다(Howes & Smith, 1995). 다섯째, 교사는 유아의 놀이 범위를 확장시키고 학습의 효과를 강화시킬 수 있는 놀이 자료, 아이디어와 기술을 제공하여 놀이를 풍부하게 해 준다(Bennett, Wood, & Rogers, 1997; Bredekamp & Copple, 1997). 여섯째, 유아 놀이에서 교사의 개입은 유아로 하여금 혼자 힘으로 할 수 없는 활동에 '근접발달영역'(Vygotsky, 1978)을 창조하게 한다.

이처럼 교사 개입의 지지자들은 유아의 놀이에서 교사가 유아에게 지지적이고 반응적인 상호작용으로 개입함으로써 놀이의 발달적 가능성을 극대화시킬 수 있다고 주장한다(Balke, 1997; Erwin, Carpenter, & Kontos, 1993; Meyerhoff, 1998).

유아 놀이에서 교사의 개입에 대해 부정적인 입장을 나타내는 연구들은 유아
놀이에서 교사 참여 시 나타날 수 있는 잠재적 위험성을 지적하고 있다. Miller,
Fernie와 Kantor(1992)는 관찰 연구에서 교사가 유아의 놀이를 지나치게 압도하
고 구조화할 수 있다는 것을 발견하여, 유아가 자신의 조건에서 놀이할 수 있는
능력을 제한하고 발견, 문제 해결, 위기 대처 그리고 또래 간 상호작용을 위한 기
회를 줄어들게 한다고 보고하였다. 유아와 교사가 상호작용하면 교사가 상호작용
의 대부분을 하게 된다고 지적한다(Pellegrini & Galda, 1993). 또한 어떤 교사들은
개념을 가르치기 위하여 놀이를 방해하거나 유아에게 학업성취 활동을 제시하려
는 경향을 갖고 있는데, 그러한 방해는 놀이 장면을 혼란스럽게 하여 유아의 놀이
를 중단하게 하는 원인이 될 수도 있다(Jones & Reynolds, 1992).

유아의 놀이에 대한 교육적 활용을 지지하는 많은 유아 교육자는 교사의 개입
이 유아 놀이에 미치는 긍정적·부정적 영향을 모두 인정하면서, 중요한 것은 교
사가 놀이에 개입하는 방법이라고 지적한다(Breadkamp & Copple, 1997; Cheng,
2000; Lillemyr, 2009). 교사가 유아와 민감하고 반응적이며 격려하는 태도로 상호
작용하면서 놀이의 주도권을 유아에게 준다면 놀이의 교육적 가능성은 충분히 확
장될 수 있다. 반대로 교사가 놀이를 통제하고 너무 많은 구조를 제공하거나 학업
성취의 목적 때문에 놀이를 간섭한다면 놀이의 주도권이 교사에게로 넘어가 유아
의 흥미와 역할을 축소시켜 교수-학습 방법으로서의 기능을 잃게 될 것이다.

2) 교사의 놀이 개입 효과

놀이에서 교사의 개입이 유아 놀이의 인지·사회적 요인에 영향을 준다는 놀이
훈련 연구들이 밝힌 긍정적 효과에 의하여 놀이발달에서 교사 역할의 중요성이
교육적 관계로 설명되고 있다.

유아의 교수-학습 방법으로서 놀이를 강조하는 연구자들은 유아의 놀이시간 동
안 교사의 역할 및 개입 유형에 대한 관찰 연구를 시도하였다(신은수, 1991; Shin,
1989). 초기의 연구 결과를 보면 유아 놀이시간에의 교사 개입은 그들의 시간 중
2~6% 정도이거나(Sylva et al., 1980; Tizard, Phelps, & Plewis, 1976; Wood,
McMahon, & Cranstoun, 1980), 교사의 참여가 매우 피상적인 수준에 그치는 것으

로 나타났다(Hutt et al., 1989).

　선행 연구자들은 놀이에서 교사 개입의 부재에 대하여 다음과 같이 설명하였다. 첫째, 교사는 유아의 자유놀이 시간에 관찰 일지 작성, 다음 활동에 대한 준비, 문제행동에 대한 지도 등으로 놀이에 개입할 충분한 시간을 가질 수가 없다(Sylva et al., 1980). 둘째, 정신분석학적 관점에서 놀이의 참여 및 개입을 부정적으로 보거나 혹은 유아의 선택과 결정에 교사가 개입해서는 안 된다는 믿음을 갖고 있다(Bennett et al., 1997; Isaacs, 1930). 셋째, 교사는 유아와 함께 놀이한다는 것에 대하여 당황해하거나 놀이의 개입방법을 제대로 모르고 있어 자유놀이 시간에 비참여적인 태도를 갖게 된다(Hutt et al., 1989).

　최근 10여 년 동안 놀이의 교육적 활용에 관한 관점에서 교사의 역할 및 개입의 중요성을 강조하는 연구가 많아지면서, 발달에 적합한 실제(DAP)에서도 유아의 놀이에 지원적이고 민감하게 상호작용할 수 있는 교사의 필요성이 제안되고 있다. 또한 1990년대 이후 이루어진 연구들은 놀이시간에 교사의 개입이 증가하고 있음을 제시하고 있다(Erwin et al., 1993; File & Kontos, 1993; Grinder & Johnson, 1994). 이러한 연구 결과들은 초기의 연구와 비교하였을 때 놀이에서 교사의 개입에 대한 놀라운 증가를 나타내 준다. 반면 교사 개입의 질적인 면에서 고찰하였을 때는, 유아의 놀이에서 교사의 개입 및 지원이 거의 대부분 놀이의 인지적 측면에만 초점이 맞추어졌고, 또래 간 상호작용과 같은 놀이의 사회적 측면의 지원은 놀이시간의 2% 정도도 안 된다고 보고하고 있다.

　이러한 입장에서 연구자들은 유아의 놀이 유형에 따른 교사의 개입 효과에 대한 연구들을 수행하였다. 유아 놀이에서 교사 개입의 효율성에 대한 연구들은 교사의 개입이 주로 놀이 지속시간과 놀이의 정교함(이현순, 1990; Sylva et al., 1980), 사회적 상호작용(Farran, Silveri, & Culp, 1991), 인지적 활동의 수준(Howes & Smith, 1995), 문해 활동의 양(Christie & Enz, 1992; Morrow & Rand, 1991; Vukelich, 1991) 등에서 긍정적인 효과를 나타냈다고 제안하고 있다. 한편, 놀이 개입의 부정적인 결과에 대한 연구들은 교사가 자신의 행동이나 기술을 따라 하도록 모델을 제시하거나 정해진 틀의 구성 활동을 강요하였을 때 구성놀이의 양이 감소되고 비놀이 활동이 증가한다고 보고하였다(Tegano, Lookabaugh, May, & Burdette, 1991). 또한 지나치게 인지적인 놀이를 강조한 교사 개입은 사회극놀이의 질에 부정적인 영향을 끼칠 수 있고(File & Kontos, 1993), 지나친 교사의 개입은 진행되고 있는 유아의 놀이 활동을 방해할 수도 있다(Jones & Reynolds, 1992; Schrader, 1990; Wood, McMahon, & Cranstoun, 1980).

교사의 질문기술에 따라 유아의 학습과 사고력은 증진된다. 질문에 대한 교사의 지식과 기술 증진은 유아의 사고를 높은 수준으로 이끄는 데 중요한 역할을 한다(Mauigoa-Tekene, 2006). 이는 교사의 놀이 개입과정에서 나타나는 상호작용의 한 형태인 질문의 내용과 방법이 유아의 놀이발달뿐 아니라 사고력 및 학습 효과와도 밀접한 관계가 있음을 의미한다.

Kagan(1990)은 유아의 교실에서 효과적인 놀이 개입을 저해하는 요인으로 태도적(attitudinal), 구조적(structural), 기능적(functional) 요인의 세 가지를 제시하였다.

- 태도적 요인: 놀이에 대해 교사가 갖고 있는 가치와 관련이 있다. 예를 들어, 놀이에서의 개입에 대하여 몇몇 교사는 간섭으로 인식하기도 하고, 놀이에 방해된다고 생각하여 개입을 망설이기도 하며, 교사의 개입이 유아를 가르치고 조정하는 역할을 수행할 수 있다고 인식하기도 한다. 태도적 요인은 교사의 놀이에 대한 신념과 관련된 것으로, 놀이 개입에 대한 교사의 신념이 놀이 실제에 영향을 미친다는 것이다.
- 구조적 요인: 놀이가 전개되는 데 직접적인 영향을 미치는 교육과정, 시간, 공간, 자료로 인한 '제한'을 포함한다. 예를 들어, 교사 지시적인 학문적 교수를 통한 성장을 중시하는 교실에서는 놀이시간을 제한하게 된다. 이처럼 교육과정의 특성은 놀이시간은 물론 공간이나 자료 제공에도 영향을 미치게 된다. 구조적 요인은 놀이 개입을 이끄는 놀이 상황이 어떠한 특성을 갖는지와 관련된 것으로, 놀이의 내용을 결정하는 교육과정과 시간, 공간 및 자료가 교사의 놀이 개입에 영향을 미친다는 것이다.
- 기능적 요인: 앞에서 언급한 태도적 장애물과 관련이 있다. 예를 들어, 유아교사는 극놀이의 활용에 대해 교사교육과정에서 훈련을 받지만, 실제 유아교육기관의 환경과 그 안에서 극놀이를 전개하는 과정에는 차이가 있다. 즉, 놀이를 실행하는 데 있어 이론과 현장 실제 간의 조율이 중요하게 작용한다는 것으로, 놀이가 전개되는 유아교육기관의 놀이환경 특성은 교사의 놀이 개입에 영향을 미친다.

요약하면, 교사의 놀이 개입에 영향을 미치는 것은 태도적, 구조적, 기능적 요인이라고 볼 수 있다(McLane, 2003). 놀이가 유아의 학습과 발달을 촉진시키도록 효과적인 교사 개입이 이루어지기 위해서는 교사의 신념, 교육 내용을 결정하는 교육과정과 놀이환경(맥락)이 중요하다고 할 수 있다.

3. 유아의 놀이 확장을 위한 교수전략

유아의 학습과 발달에 대한 놀이의 긍정적 영향을 최대화하기 위해서 교사는 유아의 가정과 교실에서 놀이를 위한 환경을 제공할 뿐만 아니라 놀이 경험을 확장하는 데 민감하고 적극적인 상호작용 역할을 하여야 한다(신은수, 2000). 교사는 유아 놀이의 확장을 위해 다양한 놀잇감을 제공하여 유아에게 적절한 자극을 주고, 유아의 놀이가 진행되는 동안 체계적인 관찰을 통해 유아의 놀이 수준과 발달 정도, 또래관계, 보완하여야 할 놀이환경 등에 대해 인식할 수 있어야 한다. 유아의 놀이 확장을 위한 교수전략을 살펴보면 다음과 같다.

1) 놀이에서 교사의 역할에 대한 신념 및 가치 증진

유아의 놀이에서 교사의 역할 및 개입의 효율성에 관한 연구들에 의하면, 성공적인 놀이 개입의 핵심은 교사의 놀이에 대한 신념에 기초한다. Wasserman(2000)은 놀이를 교육적으로 접근하려 할 때 교사가 지니게 될 수 있는 잘못된 신념을 다음의 여덟 가지로 제시하고 있다. 첫째, 교사는 유아의 놀이 전체를 통제하고 그 중심에 있어야 한다. 둘째, 유아는 교사의 이야기를 잘 듣고 따르기 위해 조용히 하고 질서를 지켜야 한다. 셋째, 교사의 가장 중요한 일은 모든 내용을 관리하는 것이다. 넷째, 시끄럽고 소란스러운 교실은 유아에게 적절한 훈육이 필요하다는 신호다. 다섯째, 조용하다는 것은 유아가 학습하고 있다는 것을 의미한다. 여섯째, 학습은 연속적·순차적으로 이루어지며 학습지 과제를 나누어 주어야 한다. 일곱째, 놀이는 시간 낭비다. 여덟째, 어린 유아는 자기 자신에 대해 생각할 수 없다.

이상의 여덟 가지 잘못된 신념은 유아의 자발적인 놀이를 방해하는 요인으로

작용한다. 유아의 놀이가 활성화되고 확장되기 위해서는 유아가 주도하여 자유롭게 놀이하고, 교사는 이를 주의 깊게 관찰해야 한다. 이를 바탕으로 유아는 자신의 놀이 경험을 반성하고 이야기하며, 교사의 의도나 신념이 반영되어 놀이가 재창조되면서 발전할 수 있도록 해야 한다. 즉, '놀이하기(play)–놀이 경험 이야기하기(debrief)–다시 놀이하기(replay)'의 방법을 적용하여 유아의 놀이가 확장되고 계속 진행되도록 해야 한다(Wassermann, 2000). 놀이가 순환되면서 확장되는 과정을 도식화하면 [그림 8–1]과 같다. 이처럼 유아의 놀이가 순환적으로 전개되도록 격려·지원하는 것이 교사의 중요한 역할이며, 이는 교사의 놀이에 대한 신념에 기초한다.

놀이에 대한 교수 효능감은 유아의 놀이를 확장시킬 수 있는 환경을 제공하고 주의 깊게 관찰하여 유아가 진행하고 있는 놀이의 흥미, 유형 및 활동에 적합한 상

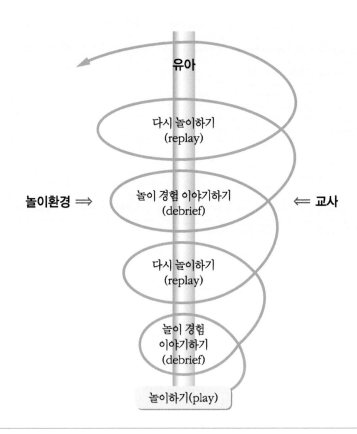

[그림 8–1] 놀이가 확장되는 놀이하기(play)–놀이 경험 이야기하기(debrif)–다시 놀이하기(replay)의 순환모형

호작용 유형을 선택할 수 있도록 돕는다. 또한 놀이에 대한 교수 효능감은 교사가 유아 놀이에 긍정적인 영향을 줄 수 있는지에 대한 교사 자신의 능력에 대한 신념을 포함하며, 놀이에서 나타나는 교사 행동에 대한 예측 및 설명이 가능하다(신은수, 2000: Roskos & Neuman, 1993). 즉, 놀이에 대한 교수 효능감은 교사의 효과적인 놀이 참여와 개입이 유아의 놀이 활동에 영향을 미칠 것이라는 놀이에 대한 교사의 결과 기대에 대한 신념과 놀이를 효과적으로 지도할 수 있다는 자기 자신의 능력에 대한 판단인 놀이에 대한 교사의 효능에 대한 신념이다.

　　교수 효능감과 놀이의 관계에 대한 연구를 살펴보면, 신은수(2000)는 교수 효능감이 높은 교사일수록 놀이를 격려하기 위한 다양한 개입 유형을 사용하고, 유아와 놀이의 특성에 따라 적절한 개입방법으로 변화시켜 간다고 하였다. 박현경(2006)의 연구에서도 교수 효능감이 유아의 가장놀이 발달에 영향을 미치는 것으로 나타났다. 따라서 교사의 놀이에 대한 교수 효능감은 유아의 놀이발달과 학습에 있어 매우 중요한 요인 중의 하나라고 할 수 있다.

　　성공적인 놀이로 이끌기 위한 기초가 되는 교수 효능감은 놀이에 대한 교사의 신념 및 가치와 교수 실제 및 행위의 관계에 관한 반성적 사고를 할 수 있는 경험에 의해 영향을 받는다. 교사의 신념에 기초한 교수 효능감은 유아에게 놀이발달을 위한 적절한 기회를 제공하고, 격려하는 교수행동으로 연결된다(Bodrova & Leong, 1996; Polito, 1994). 그러므로 교사의 놀이에 대한 교수 효능감은 놀이 시 유아와 교사의 상호작용에 직접적 영향을 주며 유아의 발달에 영향을 미칠 수 있다. 이러한 점을 고려하여 놀이에 대한 교수 효능감을 높일 수 있도록 유아교사의 직전 및 현직 교육에서 교수-학습의 이론 지식과 교수행동을 연결하는 교육이 이루어져야 한다.

2) 놀이를 위한 자원 제공

　　유아는 놀이에서 독립적인 의사결정이 가능하고 유아 주도적으로 놀이 참여를 촉진하는 환경 속에서 훨씬 잘 성장한다. 그러므로 적절한 놀이환경은 중요한 영향을 끼친다. 유아의 다양한 놀이 경험을 위해서 교사는 유아에게 구조화된 놀이를 준비하기보다 유아 스스로 적절한 놀이를 선택할 수 있는 환경을 조성해야 한다. 유아 놀이의 환경 제공은 유아의 놀이 행동과 직접적인 관련이 있기 때문에,

유아의 놀이가 촉진될 수 있는 최적의 놀이환경을 제공하는 것은 필수적이라 할 수 있다.

(1) 시 간

높은 수준의 놀이를 촉진하는 데 있어서 가장 중요한 측면의 하나는 유아에게 놀이할 시간을 적절하게 제공하는 것이다. 사회극놀이나 구성놀이처럼 인지적으로 복합적인 유형의 놀이의 경우 계획 및 실행에 상당한 시간이 필요하다. 만약 놀이시간이 짧다면 유아는 이야기가 극화되기 시작한 직후에 그만두고 정리를 해야 하거나, 유아가 구성에 몰두하게 된 바로 그 순간이 정리의 시작이 될 수도 있다. 이러한 일이 자주 발생한다면 유아는 집단 극화놀이를 포기하고 짧은 시간에 끝낼 수 있는 덜 발달된 놀이 형태에 만족하게 되거나 매우 단순한 구조로 된 구성물에 의지하게 될 것이다. 이러한 제한된 놀이 경험은 확장된 놀이에서 얻을 수 있는 놀이계획 능력, 놀이 지속력, 협동심, 문제 해결력 등과 같은 중요한 것들을 잃게 한다.

 유아에게 확장된 놀이시간을 제공하기 위한 지침

1. 핵심적 교육과정의 요인으로 유아 놀이의 가치를 기대할 수 있는 유아 프로그램을 구성한다.
2. 놀이시간을 충분히 제공하는 총체적 일과의 교육과정을 재평가한다.
3. 일과시간이 짧고 많은 놀이시간으로 분산되어 있다면 하나의 보다 긴 놀이시간이 될 수 있도록 통합한다.
4. 수업 전 전이시간에만 놀이하도록 하는 일과 계획은 피한다.
5. 자유선택 놀이시간을 매일 고정적으로 30~60분 배정한다.
6. 융통성 있는 하루 일과를 계획함으로써 시간을 보다 잘 활용한다.
7. 복합적이고 지속적인 놀이는 다음 날까지 놀이를 계속 할 수 있도록 한다.
8. 부모에게 놀이의 교육적 가치와 놀이가 자녀와 '단순히 노는' 것이 아니라는 것을 이해시킨다.

(2) 공 간

놀이할 수 있는 공간과 공간의 배치방법은 유아가 참여하는 놀이의 유형과 질에 중요한 영향을 미친다. 예를 들어, 가장놀이를 격려하기 위하여 교사는 유아들과 공유하는 공간을 놀이 공간으로 허용할 필요가 있으며, 가장놀이가 발생될 수 있도록 커다란 상자 같은 자료를 놓을 수 있는 공간을 제공하여야 한다(Haight & Miller, 1993; Segal & Adcock, 1981). 유아 놀이의 유형과 공간에 관한 선행 연구에 의하면 가장놀이는 놀이친구가 쉽게 모일 수 있고 실제 활동이 적절할 수 있는 부엌, 거실 등의 장소에서 일어난다. 이러한 결과는 가장놀이를 격려하기 위하여 교사는 놀이가 발생할 수 있도록 커다란 상자 같은 자료를 놓을 수 있는 공간을 제공할 필요가 있다는 것을 의미한다.

교사들은 놀이 영역을 정하고 배치하는 방식에서 유아의 놀이 행동에 영향을 줄 수 있다. 예를 들어, 교실에서 최대한의 공간을 확보한 쌓기 영역과 역할놀이 영역을 인접하게 배치하여 구성놀이와 사회극놀이의 참여를 증진시킬 수 있다.

(3) 놀이 자료

놀이 자료는 질 높은 놀이를 위하여 필요한 요소로서 그 특성에 따라 유아의 놀이 유형에 많은 영향을 줄 수 있다(Rubin, Fein, & Vandenerg, 1983; Sayeed & Guerin, 2000). 예를 들면, 주제와 관련된 소품은 사회극놀이를 자극하는 반면, 블록, 퍼즐 그리고 미술 재료는 구성놀이를 자극한다. 교사가 이러한 두 가지 유형의 놀이가 증진되기를 원한다면 이러한 자료의 모든 유형을 이용하는 것이 중요하다. 또한 교사는 놀이 자료의 실제성과 구조성에 주의를 기울여야 한다. 제한된 상징능력 때문에 2~3세 유아가 가장놀이에 참여하기 위해서는 가정에서 사용하는 물건을 축소한 것과 같은 매우 사실적인 놀이 자료가 필요하다. 반면에 4~5세 유아는 실제성이 적은 자료를 사용하여 극화놀이에 참여할 수 있으며, 덜 구조화된 소품으로 좀 더 창조적인 놀이를 하게 된다. 이 연령의 유아를 위한 극화놀이 영역에서는 덜 구조화된 소품(예: 특정한 모양이 없는 인형, 점토, 공간 블록, 속이 빈 종이 상자 등)과 사실적인 장난감(예: 모형 자동차, 경찰 모자, 주방용품 등)을 함께 제시하여 놀이가 확장될 수 있도록 지원해야 한다.

(4) 놀이에 필요한 경험

유아는 자신의 사전 경험과 지식에 기초하여 놀이의 상황과 행동을 표현하며, 자신이 이해한 경험적 맥락에서 역할을 수행하고 놀이를 한다. 만약 유아가 역할 놀이에서 표현하려 하는 역할에 대한 경험이 적다면 사회극놀이는 유지되기 어려울 것이다. 대부분의 유아는 가족 구성원의 역할에 대한 충분한 경험을 가지고 있으나, 주제와 관련된 직업의 역할에는 친숙하지 않을 수도 있다. 교사는 유아들에게 견학의 기회를 제공하거나, 다양한 직업을 갖고 있는 사람들을 교실에 초빙하거나, 또는 다양한 직업에 관한 책이나 비디오 등 관련된 경험을 제공하여 주제와 역할을 좀 더 명확하게 이해할 수 있도록 도와줄 수 있다. 예를 들면, 부엌을 관찰하기 위하여 식당에 견학가는 것은 유아에게 주방장과 접시 닦는 사람의 역할을 친숙하게 느끼게 해 줄 것이다. 다른 방법으로는 전문직에 있는 사람을 교실에 초빙하여 그들이 하는 일을 설명해 주게 할 수도 있다. Smilansky(1968)는 이러한 유형의 예비 경험은 사회극놀이 훈련 절차의 효율성을 크게 증가시켜 준다는 사실을 발견하였다.

3) 관 찰

유아 놀이의 확장을 이끄는 성공적인 개입은 주의 깊은 관찰에 의하여 결정된다. 관찰은 교사에게 유아 놀이의 발달을 위하여 무엇이 필요한지를 인식할 수 있는 기회를 제공한다. 교사는 세밀한 관찰을 통하여 유아에게 필요한 시간, 장소, 놀이 자료, 사전 경험 등 필요한 내용과 시간을 결정하고, 바람직한 개입 유형을 결정하여 놀이를 지원할 수 있도록 돕는다. 즉, 관찰은 교사에게 개입에 필요한 내용과 시기를 알려 주어 놀이와 교사 개입의 연결고리 기능을 한다.

놀이 관찰은 유아의 놀이를 평가하고 이를 통해 지원할 수 있도록 도울 뿐 아니라 확장 · 발전할 수 있도록 이끄는 원동력이 된다. 체계적인 놀이 관찰은 관찰을 용이하게 할 뿐 아니라 유아의 놀이를 분석하는 데 많은 도움이 된다. 구체적인 놀이 관찰 방법에 대해서는 6장에서 설명한 바 있다.

4) 개입

놀이에서의 개입은 유아의 학습에도 영향을 미치므로 중요한 역할을 한다 (Lillemyr, 2009). 유아의 놀이에서 교사가 유아와 상호작용 및 개입을 하는 방법은 놀이 상황에 적절한 것이어야 한다(Moon, 1998; Wood & Attfield, 2005). 적절한 상호작용 및 개입 방법을 찾는 데 유아의 놀이 상황에 대한 관찰은 필수적이다. 교사가 적절한 방식으로 놀이에 개입하면 유아의 놀이 경험은 매우 풍부해질 수 있지만, 주의 깊은 관찰에 기초하지 않은 개입은 놀이의 가작화 맥락이나 기본 틀을 무너뜨려 결국 유아가 놀이하는 것을 중단시킬 수도 있다. 따라서 교사 개입은 긍정적인 면보다 부정적인 면이 더 많을 수 있다(Manning & Sharp, 1997).

교사 개입의 방향은 외적 흐름(outside the flow)과 내적 흐름(inside the flow)으로 살펴볼 수 있다(Hadley, 2002).

- **외적 흐름**: 외적 흐름에서 놀이에 대한 교사 개입은 즉각적인 반응을 의미하며 놀이의 수정과 확장을 이끈다. 다음 예는 교사와 짐을 싸는 두 유아 사이의 상호작용에서 외적 흐름의 개입을 볼 수 있다.

> 교　　사: 너희들 지금 짐을 싸고 있구나, 어디 가니?
> 유아 1: 우리는 할아버지, 할머니 집에 크리스마스 휴가 보내러 가요.
> 유아 2: 우리는 해마다 크리스마스면 할아버지, 할머니 댁에 가거든요. 거기서　　　　가족들이 모두 만나요.
> 교　　사: 크리스마스에 왜 모든 가족들이 만나기 위해 거기에 가니?
> 유아 2: 우리 엄마는 그때가 온 가족이 함께 할 수 있는 유일한 시간이래요.
> 교　　사: 할아버지, 할머니 댁에는 어떻게 가니?
> 유아 1: 차를 타고 가요.
> 교　　사: 할아버지, 할머니께 드릴 선물은 있니? 또 다른 사람에게 줄 선물은?

- **내적 흐름**: 내적 흐름에서 교사는 참여자로서의 역할을 하고 확장된 놀이를 지원하며, 유아와 의사소통을 할 수 있다. 일단 놀이에서 내적 흐름을 갖는다면 유아와의 의사소통은 직접적인 중재가 없으며, 교사가 그 상황에서 무엇

을 말할지 유념하는 것이 중요하다. 다음 예는 놀이에 대한 내적 흐름의 개입을 보여 준다. 이 교사는 자기 학급의 유아가 약에 관심이 있는 것을 알고 병원에서 어떤 일이 일어나는지 알려 준다. 그래서 소도구들을 가지고 교실 안에 극놀이 영역을 만들어 놓고 청진기, 혈압계, 온도계, 주사기, 예약록, 파일 폴더, 처방전 형식 등을 놓았다. 그러나 간호사 역할을 하는 유아가 진료실로 환자를 부르는 동안 환자의 파일을 진료실로 가져오지 않았다는 것을 관찰했다. 교사는 환자 역할을 할 수 있었고 이 문제에 대해 지적했다.

> 교 사(환자): 내 파일은 어디 있지요? 지난번 왔을 때 당신이 나를 위해 그것을 만들었다고 생각했어요. 그래서 내가 당신을 보러 올 때마다 내가 어떤지 알 수 있을 거라고 생각해서 온 거예요. 간호사에게 내 파일을 가져다 달라고 말해 주실 수 있나요?
>
> 유아 1(의사): 네, 네. 우리는 당신 것을 가지고 있어요. 간호사에게 당신 파일을 가져오라고 할게요(문 밖으로 나가 간호사에게 환자의 파일을 가져오라고 한다.).
>
> 유아 2(간호사): 선생님, 여기 있습니다. 여기 선생님이 요구하신 환자의 파일들이 있어요.
>
> 유아 1(의사): 고마워요, 간호사. 다른 사람들을 위해 모든 파일들을 준비하는 걸 잊지 말아요.

외적 흐름의 개입이건, 내적 흐름의 개입이건 간에 교사는 몇 가지 역할을 해야 한다. 그 역할은 관찰자, 기록자, 무대 관리자, 조정자 또는 놀이 참여자다. 무대 관리자와 조정자, 놀이 참여자로서 교사는 놀이 재료를 제공하고, 놀이 구역을 나타내며, 놀이를 위한 시간을 계획하고, 규칙을 정하며, 놀이를 특정 활동으로 구성하고, 놀이가 진행되는 동안 어떻게 그것을 관련시킬 것인지를 조직한다. 놀이를 위한 무대 세팅에서 교사는 주제와 유아의 흥미를 고려하여 놀이 영역의 교구를 정기적으로 바꾸고 필요한 소품도 준비해 주어야 한다. 또한 교사는 진행되는 놀이 주변의 공간에서 방해물들을 제거하도록 도울 수 있다(Van Hoorn et al., 2003).

유아의 놀이를 촉진하기 위한 교사의 역할은 유아의 놀이 시도 진행과정의 체계적인 관찰과 함께 이루어져야 한다. 교사는 유아의 놀이 상황, 흥미, 사전 경험에 기초하여 융통성 있게 다양한 방법으로 개입하여야 한다. 바람직한 놀이 개입의 유형을 제시하면 다음과 같다.

(1) 놀이 개입 유형

교사는 유아가 놀이를 통하여 언어적 · 사회적 · 신체적 · 인지적 · 정서적 발달을 이룰 수 있도록 바람직한 방법으로 개입하여 놀이가 확장될 수 있도록 지원해야 한다. 교사의 개입 유형은 [그림 8-2]에서 제시하는 바와 같이 연속선상에서 설명할 수 있다. 교사의 개입 유형은 개입 정도에 따라 최소한의 개입에 해당하는 비참여를 비롯하여 가장 개입이 많은 지시자/교수자로 구분할 수 있다.

놀이 개입 유형 중 교사가 비참여자의 역할을 할 경우, 유아는 기능적 운동놀이나 거친 신체놀이 활동을 하는 경향이 있다(Enz & Christie, 1997). 그리고 지시자나 교수자의 역할을 할 경우에는 놀이의 학습적 측면을 강조하여 부적절하게 사용될 수 있다. 이처럼 양 끝에 해당하는 비참여와 개입 유형들은 유아 놀이 확장을 지원하는 데 한계가 있다. 따라서 여기서는 유아의 놀이 확장을 지원하는 지지적인 개입 유형에 대하여 구체적으로 살펴보겠다.

① 방관자

방관자는 유아의 놀이를 감상하는 관객의 역할을 한다(Roskos & Neuman, 1993). 방관자의 역할은 놀이가 이루어지는 근처에 서서 유아가 놀이하는 것을 지켜보고, 고개를 끄덕이거나 다른 비언어적 승인의 표시를 하는 것이다. 또한 때때

[그림 8-2] 놀이에서 교사의 역할 및 개입

로 유아에게 무엇을 하고 있는지 물어볼 수는 있지만 유아의 놀이에 참여하거나 놀이를 방해하지는 않는다.

예를 들면, 유아들이 미술 영역에서 동물 그림의 얼굴을 색칠하고 자르면서 이야기하고 있을 때, 교사는 근처 탁자에 앉아서 유아들을 지켜보면서 미소를 보낼 수 있다. 그리고 유아들에게 동물 얼굴을 자르는 것이 재미있는지 물어볼 수도 있다. 이에 유아들은 질문에 가벼운 반응을 하고 계속해서 자르기를 하며 놀 수 있다.

방관자 역할에는 몇 가지 이점이 있다. 먼저 교사가 놀이에 주의를 기울이면서 승인을 보내는 과정에서 유아에게 놀이의 중요성을 알게 해 준다. 또한 방관자로서 관찰하는 과정을 통하여 유아의 놀이에서 진행되는 여러 가지 정보를 얻을 수 있다. 이러한 정보는 교사가 개입하여야 할 적절한 시기와 개입 유형을 결정하는 데 도움을 준다.

② 환경 구성자

환경 구성자 역할 역시 교사가 유아의 놀이 상황 옆에서 머물거나 놀이에 참여하지 않는다. 방관자 역할과는 달리, 환경 구성자 역할은 유아가 놀이를 준비하는 것을 돕는 데 적극적인 역할을 하고 놀이가 진행되면 도움을 제공한다. 자료에 대한 유아의 요구에 반응하고, 유아가 의상과 소품을 만드는 것을 도와주거나 놀이 세트를 조직하는 등의 환경 구성을 돕는다. 또한 교사는 현재 유아의 놀이를 확장하기 위하여 대본이 주제와 적절하게 관련될 수 있도록 제안한다.

예를 들면, 유아의 '장난감 가게놀이'를 도와주기 위해서 환경 구성자 역할을 하는 교사는 유아가 가게놀이를 하기 위하여 판매할 놀잇감을 모으는 과정에서 가게에서 판매할 물건의 목록표를 만들 것을 제안할 수 있다. 유아가 그에 동의한다면 교사는 유아가 불러 주는 놀잇감의 목록을 종이에 받아 적어 주고, 놀잇감을 전시할 진열대를 위한 공간을 제안하거나 간판을 만들도록 자극할 수 있다. 이때 교사는 놀이 자체에 참여하지 않고 가게놀이 장면 밖에 있으면서 유아에게 필요한 제안과 환경 구성에서 도움을 제공할 수 있다.

③ 공동 놀이자

공동 놀이자 역할에서 교사는 유아의 놀이에 끼어들어 적극적인 참여자가 된다. 공동 놀이자는 유아와 동등한 놀이 파트너로서 기능한다. 교사는 극화놀이에서 주로 가게의 손님이나 비행기의 승객과 같은 최소한의 역할을 맡고, 중요한 역할(가게 주인, 조종사)은 유아가 맡게 한다. 이러한 극화놀이에서 교사는 극의 흐름을 따라가면서도 유아가 주도적으로 시간을 조절해 가도록 유지한다. 놀이가 진행되는 동안, 교사는 역할놀이, 가작화 전이, 또래 상호작용 전략 등과 같은 사회극놀이 기술을 모델링할 수 있는 많은 기회를 제공하게 된다.

다음의 예는 만 4세 반 교실에서 발생할 수 있는 교사의 공동 놀이자 역할을 보여 준다.

> 교사는 소꿉놀이 영역에서 놀이용 요리도구를 가지고 놀고 있는 유아들에게 '식사 준비하기' 놀이를 하고 싶은지 묻는다. 이에 유아들이 하겠다고 대답하고, 교사는 식탁에 앉아서 메뉴가 무엇인지 묻는다. 유아들은 식사를 준비하기 전에 청소를 해야 한다고 말하고 놀이용 청소도구를 가지고 청소하기 시작한다. 잠시 후 유아들은 식사 메뉴에 대해서 이야기하면서 식품 포장상자의 뒤쪽을 손가락으로 가리키며 읽는 척한다. 유아는 재료를 섞을 수 있는 숟가락이 필요하다고 말하고는, 냄비에 있는 재료들을 휘젓기 시작한다. 교사는 그렇게 하는 것이 맞는 요리방법인지를 물어보면서 배고프다고 말한다. 유아는 다시 식품 포장상자의 뒷면을 읽는 것처럼 바라보고 머리를 앞뒤로 끄덕이며 맞는 방법이라고 한다. 그리고 나서는 교사에게 큰 접시를 갖다 주면서 채소가 들어 있는 볶음밥이라고 말한다. 교사는 고맙다고 말하고 숟가락을 들고 먹으려고 한다. 그러자 유아들은 다른 유아들이 음식 먹을 준비를 할 때까지 기다려야 한다고 말한다. 그래서 교사는 숟가락을 내려놓고 기다린다.

앞의 예에서 교사는 유아들을 '식사 준비하기' 놀이에 초대하는 것으로 놀이 장면을 시작한다. 그러나 일단 놀이가 시작되자 놀이의 주도권은 유아에게로 넘어가고, 유아는 무엇을 먹을 것이며 언제 먹을 것인지를 결정한다. 가작화 역할을 하는 동안, 교사는 식사 메뉴에 관하여 묻거나 배가 고프다는 것만 말하면서 놀이 과정에 영향을 미칠 수 있고, 보이지 않는 음식을 먹는 척하면서 사물과 행동에 가작화하는 모델을 보여 줄 수 있다.

④ 놀이 안내자

놀이 안내자는 공동 놀이자의 경우처럼 유아의 놀이에 끼어들어 적극적으로 참여한다. 그러나 놀이 안내자는 유아의 놀이에 더 많은 영향을 미치며, 놀이 장면이 풍부하게 확장되고 변화 및 방향이 전환될 수 있도록 단계들을 정교하게 해 주거나 새로운 방법을 제시하기도 한다. 놀이 안내자로서 교사는 새로운 놀이 주제를 제안하고, 현재 진행되고 있는 주제를 확장시키기 위한 새로운 소품이나 사건 요소를 소개할 수 있다. 교사는 유아가 자신에 의하여 시작된 놀이를 해 나가기 어려워할 때나 진행되는 놀이 장면이 반복적이고 지루해지기 시작할 때, 이러한 역할을 사용할 수 있다. 유아가 진행 중인 놀이에 관심이 없어졌을 때, 교사는 그 놀이에 긴장감을 더해 줌으로써 유아의 관심을 집중시켜야 한다(Kitson, 1994).

예를 들면, 유아가 종이 벽돌 블록을 가지고 집짓기를 하는 것에 관심이 약해졌을 때, 새로운 자료를 첨가하거나 마무리를 할 수 있도록 방향을 제시하는 교사의 개입이 필요하다. 교사는 집 부근에서 집을 구경하고 싶다는 전화가 온 것처럼 가작화 역할을 할 수 있다. 유아는 자신이 만든 집이 멋지고 튼튼한 집임을 보여 주기 위하여 바쁘게 움직이기 시작하면서 새로운 극화놀이에 빠져들고 긴장감이 연

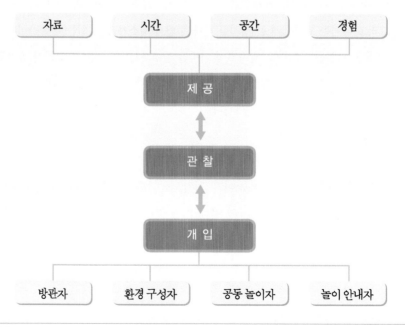

[그림 8-3] 놀이발달 촉진을 위한 교사의 교수–학습 전략

결되어 활기와 목표를 되찾을 수 있다.

　유아의 놀이 확장을 위한 교사의 교수전략과 개입 유형을 정리하면 [그림 8-3] 과 같다.

(2) 놀이 개입에서의 유의점

　놀이에서 교사의 개입이 너무 적거나 지나치게 많으면 부정적인 결과를 초래할 수 있다. 문제는 교사가 유아의 놀이에 전적으로 개입하지 않을 때, 혹은 지나치게 개입하여 유아의 놀이를 통제할 때 일어날 수 있다. 유아의 놀이에서 교사의 역할 및 개입에 관한 몇몇 연구는 교사가 교실에서 일어나고 있는 유아의 놀이에 많은 관심을 기울이지 않는다는 것을 지적하였다(Enz & Christie, 1997: Rogers & Evans, 2008). 이러한 연구 결과에 의하면 유아의 놀이에 관심을 갖지 않는 교사는 유아의 놀이시간을 다음에 진행할 활동을 준비하거나 서류를 정리하거나 관찰 일지를 기록하거나 다른 교사와 잡담하는 시간으로 사용하는 경향이 있었다.

　유아의 놀이에 교사가 전혀 개입하지 않을 때는 많은 유아가 기능적 운동놀이나 거친 신체놀이를 하는 경향을 보인다(Enz & Christie, 1997). 이러한 경우 유아가 사회극놀이에 참여하고 있다 하더라도 놀이 장면이 단순하거나 매우 거친 특징을 가진 괴물, 초영웅, 혹은 개와 고양이같이 쫓고 쫓기는 유형의 주제가 많다. 유아의 거친 놀이의 본질적 특성은 교사를 바람직한 놀이 행동의 '격려자'보다는 바람직하지 않은 놀이 행동을 억제하는 '안전 감시자'로 만들어 간다. 즉, 교사는 경고하기(뛰지 마라, 밀지 마라 등)나 갈등을 해결하기 위한 개입으로 많은 시간을 보내게 된다.

　유아의 놀이에서 교사 개입의 정도가 가장 높은 지시자 혹은 교수자로서 교사의 역할은 유아의 놀이를 완전히 통제하는 것이다(신은수, 2000). 지시자와 교수자는 놀이의 기능과 구조를 변환시킬 수 있다. 즉, 지시자는 유아가 놀이하는 동안 교사의 의도대로 해야 할 일을 제시하고, 교수자는 학업성취 쪽으로 유아의 관심을 전환하기 위하여 여러 가지 질문을 사용하게 된다. 지시자 혹은 교수자의 역할은 가장놀이를 가장 방해할 수 있는 교사의 개입 유형이다. 이러한 이유 때문에 교사가 이러한 역할을 사용해야 할 때에는 개입 시기와 방법에 신중할 필요가 있다. 지시자의 역할은 스스로 사회극놀이에 참여하지 못하는 유아에게 사용할 때 가치가 있다. 이 경우 놀이를 시작할 때만 짧게 사용해야 하며, 가작화 역할에 애매모호하게 참여한 유아에게 의미 있는 학습이 일어날 수 있는 상황일 경우에만 사용해야 한다. 또한 이러한 역할은 유아가 자신의 놀이 목표에 완전히 집중할 수 있도록 개입하고 난 후에 빨리 물러나야 한다.

이상에서 살펴본 바와 같이 유아 놀이에서 교사의 역할 및 개입을 고려할 때 분명히 인식하여야 할 것은 놀이로서의 본래적인 상태를 유지하면서 놀이자 중심, 놀이자 주도 그리고 놀이자의 속도에 맞추어 놀이 활동을 제시하는 것이다(신은수, 1991). 즉, 놀이를 자극하는 교사의 역할이 과잉 주도로 나타나면 유아의 놀이를 방해하고, 놀이의 본질을 잃게 하는 교수 주도형 작업이 될 수 있다. 그러므로 유아의 놀이를 지지하면서 교수-학습 원리의 접근으로 통합시키려면 놀이에 따라 적절한 방법으로 적절한 시기에 개입하여 유아의 놀이가 수준 높은 양질의 놀이로 확산될 수 있도록 지원해야 한다.

4. 특별한 요구를 가진 유아의 놀이 촉진을 위한 교수전략

일반적으로 특별한 요구를 가진 유아는 그들의 능력을 최적 수준으로 이끌어 줄 수 있는 물리적·사회적 환경을 스스로 찾는 데 어려움을 가지고 있다. 특별한 요구를 가진 유아는 자신의 신체적, 정서적, 인지적 결함 때문에 일반유아의 활동에 포함되기가 어렵고, 놀이시간에 오히려 문제행동이 증가되어 혼란해하거나 반작용이 일어나고 위축되는 행동 등이 생길 수 있다.

특별한 요구를 가진 유아가 놀이에 참여하고 놀이에서 학습이 이루어질 수 있기 위해서는 특별한 지원이 이루어져야 한다. 교사는 이를 위해 다양한 유형의 장애를 가진 유아가 다양한 종류의 놀이에 참여할 수 있는 방법을 알아야 하고, 일반유아의 매체나 활동을 수정하는 방법을 배울 필요가 있다(Klein, Cook, & Richardson-Gibbs, 2001).

특별한 요구를 가진 유아는 일반유아처럼 스스로 놀이를 할 수 있는 능력이 부족하다. 놀이 기회의 제공만으로는 적절하지 않으며 놀이의 교육적 가치를 위한 적절한 교사 개입이 필요하다(신은수, 1998; Enz & Christie, 1997; Roskos &

Newman, 1993). 특히, 특별한 요구를 가진 유아의 경우 특별한 요구를 가진 유아들 간, 특별한 요구를 가진 유아와 교구 간에 놀이 경험을 풍부하게 해 주고 인지·사회적 놀이발달을 이끌어 놀이의 효과를 극대화할 수 있도록 구체적인 단계를 밟아 나가는 교수전략으로 도움을 주어야 한다(Jone & Reynolds, 1992; Kitson, 1994; Roskos & Neuman, 1993).

특별한 요구를 가진 유아도 일반유아와 마찬가지로 놀이과정에서 교사와의 적절한 상호작용을 통하여 잠재적 발달을 극대화할 수 있다. Bandura(1977)와 Smilansky(1990)는 특별한 요구를 가진 유아의 놀이에서 나타난 교사 개입 효과에 대해 제안하였으며(Sayeed & Guerin, 2000), 이는 [그림 8-4]와 같은 모형으로 나타낼 수 있다.

[그림 8-4]에서 제시된 바와 같이 유아와 교사가 함께 상호작용하여 이루어지는 놀이는 유아의 실제적 발달 수준을 잠재적 발달 수준으로 향상되도록 이끌어 준다.

특별한 요구를 가진 유아를 위한 교수전략은 놀이 관찰을 통한 흥미 파악을 바탕으로 하여 놀이 시도 및 개입 순간 포착하기와 놀이 실제 적용하기를 통하여 유아가 놀이에 익숙해질 수 있도록 지원하여야 한다. 구체적으로 그 내용을 살펴보면 다음과 같다.

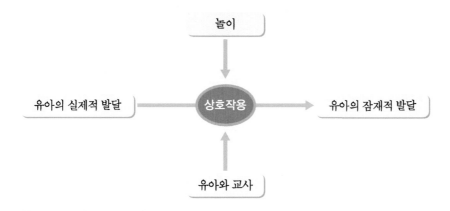

[그림 8-4] 놀이와 사회적 상호작용

1) 놀이 관찰 및 흥미 파악하기

특별한 요구를 가진 유아는 생소한 놀이에 접근하는 데 어려움을 가지고 있을 뿐만 아니라 의사표현에 한계가 있기 때문에, 놀이관찰을 통하여 놀이 발생 단서를 찾는 것은 매우 중요하다. 그러므로 특별한 요구를 가진 유아의 발달에 관한 정보는 고정된 평가지보다는 일상생활에서의 교사의 주의 깊은 관찰력에 의해 발달 수준을 파악하는 것이 중요하다(Sayeed & Guerin, 2000). 교사는 흔히 특별한 요구를 가진 유아에게는 놀이할 능력이 없다고 믿기 쉽기 때문에 그들을 위한 놀이를 계획하거나 장려하는 데 소홀하기 쉽다. 그러나 특별한 요구를 가진 유아의 행동을 민감하게 관찰하면 교육의 기회로 삼을 놀이 단서를 발견할 수 있다(Brown & Bergen, 2002).

특별한 요구를 가진 유아가 가지고 있는 현재 흥미를 그대로 유지하는 것은 중요하다. 특별한 요구를 가진 유아도 그들이 좋아하거나 익숙하고 잘할 수 있는 것에 흥미를 나타내며, 그들의 현재 흥미를 찾아내어 존중한다면 놀이 참여의 성공률은 높아진다. 특별한 요구를 가진 유아가 흥미를 가지고 시작한 놀이를 확장시키는 일은 중요한 교수전략이다. 특별한 요구를 가진 유아에 대해서는 교사 지시적이며 매우 구조적인 교수 활동, 반복적인 학습훈련에 초점을 맞추어야 한다는 편견에서 벗어날 필요가 있다(Carta, 1995). 교사에게는 특별한 요구를 가진 유아에게 흥미를 유발시키는 교수기술과 흥미를 발견하고 존중해 주는 통찰력이 필요하다.

2) 놀이 시도 및 개입 순간 포착하기

특별한 요구를 가진 유아에게 놀이를 시도하도록 지원하는 것은 중요하다. 그들은 스스로 놀이에 참여할 능력이 부족하고, 집중기술과 놀이를 주도적으로 시작하거나 또래와의 놀이를 지속시키는 능력이 부족하다(Buchanan & Cooney, 2000; Hughes, 1998). 또한 그들은 교실 안의 많은 일반유아의 접근과 행동 등으로 위기감을 느낀다(Klein et al., 2001).

특별한 요구를 가진 유아의 놀이 활동의 시작과 전이단계의 촉진을 위해서는 적절한 교사의 개입이 필요하다. Odom과 Brown(1993)은 교사의 개입이 이루어지지 않는다면, 특별한 요구를 가진 유아는 일반유아와 놀이 동반자로 놀이에 참여하는 것이 불가능함을 발견하였다. 특별한 요구를 가진 유아가 교사의 개입에 일시적으로 따라 하거나 강제적으로 순응하여 놀이 전이가 이루어졌다 하더라도 그 전이된 놀이에 대해 특별한 요구를 가진 유아의 자발적 동기유발이 일어나지 않는다면 의미가 없다(Goodman, 1992).

교사는 놀이 개입 시기와 방법 등을 결정하는 데 특별한 요구를 가진 유아의 인지능력, 동기 상태, 놀이 상황의 사회적·신체적 변인 등에 민감해야 한다. 특별한 요구를 가진 유아가 놀이를 시도하려는 시작의 단서를 포착한 순간은 아직 놀이 속으로 들어가지 않은 상황이다. 또한 특별한 요구를 가진 유아를 흥미 영역에 배치했다고 해서 그것이 놀이 경험을 제공하는 것은 결코 아니다. 그러므로 특별한 요구를 가진 유아가 놀이를 시도하고 적극적으로 참여할 수 있도록 하기 위해서 교사는 강제성이 없는 적극적 방법으로 그들이 놀이 속으로 들어갈 수 있는 문을 열어 주어야 한다.

3) 놀이 실제 적용하기

특별한 요구를 가진 유아는 개별화 교육이 요구된다. 특별한 요구를 가진 유아의 모방 양상은 그들 놀이 행동의 수준 차이를 기준으로 하여 일반유아의 행동을 그대로 따라 하기, 특별한 요구를 가진 유아의 각자 개별 수준에 맞게 수정하기, 일반유아의 비계설정에 의한 수준 높은 놀이에 참여하기, 반복적 관찰을 통해 놀이방법의 익숙함 제공하기로 구분된다.

그러므로 각자 특별한 요구를 가진 유아의 개별적 발달 수준을 파악하여 그에 적절한 활동을 제공하는 일은 그들을 놀이에 성공적으로 참여시키는 데 중요한 역할을 한다. 놀이 실제 적용단계로는 일반유아를 놀이 상대자로 만들기, 특별한 요구를 가진 유아의 놀이 수준을 인정하기, 높은 수준의 놀이에 참여시키기가 있다. 특별한 요구를 가진 유아를 포함한 모든 유아를 위해 교사는 유아의 개별적 특성과 맥락에 대한 기본 자료를 수집할 필요가 있다. 대상 유아에 대해 가장 잘 알고 있는 부모, 양육자, 전문가가 제공하는 유아의 강점과 약점에 대한 정보는 개별 유아에게 적합한 방법을 모색하는 데 유용하다.

[그림 8-5]는 특별한 요구를 가진 유아를 위한 바람직한 혹은 바람직하지 않은

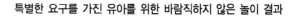

특별한 요구를 가진 유아를 위한 바람직하지 않은 놀이 결과

교사의 낮은 기대→빈약한 놀이 계획→제한된 놀이 기회 제공→
교육 잠재력 성취 및 도달의 실패

놀 이

특별한 요구를 가진 유아를 위한 바람직한 놀이 결과

교사의 높은 기대→세심한 놀이 계획→질 높은 놀이 기회 제공→
교육 잠재력 성취 및 도달

[그림 8-5] 특별한 요구를 가진 유아를 위한 교사 지원적 놀이 결과
출처: Sayeed & Guerin (2000).

놀이 결과를 보여 준다. 특별한 요구를 가진 유아를 위해 교사가 높은 기대를 하며 세심한 놀이 계획을 한다면 유아에게 질 높은 놀이 기회를 제공할 수 있고, 그 결과 유아의 교육 잠재력을 극대화시킬 수 있다.

지금까지 놀이의 확장과 교육적 적용을 위한 교사의 역할에 대하여 다양한 관점에서 고찰해 보았다. 교사는 유아의 놀이 관찰을 기초로 하여 그들의 흥미와 학습과정을 이해할 수 있다(Kuykendall, 2007). 유아가 놀이하는 동안 교사는 유아와 상호작용할 수 있고, 아이디어나 생각을 공유하고 새로운 아이디어를 발전시킬 수 있으며, 함께 노력하여 문제를 해결할 수 있다. 이러한 과정을 통하여 유아는 확장된 어휘력과 자신의 세계에 대한 이해력을 발달시킬 수 있다.

유아의 놀이가 좀 더 의미 있는 놀이가 될 수 있도록 다음 놀이로 연결시키기 위해서는 유아가 다양한 놀이 경험을 할 수 있도록 지원해 주고, 놀이 경험을 되돌아보면서 놀이에 대한 다양한 아이디어를 이야기해 볼 수 있는 기회를 제공해 주는 것이 필요하다(Wassermann, 2000). 또한 또래들과의 상호작용을 증진시키고 교사나 성인의 지시와 주도를 감소시키기 위해 능력이 서로 다른 유아들로 놀이 집단을 구성하여 유아의 능동적인 참여를 이끌고 놀이를 오랫동안 지속시킬 수 있다(Roopnarine & Clawson, 2000). 유아가 다양하고 풍성한 놀이 경험을 통하여 사회적 상호작용의 수준이 높은 사회극놀이나 구성놀이를 활성화하고 유아의 통합적 발달을 증진시킬 수 있도록 교사의 관찰에 기초한 효과적인 개입이 이루어져야 할 것이다.

특수유아와 놀이

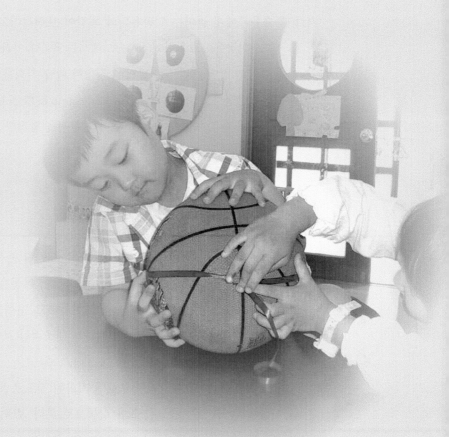

세상의 모든 유아는 놀이에 참여하고, 놀이는 모든 유아의 발달에 핵심적 역할을 한다. 특수유아의 놀이는 또래 유아의 놀이 수준보다 낮고 느린 속도로 어렵게 진행되지만, 특수유아가 참여하는 느리고 단순해 보이는 자유놀이는 많은 특수유아에게 의미 있는 도전이 되며, 신체, 인지, 상호작용, 사회적 기술, 언어 발달을 할 수 있는 기회를 제공한다.

이 장에서는 특수유아에게 놀이의 의미, 특수유아의 놀이 특징, 특수유아 놀이와 통합교육의 관계, 그리고 놀이가 치료의 목적으로 활용되는 놀이치료에 대하여 살펴보고자 한다.

1. 특수유아에게 놀이의 의미

특수유아에게 놀이는 일반유아와 똑같이 보편적이고 자연스러운 활동이 되어야 한다. 미국유아교육협회(NAEYC)에서는 특수유아를 포함한 모든 유아에게 놀이는 유아의 발달을 반영한 발달에 적합한 학습 기회를 제공할 수 있는 최고의 교수-학습 방법으로 제시하고 있다(Bredekamp & Copple, 1997). 그러나 역사적으로 유아교육과 특수교육은 놀이에 대한 관점을 달리하고 있다. 이를 전통적 개념과 현대적 개념으로 구분하여 설명하고자 한다.

1) 전통적 개념

특수유아는 특수한 몇 가지 요구를 제외하고는 일반유아와 동등한 권리를 가지고 있음에도 불구하고 유아교육과 특수교육에서 아동을 바라보는 관점은 서로 다르다. 특수교육은 행동주의 모형에서 출현하였고, 유아교육은 진보주의 모형에서 출현하였다. 결과적으로 둘 간에 첨예하게 대조적인 교육목표와 교수방법론이 초래되었다(Diamond, Hetenes, & O'Connor, 1994).

유아교육에서는 놀이를 내적으로 동기화된 것으로 보고 유아의 통합적인 발달을 이끌어 낼 수 있는 중요한 교육 활동으로 본다. 반면, 특수교육은 외적 접촉에 의해 지배되는 외현적 행동을 중시하고 유아의 내면적 동기를 덜 중시하기 때문에 놀이를 그다지 중요한 것으로 인식하지 않는다. 즉, 특수교육에서는 장애로 인하여 결손된 행동과 기술을 우선시하므로 놀이의 중요성은 상대적으로 낮게 평가되고, 자유놀이보다는 특수유아의 인지발달을 촉진하고 장애를 교정하거나 치료하는 목적으로 놀이를 활용해 왔다(Marchant & Brown, 1996).

2) 현대적 개념

(1) 유아교육 시각으로 접근하는 놀이

현대에 오면서 놀이가 특수유아의 발달을 이끌고, 외부의 강요가 아닌 특수유아 자신의 내적 동기에 의해 즐기는 활동이며, 놀이의 흥미성, 자발성, 반복성 등이 학습과정에서 특수유아의 한계를 극복하는 데 가치가 있음을 인정하게 되었다. 특수유아는 장애로 인한 놀이의 제한이 있지만 놀이매체의 접근을 용이하게 하고 또래들과 놀이하는 기회를 증진시키는 환경을 제공한다면 놀이에 참여하는 성공률이 높아질 수 있다(Flynn & Kieff, 2002).

특수유아의 개별적 발달 수준은 놀이에 중요한 영향을 미친다. 일반유아처럼 특수유아도 개별적 발달 수준에서 차이가 있다. 인지능력이 정상인 신체장애 유아(physical disabilities)의 경우 이동에는 어려움이 있지만 손가락 사용이 가능하다면 신체적 제한을 고려한 적절한 놀이를 즐길 수 있다(Klein, Cook, & Richardson-Gibbs, 2001). 이러한 경우는 장애 유형에 초점을 두는 특수교육 견해에서 벗어난 것이다.

일반적으로 특수유아의 장애 특성에 따른 제한된 능력이 강조되는 결손지향성으로 특수유아의 놀이 가치가 평가절하되기 쉽다. 그러나 특수유아의 관심과 흥미를 존중해 주고, 못하는 부분보다 잘하는 부분을 인정하여 놀이에 활용한다면 특수유아도 놀이에 보다 많이 참여하게 된다. 따라서 특수유아의 결손 지향적 사고에서 벗어나 특수유아의 발달 수준에 적합하고 그들이 잘할 수 있는 놀이를 제공하는 혜택을 주어야 한다.

(2) 특수유아의 놀이 가치 인정

다양한 장애 범위에 있는 특수유아에게 놀이는 매우 유익한 기회를 제공한다.

특수유아가 할 수 있는 놀이의 정도와 수준 그리고 놀이 유형은 그 유아가 가지고 있는 장애 유형이나 이전의 놀이 경험에 따라 다르겠지만 특수유아는 실내놀이와 실외놀이에서 여러 가지 혜택을 얻을 수 있다.

첫째, 놀이는 특수유아가 사회적인 기술을 발달시키고 향상시키는 데 위험 부담이 적은 안전한 환경을 제공한다(Landreth, 2002). 놀이 상황은 특수유아와 일반유아 간 사회적 상호작용의 기회를 제공하며 우정이 형성되는 기회를 제공한다. 놀이는 모든 유아가 인간의 차별성을 이해하고 수용하도록 가르치는 중요한 수단이 될 수 있다.

둘째, 특수유아도 일반유아처럼 매우 다양한 정서적, 심리적, 사회적, 인지적, 신체적 요구를 가지고 있는데, 놀이는 이러한 다양한 요구를 충족시켜 줄 수 있다. 특수유아의 사회문화적, 개인적 상황을 고려한 발달적 요구에 따라 특수유아가 선택한 자유놀이는 그에 적합한 교육적 효과를 갖게 된다(Gil & Drewes, 2005).

셋째, 놀이는 특수유아와 일반유아 간의 사회적이고 물리적인 통합이 이루어지도록 지원한다(Chandler, 1994). 특수유아의 물리적 통합은 일반유아와 함께 같은 공간에 포함되는 것이며, 사회적 통합은 특수유아와 일반유아가 상호작용하며 놀이친구로 수용하는 것을 통해 이루어진다.

넷째, 놀이는 성공감을 느끼게 해 준다. 대부분의 특수교육 프로그램은 특수유아의 약점에 초점을 두고 이를 극복하기 위해 필요한 기술을 가르치는 데 초점을 두지만(Carta, Schwartz, Atwater, & McConnell, 1991), 놀이를 하는 유아는 자신만의 목적을 세우기 때문에 놀이 안에서 성공감과 성취감을 얻을 수 있다.

다섯째, 놀이는 특수유아에게 독립심을 키워 준다. 흔히 특수유아에게 지나친 도움을 주어 그들이 무기력하고 의존적으로 행동하는 것을 학습하게 한다(Chandler, 1994). 특수유아가 자기 스스로 행동하도록 격려받기 위해서는 유아 자신이 위험을 두려워하지 않고 도전적이어야 하며 평가받거나 비난받거나 처벌받지 않아야 하는데, 놀이를 통해 이러한 학습이 이루어질 수 있다.

여섯째, 놀이는 특수유아의 장점을 부각시킬 수 있다. 특수유아도 그들만의 특별한 장점을 가지고 있는데, 놀이는 이러한 장점이 잘 표출될 수 있는 이상적인 조건이다(Sayeed & Guerin, 2000). 특수유아의 놀이는 개인의 특별한 장점을 지원하여 발달적 가능성을 극대화하는 최선의 방법이다.

일곱째, 놀이는 특수유아의 전인발달을 도모한다. 놀이를 통한 또래들과의 사회적 상호작용과 언어적 의사소통의 발달은 결국 언어발달, 인지발달, 정서발달 등을 향상시킬 수 있는 전략이 될 수 있다(Goldman & Buysse, 2007). 특수유아의 발달적 장점이 반영된 놀이는 숨겨져 있는 다른 발달과 연계되어 치료적인 교육적 효과가 나타나게 된다(Lillemyr, 2009).

특수유아는 놀이를 통하여 많은 학습 활동이 이루어지고 잠재력이 개발되므로, 교사는 그들이 다양한 유형의 놀이에 참여할 수 있는 기회를 제공해야 한다.

(3) 특수유아를 위한 치료적 놀이모형

Lillemyr(2009)는 놀이가 교육적 치료의 방법으로 적용될 수 있는 실제적 모형을 제안하였다. Lillemyr가 제안한 놀이의 치료적 교육모형은 교사가 의식적으로 놀이를 교육적 도구 혹은 치료로서 사용하는 것을 전제로 한다. 교사가 놀이를 치료의 목적으로 사용하려면 놀이의 각 과정과 절차에 적극적으로 개입할 필요가 있다. 또한 놀이의 각 단계를 연결하기 위한 체계적인 계획이 필요하지만 반드시 위계적으로 연계되는 것은 아니다. 놀이의 치료적 교육모형은 유아, 부모, 유아교사, 보조교자, 특수교사 등의 상호 협력하에 이루어지는 것이 중요하다. 또한 놀이의 치료적 모형을 적용할 때 교사는 동료들과 함께 참여적인 관찰과 체계적인 관찰을 통해 놀이에서의 개별 유아를 관찰하고 평가하려는 노력이 요구된다. 각

[그림 9-1] Lillemyr의 놀이의 치료적 교육모형

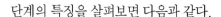

단계의 특징을 살펴보면 다음과 같다.

- 첫 번째 단계는 교사와 유아 간 안정감과 친밀한 관계 형성하기 단계다. 유아는 유아교육기관 환경과 집단에 대해 신뢰감과 안정감을 가져야 한다. 이 단계는 치료적 교육모형의 가장 기본적인 단계다.

- 두 번째 단계는 교사의 이론과 실제에 대한 전문적 지식 형성하기 단계다. 교사는 놀이의 다양한 유형에 대한 지식뿐만 아니라 유아의 연령과 발달 수준에 따른 놀이의 특징과 내용, 놀이가 유아에게 어떠한 의미를 갖는지 등에 대한 이론적이고 실제적인 지식을 갖고 있어야 한다. 즉, 놀이가 이론적으로 얼마나 중요한지, 실제에서 어떻게 표현되는지, 놀이가 유아와 사회에서 왜 중요한지에 대해 알고 있어야 한다. 유아의 발달이 사회화 과정과 사회성 발달과 어떻게 관련되는지에 대한 이해는 집단 활동과 놀이에 대한 유아의 태도에 많은 영향을 준다.

- 세 번째 단계는 교사의 놀이 신념 발달시키기 단계다. 교사는 유아 놀이의 다양한 측면과 놀이가 교육적 치료로 사용되는 목적에 대한 태도를 형성하기 위해 동료 교사와 관계를 맺고 협력해야 한다. 또한 교사는 부모들이 교육에서 놀이의 의미와 혜택을 이해할 수 있도록 협력해야 한다.

- 네 번째 단계는 유아와의 친밀한 접촉 및 의사소통 실행하기 단계다. 교사는 유아 놀이의 내용과 질에 영향을 끼치지 않는 범위에서 자연스럽게 유아 놀이의 한 구성원으로 참여한다. 교사는 놀이에 참여하여 유아의 놀이에 대한 보다 많은 지식과 태도를 형성하고, 동료 교사들과 치료적 놀이에 대한 의사소통을 통해 지식을 확장해 가야 한다.

- 다섯 번째 단계는 치료하기 단계다. 이 단계에서는 놀이를 치료적 방법으로 적용한다. 놀이의 치료적 적용은 유아에게 필요한 능력을 증진시키기 위한 다양한 목적으로 진행될 수 있다. 예를 들면, 유아의 긍정적인 자아개념 형성, 유아의 도전적인 동기유발, 유아의 성역할 유형, 다른 유아와의 관계 형성에서 안정감, 타인에 대한 감정이입 능력, 타인에 대한 배려와 인내심 등을 증진시키기 위한 목적으로 적용될 수 있다.

2. 특수유아의 놀이 특징

특수유아의 놀이는 일반유아보다 정교하지 못하고, 낮은 수준의 놀이 형태를 보인다. 그리고 다른 유아들에게 덜 매력적으로 보이는 경향이 있다. 특수유아는 자신의 능력을 최적의 수준으로 이끌어 줄 수 있는 물리적 · 사회적 환경을 스스로 찾는 데 어려움을 가지고 있다. 그러므로 성인이나 또래의 지원 없이는 놀이에 참여하지 못하고 주변을 배회하거나 멍하니 앉아 있는 방관적 행동을 하는 등 비놀이가 많이 발생한다(Sayeed & Guerin, 2000). 그러나 특수유아에게도 인지놀이인 감각운동, 구성놀이, 극화놀이, 규칙 있는 게임이 나타나고(Brown & Bergen, 2002), 사회적 놀이인 혼자놀이, 병행놀이, 협력놀이와 같은 다양한 유형의 놀이가 나타난다(Harper & McCluskey, 2003).

1) 특수유아의 비놀이

놀이가 유아에게 자연스럽게 발생하는 활동이라는 일반적인 생각은 오늘날의 유아, 특히 장애를 가진 유아에게는 적절하지 않을 수 있다. 일반교실에서 교사의 개입이 없다면 특수유아는 놀이에 참여하지 못하고 방관적인 태도를 보이거나 배회하거나 교실 밖으로 이탈하는 등의 비놀이 행동을 많이 보인다. 특수유아는 일반유아로부터 자주 고립되는 양상을 보인다. 경도의 장애를 가진 유아는 놀이시간 중 25% 동안 놀이하지 않았고, 다양한 유형의 특수유아는 43.4% 동안 놀이하지 않았다(Brown & Bergen, 2002). 특수유아는 상당 시간 동안 놀이에 참여하지 못하는 비놀이 형태를 보이는데, 그 이유는 특수유아가 가진 장애로 인한 능력 제한 때문이며, 한편으로는 특수유아가 놀이하려는 의도는 있지만 일반환경에서 받아들여지지 않기 때문이다.

(1) 특수유아 초점: 특수유아의 장애로 인한 능력 제한

특수유아는 장애로 인하여 놀이에 참여하기가 어렵다. 신체장애 유아(physical disabilities)는 이동이 제한적이고, 인지가 지체된 유아(cognitive delays)는 일반 또래들이 참여하고 있는 정교한 놀이를 이해하기 어려우며, 사회정서장애 유아

(socioemotional disabilities)는 사회적 상호작용을 시도하거나 적절하게 유지하는 데 어려움을 가지고 있다(Odom, McConnell, & Chandler, 1993). 뇌성마비나 이분척추 등에 의한 지체부자유 유아는 소근육 및 대근육 운동기능의 결함으로 인해 구성놀이나 기능놀이 놀잇감을 조작하기가 어렵다. 뇌성마비의 경우 언어능력에도 결함을 가지기 때문에 사회적 놀이에 참여하는 것이 어렵다(Welteroth, 1999). 저시력을 가진 유아는 놀이에서 자주 헤매고 손가락질, 흔들기, 장난감 치기와 같은 틀에 박힌 행동을 자주 하며, 장난감을 기능적으로 사용하는 경우가 적다(Parson, 1986). 의사소통장애 유아는 자신의 생각을 나누거나 상호작용 능력이 부족하여 다른 유아와의 놀이 시작이 어렵다. 자폐 유아는 놀이에 참여하기와 사회적 관계 형성이 어렵고, 의사소통에 심각한 결함이 있기 때문에 반복적이고 전형적인 놀이를 하거나 부적절한 방법으로 놀잇감을 사용하며, 상징놀이 능력이 부족하다(Welteroth, 1999).

(2) 일반환경 초점: 흥미 영역에 수용되지 못하는 외톨이

특수유아에게 놀이가 자연스럽게 일어날 때까지 기다리는 것은 의미가 없다. 교사의 개입이 없다면 특수유아는 교실의 어떤 흥미 영역에도 놀이자로 포함되지 못하고 유아들에게 놀이 동반자로 수용되지 못한다(Odom & Brown, 1993).

> 영희(신체장애로 다리의 기능은 없고 손의 기능은 있음)는 이젤을 이용하여 그림 그리는 활동을 시작하는 것이 좋다고 생각되었다. 그러나 이젤에 접근할 수 없음을 발견하였다. 영희는 다음으로 식당놀이를 하는 소꿉놀이 영역으로 들어갔다. 그러나 이번에는 아무도 영희를 놀이의 일원으로 인정하지 않았다. 영희는 다시 조작 영역에서 혼자 퍼즐게임 놀이를 시도하려 하지만 퍼즐 조각이 너무 작아서 조작할 수가 없었다.

일반유아에게 적절한 활동 또는 교구라 할지라도 특수유아에게는 접근하기 어려운 놀이 자료일 수 있다. 특수유아의 장애로 인한 제한 때문에 놀이매체에 접근하기가 쉽지 않고, 일반유아에게 놀이 동료로 덜 선택된다. 그러므로 특수유아의 놀이 활동의 시작과 전이 단계의 촉진을 위하여 적절한 성인의 개입이 요구된다. 특수유아의 경우, 자기 주도적 놀이 선택과 참여에 많은 어려움을 가질 수 있다. 특수유아는 놀이에 처음 참여하려고 시도할 때 다음과 같은 이유 때문에 지원이 필요하다(Klein et al., 2001).

- 특수유아는 놀잇감과 매체에 친숙하지 않고 무엇을 해야 할지 놀이방법에 대한 아이디어가 없을 수 있다.
- 특수유아는 선택해야 할 놀잇감의 수가 너무 많아서 압도될 수 있다.
- 특수유아는 놀잇감이나 활동을 선택하고 시작하는 데 어려움을 가질 수 있다.
- 특수유아는 놀이의 지속력이 부족하다.
- 특수유아는 쉽게 산만해지고, 집중하는 데 어려움을 가지고 있다.
- 특수유아는 자유놀이 동안 다른 유아들이 시끄럽게 떠드는 소리로 인하여 스트레스를 받을 수 있다.
- 특수유아에게 일반교실 환경은 발달에 적절하지 못하기 때문에 흥미 있는 매체를 찾지 못할 수 있다.
- 특수유아는 시행착오 같은 탐색 활동에 참여할 능력이 부족할 수 있다.
- 특수유아는 교실 안의 또래의 수, 또래의 접근방식, 다르게 행동하는 행동, 예측할 수 없는 놀이에 의해 위기감을 느낄 수 있다.

2) 특수유아의 놀이 수준

특수유아의 놀이는 일반유아의 경우처럼 기대할 수 없다. 특수유아의 생활연령(chronological age: CA)이 미숙하게 보인다고 정신연령(mental age: MA)에 적절한 놀이를 억제해서는 안 된다(Bergen, 1988). 특수유아가 보이는 가장 세련된 놀이는 놀이 상대가 일반유아이면서 생활연령이 어리고 발달연령은 동일한 수준일 때 나타난다(Bednersh & Peck, 1986).

(1) 일반유아보다 낮은 수준의 놀이

특수유아의 놀이 수준은 일반유아와 다르다. 특수유아는 정교하지 못하고 더 단순한 기능적인 놀이를 한다. 놀이 수준은 장애 유형이나 정도에 따라서 일반유아에 비해 적은 또는 많은 차이가 있고 다양하다. 그러므로 놀이에 특수유아를 포함하려고 시도할 때는 어린 유아가 하는 낮은 수준의 놀이를 적용하는 것이 도움이 된다. 특수유아는 일반유아와 같은 개념으로 놀이를 하지 못하지만, 그들이 참여 가능한 낮은 수준의 놀이가 특수유아의 발달 수준에 적합하다. 발달에 적합한 실제는 연령별 적합성과 개인별 적합성을 모두 고려하지만 특수유아에게는 개인별 적합성의 원리가 강하게 적용된다.

특수유아의 놀이 형태는 특수유아 개인의 특별한 요구에 따라 '혼자 기능놀이'에서부터 '집단 규칙 있는 게임'까지 다양한 사회·인지적 놀이를 보이지만, 일반적으로 일반유아에 비해 혼자 기능놀이와 혼자 구성놀이에 더 많이 참여하는 경향이 있다. 여기에서는 특수유아에게 발생한 놀이 사건들을 인지적 놀이와 사회적 놀이로 구분하여 설명하고자 한다.

① 특수유아의 인지적 놀이

■ 기능놀이

특수유아에게 발생하는 인지적 놀이 중 가장 빈번하게 나타나는 놀이 유형은 기능놀이다. 기능놀이의 수준은 놀이의 의도성과는 부합되지 않고, 같은 놀이 행동을 반복하거나 상상력이 없고 창의성이 부족한 단순한 기능적 조작행동에 불과하다(Li, 1985). 그림을 오리거나, 풀을 바르고 붙이거나, 종이를 접거나, 물건을 옮기는 것과 같은 단순한 기능놀이이지만, 특수유아의 기능놀이 수준을 일반유아의 놀이에 대입하여 평가절하해서는 안 되며 그들의 놀이 수준을 인정해 주는 태도가 필요하다.

기능놀이

인홍(만 5세, 지체부자유)은 조형 영역에 준비된 '부채 만들기'를 시작한다. 부채의 표면을 장식하려고 팔을 뻗어서 오른쪽 검지손가락과 왼쪽 검지손가락으로 한지를 불규칙하게 찢은 후에 부채 표면 위에 풀을 바르고 그 위에 찢은 종이를 붙인다. 부채와 손잡이에 투명 테이프로 붙여서 완성품을 만들기까지 23분 동안 놀이에 지속적으로 참여하였다.

■ 구성놀이

특수유아에게 블록은 또래와 같은 수준으로 놀이를 할 수 없을지라도 매우 자극(동기)을 줄 수 있는 교구다. 특수유아는 3차원의 구조물을 만들거나 트럭, 동물, 사람 모형과 같은 소품을 추가적으로 활용하는 데 어려움이 있다. 그러나 블록을 높게 쌓고 부수거나 쓰러뜨리기, 사방이 막힌 울타리 만들기, 경사로를 만들어서 자동차 경주 하기, 블록의 색과 모양에 따라 분류하기 등의 낮은 수준의 구성놀이가 나타난다(Wassermann, 2000).

다음의 사례는 일반교실에서 일반유아가 만든 복잡한 3차원적인 블록 구조물과 특수유아(정신지체아)가 만든 블록 구조물을 비교한 것이다.

🐦 일반유아와 정신지체 유아의 놀이 수준 차이

상현(만 5세, 정신지체)은 단위 블록 세 개로 집 만들기를 자주 한다. 단위 블록 두 개를 세로로 세우고 그 위에 나머지 한 개를 수평으로 올려놓은 것이 집이다. 처음에는 수직선으로 한 칸을 쌓아올리는 수준이었으나, 3개월 후에는 수직으로 두 칸을 세우는 능력이 생겼다. 그리고 '집'이라고 말로 표현하였다.

만 5세 유아가 만든 건축 구조물

상현(만 5세, 정신지체)이가 만든 집

앞의 정신지체 유아가 만든 블록 구조물은 일반유아의 복잡한 구조물에 비해 매우 낮은 수준이다. 특수유아의 놀이 수준은 일반 또래와는 다른 양상임을 감안하여, 특수유아의 놀이 특성을 장애 유형으로 구분 짓기보다는 현재 특수유아가 보이는 놀이의 개별적인 수준 차이를 인정하여 그에 적합한 놀잇감을 제공하거나 상호작용하는 일이 더 중요하다.

■ 극화놀이

특수유아가 하는 상상놀이의 주제는 보통 복잡하지 않은 가정적인 것이고, 놀이 장면의 이야기 요소들이 잘 연결되지 않는 특징이 있다(Goldstein & Cisar, 1992). 특수유아는 종종 가작화 놀이에 참여하는 데 어려움을 가지고 있는데, 특히 인지 능력이 낮은 유아, 시력이 나쁜 유아, 자기통제가 어려운 유아에게 해당된다. 인지장애는 없지만 신체에 문제가 있는 유아는 신체적 제한을 고려한 가작화 놀이를 즐길 수 있다. 가작화 놀이 자료는 매일 일상생활에서 볼 수 있고 반복적으로 되풀이하는 것이므로 특수유아가 친숙함을 느끼고 많은 흥미를 갖는 가치 있는 자료다. 일상적인 차 마시기(음료)와 인형에게 음식 먹여 주기 활동은 특수유아를 가작화 놀이에 들어오게 하는 가장 좋은 방법이다(Klein et al., 2001).

🐦 극화놀이 소품

전화기	인형	신발
그릇(티 세트)	인형 침대와 침구(이불)	상의와 하의
플라스틱 가정용품	아기 젖병	쇼핑 카터
주전자와 펜	높은 의자	상표를 알아볼 수 있는 식품상자
비와 걸레	지갑	
싱크대와 스토브	모자	

■ 규칙 있는 게임

특수유아는 인지적 놀이 중 인지적 수준이 가장 높은 규칙 있는 게임에 참여하기도 한다.

🐦 규칙 있는 게임

조작 영역에서 인홍(만 5세, 지체부자유)이와 일반유아, 그리고 교사 세 명이 가위바위보를 하면서 주사위를 던지는 순서를 정하고 주사위를 던져서 나온 숫자만큼 말을 옮기는 게임을 하고 있다. 인홍이 주사위의 숫자만큼 말을 옮길 때 교사는

1, 2, 3, 4라는 숫자를 세어 주었고, 인홍은 숫자 세기 행동을 모방하였다. 인홍은 주사위를 던져서 숫자가 4로 나오면 게임판의 말을 네 칸 옮길 줄 알게 되었다.

특수유아의 학습 또는 강화에 필요한 특별한 기술은 놀이 상황 내에서 실현될 수 있다. 예를 들면, 유아는 점토 음식을 가작화하거나 블록으로 차고를 만드는 일을 함으로써 운동기술을 사용한다. 또한 성인, 또래, 상상의 인물들과 상호작용을 시도하면서 사회, 언어 기술이 확장될 수 있다(McCune-Nicholich & Carroll, 1981). 일반유아가 흥미를 가지는 활동과 교구가 특수유아에게는 흥미로운 놀잇감이 아닐 수 있다. 교사는 특수유아의 발달 수준과 놀이 수준을 진단·평가하여 특수유아의 개인별 수준에 맞는 놀이 활동을 계획하여야 한다(Flynn & Kieff, 2002; Klein et al., 2001). 교사는 생활 주제와 관련하여 특수유아가 쉽게 접할 수 있는 놀이환경을 구성해 주어야 한다. 특수유아가 또래 수준과 같은 개념으로 놀이를 할 수 없거나 다른 유아들에게는 덜 매력적으로 보이는 경향이 있을지라도 특수유아가 참여하는 놀이의 가치를 인정하여 그것을 효과적으로 활용하는 노력이 필요하다.

② 특수유아의 사회적 놀이

특수유아는 일반 또래들보다 혼자놀이를 더 많이 하고 집단놀이는 더 적게 하는 경향이 있다(Kopp, Baker, & Brown, 1992). 특수유아는 일반유아의 놀이 집단에 스스로 참여하고 일반유아와 똑같은 놀이 동반자로 수용되는 데 한계가 있다. 특수유아는 교사의 촉진 없이 유아들의 사회적 상호작용을 스스로 획득할 수 없다.

 혼자놀이

명철(만 5세, 다운증후군)은 일반유아들이 놀이하고 있는 쌓기 영역의 한쪽 구석에 혼자 앉아서 종이 블록을 가지고 밀폐된 사각형을 만들고 있다. 일반유아들은 명철이와 함께 어울려 놀이할 의사가 전혀 없었고, 명철이도 일반 또래들과 같이 놀이하려는 단서를 보이지 않고 혼자놀이를 하고 있다.

특수유아와 일반유아 간의 상호작용에서 현재 수준보다 더 높은 수준의 상호작용을 하도록 지원하지 않는다면 더 높은 수준의 상호작용은 일어나지 않는다 (Odom & McEvoy, 1988; Wolery & Wilbers, 1994). 일반적으로 정상적 발달을 보이는 유아는 자신과 유사한 수준의 유아와 놀이하기를 선호하고, 자신의 발달 수준과 차이가 클수록 상호작용이 적게 일어난다. 예를 들면, 경도의 장애를 가진 유아가 일반유아와 함께 사회적 놀이에 참여하였는데, 3세 유아의 사회적 놀이는 놀이시간 중 25%를 차지하였지만 정신연령이 5세인 특수유아는 연합놀이가 10%, 협동놀이는 0%였다(Guralnick, 1981). 그러나 교사가 개입하였을 때 특수유아도 일반 또래보다는 낮지만 상호 협동놀이가 일어날 수 있었다(Hestenes & Carroll, 2000; Harper & McCluskey, 2003).

일반유아와 연합하여 상호작용하기

동건(5세 남아, 언어 · 인지지체)이는 컴퓨터 영역에 들어가서 의자에 앉는다. 그리고 일반여아가 모니터의 그림을 색칠하기 위하여 마우스를 사용하는 것을 바라본다. 동건이는 그림을 보고 웃는다. 여자 또래도 동건이를 보면서 웃고는 다시 모니터에 있는 그림 색칠하기에 집중하였다. 동건이는 남아와 함께 자기 차례를 잘 기다리고 있었다. 단순한 컴퓨터 게임에서는 최소한의 운동, 지각, 인지 기술이 필요하지만, 칠판이나 이젤 표면에 표시하기 위하여 큰 마커를 막 잡기 시작한 유아에게는 도전이 될 수 있다.

일반유아와의 병행놀이: 교사의 기능적 놀이 촉진에 의한 상호작용

현빈(4세 남아, 언어지체와 보행의 어려움)이는 조형 영역에서 네 명의 일반유아(남아 두 명, 여아 두 명)와 함께 앉아 있다. 현빈이를 제외한 나머지 유아들은 핑거페인팅을 하기 시작하였다. 교사는 현빈이를 도와주기 위하여 현빈이의 뒤에 서서 교사의 손을 움직인다. 교사는 종이 위에 손가락을 놓고 시범을 보여 준다. 현빈이는 교사의 시범을 본 후 그림을 그리기 위해 그리고 색깔을 혼합하기 위해 손가락을 움직였다. 일반유아와 현빈이는 교사가 관찰하는 동안 계속해서 독립적으로 종이 위에 그림을 그렸다.

또래와의 단순한 협동놀이

장현(6세 남아, 자폐)이와 일반유아는 물놀이 영역에 있다. 장현이는 일반유아가 플라스틱 병에 담겨 있는 물을 더 큰 플라스틱 병으로 쏟아붓는 것을 관찰하였다. 장현이도 자기 병에 물을 담고는 다시 더 큰 플라스틱 병에 옮겨 부음으로써 친구 지원하기를 시도하였다. 두 유아는 협동하여 큰 병에 물을 채웠고 마침 물이 밖으로 넘쳤다. 그때 또래는 물놀이 영역을 떠났고 장현은 친구가 가는 것을 바라보았다. 그리고 장현이도 병을 물놀이 영역에 놓아두고 떠났다.

손상된 유아의 병행놀이, 일반유아를 상호작용에 연합시키기: 교사의 놀이 촉진

교사는 지우(4세 여아, 시각손상)를 물놀이 영역으로 유도하여 물속에 있는 지우의 손을 움직이는 것을 도와주었다. 지우가 물 위에 떠 있는 장난감들을 만질 때, 교사는 "너는 물을 좋아하니?"라고 물었다. 지우는 응답하지 않는다. 다른 교사가 지우를 물놀이 영역으로 안내하여 물놀이를 자유롭게 할 수 있도록 자리를 정하였다. 지우는 물로 '파도'를 만들기 시작하면서 "나는 놀이하고 있다."라고 말하였다. 여자 또래가 달려와서 관찰하더니 똑같이 물속에 손을 넣어 움직이기 시작하였다.

집단놀이에서 또래 간의 신체적 접촉은 사회적 상호작용을 증진시키는 방법이 된다. 예를 들면, 전형적인 집단놀이인 호키포키(Hokey Pokey) 활동에서 "오른발을 안에 넣어, 발을 안에 넣어."라는 지시를 바꾸어서 유아 간 신체적 접촉을 이끄는 "오른손을 친구의 머리 위에 올려놓고, 왼손을 친구의 등에 대어 보자."로 바꿀 수 있다. 특히 실외 놀이터는 학습 활동을 이끌기 위한 좋은 장소이며, 특수유아와 또래들의 상호작용이 일어나도록 지원해 주는 기회를 제공한다. 일반적으로 많은 특수유아는 언어로 참여하기 전에 먼저 신체적으로 참여하는 경향이 있다. 실외놀이는 실내놀이에서 찾을 수 없는 편안함과 자유로움이 있는 놀이를 줄 수 있다. 또한 긍정적인 사회적 기술과 정서발달을 할 수 있는 기회를 제공한다(Frost, 2010).

(2) 장애 유형별 놀이 수준

특수유아는 비록 신체적, 지적 또는 정서적 장애가 있지만, 장애 유형과 수준에 따라서 놀이에 참여할 수 있는 능력을 가지고 있다. 특수유아가 가지고 있는 장애

의 특징과 능력은 개별적으로 독특한 차이가 있기 때문에 특수유아의 놀이 양상
을 범주화하는 것은 쉽지 않다. 하지만 일반적으로 특수유아가 가지고 있는 장애
는 특수유아가 놀이에 접근하는 방법, 놀이 활동에 참여하는 기회나 경험에 영향
을 줄 수 있다. 장애 유형별로 놀이 행동의 특징을 살펴보면 다음과 같다.

① 신체장애

신체장애(physical disabilities)로 인하여 움직임에 장애를 가진 유아의 놀이 형
태는 매우 다양하다. 특수유아의 신체장애 정도에 따른 움직임의 제한은 곧바로
놀이 활동에 영향을 준다. 소근육과 대근육 발달의 한계는 놀잇감과 장남감을 갖
고 하는 놀이, 실외 놀이터에서의 적극적인 놀이에 참여하는 데 제한이 된다. 어
떤 유아는 놀이 영역을 옮기거나 사용할 놀이 자료를 이동하는 데 어려움을 가질
수 있고, 기능놀이나 구성놀이의 자료를 조작하는 데 어려움을 느끼기도 한다. 또
한 이동성의 부족은 사회적 놀이에서 유아의 상호작용에도 영향을 미친다.

신체장애가 있는 유아는 일반유아가 사용하는 모든 감각을 이용할 수 없다. 그
러므로 이를 극복할 수 있는 지원을 해 주어야 한다. 예를 들면, 근육이 약한 유아
가 실외 목공놀이를 하면서 교사에게 못과 망치를 집어 주기를 원할 때 교사가 목
공 영역에 굵은 나무못과 스티로폼을 배치한다면 그 유아는 독립적으로 망치질을
할 수 있다. 독립성을 증가시키기 위한 활동으로 수정하거나 매체를 수정하는 일
은 특수유아가 놀이에 참여하는 데 절대적으로 필요하다. 모래 영역에서 유적지
발굴놀이를 하는 유아는 화석과 유물을 발견하는 데 집중한다. 그중 어떤 유아는
발굴 작업을 하고, 다른 유아는 기록하는 일을 하며, 또 다른 유아는 발견물을 분
류하는 놀이를 할 수 있다. 근육이 약하거나 사물을 잡는 데 어려움이 있는 유아
가 손바닥에 찍찍이를 붙인 수정된 장갑을 낀다면 발굴용 삽을 성공적으로 잡을
수 있어서 놀이에 참여할 수 있다. 이러한 간단한 수정을 한다면 신체장애를 가진
유아도 독립적으로 놀이에 참여할 수 있다.

또한 몸의 상체와 손의 사용이 제한된 유아에게 발로 그림 그리기, 물 튀기기,
공차기와 같은 활동을 제공할 수 있다. 반대로 발, 다리의 사용이 제한된 유아에
게는 낮은 자세로 활동할 수 있는 그림 그리기, 물놀이, 모래상자 놀이, 식물재배
등의 활동을 제공하여 상체를 사용하여 스스로 성공적인 활동을 할 수 있다. 유아
가 힘과 지구력이 부족할 때는 부드러운 공이나 가벼운 사물을 사용하여서 던지

고 잡는 활동을 용이하게 한다. 그리고 작은 사물을 잡지 못하는 유아에게는 비치볼이나 큰 사물을 주어서 쉽게 잡을 수 있게 함으로써 놀이에 참여하는 기회를 증가시켜야 한다.

② 감각장애

■ 언어장애

유아의 언어장애는 유아의 사회적 놀이에 불리한 영향을 미친다. 언어지체 유아는 친구들에게 놀이를 설명하거나 놀이를 확장하면서 다른 친구들에게 이해받는 데 어려움을 느끼고, 타인의 생각을 받아들이고 상호작용을 하는 데 어려움이 있어 다른 친구들과의 놀이 참여나 놀이 시도에 많이 주저하게 된다.

언어지체는 상징놀이의 지연과도 밀접한 관계를 맺는다. 많은 연구에서 언어장애가 있는 유아는 가장놀이를 하지만 덜 자주 나타나고, 언어 지연을 보이지 않는 유아의 놀이보다 덜 성숙한 수준에 있다(Quinn & Rubin, 1984). 게다가 좋은 언어 표현력을 가진 유아는 언어적 상징놀이에서 유리하다(Rescorla & Goossens, 1992). 인간의 언어와 상징놀이 혹은 가작화 놀이에는 상징이 필요하며, 이러한 상징을 사용하기 위한 능력이 요구된다. 즉, 어떤 한 가지가 다른 것을 대표하거나 표상하는 능력이 요구된다(McCune, 1986).

언어장애에 관한 많은 연구는 오랫동안 언어 결함과 상징놀이 결함의 관계를 밝혀 왔다(Lombardino, Stein, Kricos, & Wolf, 1986). 한편 몇몇 심리학자들은 언어장애아가 항상 상징성 결함을 나타내지는 않는다는 것을 발견했는데, 언어장애아가 비록 정상아보다 덜 성숙한 놀이를 하였지만 실제로 가작화 놀이에 참여하는 모습을 관찰할 수 있었기 때문이다(Quinn & Rubin, 1984; Rubin, Fein, & Vandenverg, 1983). 따라서 언어장애와 가작화 놀이의 관계에 대해서는 더 많은 연구가 필요하다.

■ 청각장애

청각장애 유아는 감각운동기 동안에는 전형적인 놀이에 참여하는 것처럼 보이나, 2세 이후가 되면 언어가 발달하면서 나타나는 상징놀이와 사회놀이에 지체를 보이게 된다. 청각장애 유아는 일반유아보다 단독놀이나 병행놀이에 더 많이 참여한다. 대부분의 놀이는 사회적이기 때문에 청각장애 유아의 놀이 경험과 사회적 발달에 심각한 부정적 영향을 줄 수 있다. 유아는 초기에 놀이에 대한 상위 의사소통(역할, 대본, 상황과 더불어 놀이 에피소드를 정하는 대화)에 참여하기 때문에 청각장애아는 이러한 놀이를 놓치게 된다. 또 언어적 놀이 신호에 반응할 수 없어서 다른 유아에게 놀이에 무관심한 유아로 지각될 수도 있다(Lambert et al., 2005).

청각장애아는 정상아보다 협동적인 상상놀이를 더 적게 하고 물체를 상징적으로 덜 사용한다는 유사한 결과가 나왔다(Esposito & Koorland, 1989). 청각장애아는 사회적 놀이와 상징놀이보다는 상호작용이 없는 구성놀이에 더 많은 시간을 보낸다(Higginbotham & Baker, 1981). 그러나 청각장애아의 놀이 차이는 잠재적 능력보다는 행동에 의한 차이다. 주위 환경과 문화적인 기대에 따라 유아가 언제나 자신이 할 수 있는 행동을 하는 것은 아니다. 예를 들면, Esposito와 Koorland(1989)는 동일한 유아라도 통합된 환경(정상아와 같이 행동함)과 분리된 환경(다른 청각장애아와 활동함)에서 나타나는 놀이가 실제적으로 다르다는 것을 발견하였다. 심한 청각장애를 가진 3세와 5세 유아의 놀이를 관찰한 결과, 통합된 환경에서 청각장애아는 사회적으로 더 정교한 놀이를 하였고 분리된 환경에서 병행놀이가 더 자주 나타났다.

■ 시각장애

보지 못하는 유아는 앞에 사물이나 장난감이 있는지 모르기 때문에 그것들에 손을 뻗어 사용하고자 하는 동기부여가 되지 않는다. 그들이 손으로 장난감을 잡게 되면 그것을 만지고 냄새 맡고 맛보면서 탐색하고 쉽게 손에서 놓지 않는다. 이렇게 사물을 조작하는 경험이 제한적인 유아는 놀잇감을 사용하는 방법이나 조작능력이 지체된다. 좀 더 심각한 시각장애가 있는 유아는 주변 환경을 탐색하거나 다른 유아나 성인이 놀이하는 모습을 모방할 수 없기 때문에 놀이기술이 부족하고 고립된 혼자놀이나 덜 복잡한 놀이를 하게 된다. 결과적으로 사회적 상호작용과 생산적 활동에 참여하는 기회가 감소되고 모든 형태의 놀이가 방해를 받을 수 있다.

③ 인지장애

▣ 다운증후군

다운증후군(Down Syndrome) 유아의 놀이에 관한 연구에서 다운증후군 유아 (생활연령 4세, 정신연령 2세)는 걸음마기 아이들과 비슷한 방법으로 놀이하였고, 똑같은 놀잇감을 반복적으로 여러 번 제공하였더니 탐색하는 시간이 줄고 놀이에 더 많이 참여하였다(Switzky, Ludwig, & Haywood, 1979). 이러한 유아는 자발적으로 놀이에 참여하여 놀이기술을 적용하기 전에 특정 놀이기술을 연습하는 기회를 더 많이 가졌기 때문이다. 다운증후군 유아는 혼자서 놀이할 때 일반유아보다 탐색 활동은 적었지만 일반유아와 유사한 상징놀이가 나타났다. 그러나 다운증후군 유아의 제한적 능력뿐만 아니라 잠재능력을 고려하여 놀이를 수정하여 제공할 때에 그들의 탐색놀이는 증가하였다(Venuti, de Falco, Esposito, & Bornstein, 2009).

다운증후군 유아의 가상놀이 행동에서 상상놀이 수준은 생활연령보다 정신연령이 더 강한 상관관계를 갖고 있다(Hill & McCune-Nicholich, 1981). 연구자들은 생활연령 20~53개월, 정신연령 12~26개월의 유아 30명을 연구하였는데, 유아의 자유놀이를 30분 동안 비디오 촬영한 후 아동행동발달척도(Bayley Scales of Infant Development and the Infant Behavior Record)로 분석 · 평가하였다. 그 결과로 상징적인 놀이 수준과 정신연령의 상관관계는 .75였고, 상징적 놀이 수준과 생활연령의 상관관계는 .44였다. 또한 상징행동은 언어발달과 서로 연관되어 있다는 가정하에 다운증후군 유아의 상징기능과 언어를 조사하였다. 다운증후군 유아의 상징놀이와 상징의 이해는 유아의 표현언어와 수용언어 능력과 밀접한 관련이 있었다(O'Toole & Chiat, 2006).

▣ 자폐

자폐(autism) 유아의 놀이 특징에 관한 연구는 주로 장난감과 사물놀이, 상징놀이에서 이루어졌다. 먼저 장난감과 사물을 이용한 놀이에서 자폐 유아는 일반유아보다 반복적이고 판에 박힌 조작을 더 많이 하며 가상놀이를 할 때에 사물을 상징적으로 사용하지 못한다(Baron-Cohen, 1988). 일반유아와 자폐 유아를 집단으로 비교해 볼 때, 자폐 유아는 복잡한 장난감 놀이를 적게 하며 장난감을 적절하게 사용하지 못한다. 그러나 모든 자폐 유아가 장난감을 가지고 판에 박힌 반복적인 행동을 하지는 않는다. 자폐 유아는 규칙성이 있는 기능적인 놀이에 참여할 수 있는데, 블록 영역에서 일반 또래들이 카프라 블록으로 병행 구성놀이를 할 때 자폐 유아도 옆에서 카프라 블록을 규칙적으로 쌓아올리는 기능놀이를 할 수 있다.

한편 상징놀이에 관한 광범위한 연구를 보면 일반적으로 자폐 유아는 거의 상징놀이를 하지 않는다(Atlas & Lapidus, 1987). 즉, 자폐 유아는 일반유아보다 상징놀이를 더 적게 한다. 그 이유는 자폐 유아의 언어적·사회적 손상에 따른 기본적인 상징 부족 때문이다.

■ 정신지체

인지발달에 지체를 가진 유아는 외형적으로는 일반유아와 똑같은 발달단계를 거쳐 발달하는 것으로 보이지만 언어를 사용하는 경우가 적고, 덜 세련된 표상(상징)놀이를 하며, 한정된 놀잇감을 선택하는 특징이 있다(Li, 1985). 그들은 좀 더 배회하는 행동과 판에 박힌 놀이 행동을 하고 진정한 놀이 이전에 나타나는 탐색 행동에 자주 집중하게 된다. 1960년대 후반까지 전문가들 사이에서조차 정신지체(mental retardation) 유아의 놀이에 대해 매우 잘못된 개념이 있었다. 즉, 정신지체 유아는 자기들이 원하지 않기 때문에 혹은 필요하지 않기 때문에 놀이하지 않는다는 가정이었다(McConkey, 1985).

정신지체 유아가 장난감을 사용한 자유놀이에 관한 연구는 적지만 이러한 연구 결과에서 나타난 몇 가지 놀이 특징이 있다. 첫째, 정신지체 유아는 퍼즐과 같은 구조화된 교구를 좋아하는 반면, 같은 연령의 일반유아는 창의적이고 상상적인 개방된 교재(예, 미술 재료)를 좋아한다. 둘째, 정신지체 유아는 일반유아보다 놀이에서 물체를 적절하게 결합하지 못하는 경향이 있다(Weiner & Weiner, 1974). 예를 들어, 일반유아는 블록으로 무언가를 만들고, 컵과 접시를 합하고, 나사를 볼트로 고정하는 것처럼 놀이에서 사물을 같이 가지고 논다. 반면, 정신지체 유아는 사물을 이용한 놀이를 적게 하는 대신 장난감을 매우 단순하게 다룬다. 인지장애를 보이는 유아가 놀이에 바로 참여하지 못하는 이유는 단지 놀이에 친숙하지 못하기 때문이거나 일반유아보다 놀이하는 방법과 장난감을 사용하는 방법을 학습하기 위해 더 많은 시간이 필요하기 때문이다. 즉, 그들은 장난감을 처음 볼 때의 신기함이 없어진 후에는 일반유아 집단과 유사한 방법으로 놀이하였다(Hulme & Lunzer, 1996).

　한편 일반유아는 2세경에 상징놀이가 나타나고 점진적으로 발달하는 것이 정상적이다. 정신지체 유아의 상징놀이는 일반유아보다 늦게 나타나며 점진적으로 일련의 단계를 거쳐 발달해 가지만(Hill & McCune-Nicholich, 1981), 일반유아보다 뒤처지며 가장 정교한 수준에 도달하지 않는다. 이러한 상징놀이는 네 가지 단계로 나타난다. 가장 단순한 단계는 사물과 관련된 상징놀이다. 사물과 관련된 상징놀이에서 유아는 혼자서 혹은 특별한 장난감을 가지고 연속적인 가장행동을 한다(예: "칙칙폭폭이 간다."). 다음에는 장면과 함께 놀이하는 단계가 온다. 즉, 유아는 놀이하기 위해 생각을 미리 결정하며 그러한 생각에 따라 장면을 만든다(예: "여기는 농장이다."). 그다음에는 주제와 관련된 놀이단계가 따른다. 이 단계에서 놀이는 미리 계획된 중요한 주제나 행동 순서에 따라 정해진다. 예를 들면, 한 유아의 놀이 주제는 '겨울의 도시 만들기'가 될 수 있다. 모든 놀이는 이 같은 주제로 통합되어 있다. 마지막으로 이야기를 곁들여 놀이한다. 그것은 주제에 관한 상징놀이와 이야기에 관한 언어화로 구성된다. Li(1985)는 거의 모든 정신지체 유아는 어떤 형태로든지 상징놀이를 하지만 일반유아와 정신지체 유아의 수준에는 차이가 나타난다는 것을 발견하였다. 예를 들면, 5세 일반유아 중 절반 이상이 가장 높은 수준인 주제와 이야기하는 수준에 있었지만, 만 5세의 정신지체 유아는 아무도 그 수준에서 놀이하지 않았다. 반대로, 특수유아는 처음 수준인 사물과 관련된 상징놀이를 많이 하는 반면, 5세 일반유아는 사물과 관련된 상징놀이를 적게 하였다.

④ 건강장애

　건강 문제는 놀이기술의 발달을 방해한다. 심장이상이나 천식과 같은 건강장애를 가진 유아는 쉽게 피곤해지고 매우 제한적인 방법으로만 움직일 수 있기 때문에 놀이 참여에 제한이 있다. 건강장애 유아의 문제 중 하나는 자주 입원하여 다른 유아들과 놀이를 시작하거나 유지하는 것을 배울 수 없고, 사회·인지적 놀이 단계를 거쳐 발전하는 기회를 경험하지 못한다는 것이다.

3. 특수유아 놀이와 통합교육의 관계

1) 통합교육의 의미

통합교육(inclusion)은 단순히 특수유아를 일반 유아교육 환경에 물리적으로 배치하는 것을 넘어서 특수유아가 일반 또래들과 함께 교실의 모든 활동에 참여하고 그 학급의 정당한 일원으로서 특수유아 스스로에게 그리고 또래들에게 인정받는 진정한 통합 상황을 말한다(Bricker, 1995; Council for Exceptional Children, 1996). 특수유아는 일반환경 안에 포함되는 물리적인 접촉뿐만 아니라 사람, 맥락, 시간을 망라한 다양한 상황과 활동에서 지속적인 접촉을 통해 통합교육에서 혜택을 얻을 수 있는데, 이러한 접촉은 놀이시간에 가장 많이 발생할 수 있다.

2) 통합교육의 필요성 및 이점

(1) 일반유아와 특수유아 간 놀이를 통한 사회적 상호작용 증진

통합교육을 통해서 얻어지는 가장 중요한 교육적 혜택은 특수유아의 사회성 발달이 촉진되는 것이다. 특수유아 통합교육이 효율적으로 진행되기 위해서는 다양한 차원의 통합환경을 조성하는 것이 중요하다. 그중 자유 선택의 기회를 최대한 보장해 주는 놀이는 특수유아의 개별적 요구를 충족시켜 주기 위한 최선의 매개체가 되며, 특수유아와 일반유아의 긍정적인 상호작용과 친구관계의 형성 및 발전에 중요한 역할을 한다. 놀이는 특수유아와 일반유아가 자연스럽게 양방향으로 어울릴 수 있는 진정한 통합교육의 장을 실현하는 데 매우 유용한 교육 매개체로 적합하다(Cook, Tessier, & Klem, 1992).

(2) 일반유아의 모델링을 통한 인지적 발달 도모

특수유아는 일반환경에서 일반유아가 놀이하는 모습을 바라보고 모방함으로써 인지적 발달을 도모할 수 있다. 일반환경으로부터 분리된 환경에서 생활하는 특수유아는 제한된 능력을 가진 특수유아의 행동만을 볼 뿐 그 이상의 수준을 배울 수 있는 관찰 대상을 만날 수 없다는 한계를 가진다. 일반교실의 주변은 특수유아에게 생소한 것이 많이 존재하지만 보고 배울 수 있는 환경이 되고, 일반유아의 놀이 장면은 특수유아에게 놀이하는 방법을 보여 주는 방향키가 될 수 있다. 그리하여 특수유아는 일반환경을 관찰함으로써 스스로 지식이나 기술을 구성하는 기회를 가질 수 있다.

🐤 관찰을 통한 인지발달

만 5세 유아가 카프라 블록으로 만든 충계모형을 보고, 기쁨(다운증후군)이도 일반유아 옆에서 카프라 블록으로 충계 패턴을 만들었다. 그런 후에 블록이 있는 교구장 앞으로 가서 원통 블록을 꺼내더니 같은 패턴을 만들었다. 다음에는 반달형 블록을 꺼내더니 또다시 같은 패턴을 만드는 일에 몰두하였다.

일반유아가 만든 구조물

카프라 블록으로 만든 패턴

원통 단위 블록 사용

반달형 단위 블록 사용

이 사례에서 기쁨(다운증후군)이는 카프라 블록으로 일반유아의 놀이를 탐색한 후에 일반유아의 규칙적인 패턴을 모방하였고 곧바로 다른 모양의 블록을 가지고 똑같은 패턴을 만들었다. 이를 학습적인 측면에서 분석해 보면 수학적 지식인 분류와 패턴 개념이 밖으로 시각화되고 있는 것이다. 기쁨이는 각각 서로 다른 블록 모양을 사용하고 있으며 한 가지 준거에 의해 모양을 모으는 분류의 개념을 가지고 있음을 알 수 있다. 일반유아의 놀이는 모델링이 되었고, 기쁨이의 놀이발달 과정을 시각적으로 확인할 수 있다.

(3) 다른 활동에도 긍정적인 효과를 제공하는 놀이의 성취감

특수유아에게 놀이 참여의 성공적인 경험이나 완성의 기쁨은 다른 활동에도 긍정적인 효과를 제공한다. 놀이시간에 특수유아의 성취감은 다른 교과 운영에서 잘 활동할 수 있도록 하는 근원적인 힘이 된다. 자유놀이에서의 성공감, 기쁨은 특별한 요구를 지닌 유아에게 자신감 또는 사회적 유능성을 가져다주어 다른 활동에 참여할 수 있는 토대가 될 수 있다. 일반환경에서 발생하는 놀이를 통하여 진정한 통합의 장을 실현할 수 있다. 도움을 주는 사람이 되고 또 다른 사람에게 도움을 받을 수 있는 기회가 증가되는 것은 유아의 자존감에 큰 영향을 준다 (Marchant & Brown, 1996). 놀이는 일반유아에게 일방적으로 도움을 받는 것을 뛰어넘어 특수유아도 일반유아에게 도움을 주는 양방향적인 교류가 나타나는 진정한 통합교육을 실현하는 유용한 매개체로 활용할 수 있다.

4. 놀이치료

1) 놀이치료의 가치

놀이치료란 '유아의 문제를 해결하기 위한 목적으로 성인과 더불어 놀이 상황에 참여하여 자연스럽고 즐거운 매개체를 최대한 이용하는 것이다. 과거에는 놀이치료가 대인관계나 환경에 심각한 문제를 가지고 있는 유아에게 필요하다고 생각하였으나, 놀이치료에 대한 최근의 경향은 심각한 부적응에 대한 치료보다는 예방 차원으로 인식되고 있다.

놀이치료가 유아의 정신치료에 필수적인 이유를 살펴보면 다음과 같다(Guerney, 1984; Drews & Schaefer, 2010).

- 놀이는 유아가 감정을 효과적으로 전달하는 자연스러운 과정이다.
- 놀이는 성인이 유아의 세계를 알 수 있게 하고 유아에게 수용되고 관심을 받

고 있다는 것을 보여 준다. 성인이 유아와 놀이를 할 때에는 일시적으로 힘의 평등화가 있고 또 유아는 평소보다 성인의 위협을 덜 받는다.

- 성인은 놀이를 통해 유아를 관찰함으로써 유아를 보다 잘 이해하게 된다.
- 놀이는 유아에게 재미있는 활동이기 때문에 긴장과 불안을 완화시키고 수동적인 태도를 감소시킨다.
- 놀이는 유아가 다른 방법으로는 표현하기 어려운 분노, 불안, 좌절감과 같은 감정을 분출할 기회를 준다.
- 놀이는 다른 상황에서도 유용하게 사용될 수 있는 사회적 기술을 발달시키는 기회를 제공한다.
- 놀이는 유아가 새로운 역할을 시도해 볼 수 있는 기회를 주고 안전한 환경에서 다양한 문제해결 방법을 실험해 보게 한다.

2) 놀이치료의 접근방법

일반적으로 놀이치료의 접근방법에는 정신분석적 놀이치료, 구조화된 놀이치료, 비지시적 놀이치료가 있다(Drewes & Schaefer, 2010; Landreth, 2002; Schaefer, 1985; Singer, 1994).

(1) 정신분석적 놀이치료(psychoanalytic play therapy)

놀이는 의식적이든 무의식적이든 유아의 정신적인 생활에 통찰력을 제공할 수 있다. 놀이는 유아가 직면하는 문제에 해결의 실마리를 제공할 수 있고 또 문제를 극복하는 데 사용하는 기제를 제공할 수 있다. 1900년대 초기의 Anna Freud와 Klein은 유아가 놀이를 통하여 자신을 가장 자유롭게 표현한다고 믿었다. 그들은 유아의 놀이를 분석하여 무의식 속에 덮혀 있던 과거를 드러내고 자아(ego)를 강화시켰다.

① Melanie Klein의 놀이치료

일반적으로는 치료자 Hermine Hug-Hellmuth가 처음으로 유아의 정신분석 요법에 놀이를 결합시켰다고 알려져 있다. 1919년 유아의 무의식적인 마음을 깊이 탐색하기 위해 놀이를 광범위하게 사용한 사람은 Melanie Klein이다(Landreth,

2002). Klein은 놀이를 아동기의 자유연상과 동등한 것으로 보았다. 유아는 놀이에서 그들의 모든 비밀—그들의 생활에서 중요한 사람에 관한 감정, 선호와 비선호, 공포, 즐거움, 적대감의 원인 등—을 폭로한다.

Klein의 놀이분석의 토대가 되는 가정은 유아의 놀이 활동의 대부분은 부모와 유아 간에 관련이 있는 성적인 갈등이나 공격성에 관한 상징적인 표현이라는 것이다. 유아가 부모에 대해 가지고 있는 감정은 종종 많은 모순과 혼란으로 이루어져 있다. 사랑과 증오, 적의와 분노, 의존과 의존해야만 하는 데서 오는 좌절의 혼합이다. 심지어 이러한 복잡한 감정은 성인도 분명하게 말하기 어렵다. 이것을 유아가 이해하고 말로 표현하는 것은 거의 불가능하다. 그렇지만 유아는 인형, 인형극, 장난감 기차나 트럭을 가지고 이 복잡한 감정을 놀이로 표현해 낼 수 있다.

Klein은 놀이를 유아가 자신을 가장 쉽게 표현하는 언어라고 믿었기 때문에 아동치료실에 많은 종류의 장난감, 특히 자아표현을 장려하는 장난감을 갖추어 두었다. 이러한 장난감의 대부분(예: 부모 인형, 아기 인형, 가정용 비품)은 어떤 방식으로든 가족 간의 상호작용과 관련이 있거나 혹은 가족 간의 상호작용을 제시하는 것이었다(Drewes & Schaefer, 2010). Klein은 한 어린 환자가 사무실에 들어왔을 때 그녀의 개인 서랍을 열어서 나무로 만든 사람과 동물, 집, 자동차, 공, 구슬, 물감, 연필, 점토와 같은 여러 창의적인 자료 등을 포함한 다양한 놀잇감을 꺼내 놓았다.

유아가 놀이를 하는 동안 Klein은 유아가 정말로 무슨 말을 하는지 듣기 위해 주의 깊게 관찰하였고, 그런 다음 유아의 놀이에 깔려 있는 상징적인 메시지를 단어로 옮겼다. 만약 남아가 인형 가족을 가지고 놀면서 아버지 인형을 규칙적으로 모래에 묻는다면, Klein은 그 유아가 아버지에 대한 분노를 품고 있다고 보았다. 만약 어떤 유아가 트럭을 규칙적으로 충돌시키면, Klein은 이러한 행동은 유아의 생활에서 중요했던 성적인 결합에 대한 유아의 시각과 관계가 있음을 시사한다고 보았다. 간단히 말하면 모든 행동은 어떤 상징적인 의미를 지닌다는 것이다.

② Anna Freud의 놀이치료

Anna Freud(1968)는 Klein의 연구 요소에 한계가 있음을 주장하였다. 그녀는 놀이와 자유연상을 유사한 것으로 취급하는 것은 정당성이 없다고 하였다. 예를 들면, 자동차 충돌놀이를 하고 있는 어떤 유아는 전날 길에서 본 장면을 단순히 놀이하고 있을 수도 있지 않은가! 유아가 집에 방문한 여자 손님에게 인사를 하면서 가방을 연다고 하여 그 유아가 어머니 뱃속의 동생에 관한 호기심을 상징적으로 표현하는 것은 아닐 수도 있다. 그냥 손님이 선물을 가지고 왔는지 보기 위해서 단순히 그렇게 했을 수도 있다는 것이다.

Anna Freud는 Klein이 유아를 치료할 때 놀이를 특별히 사용하는 것은 다소 부적절하고 유아의 놀이에 대한 Klein의 해석은 가끔은 지나치고 극단적이라고 주장했다. 그렇지만 놀이가 유아의 정신분석적 치료에 기여할 수 있다는 것은 부정하지 않았다. 그녀는 놀이를 통해 유아에 관한 유용한 정보를 모을 수 있으므로 유아의 놀이가 치료에 가치 있다고 여겼다. 치료실 같은 한정된 장소에서 놀이하고 있는 유아를 주의 깊게 관찰함으로써 유아의 심리적인 세계 전부를 한 번에 볼 수 있다. 놀이치료실에서 놀이하고 있는 유아를 관찰하면 자연스러운 환경에서 관찰하는 것보다 사실상 더 많은 정보를 얻을 수 있다. 왜냐하면 유아는 장난감들을 자기 마음대로 할 수 있기 때문이다. 자신이 통제할 수 없는 거대한 일상세계에서 오직 공상 속에서나 가능한 행동을 장난감들을 가지고 나타내 볼 수 있기 때문이다.

Anna Freud는 초기 치료단계에서 인터뷰하는 동안 부모가 제공하는 자료에 보충적인 정보로 이용하기 위해 자료 수집 차원에서 주로 놀이를 사용하였다(Schaefer, 1985). 그녀는 Klein보다 해석적인 피드백을 덜 사용했으며, 치료를 시작하고 한참 지나서야 사용하였다. 그리고 유아의 놀이는 때때로 다소 의미 있는 상징이 들어 있지만 그것이 상징 그 이상의 것은 전혀 아니라고 주장하였다.

몇몇 심리학자는 수동적인 놀이치료(passive play therapy)를 주장했다. 수동적인 놀이치료에서는 장난감은 제공되나 치료자가 어떤 장난감을 가지고 어떻게 놀이를 하라고 구체적으로 말하지 않는다. 게다가 놀이하는 유아는 치료자를 배제하거나 포함하거나 자유롭게 한다. 수동적인 놀이치료는 나중에 정신분석적인 강조점들(예: 꿈, 공상, 과거의 경험을 해석하기 위한 기초로 놀이를 사용하는 것)을 벗어 버렸다. 1940년대와 1950년대에는 오늘날 비지시적인 관계치료로 알려져 있는 것으로 발전하였다.

(2) 구조화된 놀이치료(structured play therapy)

① David Levy

1930년대에는 놀이를 통한 치료가 일반화되었다. 이때부터 치료사는 치료과정에서 유아의 경험을 해석하고 유아와의 관계 형성에 중심이 되는 위치에서 벗어나 유아가 즐거워할 놀잇감으로 구성된 놀이환경을 제공하는 사람이 되었다. Levy는 극도로 긴장된 환경에서 생활해 온 유아를 위해 긴장을 풀어 주는 이완치료법을 사용하였다. 놀이환경은 유아의 불쾌한 경험을 재구성하거나 유아가 스스로 선택한 장난감을 가지고 치료사에게 자신의 감정 상태를 그대로 보여 주는 방식으로 설치되었다. 이러한 두 환경을 통해 유아가 고통받았던 과거에서 벗어날 수 있도록 진행하고, 유아가 놀이하는 동안 치료사는 유아의 언어적 표현이나 비언어적 표현 모두에 주목한다.

이완치료법에는 유아가 장난감을 던지거나 풍선을 터트리거나 어린 아기의 우유병을 물고 아기 목욕탕에서 목욕을 하는 흉내를 내며 분노를 푸는 공격이완법, 새로 태어난 동생이 되어 보는 것과 같은 일반적인 감정이완법, 장난감으로 문제 상황을 재현해 보는, 즉 충돌하여 망가진 사고 차량을 장난감으로 그대로 모사하여 만들어 사고 당시를 회상하며 놀이를 하는 동안 감정을 재정리하는 감정이완법 등이 있다.

② Gove Hambridge

Hambridge(1955)는 구조화된 놀이치료라고 명명된 Levy의 방법을 확장시켜 보다 직접적인 치료를 소개하였다. 이 치료법은 Levy와 같은 방법의 놀이 상황을 설정하지만, Levy의 방법보다 명확하고 직접적인 상황이 설정된다. Levy는 정신적 충격 사건의 재현을 용이하게 하는 자료를 이용하였다. 그러나 Hambridge는 유아의 감정정화를 돕기 위하여 놀이에서 분노를 유발하는 생생한 사건이나 상황을 직접적으로 재현하였다. 치료방법은 라포 형성하기, 충격을 발산하는 상황 만들기, 상황을 수행하기, 상황을 재현하기 위해 자유놀이 하기로 진행된다.

Hambridge는 유아는 직접적으로 침해받는 절차를 극복할 수 있는 충분한 자아를 갖고 있다고 믿었다(O'Connor, 2000).

(3) 비지시적 놀이치료(nondirective therapy)

① Carl Rogers

Rogers의 심리적 구조는 아동중심 접근법에 영향을 주었다. 아동중심 접근법은 유아의 심리치료에서 치료자와 유아 간 상호작용의 질에 큰 비중을 두었다. 치료자는 전체적으로 수용적인 분위기를 만들려고 노력한다. 치료자는 유아를 비판하지 않고 어떤 특별한 방법을 사용하여 치료를 강제로 시도하지도 않는다. 대신 비지시적이고 다정다감하며 개방적이고 유아를 존중한다. 내담자인 유아에 대한 존중은 필수적이다. 이 치료방법에 대한 일반적인 가정은 자기 이미지를 '음지에서 양지'로 바꿀 수단을 발견한 사람은 치료자가 아닌 유아라는 데 근거하고 있다(Axline, 1969). 치료자가 유아를 존중하고 유아가 자신의 감정을 확인하고 표현하며 수용할 수 있을 때, 유아는 그런 감정을 더 잘 통합할 수 있고 이해할 수 있다. 그러므로 관계요법의 주요 목적은 유아의 편에서 자아 인식과 자아 방향감을 성취하는 것이다(Landreth, 2002).

유아는 왜 처음에 치료자가 필요할까? 비지시적 관계요법의 가정은 수용적인 분위기, 혹은 Meador와 Rogers(1984)가 말한 '비조건적인 긍정적 측면'은 유아의 일상생활에서는 가능하지 않다는 것이다. 부모와 그 밖의 성인들은 유아의 감정을 자아에 대한 진짜 표현으로 수용하지 않는다. 많은 성인과 유아는 분노, 공포, 슬픔의 감정을 인식조차 하지 못한다. 왜냐하면 시간이 지나서 그 감정들을 잊어버리기 때문이다.

② Virginia Axline

오하이오 대학교의 교수이자 정신분석 치료자인 Axline의 비지시적 관계요법은 지금의 놀이치료 이론으로 발전하게 된 계기를 만들었다. 유아 자신의 내부에는 성장을 이끌어 나갈 생명력의 원천이 있기 때문에 유아의 경험을 그대로 인정하고 반영하는 데 초점이 맞추어져 있다. 그 여덟 가지 기본 원칙은 다음과 같다.

- 치료자는 유아와 따뜻하고 다정한 관계를 확립해야만 한다. 유아는 치료실이 편안하게 놀이할 수 있는 초대받은 장소라고 느낄 수 있어야 한다. 치료자

는 따뜻한 미소와 진정한 관심을 가지고 유아에게 인사해야 한다.

■ 치료자는 칭찬이나 비판 없이 유아를 있는 그대로 완전히 받아들여야 한다. 그러한 전반적인 수용은 치료자의 입장에서 보면 상당한 인내심을 요한다. 치료자는 도움을 주려고 하나 유아는 어떠한 도움도 원하지 않을 때처럼, 특히 유아와 치료자의 목적이 엇갈린다면 치료자는 상당한 인내심이 필요하다.

■ 치료자는 허용적인 분위기를 확립해야 한다. 치료실에 있는 자료와 치료실에 있는 시간은 유아가 원하는 대로 사용되어야 한다. 치료자의 시간은 모두 유아를 위한 시간이고, 유아는 자신이 하고 싶은 대로 사용할 수 있을 때 편안하게 반응할 것이다.

■ 치료자는 유아의 감정을 인정하고 유아에게 그 감정을 반영하도록 노력해야 한다. 유아가 감정을 말, 몸짓, 놀이를 통해 상징적인 의미로 표현할 때, 감정의 반영은 유아의 감정 속에서 통찰력을 획득할 수 있도록 도와준다. 치료자는 감정을 말로 표현할 때 유아가 말하는 것이 무엇인지 정확하게 인식하도록 주의를 기울여야 하고, 유아의 말을 의도된 것보다 더 많이 읽으려고 해서는 안 된다.

■ 치료자는 언제나 유아를 존중해야 하고 유아가 자기 문제를 스스로 해결할 능력이 있음을 인식해야 한다. 치료는 치료자가 아닌 유아가 중심이 되어야 한다.

■ 치료자는 어떤 방식으로든지 유아의 행동이나 대화를 지시해서는 안 된다. 유아가 이끌고 치료자는 따르는 것이다. 비지시적인 치료는 조사를 하는 듯한 질문, 방향, 제안, 촉진, 비평, 유아의 행동에 대한 인정도 용납하지 않는다.

■ 치료를 서둘러서는 안 된다. 주로 치료의 진전은 분명하게 나타나지 않을 것이다. 그러나 진전이 즉시 충분히 나타나지 않는다고 해서 진전이 없음을 의미하는 것은 아니다.

■ 비지시적인 치료의 중요한 원칙은 한계를 분명히 정해야 한다는 것이다. 한계는 유아가 현실을 직시하고 수행해야 할 책임을 인식하도록 해 준다.

3) 놀이치료의 구성 요건

(1) 놀이치료실

■ 놀이치료실의 분위기는 허용적인 공간으로 편안한 느낌을 전달해 주는 '유아만의 공간'이라는 명백한 메시지를 전달하여야 한다.

■ 놀이치료실은 놀이치료를 효과적으로 할 수 있도록 고안되어야 한다. 놀이치료실은 이론적 배경에 따라 다르게 꾸며질 수 있지만 전반적으로 채광, 통풍, 안락하게 느낄 수 있는 분위기 등이 필수적으로 갖추어져야 한다. 놀이치료실의 크기는 개인치료인지 집단치료인지에 따라 달라진다.

- 개인치료실: 3×3~5×5m
- 집단치료실: 4.5×7.5m 내외

■ 놀이치료실은 다른 방으로부터 독립된 공간이어야 하고 다른 방에 피해를 주지 않아야 한다.

■ 놀이치료실에는 부모나 다른 관찰자가 관찰할 수 있도록 일방경을 설치할 수 있다.

■ 놀이치료실에는 수도와 싱크대가 있어야 한다.

■ 놀이치료실에는 놀잇감을 배치할 놀잇감 장이나 선반이 필요하다.

■ 놀이도구는 유아가 자유롭게 놀이를 진행할 수 있어 치료적 관계가 촉진될 수 있도록 배열하여야 한다.

놀이치료실 내부

(2) 놀이도구

유아의 놀이가 유아의 언어를 상징한다면 놀잇감은 단어가 된다. 따라서 놀이치료를 촉진할 수 있는 놀잇감과 놀이도구가 필요하다. 이러한 놀잇감과 놀이도구는 유아의 관심을 끌 수 있어야 하며 유아가 편하게 느끼도록 배열되어야 한다. 또한 놀이치료의 목적을 성취할 수 있는 것으로 놀이치료의 이론적 근거와 일치되는 범위 내에서 주의 깊게 선택되어야 한다.

놀잇감과 놀이도구의 선택기준

- 유아와 긍정적인 관계 맺기를 돕는 것
- 폭넓은 감정표현을 가능하게 하는 것
- 실생활 경험을 탐색할 수 있는 것
- 제한점에 대한 현실 검증이 가능한 것
- 긍정적 자기상의 발달을 돕는 것
- 자기 이해를 발달시킬 수 있는 것
- 자기통제력 발달을 돕는 것

놀이치료실에서 구비해야 할 기본적인 놀잇감은 〈표 9-1〉과 같다.

〈표 9-1〉 놀이치료실의 기본적 놀잇감

놀잇감 유형	종 류
가족과 양육적 놀잇감	가족 인형, 인형집, 요람, 유아 크기의 흔들의자, 담요, 사람 퍼핏, 젖병, 아기 인형, 아기 옷, 봉제인형, 모래상자, 부엌용품, 빈 음식 용기 등
위협적 놀잇감	뱀, 쥐, 괴물, 공룡, 벌레, 용, 상어, 악어, 늑대, 곰 등의 퍼핏이나 인형 등
공격적 놀잇감	펀칭백이나 밥백(bop bag), 다트 총, 장난감 총, 권총집, 고무칼 등의 무기류, 군인 인형이나 군용품, 고무방망이, 방패, 수갑 등
표현적 놀잇감	그림을 그리기 위한 일체의 도구, 플레이도, 찰흙, 연필, 가위, 색종이 등
상상을 위한 놀잇감	의사놀이 세트, 퍼핏, 요술지팡이, 풍선, 권총, 전화, 동물 인형, 자동차, 비행기, 트럭, 모자, 보석, 핸드백 등

4) 놀이치료의 실시과정

(1) 초기단계

상담 초기의 경험은 치료의 성패에 중요한 영향을 미친다. 이 초기과정은 치료자와 친숙한 관계를 맺어 가는 과정으로 상담실이나 치료자를 탐색하는 단계다. 그러므로 이 단계에서는 내담자와 라포(rapport) 형성이 이루어지기 위해 신뢰성 있는 관계를 구축하기 위한 노력을 기울여야 한다. 그리고 치료자는 수용적인 태도로 내담자의 감정을 반영해 주고 동기를 부여해 주며 깊은 해석을 하지 않아야 한다. 유아와 상담을 할 때는 치료실에서의 행동적 한계를 알려 주고 시간적·공간적 한계도 알려 주어야 한다. 또한 치료자는 치료를 서두르지 않으며 내담자가 치료실에 적응하고 안정감을 느낄 수 있도록 충분한 시간을 제공해야 한다.

놀이치료실에서 관계를 구축하는 요인

- 유아가 가지고 있는 모든 것을 받아들이는 것
- 안전하고 편안한 분위기를 조성하는 것
- 제한된 것 안에서 허용하는 것
- 유아의 감정을 파악하고 반응하는 것
- 유아의 말을 경청하고 지지할 수 있는 태도를 지속적으로 유지하는 것
- 유아의 감정 표출을 촉진하는 것
- 유아 스스로 의사를 결정하고 책임감을 형성할 수 있도록 촉진시키는 것

(2) 중기단계

중기단계에는 내담자가 자아존중감을 형성하기 위한 통찰력을 갖도록 도와주고 성취감을 느낄 수 있는 기회를 갖도록 치료를 계획해야 한다. 특히 유아의 경우에는 좌절하지 않도록 세심한 배려를 해야 하고, 내담자가 갈등을 느끼는 상황이 내담자가 견딜 수 있는 정도인지를 고려해야 하며, 격려와 지지도 필요하다. 이 시기는 치료의 대부분을 차지하는 긴 과정으로 내담자는 부모와의 관계에서 결핍되거나 왜곡된 부분을 보충하고 수정하는 교정적인 경험을 하게 되고, 해석을 통해 자신의 과거에 일어났던 충격적인 사건을 재통합하고 성장하게 된다. 즉,

치료자와의 적절한 치료적 관계를 통해 재창조하도록 계획된 교정적인 과정을 통해 치료가 이루어지며 해석을 통해 성장하게 된다.

(3) 말기단계

이 단계가 되면 내담자는 자신의 문제를 있는 그대로 수용할 수 있으며 자신의 장점을 존중하고 자아존중감이 향상되어 적극적으로 현실에 대처하는 모습을 보인다. 이때 집단치료를 병행하면 현실 상황에 대해 구체적으로 적응하는 기술을 습득하고 자신의 목표를 구축하는 데 큰 도움이 된다. 아울러 발달이 지연되었거나 결핍된 부분에 대한 재교육을 병행하여 성장·발달할 수 있도록 도와주어야 한다. 또한 치료를 종결하기 위해서는 사전에 계획해야 하며, 내담자와 합의하는 과정도 필요하다. 특히 유아의 수준에서 받아들일 수 있도록 고안된 방법을 사용해서 유아가 자연스럽게 종결을 받아들일 수 있도록 해야 한다.

5) 병원의 놀이 전문가

입원은 어린 유아에게 스트레스를 주어 정서적으로 위축되거나 퇴행, 울음 등의 행동이 나타나며 놀이와 발달을 저해하는 무서운 경험이 될 수 있다. 특히 병원환경에서 유아는 선택의 기회가 감소되고, 친숙하지 못한 환경에 부딪히게 되며, 탐색하는 시간이 결여되고, 놀이의 결핍과 같은 통제감이 상실되며, 자신의 신체적·정서적 균형을 유지시켜 주었던 일상생활로부터 분리됨으로써 심리적 손상을 입을 수 있다.

병원에 준비된 물리적으로 매력적인 놀이방은 입원해 있는 유아에게는 천국으로 느낄 만한 충분한 가치를 갖는다. 병원에 준비된 놀이방에서 부모나 유아는 다른 가족 구성원들과의 접촉이나 또래의 지원을 받게 되어 다양한 위로와 혜택을 얻을 수 있다. 개별 입원실과 복도 그리고 병원의 다른 공간 역시 놀이 공간이 될 수 있다. 병원의 놀이 전문가는 환자들이 서로의 입원실을 방문하여 같이 놀이하고 미술 작업, 게임 놀이, 좋아하는 이야기 혹은 인형극을 공유하도록 도와준다. 병원의 진료 대기실에서 볼 수 있는 놀잇감 상자를 복도에 놓아 입원해 있는 유아들이 놀이를 하고 사회적 상호작용을 할 수 있도록 하는 것도 좋은 방법이 된다. 병원의 놀이 전문가는 유아가 감정을 표현하도록 많은 기회를 제공하며, 유아가 모든 종류의 감정을 갖는 것이 괜찮고 정상적이며 용납된 것임을 느끼게 해 주어야 한다(Hartley, 2002). 치료적 놀이(그림 그리기, 인형놀이, 손가락 인형놀이, 수수께끼, 자전거 놀이 등) 교육을 통하여 유아에게 분노의 감정을 표현하고 울 수 있는 기회를 제공해 주며, 질문을 유도하는 결과를 보여 주어 정서적인 지지와 안녕감을 경험하게 한다. 입원한 유아는 소위 병원놀이를 한다. 어떤 유아는 주사바늘이 없는 정맥주사줄, 청진기 등과 같은 실제 의료장비를 선호하고, 어떤 유아는 실제 의료장비를 무서워하여 장난감 모형을 선호하기도 한다. 이와 같은 놀이 경험은 입원 유아의 두려움과 불안을 해소시키는 역할을 한다.

오늘날 놀이치료 전문가들은 아동이 입원해 있는 병원에 수준 높은 놀이를 되돌려 주기 위한 노력을 하고 있다. 유아교사 및 놀이치료 전문가들은 병원과의 협력을 통하여 만성적인 질병을 가진 유아 또는 장기 입원을 예정하고 있는 유아를 도와줄 수 있다. 뿐만 아니라 가족들이 힘들고 일상을 방해하는 경험에 보다 잘 대처하도록 도와줄 수 있다. 유아가 오랜 기간 병원에 입원했을 때, 교사는 전문가와 협의하여 적절한 수준에서 상호 활동을 유지할 수 있다.

이상에서 살펴본 것과 같이, 특수유아에게 놀이는 즐거운 활동이고 여러 가지 혜택을 준다. 특수유아의 놀이 수준은 일반유아의 경우보다 낮고 미숙하지만 특수유아의 놀이의 가치를 인정해야 하며 특수유아의 놀이가 활성화될 수 있는 긍정적인 시각과 방안이 필요하다. 놀이의 교육적 가치를 아는 교사는 특수유아가 놀이를 통해 배우는 많은 방법을 이해할 수 있다.

제 10 장

놀이와 교육과정

1. 놀이와 교육의 역동적 관계
2. 교육적 놀이

⛵ 21세기는 창의성과 창조성을 갖추고 민주사회에 필요한 독립적인 자기 의사결정권의 사고와 행동을 갖춘 인재를 요구하고 있다. 이러한 능력은 유아기 놀이를 통하여 발달하게 되므로 유아의 놀이를 학습과 교육 경험으로 연결하여 교육적 효과를 증진시킬 필요가 있다. 유아교육과정에서 놀이는 유아의 교육 활동을 위한 교육적 도구이며 동시에 유아 발달을 반영하여 발달에 적합한 학습 기회를 제공할 수 있는 최고의 교수-학습 방법이다(Bredekamp & Copple, 1997; Copple & Bredekamp, 2009).

1980년대 이후 유아기 발달 및 교육의 중요성에 대한 관심은 유아기의 학문적 성취와 테스트에 대한 압력을 증가시켜 유아기 놀이시간이 축소되고 학업성취와 관련된 시간이 늘어 가는 분위기가 조성되기도 하였다. 이러한 현상에 대응하기 위하여 1990년대 이후 유아교육자들은 유아교육과정에서 발달적 적합성(Bredkamp & Rosergrant, 1995)과 통합적 교육과정으로서의 놀이 활동의 유용성을 중요한 요소로 강조해 왔다(Katz & Chard, 1993; Krogh, 1995; Elkind, 2003).

그러나 최근 유아교육기관의 놀이 교육과정을 분석한 연구 보고서를 보면 현대 유아의 일과는 점점 자유선택 놀이시간이 줄어들고 언어 및 수학 교수, 테스트와 같은 발달에 적절하지 않은 학습에 더 많은 시간이 할애되고 있다(Elkind, 2007; Miller & Almon, 2009). 연구자들에 따르면 유아기 놀이 실조 현상을 초래하고 유아교육기관에서 놀이다운 학습을 방해하는 가장 큰 원인은 교사가 놀이 활동을 교육과정에 포함시키지 않는 것이고, 다음은 놀이를 위한 시간, 공간 그리고 자금의 부족이다(Ginsburg, 2007). 또한 놀이의 중요성에 대한 교사 자신의 인식이 부족하고 교육행정가들이 극화놀이, 쌓기놀이, 물·모래놀이와 같은 놀이에 중요성을 두지 않는다는 점을 지적하면서, 유아교육과정에 놀이의 교육적 가치를 최대화할 수 있도록 노력해야 한다고 강조하였다(Chudacoff, 2007; Darke, 2009).

이 장에서는 유아교육과정에서 놀이의 적용을 최대화할 수 있는 방법을 모색하기 위하여 놀이와 교육의 역동적 관계, 그리고 교육적 놀이에 대하여 살펴보고자 한다.

1. 놀이와 교육의 역동적 관계

1) 놀이와 교육과정 관계

놀이와 교육과정은 역동적이고 다면적인 관계를 가지고 있다. 놀이와 교육과정의 관련성은 연계 정도와 관계의 방향에서 살펴볼 수 있다.

(1) 놀이와 교육과정의 연계 정도

놀이와 교육과정의 연계 정도는 분리, 병렬, 통합으로 구분할 수 있다. 일반적으로 유아교육과정은 놀이중심 교육과정이며, 유아교육에서 놀이는 유아의 발달과 학습의 핵심이다(Fromberg, 2002). 그러나 유아교육의 현장 실제에서는 놀이와 유아교육과정이 교육과 연계되지 않고 분리되어 운영되거나 통합되어 운영되는 정도에서 넓은 편차가 발견되고 있다(Pellegrini, 2009; Zigler & Bishop-Josef, 2006).

① 분 리

유아의 놀이 활동이 나머지 교육과정 활동과 완전히 분리되어 있는 경우다. 예를 들면, 교실에서 '우리 이웃'에 대한 주제가 진행되고 있고, 교실 영역은 언어, 수학, 과학 등 다양한 흥미 영역으로 꾸며져 있다. 교사는 우리 이웃에 대한 주제를 진행하고 있지만, 극화놀이 영역과 쌓기놀이 영역에는 전형적인 소꿉놀이 공간과 소품만 있을 뿐 우리 이웃에 관련된 새로운 소품이 제공되지 않고 있다. 이러한 상황에서 유아의 놀이 활동이 현재 진행되고 있는 주제의 학습에 포함되기는 거의 불가능하다. 놀이와 교육과정 관계가 완전히 분리되어 있다.

② 병 렬

놀이에 관련된 교육과정 활동이 유아에게 주어지기는 하지만 이러한 관계를 활용하고자 하는 시도가 전혀 이루어지지 않는 경우다. 예를 들면, 교실에서 '우리 이웃'에 대한 주제가 진행될 때, 교사는 극화놀이 영역과 쌓기놀이 영역에 몇 가지 놀이감과 소품(미장원 소품, 신발가게 소품 등)을 제공하였다. 그러나 유아의 관

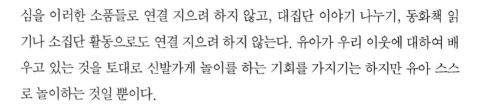

심을 이러한 소품들로 연결 지으려 하지 않고, 대집단 이야기 나누기, 동화책 읽기나 소집단 활동으로도 연결 지으려 하지 않는다. 유아가 우리 이웃에 대하여 배우고 있는 것을 토대로 신발가게 놀이를 하는 기회를 가지기는 하지만 유아 스스로 놀이하는 것일 뿐이다.

③ 통 합

교사가 놀이와 교육과정 사이의 연계고리를 제공하며, 이러한 연계에서 오는 학습 가능성을 최대한 활용하려고 노력하는 경우다. 예를 들면, '우리 이웃'이라는 주제에서 교사는 우리 이웃에 관한 극화놀이 소품과 쌓기놀이 소품을 첨가할 것이다. 또한 유아가 우리 이웃에 관심을 가질 수 있도록 동네를 견학하면서 다양한 가게나 관공서 등을 발견할 수 있는 기회를 만들어 줄 것이다. 유아가 신발가게에 관심을 가지고 있다면 관련된 이야기책 읽어 주기, 견학 가기, 신발가게처럼 신발을 모아 놓고 가게놀이 하기, 조형에서 다양한 신발 만들기, 신발을 만들기 위해 발길이 측정하기 등의 기회를 제공하며, 신발의 재료나 디자인, 가격, 발의 크기와 신발 크기의 관계, 발 측정법 등에 대하여 다양한 조사, 토론 등의 상호작용 기회를 제공할 것이다.

(2) 놀이와 교육과정 간 관계의 방향

놀이와 교육과정 간 관계의 방향은 교육과정이 유아의 놀이 활동을 불러일으키거나 영향을 주는 경우와 유아의 놀이 행동이 교육과정의 내용과 방향을 결정하는 데 영향을 미치는 경우로 구분할 수 있다(Van Hoorn, Nourot, Scales, & Alward, 1993).

① 교육과정에서 도출된 놀이

유아의 학업 개념 및 기술의 학습을 돕기 위하여 놀이 활동을 제공하는 경우다. 교사는 유아가 주제와 관련된 읽기, 쓰기, 수학, 과학 등의 놀이 영역과 놀잇감을 준비하여 교육과정 영역과 관련된 학업 개념과 기술이 놀이에 통합되도록 경험을 제공한다.

교육과정에서 도출된 놀이는 교수와 관련된 결과에 따라 다음 두 가지 중요한 기능을 한다.

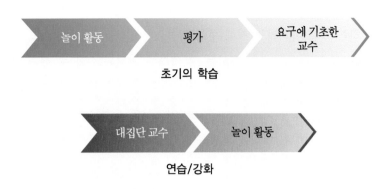

[그림 10-1] 교육과정에서 도출된 놀이: 두 가지 기능

- 초기의 학습기능: 놀이 활동이 교수 진행에 선행되며, 유아가 기술과 개념을 배울 수 있는 초기 기회를 제공한다. 교사는 유아에게 놀이할 기회를 제공한 후 목표한 기술의 형성 여부를 평가하고, 놀이를 통하여 기술을 숙달하지 못한 유아에게 직접적인 교수를 제공한다.
- 연습과 강화 기능: 놀이는 직접적 교수 다음에 제공되는데, 놀이를 통해 유아가 교육받은 기술을 연습할 수 있는 즐겁고 의미 있는 기회를 제공한다.

　동일한 놀이 활동도 그 활동이 진행되는 시기에 따라서 놀이의 기능이 달라진다. 예를 들면, 가게놀이에서 교사는 유아의 수 인식과 수 세기 기술을 배울 수 있는 초기의 학습 기회로 가게놀이 활동을 이용할 수 있고, 다른 방법으로는 교사가 먼저 수 세기 기술을 직접적 교수로 가르치고, 그다음 수와 수 세기 기술의 연습 기회를 제공하기 위하여 놀이 영역을 사용할 수 있다.

　학습과 교수에 관한 다른 관점을 가진 교사는 이중적 기능으로 놀이 활동을 이용할 수 있다. 만일 구성주의 신념을 가진 교사는 초기의 학습 경험으로 놀이 활동을 사용할 수 있다. 전적으로 직접적 교수법에 의존하는 대부분의 전통적 교사도 놀이가 그들이 가르친 기술을 연습할 수 있는 높은 동기를 제공하기 때문에 놀이의 교육적 장점을 활용할 수 있다.

　교육과정에서 도출된 놀이에서 초기의 학습기능의 평가와 요구에 기초한 교수는 매우 중요한 역할을 한다. 놀이 활동은 광범위한 학문적 개념과 기술의 학습을 위한 발달에 적합한 방법을 제공해 준다. 그러나 아무리 풍부하고 다양한 학습 기회가 제공된다 하더라도 그러한 학습 기회의 제공이 반드시 긍정적인 학습의 효과를 유발하는 것은 아니라는 점에 주의할 필요가 있다. 가게놀이 영역에서 유아의 놀이 가능성은 풍부하지만, 유아는 그 영역에 제시된 수와 수 세기의 기회를 인식하지 못할 가능성도 있다. 이러한 이유 때문에 교육과정에서 도출된 놀이에서는 교사가 가르치고자 의도한 기술의 놀이에서의 습득 여부를 확인하기 위한 평가의 과정이 필요하다. 이러한 과정을 통해 그 기술을 배우지 못한 것으로 나타났다면, 교사는 유아의 기술 숙달을 도와주기 위해 보다 직접적인 교수법을 사용할 수 있다. 요구에 기초한 교수는 놀이 경험 후에 기술을 배워야 할 필요가 있는 유아에게만 제공되어야 한다는 점도 주의하여야 한다. 이 방법은 모든 유아에게 제공되는 대집단 교수방법과는 전혀 다른 것이다.

② 놀이에서 도출된 교육과정

놀이에서 도출된 교육과정은 주로 자유놀이 혹은 자발적 놀이 시간 중에 일어나고, 교사는 모든 유아에게 의미 있고 생산적인 경험과 활동을 유발시키면서 유아가 적극적이고 능동적으로 참여할 수 있는 공간, 시간, 자료를 고려한다. 놀이에서 도출된 교육과정을 운영하는 의도는 자연적 맥락에서 모든 유아에게 풍부한 자극을 제공하기 위한 것이다. 놀이는 학습의 매개체이고 발달에 적합한 실제의 대표적인 방법이라고 볼 수 있다.

프로젝트 접근법(Project approach, Kats & Chard, 1993)이나 레지오 에밀리아 프로그램(Reggio Emilia approach, Malaguzzi, 1998)과 같은 통합적 교육과정은 자유놀이와 프로젝트 혹은 지속적인 조사방법으로 유아의 흥미를 활용하여 놀이 중심 교육과정을 진행하는 대표적인 것이다. 이 접근법은 어떻게 놀이가 교육과정을 일으키는지, 또 어떻게 놀이, 학습, 교수가 상호 연결되는지를 잘 보여 주고 있다.

교사는 유아가 놀이에서 시도할 수 있는 주제와 흥미와 관련된 학습 경험을 조직한다. 예를 들면, 유아가 놀이에서 바다 생물에 관심을 보인다면, 교사는 유아의 흥미에 맞추어 물고기와 바다에 사는 여러 가지 생물에 초점을 둔 통합 및 학제 간 상호 연관된 단원을 고안할 수 있다. 바다 생물에 관한 학습과정에서 유아는 문학, 수학, 과학과 관련된 다양한 기술 및 개념을 사용하고 학습할 수 있는 기회를 갖게 될 것이다. 이렇게 놀이에서 도출된 교육과정은 유아의 경험을 풍부한 교육적 놀이로 연계시키는 데 유용하다.

놀이에서 도출된 교육과정에서 놀이의 질을 평가할 수 있는 중요한 기준으로는 다음의 두 가지를 생각할 수 있다(Cuffaro, 1995).

- 첫 번째 기준은 교실환경이 유아 경험의 연속성에 얼마나 잘 반응할 수 있도록 계획되어 있는가다. 경험의 연속성은 Dewey의 교육철학에서 비롯된 개념으로, 유아에게 친숙하고 경험에 의해 기억하고 있는 과거, 생생하게 발달하고 있는 현재, 그리고 예상하거나 예상하지 못한 모든 놀라움을 가진 미래 간의 연계성을 의미하는 것이다. 교육 현장에서 보이는 잘못된 믿음 중 하나는 자유놀이 시 성인이 유아에게 경험을 제공할 수 있다고 여기는 것이다. 경험은 스스로 하는 것이지 제공되는 것이 아니다. 따라서 교육환경은 시간과 공간이 제한되지 않고 사회적 상호작용과 자료에 의한 자극으로 교육과정과 학습을 위한 유아의 발명과 창의력의 기회를 제공하여야 한다.
- 두 번째 기준은 놀이 안에서 이루어지는 유아와 유아, 유아와 교사 간의 상호작용이다. 한 유아가 놀이의 대본을 작성하면 교사는 객관적이고 주관적인 요인 사이, 즉 현실과 사회적 구속 간, 그리고 유아의 환상, 느낌과 개별적인 독특한 요구 간의 균형적인 상호작용을 어떻게 격려할 것인지 관심을 둘 필요가 있다. 또한 유아의 놀이를 풍부하게 하기 위해서 교사는 유아가 혼자 놀이하는 모습과 다양한 사회적 상황에서 또래와 함께 놀이하는 모습을 자세히 관찰하여야 한다. 교사의 민감성은 지지와 비계설정을 통해 놀이 수준을 향상시키는 결정적 역할을 한다. 따라서 교사는 적절한 시간, 공간, 자료를 제공하여 유아의 경험들이 서로 연결되고 다음 날로 확장되어 갈 수 있는 상호작용이 되도록 하는 것이 좋다.

놀이가 학습과 교육과정의 근원이 되기 위해서는 놀이에서 교사의 개입 방법 및 시기가 중요하다. Cuffaro(1995)에 따르면 놀이의 주제나 토픽을 미리 결정하기보다는 놀이에서 도출된 교육과정의 기초로 유아의 흥미를 찾아내고, 그 흥미에 따라 놀이를 진행하는 것이 중요하다. 놀이에서 교사가 개입해야 할 시기는 언제인가? 놀이에서 주제를 소개해야 하는가? 질문이나 토론, 견학을 통하여 유아의 놀이를 안내하고 형성시켜야 하는가? 유아가 사회적 존재로서의 자신을 깨닫고 공동체 의식을 기르면서 자신의 호기심과 흥미를 나타낼 수 있는 놀이가 되도록 어떻게 접근할 것인가? 교사는 앞에서 진술한 Dewey의 연속성과 상호작용의 원칙에 근거하여 유아의 경험을 교육과 연관시키려는 노력을 하여야 한다.

Cuffaro(1995)는 뱅크 스트리트(Bank Street) 프로그램의 교육과정에서 유아와 놀이가 어떻게 형성되는지 그 예를 제시하고 있다.

> 학기 중간에 유아의 놀이가 활발하게 진행되지 못하고 반복되는 상황이 있었다. 교사는 유아들이 한 번도 경험하지 못한 놀이 유형에 참여하도록 유도하여 유아들의 놀이에 활력을 불어넣었다. 한 유아의 생각은 교실 바닥 전체를 바다로 하자는 것이었다!
>
> 교　사: 쌓기 영역이 강이 된다면 어떻게 될까?
> 이본느: 그러면 우리는 어떻게 해야 하지? 항상 수영해야 할까?
> 리처드: 너는 물고기가 될 수 있어.
> 이본느: 난 물고기 안 할 거야. 나는 학교를 만들고 싶어.
> 리처드: 그렇게 해도 돼.
> 이본느: (믿을 수 없다는 듯이) 강에서?
> 토　드: 잠깐, 기다려! 좋은 생각이 있어. 교실 바닥을 모두 바다, 바다로 만드는 거야.
>
> 교사와 다른 유아들은 토드의 생각을 수용하였고, 결국 섬 생활, 해양 수송, 태풍에 관한 주제의 극놀이로 확장되었다. 이 예에서 거대한 사회교육 주제가 유아의 놀이에서 도출되어 확장되는 것을 알 수 있다.

교육과정으로서의 놀이와 놀이중심 교육과정 간의 구분은 이 예에서처럼 분명하지 않다. 어린 유아의 경우 교사는 놀이를 교육과정에 보다 많이 수용하거나, 지적 및 학문적 목표보다는 사회ㆍ정서적 목표에 초점을 두는 경향이 있다. 반면에 교사의 초점이 인지적 학습으로 전환되면 교사는 자유놀이의 개념에서 벗어나 하루 일과 중 후속 혹은 관련 활동의 연결시간으로 놀이시간을 보는 경향이 많아지는 것 같다.

2) 유아교육과정에서 놀이의 기능

놀이가 중심이 되는 학습 활동은 유아에게 다양한 기술과 개념을 배울 기회를 제공할 수 있는 이점이 있고, 교사에게는 유아가 학습하고 있는 것을 확인할 수 있는 자연스러운 평가의 기회를 제공할 수 있다.

(1) 의미 있는 학습과 실행능력의 통합으로서 놀이

학습자가 실생활 속에서 유용한 것을 의미 있게 배우고 실행하는 통합적 교육과정은 중요하다(Darke, 2009; Pellegrini, 2009; Singer, 2006a). 유아기에 있어서 통합의 개념은 인간의 뇌가 의미 있는 정보를 처리할 때 실행능력이 가장 적절하게 기능한다는 두뇌발달에 관한 연구(Nelson, de Haan, & Thomas, 2006)에 의해 지지되고 있다.

최근 실행기능은 유아의 기초적 인지기능과 정서능력을 제공하여 추후 조기 학업능력과 밀접한 관계가 있음이 밝혀지고 있다(Blair & Razza, 2007). 유아의 사고 능력을 증진하기 위하여 유아의 지식 및 개념 이해와 문제해결 과정이 자연스럽게 능동적인 참여로 이루어지고, 자기 모니터링 과정이 유아의 교수-학습에 적용된다면 교육적 효과가 극대화될 수 있다(Griffin, 2005).

유아의 행동, 사회, 정서, 인지 등의 발달에서 유아의 경험을 통합적으로 연결시켜 주고 실행능력을 풍부하게 경험할 수 있는 교육과정은 놀이 중심의 통합적 교육과정이다(Bredekamp & Rosegrant, 1995; Krogh, 1995; Pellegrini, 2009; Williams & Fromberg, 1992). 통합적 접근의 교육적 가치를 강조하는 연구자들은 유아교육에서 다음의 세 가지 요소가 강조되어야 한다고 제안한다.

- 유아의 흥미에 기초한 유아 주도의 의미 있는 교육과정 제공의 필요성
- 발달이론에서 벗어나 다양한 영역의 내용 및 개념을 교육 내용으로 하고 유아의 사전 경험에 기초한 특정 주제의 깊이 있는 탐구의 놀이 활동 적용
- 사회적 상호작용으로서의 교사의 지원과 유아 간 협력 역할의 중요성

놀이를 통한 통합적 교육과정에서는 유아가 흥미를 갖는 주제에 대해 유아 주도의 활동으로 사전 경험 및 개념에 기초하여 다양한 탐색 및 조사 활동으로 확장

시키고, 구성 활동 및 표상 활동으로 표현하게 하며, 그 결과물에 대한 전시와 평가를 통한 반성적 활동으로 유아의 학습 성향 및 능력과 발달을 촉진하는 데 매우 효과적이다(신은수, 1991; Katz & Chard, 2003). 또한 레지오 에밀리아 프로그램에서 유아들의 결과물에서 보여 주는 지식의 깊이, 학습 동기, 결과의 질 등을 보더라도 통합적 교육과정을 통하여 형성될 수 있는 유아의 학습능력의 가능성과 교육 내용에 대하여 재인식할 필요가 있다.

따라서 유아의 발달과 학습을 의미 있고 효과적으로 지원하는 유아교육과정은 유아의 자발적이고 의미 있는 학습 경험이 깊이 있게 탐구 가능하고, 교사 및 또래 간 상호 협력적인 사회적 관계 속에서 유아의 실행능력이 자연스럽게 경험될 수 있는 놀이를 통한 교육과정이 되도록 배려하는 것이 필요하다.

(2) 교수-학습 및 평가의 도구로서 놀이

유아교육에서 놀이는 교수-학습 및 평가를 위한 중요한 도구다. 유아 놀이는 교육과정이 될 수 있는 학습의 기본 개념 및 기술 그리고 발달에 적합한 많은 기회를 제공하면서 경험을 재구성하고 인지능력을 연습하고 강화할 수 있는 기회를 제공할 뿐만 아니라 미래 상황에 대한 생산적 적응을 촉진시킨다(Sayeed & Guerin, 2000). 또한 유아의 놀이 활동에 대한 관찰은 유아가 진행하고 있는 활동에서 그들의 발달과 능력을 진단하고 그들이 필요로 하는 요구에 기초한 교수 활동을 계획하면서 학습을 위한 연습과 강화를 제공하는 등의 평가 도구로 활용된다(Bergen, 2002; Sayeed & Guerin, 2000).

유아의 학습과 발달에서 놀이 활동의 중요성과 사회적 상호작용이 강조되면서 놀이에서의 교사의 안내적 지원 및 또래 간 협동적 상호작용의 경험은 유아의 학습 기회 및 능력을 더욱 확장시켜 준다는 연구 결과들이 증명되고 있다. 교육적 놀이 경험의 기간이 유아의 놀이발달에 미치는 효과에 관한 평가 연구를 보면, 일관성 있는 상호작용 프로그램의 교육을 경험한 유아가 그렇지 않은 유아보다 놀이의 사회적 및 구성적 수준이 높은 것으로 나타났다. 유아 간의 놀이 중 능력 있는 또래에 의한 놀이 경험의 효과에 대한 혼합연령 집단과 동일연령 집단의 사회·인지적 능력에 관한 비교 연구를 보면, 혼합연령 집단에서 유아의 긍정적·사회적 상호작용과 언어적 상호작용이 많이 나타나고 협동적 구성 및 극화 활동이 많이 나타나는 것으로 나타났다(신은수, 1996, 1997).

놀이가 다른 행동과 구별될 수 있는 특징 중 하나는 놀이 경험을 통해 광범위한 학습 경험을 제공할 수 있다는 것이다(Dracup, 2008; Fromberg, 2002; Pellegrini, 2009). 놀이의 학습적 특성을 강조하는 연구자들은 놀이의 본질적인 특징인 내부적 동기유발, 활동의 결과보다는 과정 중시, 유아의 자유로운 선택, 긍정적인 즐거움과 만족감 제공, 비실제적인 상상 등이 학습의 본질적인 특성과 매우 유사하다고 하였다(Hirsh-Pasek & Golinkoff, 2008; Rubin, Fein, & Vandenberg, 1983).

놀이를 교육과정으로 실제 교육 현장에서 효과적으로 적용하고 통합하기 위하여 유아교육 전문가들은 놀이와 학습 간의 관계를 이해하는 것이 중요하다. 먼저 인간의 삶을 풍부하게 하는 놀이의 힘을 알아야 하는데, 놀이는 삶에서 가치 있는 활동이며 유아와 마찬가지로 성인에게도 많은 목적을 제공한다. 즉, 인간은 자신의 삶을 놀이로 접할 수 있고, 놀이의 잠재력에 가치를 두는 성인은 놀이를 사회적 영향력이 없고 덜 성숙되며 제한된 활동으로 보는 사람들보다 유아 놀이발달의 조력자로서 성공하게 된다고 할 수 있다. 놀이와 학습에 대한 본질적 특성에 대한 명확한 이해는 인간, 즉 유아와 성인의 놀이 이해에 도움을 주고, 삶의 중요한 영역으로서 놀이의 학습 매개체로서의 기능의 활용 계획 및 적용을 가능하게 한다(Golinkoff, Hirsh-Pasek, & Singer, 2006).

3) 놀이와 학습의 연속성 관계

놀이에 대한 이론과 연구 결과의 실제 적용을 위한 계획 시, 유아교육자는 놀이와 비놀이의 관계를 파악하여 놀이가 비놀이로 전환되지 않도록 놀이와 학습의 연속성 관계를 파악하여야 한다(Bergen, 1988; Miller & Almon, 2009; Sponseller, 1974).

(1) Sponseller의 놀이와 학습의 범주

Sponseller(1974)는 놀이를 학습의 매체로 인식하여 놀이와 학습의 도식에 기초한 놀이 활동의 적용과 평가를 위한 현장 적용성을 제시하였다. Sponseller의 놀이와 학습의 도식은 교육과정 도구로서의 놀이와 연관된 다양한 학습과정의 관계와 놀이와 일의 경계를 밝혀 주고 있다.

<표 10-1> Sponseller(1974)의 놀이와 학습의 범주와 특성

내적 · 외적 통제와 조절의 정도	유아의 활동 참여, 활동의 과정 진행, 활동 장소, 놀이과정의 선택과 결정의 정도
내적 · 외적 실제의 정도	실제 상황을 변형시키거나 어려운 기술을 사용할 수 있는 유아의 가능성의 범위
내적 · 외적 동기의 정도	유아가 자신의 최적의 요구에 의하여 활동을 주도하거나 확대, 변화, 중단에 대한 기회의 수준

유아의 행동은 최고의 내적 통제 요인(유아 주도)에서 외적 통제 요인(성인 주도)까지 연속된 수준이 상호 연관되어 있으며, 동화적 요인은 내적 통제 요인과, 조절적 요인은 외적 통제 요인과 일치하는 점에 있다고 볼 수 있다. 유아의 놀이와 비놀이 행동은 자유놀이에서 일까지의 범위로서 학습과정의 구성 요인은 발견학습에서부터 훈련이나 연습의 연속선을 따르게 된다.

(2) Bergen의 놀이와 학습의 연속 유형

Bergen(1988)은 유아의 학습과 관련된 놀이와 비놀이 행동을 다음의 다섯 가지 요인에 의하여 분석하고 교육적 적용 가능성을 제시하였다.

[그림 10-2] 놀이와 학습(일)

① 자유놀이

자유놀이는 내적 통제(조절), 실제성, 내적 동기가 높은 범주로, 놀이자는 어떤 놀이를 할 것이고 언제 할 것인지를 선택한다. 놀이를 혼자 할 것이지, 다른 놀이자와 같이 할 것인지도 결정한다. 또한 놀이를 같이 할 다른 놀이자의 선택도 자유롭게 결정한다. 자유놀이는 물리적인 환경과 놀이자의 신체적 · 정신적 수준(언어적 수준이나 눈과 손의 협응력)에 의한 외적 제한도 가지게 된다. 교육적인 환경은 놀이할 수 있는 공간과 놀이할 때 보내는 시간과 같은 최소한의 외적으로 부여된 제한 안에서 자유를 허용하는 규칙이 있으나, 자유놀이 시 유아는 동화가 중심이 되는 심리 상태에서 조작하기 때문에 적어도 환경적 제한에 의해 영향을 받게 된다. 자유놀이는 모든 환경에서 나타나지만 교육환경에 의하여 놀이 행동이 풍부화되고 격려될 수 있다.

② 안내된 놀이

안내된 놀이는 외적으로 부여된 통제, 실제성, 동기에 유아의 흥미 및 요구와 맞는 사회적 규칙 내의 자유로운 구조 속에서 일어난다. 놀이자가 놀이 활동의 광범위한 선택권을 갖고 있으나, 선택·안정성·분배에 대한 사회적 규칙이 제시된다. 교육환경은 자유놀이의 환경보다 더 규제적일 수 있고, 놀이의 선택에 대한 구체적 제한이 있거나 특별한 시간 동안 지정된 수의 놀이 활동에 참여하도록 할 수도 있다. 안내된 놀이는 성인에 의한 감독, 놀잇감 제시, 도전의식의 격려, 놀이의 재지시에 의하여 이루어지기도 한다. 유아는 대부분 동화가 중심이 되는 방식으로 활동을 하지만, 성인의 안내에 의하여 조절된 방식으로 활동을 하여 활동에 필요한 제한을 하기도 한다. 성인이 결정한 규칙과 외적인 실제를 위하여 놀이의 조절이 필요한데, 도구 사용의 규칙과 제안에 의한 목공놀이가 그 예다. 성인은 유아가 혼자놀이보다는 좀 더 사회적인 놀이에 참여하도록 격려할 수 있다. 성인의 역할은 자유놀이 상황에서 더 능동적이며, 일반적인 유치원의 자유놀이는 사실상 자유놀이와 안내된 놀이의 결합이다.

③ 지시적 놀이

지시적 놀이는 성인에 의하여 정해진 외적 요인으로 통제되고 놀이는 성인에 의하여 지도되고 이끌어진다. 지시적 놀이에서 유아는 내적 통제, 실제, 동기의 연습 기회도 있으나 성인에 의해 제한된 범위 안에서 활동이 이루어진다. 유아의 행동 범위는 성인에 의하여 명확히 지시되며 성인이나 또래에 의하여 규제된다. 지시적 놀이의 범주에는 게임 활동이 속한다. 지시적 놀이에서 유아는 놀이 장소, 종류, 방법, 시간에 대한 선택권이 없고, 참여 유아 수, 규칙, 시간이 성인에 의하여 정해진다. 지시적 놀이는 대부분 조절적 방식으로 이루어지며, 동화적 방식은 짧은 시기 동안만 제시된다. 지시적 놀이에서는 진정한 놀이로서 유아가 경험하도록 충분한 흥미를 갖고 즐기도록 하여야 하며, 내적 통제, 내적 동기, 실제성을 갖고 있지 않으면 놀이가 이루어지지 않으므로 성인은 놀이적 요인이 포함되는 지시적 놀이를 선택하여 제공하여야 한다. 지시적 놀이도 유아의 개인차를 고려하고 규칙을 변화시킬 수 있으며, 위험이나 실패의 요소를 최소화하는 환경으로 유도하고 유아에게 선택권을 제공하면 진정한 놀이의 요소를 유지할 수 있다. 유아에게 적합한 지시적 놀이가 되려면 유아의 발달과 학습 수준에 관한 성인의 지식과 각 수준에 적합한 지도가 필수적이다.

④ 과제지향 활동

과제지향 활동은 잠재된 내적인 통제나 동기, 실제성을 이끌 수 있다면 안내된 놀이나 지시적 놀이 활동으로 전환될 수 있다. 유아에게 기초기술의 학습을 위한 교육은 기계적 암기와 반복적 연습 등에 많은 시간이 요구된다. 전반적으로 기초기술 학습은 유아의 자유놀이, 안내된 놀이, 지시적 놀이에서 적절히 학습되지만, 특정 학습목표는 유아의 기계적 암기나 연습에 의한 시간적 할애가 요구되기도 한다. 유아는 이처럼 성인이 주도한 활동들은 놀이가 아니라고 보며 '과제 혹은 일'이라고 본다. 성인은 이러한 활동을 재미있는 활동으로 제시하여 놀이로 가장하여 놀이화하려고 한다. 유아교육 현장에서 교육자는 이러한 과제에 대하여 유아와 함께 의논하여 활동을 놀이화하고 흥미 있는 활동방법을 결정하도록 허용해 줄 수 있다. 덧붙여 유아가 과제나 일을 놀이로 생각하여 활동하도록 유아의 내적 통제, 동기, 실제성을 고려하여 제공하여야 한다.

⑤ 학습(일)

학습(일)은 외적으로 정해진 목표의 성취를 위하여 몰두하는 활동이며 동기 또한 외부에 있고 실제성의 변형이 되지 않는다. 유아의 놀이는 대부분 동화적인 방식으로 일어나는데, 일에서는 그러한 놀이 활동이 거의 나타나지 않는다. 그러나 초기 놀이 이론가들 중 어떤 사람은 "놀이는 유아의 일이다."라고 하였으며, 어떤 이론적인 견해에서는 유아의 자기 주도적인 활동을 일이라고 명명하였다. 그러나 선행된 분석 범주를 적용하면, 예를 들어 몬테소리(Montessori) 프로그램에서의 활동들은 놀이보다 작업 혹은 일이라고 명명하지만, 몬테소리 활동들도 구조적인 교구와 환경 내의 조작에 의한 내적 동기의 활동들은 안내된 놀이로 볼 수 있다. 많은 교육자는 유아가 모든 학습을 재미있게 할 수 있는 방법을 발견해야 한다고

생각하는 반면, 어떤 교육자들은 유아가 비록 원하지 않는다 할지라고 목표를 수
행하기 위하여 열심히 일할 필요가 있다는 것을 어려서부터 발견해야 한다고 생
각한다. 유아는 '일'이라는 활동이 흥미 있고 만족될 수 있는 중요한 과제라고 인
식할 수 있다(King, 1982b).

(3) Miller와 Almon의 유아교육과정의 연속성

최근에 Miller와 Almon(2009)은 놀이와 유아교육과정의 연속성을 [그림 10-3]
과 같이 네 가지로 제시하면서 유아 주도의 자유놀이와 교사에 의해 안내되는 초
점 둔 경험적 학습 간에 적절한 균형이 필요하다고 제안하였다.

유아 주도적 놀이는 배우기를 원하는 유아에게 필요한 풍부한 경험을 제공해
줄 수 있다. 또한 초점 둔 학습이 포함된 놀이가 있는 교실에서 유아 주도적 놀이
는 교훈적 기술, 표준화된 검사, 스크립트된 교수가 줄 수 없는 장기적 이점을 제
공해 준다. 유아교육기관에서 놀이는 시간이 지나면서 그냥 이루어지는 활동이거
나 유아의 자발성과 탐색을 통한 학습의 기회가 결여된, 성인에 의한 매우 구조화
된 활동을 의미하는 것이 아니다. 대신 열정적인 교사가 있는 상황에서 유아 주도
적 놀이와 교사에 의해 안내된 초점 둔 경험적 학습 간에 조화가 이루어져야 한다.
따라서 유아 교육자와 전문가, 정책 수립자는 유아교육과정의 연속성에서 이 두
가지 중심된 방법을 충분히 고려한 교육과정 개발에 노력해야 한다.

구속이 없고 느슨한 구조의 교실	유아 주도적 놀이가 풍성한 교실	초점 둔 학습이 포함된 놀이가 있는 교실	교수적이고 매우 구조적인 교실
적극적인 성인의 지지가 전혀 없어서 가끔씩 혼란스러울 수 있는 놀이	교사의 적극적인 참여가 있는 놀이 안에서 세상을 탐색	교사가 안내하는 풍부하고 경험적인 활동이 있는 학습	놀이가 거의 없고 표준화된 가르침이 제공되는 교사 주도적 교수

[그림 10-3] 놀이와 유아교육과정의 연속성

2. 교육적 놀이

놀이 중심의 교육에서 고려하여야 할 점은 놀이로서의 본래적인 상태를 유지하면서 놀이자 중심, 놀이자 주도 그리고 놀이자의 속도에 맞추어 놀이 활동을 제시하는 것이다. 유아의 놀이를 지지하면서 교육과정과 교수원리의 한 접근으로 통합시키려면 유아의 놀이로 인한 학습 경험 및 결과가 의미 있게 생산될 수 있는 교육적 놀이가 되어야 한다.

교육적 놀이(educational play)라는 개념은 역설적이며 논란의 여지가 있다. 놀이는 동기, 자유 선택, 유아의 현실 감각, 긍정적 정서 등 유아에게 초점을 둔 반면, 교육은 유아 외부에서 존재하는 교육 전문가 및 국가가 제시하는 기준 목표에 부합되는 목표와 교수방법, 결과 등이 포함되어 있다.

이러한 놀이와 교육의 상반된 의미로 볼 때, 교육적 놀이는 어떻게 정의할 수 있을까? 교육은 성취해야 할 목적 및 목표가 있고, 그것의 달성을 위한 다양한 교수방법이 적용되며, 의도하는 결과를 성취하는 일련의 과정으로 이루어진다. 이러한 목적에는 수, 문해, 과학 등과 같은 학습적인 것이나 문제 해결, 독립적인 사고나 합리적 의사결정 같은 것이 포함되기도 한다. 반면에 놀이는 비실제적이고, 내적으로 동기화되며, 스스로 시작하고, 목표보다는 과정에 더 관심을 두는 활동이다. 그렇다면 교육적 놀이란 교육 목적 및 목표를 달성하는 과정에서 성공적인 결과가 얻어질 수 있도록 놀이의 특성을 하나 이상 연결시키는 것이라고 할 수 있다.

1) 교육적 놀이의 배경

놀이는 유아교육 과정의 핵심이다. 유아교육 현장에서 놀이의 교육적 가치가 존중되는 배경에는 다음의 세 가지 요인이 작용한다(Johnson, Christie, & Wardle, 2005).

■ 발달에 적합한 실제(DAP): 미국 유아교육협회(NAEYC)의 발달에 적합한 실제의 지침에는 놀이가 발달에 적합한 실제의 중심에 있고 유아기에서 가장 중

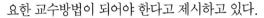

요한 교수방법이 되어야 한다고 제시하고 있다.

- 학습에 대한 **구성주의**(constructivism) **모형**: 구성주의 관점의 교육자들은 학습이란 유아가 자신의 경험을 바탕으로 스스로 자신의 지식을 구성해 가는 능동적이며 사회적인 과정이라고 주장한다. Bredekamp와 Copple(1997)은 "유아는 다른 유아, 부모 및 교사를 포함한 성인을 관찰하고 성인과 함께 참여하면서 능동적으로 학습한다. 유아는 자신의 가설을 세우고, 사회적 상호작용과 물리적 조작 그리고 자신의 사고과정을 통하여 가설을 실험한다. 사물, 사건 및 다른 사람이 유아가 정신적으로 구성하는 지식구성 모형에 도전할 때, 유아는 새로운 정보를 위하여 사고모형을 적용하거나 지적 구조를 수정하려고 시도한다."라고 설명하였다. 놀이 활동이 이러한 유형의 능동적·사회적 학습 기회를 제공하기 때문에 놀이는 구성주의 교육과정에서 매우 중요한 요소다.

- **자기조절**(self-regulation): 유아로 하여금 자신의 행동을 통제하고 타인과 긍정적인 상호작용을 하며 독립적인 학습자가 되도록 하는 일련의 능력인 자기조절의 발달에 대하여 많은 관심이 쏠리고 있다(Bodrova & Leong, 2003; Bronson, 2000). 학습에서 중요한 요인인 자기조절력을 촉진하는 데 있어 놀이가 갖고 있는 내적 동기화 및 협력적 특성은 많은 도움이 된다.

교육적 놀이를 중시하는 교육자들은 유아가 학업 지식 및 기술을 구성하는 데 있어서 신중하게 계획된 놀이 경험이 발달적으로 적합한 기회를 제공하고, 유아가 내적 동기가 높은 학습자가 될 수 있도록 하는 유용한 혜택을 제공한다고 주장한다.

그러나 이러한 학문적 놀이운동(academic play movement)은 두 가지 상반된 입장으로부터 강한 문제 제기를 받고 있다. 하나는 기준목표운동(standards movement)인데, 정부 및 지역교육청이 유아가 학교체제의 다음 단계로 올라가기 전에 무엇을 알고 행할 수 있어야 하는지 교육목표를 자세히 기술하여 교사가 학생들에게 본질적인 지식 및 기술을 전수하는 것을 강조하는 것이다(Hewit, 2001; Morrison, 2001). 이 입장의 지시적 교수법에서는 놀이가 비효과적이고 시간 낭비로 인식되기 때문에 교사는 단기간에 유아가 학습 기준목표를 달성하도록 하는 압력에 직면하게 된다. 다른 하나는 G tz(1977)와 Sutton-Smith(1987)를 비롯한 자유놀이의 가치를 신봉하는 놀이 옹호자들의 입장으로, 이들은 놀이가 학습목적을 달성하는 데 활용될 때 손상되고 방해될 것이라고 우려를 나타낸다. Sutton-Smith(1990)는 교수-학습적 놀이 활동에 가장 신랄한 비판을 하는 대표적인 학자인데, "지시적인 놀이라는 성인의 실수로 유아를 오염시키느니 놀이자끼리 놀도록 놔두는 것이 훨씬 낫다."라고 제안한 바 있다. 포스트모더니즘 이론가와 유아교육 재개념주의자들도 놀이가 미래의 학업성취 결과에 초점을 둔다면 놀이가 갖는 고유한 즐거움과 '지금-여기(now and here)'라는 가치가 사라질지도 모른다고 우려를 나타냈다(Tobin, 1997).

이렇듯 학습적 놀이에 대하여 학자들은 상반된 견해를 제시하고 있다. 한편에서는 여러 정치가, 학교행정가 및 일반인들이 학습적 놀이 활동은 너무도 놀이같아서 유아기 교육의 기준목표인 지식과 기술을 획득하는 데 효율적 수단이 못된다고 걱정하고, 다른 한편에서는 자유놀이 지지자들이 이러한 교육 활동은 놀이로 가장한 학습으로 진정한 의미의 놀이가 아니라고 주장하고 있다.

2) 교육적 놀이와 학습의 관계

유아가 교육목적을 달성하도록 하는 데 있어서 놀이는 매우 중요한 기능을 한다. 즉, 놀이 자체로부터 문제 해결, 창의적 사고, 긍정적인 자아존중감, 확산적 사고와 같은 기술 및 태도를 학습할 수 있을뿐더러, 보다 구체적인 다른 기술을 학습하는 도구로 놀이를 활용할 수도 있다. 예를 들면, 주사위 게임을 하면서 게임에 관한 문제 해결력 및 즐거움과 같은 기술과 태도를 학습할 뿐만 아니라 숫자의 모양을 인식하고 수와 양의 관계를 인식하는 학습을 하게 된다. 또한 사회극놀이를 하면서는 다양한 직업 역할을 인식하여 표현하는 기술 및 태도뿐만 아니라 읽기와 쓰기와 관련된 다양한 상황을 제공하여 문해능력을 향상시키는 방법으로 놀이를 활용할 수 있다. 한편 이러한 학습은 놀이를 활용하지 않고서도 가르칠 수 있다.

놀이의 교육적 가치를 주장하는 교육자들이 학습에서 놀이를 활용하려는 이유는 무엇일까? 놀이가 갖는 학습의 조건은 학습동기이론과 구성주의 관점의 학습이론에 기초하여 살펴볼 수 있다(이성진 외, 2009; Driscoll, 2007).

학습동기이론에서 보면 동기는 내적인 힘, 안정적인 기질적 특성, 자극에 대한 행동 반응, 신념과 정서를 종합하는 개념으로 목표 지향적 활동이 유발되고 유지되는 과정이다. 동기는 이전에 학습한 기술, 전략, 행동을 수행하는 것과 더불어 새로운 내용을 학습하는 활동에 영향을 미칠 수 있다. 즉, 동기는 학습목표를 향하도록 하고, 노력과 에너지를 증가시키고, 활동을 시작하고 지속하게 하며, 인지적 과정을 촉진하고, 수행능력을 높이는 효과를 가져온다(Pintrich & Shunck, 2002). 또한 학습 동기가 바로 흥미일 수 있는데, 흥미는 즐거움과 같은 긍정적 감정 차원을 넘어서 지식과 가치 같은 인지적 과정을 포함하고, 개인적 흥미와 상황적 흥미는 기억, 주의, 이해력, 보다 깊은 인지적 관여, 사고, 성취와 관련이 높다(이성진 외, 2009). 구성주의 관점의 학습이론에서는 자기조절, 지식의 이해와 활용, 추리, 비판적 사고, 문제 해결력, 인식의 유연성 등을 목표로 학습의 소유권, 사회적 협상, 실제적이고 관련된 환경 제공, 지식 구성의 자기 인식 등의 조건을 고려한 학습방법을 제안한다(Driscoll, 2007). 이러한 학습동기이론과 구성주의 관점의 학습이론에서 제시하는 학습 조건을 살펴보면(〈표 10-2〉 참조) 놀이 연구가들이 제시하는 놀이가 학습을 최적화할 수 있는 조건들과 공통된 특성이 있음을 잘 알 수 있다.

교육적 목표를 놀이와 연계시키는 가장 핵심적인 장점은 유아의 관점에서 볼 때 본질적으로 동기를 유발하는 매개체를 통해 구체적 교육목적을 달성하게 해 준다는 것이다. 즉, 놀이는 유아에게 학습 동기가 자신의 내부에서 일어나게 하여 학습 주도성을 갖고 문제를 해결하거나 목표를 달성하는 다양한 상황을 제공할 수 있다. 따라서 놀이의 특성들은 학습을 최적화할 수 있는 매우 유용한 매개체가 될 수 있다.

〈표 10-2〉 학습과 놀이의 최적화 조건

학습목표	학습 조건	학습방법	놀이 조건
자기 결정성 자기조절	내적 동기	개방적 학습환경, 학습의 소유권	내적 동기 자유 선택
파지, 이해, 활용	협력, 문제기반	협력학습	협력
	사회적 협상		
추리, 비판적 사고, 문제 해결력	흥미	정서와 학습	긍정적 감정
	실제적, 관련된 환경	문제기반 학습	의미 있는 학습 기회
주의 깊은 성찰, 인식의 유연성	지식 구성의 자기 인식	역할연기, 토론, 협력	과정지향

3) 교육적 놀이의 특성

(1) 긍정적 감정과 내적 동기화

놀이의 가장 대표적인 특징은 재미있고 즐겁다는 것이다. 놀이할 때 미소와 웃음이 함께 동반되는데, 이것은 놀이가 진행되고 있다는 표시이기도 하다. 학문적 기술과 내용이 놀이에 통합될 때, 이러한 즐거운 감정은 학문적 영역과 연합된다. 즐거운 감정은 다시 학습에 관한 긍정적인 태도를 증진시키고, 학문적 활동의 참여 동기도 제공해 준다. 재미있기 때문에 계속 놀이하고 자기 동기화하는 것이다. 이것이 교육적 놀이의 핵심적 장점 중 하나다. 유아의 놀이는 '강화'하거나 보상할 필요가 없는데, 그것은 놀이가 고유의 내적 동기인 즐거움을 가지고 있기 때문이다.

한 아이가 조형 영역에서 기타를 만들면서 모양을 바꾸고 있다. 지난 시간에 소리의 울림을 살펴보면서 기타를 튕겨 보고 기타 줄의 흔들림을 살펴봤는데, 그 경험 이후 기타를 입체적으로 만들고 싶어 한다. 도화지에 기타 모양을 만들고 양쪽으로 할핀을 꽂아 고무줄을 끼웠는데 튕길 수가 없다는 것이다. 고무줄이 튕겨서 울림이 있으려면 진짜 기타처럼 큰 통이 있어야 한다. "기타에는 울림통이 있어야 해."라고 하면서 도화지 두 장 사이에 둘레를 만들고 있다. 종이

유아가 울림통이 있는 기타를 만들고 있다.

를 연결하기 위해 테이프를 붙이는 것이 쉽지 않지만 아이는 진지하게 며칠째 기타 만들기에 열중하고 있다. 다 만들고 나서 아이는 만족스럽게 웃으면서 친구들과 선생님에게 보여 준다. "다 만들었어요. 기타에는 울림통이 있어야 소리가 잘 나요." 하며 손가락으로 고무줄을 튕겨 보고 있다.

만일 앞의 활동이 교사가 부과한 '작업 활동'이었다면 유아가 그러한 열정과 흥미를 가지고 울림통이 있는 기타를 만들었을지 의심스럽다. 그러나 유아는 '그것이 하고 싶고 재미있어서' 스스로 선택하였고, 악기 놀이 주제와 연계시킬 수 있었기 때문에 기타 만들기 활동이 매우 즐겁게 내적으로 동기화될 수 있었다.

(2) 자유 선택

놀이와 일을 구별할 때 유아의 자유 선택(free choice)인가 혹은 교사의 지시인가는 중요한 요소다. 놀이에서 중요한 특징은 바로 자유 선택이다. King(1979)은 유아가 블록 쌓기 같은 활동을 자기가 자유롭게 선택한 것이면 놀이로, 교사가 시킨 것이면 일로 생각한다는 것을 발견하였다. 그러나 유아는 커 가면서 자유 선택 대 교사 지시라는 패러다임에서 벗어나 일과 놀이에 대하여 문화적으로 인정된 관점을 갖게 된다. 후속 연구에서 King(1982a, b)은 5학년 아동들이 자신이 선택한 활동이든 교사의 지시에 따른 활동이든 상관없이 즐거우면 놀이라고 인식한다는 것을 발견하였다. 그러나 더 어린 유아에게는 자유 선택이 놀이의 중요한 준거가 된다.

때로 자유 선택이라는 개념은 실제보다는 신념에 대한 문제다. 유아가 어떤 교육 활동을 하겠다는 자유 선택을 했다고 믿는다면 자신의 '선택'이 다소 제한적인 것이라고 하더라도 그 활동을 보다 놀이 같은 것으로 볼 것이다.

선택은 유아에게 의사결정의 기회를 제공할 뿐만 아니라 힘을 실어 준다. 어떤 교육 활동을 할지 스스로 선택할 때 유아는 그 활동을 중요하게 느끼고 전력을 다한다. 또한 선택은 그 활동이 유아의 흥미 및 능력에 적합하게 해 준다. 놀이 활동을 선택하고 추구할 때, 유아는 그 활동이 자신의 근접발달영역—대개 영역의 아래쪽—에 있는 것임을 나타내는 것이다. 그러나 그 활동이 계속 근접발달영역에 속하면서 유아가 일이 아닌 놀이로 느낄 수 있도록 놀이의 특성을 충분히 유지하는 동시에, 유아가 놀이를 통해 교육목표를 학습하고 보다 높은 수행 수준으로 올

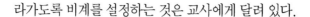

라가도록 비계를 설정하는 것은 교사에게 달려 있다.

(3) 비실제성

놀이를 할 때 유아는 자신의 독특한 경험을 토대로 놀이 틀을 규정하여 개인적인 의미가 외부의 현실보다 우선하게 된다. 놀이에서는 사물의 일반적인 의미가 무시되고 새로운 의미로 대체되며, 행동도 비놀이 상황에서 나타나는 것과는 다르게 나타난다. 이러한 놀이 틀 안에 있다면 놀이의 가작화(make-believe)라는 특징에 의하여 학문적 학습을 위한 시도도 개별 유아에게 의미를 갖는다.

> 여러 유아가 교사의 도움을 받아 우주여행 놀이를 준비하고 있다. 교실 안 쌓기 영역을 확장하여 우주선을 만들고, 주변에 여러 행성이 있는 곳으로 꾸몄다. 우주선 입구에는 '매표소'가 있다. 한 유아가 그곳에 들어가 사인펜으로 여러 장의 작은 종이에 긁적거리기 시작한다. 다른 유아가 우주복을 입고 옆을 지나가자, 한 유아가 "이 표를 가져가세요."라고 말한다. 우주복을 입은 유아는 "아, 표가 필요하구나."라고 한다. 그리고 나서는 "나도 필요해."라며 표를 가지고 우주선을 타기 위해 그곳을 떠나면서 벽에 뭔가를 긁적거리며 쓴다. 나중에 그가 쓴 것이 무엇인지 물었을 때, 유아는 "내가 잠깐 동안 없다는 것을 다른 사람들이 알 수 있도록 쓴 거예요."라고 말한다.

이 일화는 놀이의 비실제성(nonliterality)이 어떻게 유아에게 의미 있는 학문적 활동을 제공하는지 설명해 준다. 대부분의 상황에서 유아가 만든 종이 한 장은 의미 없는 것이다. 그러나 우주여행이라는 가작화 맥락에서는 유아의 긁적거리기가 쓴 글자와 의미 있는 표 한 장을 표상하며, 여러 유아에게도 의미 있는 표가 된다. 이러한 가작화 성향은 유아가 현실에서 문자의 실제적 기능에 대한 인식을 하도록 도와주었다. 실제 유아들이 표의 인쇄된 문자의 역할과 상징이 다른 사람에게 메시지를 전달할 때 사용된다는 것을 알고 있음을 보여 주고 있다. 덧붙여, 다른 놀이자들도 유아의 긁적거리기의 노력을 수용하였기 때문에 유아는 자신이 글자 쓰기에 유능하다고 생각하게 되었다.

(4) 결과를 넘어선 과정지향성

유아는 블록으로 높게 쌓았다가 부수고 또 다른 것을 만들고 하는 것을 반복한다. 유아는 놀이에서 결과보다는 과정을 더 즐긴다. 어떤 것을 만들려고 하다가도 중간에 다른 자료나 상황이 생기면 만들려는 결과물을 바꾸면서 새롭게 변화를 찾아간다. 목적보다 수단을 지향하는 것은 놀이에 열중하고 있는 유아로 하여금 위험을 무릅쓰고 실험하며 대안적인 접근법을 추구하고 시도할 수 있도록 해 준다.

이러한 놀이의 과정지향성은 교육적 의미를 갖는 기술 및 학업 목표를 학습함에 있어 매우 가치 있는 일이다. 유아는 결과를 중시하지 않고 실수를 자연스럽게 수용하기 때문에 심적 부담이 적은 환경을 만들게 된다. 놀이를 통하여 교육적 개념 및 기술을 학습하는 유아는 정답을 얻는 데 애쓰기보다 새로운 정보를 가지고 이리저리 시도하는 데 흥미를 갖고 창의적 문제 해결력, 확산적 사고 등을 장려하는 시도를 한다.

(5) 의미 있는 학습 기회 제공

발달에 적합한 실제(DAP)의 핵심적 특징 중 하나는 교사가 유아의 능력, 흥미, 요구에 맞는 학습 활동을 시도해야 한다는 것이다. 유아의 개별적 다양성의 폭이 넓기 때문에 이러한 특징은 대집단 유아를 지도할 때 커다란 장애가 된다. 대집단 수업에서 교사가 가르치는 기술과 개념이 집단 내의 어떤 유아에게는 이미 알고 있는 것일 수도 있고, 또 다른 유아에게는 너무 어렵거나 발달 수준보다 빠른 것일 수도 있기 때문이다. 따라서 개별 유아에게 의미 있는 경험을 제공할 수 있는 학습 기회가 필요하다.

새로운 정보가 자신의 독특한 경험과 연결된다면 훨씬 더 효과적인 학습이 가능하다. 의미 있는 학습은 유아의 경험에서 알게 된 새로운 정보가 기존에 학습된 정보들과 연합하여 보다 잘 조직되어 장기기억 속에 저장되기 때문에 새로운 지식을 학습하거나 필요로 할 때 훨씬 잘 학습되고 인출 · 상기될 수 있다(Mayer, 1996).

유아교육 전문가들은 이러한 의미 있는 맥락이 놀이 속에서 효과적으로 수행될 수 있음을 잘 알고 있다(Jones, 2003). 놀이에 기초한 학습 활동은 유아에게 다양한 각기 다른 기술과 개념을 학습할 수 있는 기회를 제공하는 장점이 있다.

① 다양한 기술을 학습할 수 있는 기회 제공

문해가 풍부한 가게놀이 영역은 유아에게 문자의 중요한 개념을 학습할 수 있는 기회를 제공해 준다. 문해 소품들은 가장 기본적인 수준에서 문자가 갖는 의미를 제시해 준다. 유아가 메뉴나 벽에 있는 표시판을 가리키거나 교사나 또래에게 "저것은 뭐라고 쓴 거예요?"라고 물어보는 것은 문자의 의미기능을 알고 있다는 것을 나타내는 것이다. 또한 문자 소품들은 철자와 단어 간 차이와 같은 보다 발전된 개념을 배울 수 있는 기회를 제공해 준다. 유아와 교사는 문자가 풍부한 영역에서 놀이하면서 철자 및 단어와 같은 문해 용어들을 자주 사용하게 된다.

가게놀이는 또한 문해의 일상화, 즉 읽기 및 쓰기 활동인 일상적 연습과 연합된다(Neuman & Roskos, 1997). 이러한 일상화는 문자의 도구적 기능을 시도해 보고, 유아가 읽고 쓰기를 학습할 수 있는 기회를 제공한다. 즉, 손님은 주문하면서 메뉴를 읽거나 읽는 척을 할 수 있다. 종업원과 돈 받는 직원은 주문을 받기 위해 주문용지에 쓸 수 있고, 이것은 나중에 요리사가 만들어야 할 음식의 종류를 결정하는 데 사용된다. 요리사는 음식 만드는 방법을 살펴보기 위하여 요리책을 참고하여 볼 수 있다. 음식이 만들어지면 손님은 식사 비용을 줄이기 위해 신문에서 오려낸 할인 쿠폰을 사용할 수 있다.

유아가 인쇄된 문자가 있는 소품에 반복적으로 노출되면 자음과 모음의 관계, 시각-언어 인식발달의 기회가 많아진다. 그런데 어떤 유아는 피자의 첫 글자가 'ㅍ'이기 때문에 'ㅍ'이라는 글자를 배울 수 있고, 다른 유아는 '페파로니, 메뉴, 치즈'와 같은 완전한 단어를 배울 수 있다.

② 다양한 학습방법

가게놀이 영역은 관찰학습을 위한 풍부한 기회를 제공한다. 가게놀이를 통해 유아는 표시판, 메뉴판, 이름표, 상자에 적힌 글자, 요리책과 다양한 유형의 같은 문자를 관찰하며 학습할 수 있다. 놀이자는 가게와 관련된 읽고 쓰기— 메뉴판을 보고 주문하기, 주문을 받아 적기, 주문한 것에 맞추어 돈을 계산하여 지불하기—를 경험하면서 문자의 다양한 기능적 사용을 관찰할 수 있는 기회를 갖게 된다.

유아는 식당과 관련된 문해 일상화의 읽고 쓰기를 수행하면서 문해에 대한 탐색과 실험의 출현 기회를 갖게 된다. 유아는 읽고 쓰기의 출현을 시도해 볼 수 있고, 여러 가지 문해행동의 기능을 살펴볼 수 있다. 손님은 메뉴 읽기를 할 수 있는데, 문해 내용을 최선으로 추측하기 위해 기억, 문자, 그림 단서를 사용하여 읽기를 시도한다. 종업원은 주문을 받아 적기 위하여 긁적거리기, 글씨 같은 형태, 아무렇게나 철자를 나열하거나 글자 창조하기 등을 통하여 쓰기를 경험할 수 있다. 가작화 놀이의 틀은 맥락 속에서 단어를 정확히 인식하기보다 쓰기를 표상하기 위하여 개별적으로 긁적거리기를 사용하고 읽는 척하는 것을 허용하게 된다. 또한 문자가 풍부한 영역에서의 많은 놀이는 또래 간에 문해행동에 관한 모델 보이기, 관계 형성하기, 가르치기 등의 사회적 협동의 기회를 제공할 수 있다 (Neuman & Roskos, 1991; Stone & Christie, 1996).

(6) 학교생활의 균형 잡기

놀이에 대한 고전이론인 잉여에너지 이론은 동물이나 사람이 생존 활동에 사용되지 않은 누적 에너지를 없애기 위하여 놀이를 한다고 보고, 휴식이론은 일과 유목적적 활동에 써 버린 에너지를 놀이가 다시 채워 준다고 본다. 오늘날 이러한 관점은 유아의 하루 일과 구성 시 고려하는 다양한 유형과 강도의 균형 있는 활동—공동적인 활동과 정적인 활동, 교사주도 학습과 유아주도 학습, 집단 경험 대 개별 경험—을 설명하기에 설득력이 있는 것 같다.

요즘 사회적 분위기로 인해 유아는 학습 기술과 정보의 습득 요구가 증가하면서 교육기관에서 보내는 시간이 상당히 길어졌고, 방과 후 프로그램 및 특별활동 등의 학업적 교수가 강조된 활동에 내몰리고 있다. 놀이는 이처럼 더 길어지고 힘들어진 교육기관의 생활에 균형을 잡아 줄 수 있는 훌륭한 방법이 된다. 놀이는 교사 지시적인 상황에서 벗어나 유아의 자유 선택, 비실제성, 과정지향성 등의 특성을 내재하고 있기 때문에, 교육적 놀이는 유아들이 필요로 하는 다양한 경험, 상호작용, 강도를 교육기관 생활에 걸쳐 의미 있게 제공하는 동시에 학급목표를 달성하는 데 도움이 된다.

이렇게 놀이가 중심이 되는 학습 활동은 유아에게 다양한 기술과 개념을 배울 수 있는 기회를 제공하며, 교사에게는 유아들이 학습하고 있는 것들을 확인할 수 있는 자연스러운 평가의 기회를 제공한다.

4) 교육적 놀이의 잠재적 문제

실제로 교육적 놀이는 유아교육기관 및 초등학교에서 널리 활용되지 않는다. 그 이유는 많은 사람이 교육적 놀이의 특성이 전통적인 교육의 틀과 잘 맞지 않는다고 여기기 때문이다. 또한 교수-학습을 증진시키는 놀이의 특성이 때로는 교육과정을 방해할 수 있다고 인식하기 때문이다. 교육적 놀이의 잠재적 문제를 살펴보면 다음과 같다(Elkind, 2003; Johnson et al., 2005).

(1) 학습자의 진보 상황을 기록하기가 힘들다

국가마다 국민의 세금으로 지원되는 학교교육의 성과가 성공적으로 달성될 수 있도록 다양한 방법을 계획하면서 학년 수준 기준목표를 제시하곤 한다. 이러한 상황에서는 교육기관에서 학습자의 진전된 성취 정도를 기록화하는 일이 매우 중요한 일이 된다. 유아가 놀이할 때 정확히 무엇을 학습하였는지를 기록하기란 쉬운 일이 아니다. 교육과정 설계자 및 전문가들은 보통 새로운 단어나 개념을 학습하는 것을 내용학습의 지표로 포함시키고, 대부분 Bloom의 교육목표 분류에서 가장 아래에 있는 기본 기억 수준인 기초적 지식을 평가한다. 반면 놀이는 유아가 다양한 맥락, 다양한 상황에서 단어나 개념을 융통성 있게 건설적으로 활용하는 방법을 학습하도록 돕기 때문에 보다 높은 수준의 적용, 종합, 분석 등을 가르친다. 이러한 보다 높은 수준의 단어학습은 시험으로 검사하거나 기록하기가 매우 힘들다. 따라서 교육기관에서 실시하는 국가 수준의 검사도구의 측정 결과와 유아가 실제 놀이에서 배우는 것은 일치하지 않을 가능성이 있다.

(2) 어떤 유아는 어려운 일을 피하려고 한다

학습하는 모든 것이 항상 즐거운 것은 아니다. 학습은 때로 주의 집중하여 끈기 있게 해내는 것, 목표에 초점을 두면서 힘든 시간을 이겨 내며 노력하는 과정을 필요로 한다. 학습자는 이러한 사실을 이해하고 받아들여야 한다. 그러나 요즘 유아는 컴퓨터 게임, 비디오, 흥미 있는 TV 프로그램 등이 범람하는 시대에 살면서 인생이란 대체로 즐거운 것이라는 생각을 하기 쉽고, 오락이나 교육을 위해 힘들게 노력을 기울일 필요가 없다는 믿음을 갖고 자란다. 또한 사회구조가 열심히 일해야 했던 1차, 2차의 농업 및 공업 경제를 벗어나 3차의 서비스 산업과 새로운

지식의 창출 및 신지식의 문화와 같은 산업구조로 변화하면서 사람들의 가치관도 변화하여, 힘들게 일하는 문화보다는 인생은 힘들지 않고 즐거워야 한다는 생각이 강화된 듯하다. 교육적 놀이의 단점 중 하나는 많은 유아가 교육이 항상 즐거워야 한다는 믿음을 강화시켜 학습과 성장에 있어 열심히 일하며 노력하는 것에 가치를 크게 두지 못하게 할 수 있다는 것이다.

(3) 놀이에는 시간이 많이 걸린다

유아가 즐겁게 놀이하면서 의미 있는 학습 경험이 형성되려면 시간이 필요하다. 유아의 놀이 활동은 일반적으로 최소한 30분의 시간이 필요하다(Christie & Wardle, 1992). 사실상 교사가 교육적 놀이를 효과적으로 준비하고 수행하려면 그 이상의 시간이 필요하다. 만일 교육자들이 유아가 알아야 할 모든 것을 교육기관에서 가르칠 만한 시간이 충분하지 않다고 여긴다면 교육적 놀이에 대해서는 그다지 주의를 기울이지 않을 것이다. 그 이유는 교사가 학업 기술 및 개념을 직접적인 교수 활동으로 가르친다면 유아의 유의미한 학습 경험과는 무관하게 짧은 시간에 직접 가르칠 수 있다고 보기 때문이다. 유아의 직접적인 학업성취에 대한 요구가 커질수록 시간이 많이 소모되는 교육적 놀이 활동은 점점 기피되는 상황이 생길 수 있다.

(4) 놀이에 대한 교사의 신념과 실제 간 갈등이 있다

유아교육은 학습 및 발달에서 놀이의 중요성에 관한 역사적인 전통을 갖고 있다. 그러나 영국(Moyles, 1989)과 미국(Polito, 1994)에서 실시된 관찰 연구에서는 유아교육 교실에서 놀이의 역할에 관한 교사의 신념과 실제 사이에 분명한 차이가 있다는 점이 발견되었다. 이 연구에서 교사는 놀이가 가치 있는 활동이고 교육과정에서 중요한 역할을 한다고 진술하였지만, 실제 교사의 행동은 놀이가 교사가 지도하고 지시하는 활동의 부차적 활동으로 나타나고 있었다.

Bennett, Wood와 Rogers(1997)는 9명의 영국인 유아교사를 대상으로 교사의 신념과 실제 간의 차이를 일으키는 요인을 조사하였다. 교사들은 놀이를 교육과정의 통합된 부분으로 사용하고 있다는 확고한 입장과 놀이가 학습을 위한 이상적인 환경을 제공한다고 믿고 있었다. 그러나 교사의 교수 수행을 관찰한 결과, 교사는 놀이에 대한 확고한 입장에도 불구하고 놀이에서 자신의 역할을 과소평가

하고 있었고, 형식적이고 작업과 같은 활동에 보다 많은 관심을 두는 것으로 나타
났다. 교사와 면담한 결과, 놀이에 대해 가치 절하하는 교사의 행동은 시간과 공
간의 부족, 교사 대 유아의 높은 비율, 기본적 학습기술 교육과정에 대한 압력뿐
만 아니라 성인이 놀이에 개입해서는 안 된다는 교사의 신념에서 기인되고 있다
는 것이 밝혀졌다. 덧붙여, 교사들은 종종 유아의 놀이 활동에 대한 반응에 대하
여 비현실적인 가정을 하거나, 놀이 맥락에서 나타내는 유아의 능력이나 도전의
정도를 과대 또는 과소 평가하는 경향이 있었다. 이것은 학습의 매개체로서 놀이
를 활용하고자 하는 교사의 확신을 약하게 만드는 결과를 초래하였다.

(5) 교사가 놀이를 활용할 준비가 되어 있지 않다

NAEYC가 제시한 유아교사교육 지침서(1996)를 보면, '유아 발달 및 학업 촉
진'에 대한 첫 번째 항목은 "교사는 유아 발달에 있어서 놀이가 갖는 중심적 역할
을 이해한다."이다. 그러나 실제로는 많은 유아교사가 유아기 교육적 놀이의 가치
와 활용방법을 제대로 알고 있지 못하다.

미국의 경우 많은 유아교사가 초등교사가 되기 위한 과목에 유아교육 과목을
두어 개 첨가하여 들었을 뿐 본질적으로 초등교사 자격증을 가지고 있거나, 교장
이 유아교사를 고용할 때 유아원~초등 3학년 자격증보다 유치원~초등 6학년 자
격증을 더 선호한다고 한다(Silva & Johnson, 1999). 또한 현재 학업 기준목표를
강조하면서 기초적 기술과 개념 학습에서 놀이보다는 직접적 교수방법을 더 많이
활용하도록 조장하고 있다(Jones, 2003). 우리나라의 경우, 유아교육 현장의 교사
중에는 유아교육을 전문적으로 이수한 교사보다 다양한 전공 분야에서 일부 과목
만을 이수하여 보육교사 자격을 취득한 경우가 많다. 이러한 유아교사 양성과정
에서 유아교사들이 놀이의 가치와 현장의 활용방법을 인식하는 데는 많은 한계가
있다. 따라서 유아교사 교육 프로그램과 전문성 개발을 위한 현장교육 프로그램
에서 놀이의 중요성과 활용방법에 대한 효과적인 교육이 이루어져야 한다. 또한
유아교육기관에서도 유아가 정규적으로 놀이를 할 수 있는 충분한 기회를 확보하
고, 가정에서도 유아가 놀이 경험을 적절히 할 수 있도록 부모들의 인식을 바꿔
줄 필요가 있다.

(6) 놀이는 부모와의 갈등을 만들기도 한다

　부모는 유아교사보다 학업 지식이나 기술을 가치 있게 여기는 경향이 있으며, 이러한 경향은 소수민족이나 저소득층 부모에게 더 많이 나타난다(Dunn & Kontos, 1997). 부모는 자신이 받았던 교육 경험에 대한 기억의 시각을 통하여 자녀의 교육을 왜곡되게 바라보기 쉽다. 예를 들면, 많은 부모는 유치원이나 초등학교 1학년부터 학교생활을 시작했더라도 당시의 기억을 그 이전 시기의 유아교육기관 경험으로 인식하여 전이시키거나 혹은 자신의 부정적인 경험을 더 많이 기억하며, 자신이 경험했던 것이 당연한 교육 방식이리라고 믿어 버리는 경향이 있다(Wardle, 2003). 교사가 교육 현장에서 놀이를 활용하려면 부모에게 교육적 놀이의 가치를 교육할 필요가 있다. 부모에게 교육적 놀이의 가치를 알리기 위한 방법은 다양한데, 놀이의 중요성에 대한 안내문, 가정통신문, 유아교육 관련 소식지, 교실에서 진행된 다양한 놀이 활동의 결과물(예, 사진 및 비디오테이프) 등을 효과적으로 전시하는 것 등이다. 학부모가 학업적으로 풍부한 놀이 영역의 구성과정에 참여할 수 있도록 교사는 가정으로 필요한 물품 목록을 보내고, 야간이나 주말을 이용하여 부모가 학업적 놀이 영역을 함께 만드는 공동 작업을 하는 것도 좋은 방법이다(Kieff & Casbergue, 2000).

5) 교육적 놀이의 효과를 증진시키는 방법

　유아의 발달과 학습에서 교육적 놀이의 경험은 매우 중요하다. 교육적 놀이 경험은 유아가 학업 기술과 지식을 학습하는 것을 도와주고, 읽고 쓰기 능력뿐만 아니라 인지적 문제 해결력, 자기조절 능력 등을 키우는 데 효과적이다. 학습 경험이 풍부하게 고려된 놀이 영역, 게임, 실외 놀이터 활동 등은 유아의 발달과 학습을 촉진시키는 데 유용한 교육적 놀이다. 교육적 놀이의 효과를 증진시키기 위해서 중요한 것은 유아교사가 교육적 놀이의 긍정적 특성을 극대화하고 부정적 특성은 최소화할 수 있는 방법을 찾는 것이다.

　교육과정에서 놀이의 중요성을 강조하는 연구자들은 교육과정에서 놀이의 질을 평가할 수 있는 기준으로 교사가 제공하는 학급의 물리적 환경과 유아 경험의 연속성 간의 적절성, 균형된 상호작용의 경험 제공 등을 제시하고 있다. 교사는 놀이환경을 풍부하게 제공하여 유아의 놀이 상황을 자세히 관찰하면서, 사회적 지원 및 비계설정을 통해 놀이가 확산되도록 적절한 개입을 할 수 있다. 놀이를 교육과정에 적용할 때, 교육자들은 연구 결과에서 나타난 놀이와 발달의 관계에 기초하여 유아가 놀이에 몰입할 공간, 놀잇감, 시간을 제공하고, 놀이 활동에 적합한 성인-또래 관계를 제공하며, 놀이의 직접적 교수법 등의 요소를 교육과정에 적용하는 것이 유용하다.

이러한 입장에서 유아교육기관에서 창의적이고 생산적인 놀이 경험을 제공하여 교육적 놀이 효과를 증진시키기 위해서는 다음의 몇 가지 사항을 고려해야 한다(Miller & Almon, 2009; Sayeed & Guerin, 2000).

(1) 유아 주도적 놀이와 놀이를 통한 학습을 통합한다

유아교육기관에서 창의적이고 생산적인 놀이 경험이 제공되기 위해서는 교사와 유아 간 개입 정도를 고려할 필요가 있다. 교사 개입이 높을수록 창의적인 놀이가 되기보다는 미리 짜인 계획된 교수 혹은 대중매체에 치중된 학습 활동이나 전자매체를 통한 수동적 활동이 되기 쉽다. 반면 유아 개입이 높을수록 대부분의 활동은 창의적인 능동적 활동이 된다. 따라서 유아교육기관에서 창의적이고 생산적인 놀이가 풍성하게 이루어지려면 교사의 개입이 낮고 유아의 개입이 높은 활동을 격려하는 것이 좋다.

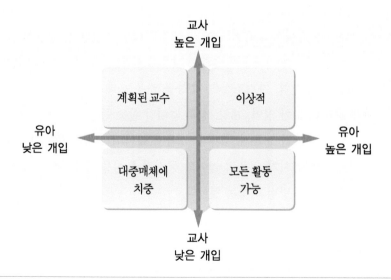

[그림 10-4] 교사와 유아의 개입 정도에 다른 놀이 특징

(2) 유아에게 다양한 유형의 놀이 경험학습의 맥락을 제공한다

유아기의 정상적인 신체발달, 사회 · 정서 발달, 언어발달, 인지발달과 창의적
인 문제 해결력을 키워 주기 위해서는 유아교육기관에서 다양한 놀이 경험을 제
공하여야 한다. 유아기 놀이 경험을 통한 학습의 맥락은 자발적 학습과 계획된 학
습 모두에서 교사 주도형보다는 유아 주도형의 자유놀이와 안내된 놀이에서 의미
있게 제공된다(Fisher, 2009). 자유놀이와 안내된 놀이는 수학과 과학, 문해 능력
과 의사소통, 사회 · 정서적 기술, 실행기능 등에서 효과적이다. 유아기에 필요한
다양한 놀이 경험은 대근육 놀이, 소근육 놀이, 기능숙달 놀이, 규칙에 기초한 놀
이, 구성놀이, 가작화 놀이, 상징놀이, 언어놀이, 조형놀이, 감각놀이, 거친 신체
놀이, 도전적 놀이 등이다.

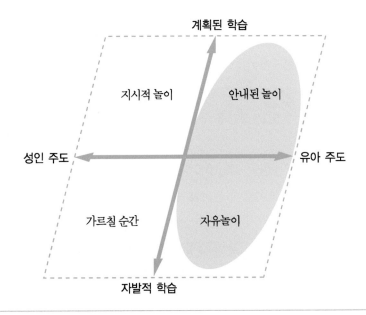

[그림 10-5] 유아기 학습 맥락의 차원

(3) 놀이가 풍성한 유아교육기관의 중요한 특징을 알아낸다

유아교육기관의 교실 내외 놀이 영역 배치, 균형 잡힌 하루 일과, 기본적인 규칙
과 제한 혹은 경계, 능동적 존재로서 교사 역할, 현대사회에서 요구되는 특정 반영
하기 등은 유아 놀이 행동의 중요한 요소다. 유아의 놀이가 풍성하게 이루어지기
위한 조건이 만들어지면 '놀이의 질과 길이의 놀라운 진보'가 나타난다(Bruner,

1985). 이러한 발달된 질 높은 놀이의 중요 조건은 놀이친구, 적절한 놀잇감, 친근한 성인이 균형 있게 존재하는 것이다. 교사는 유아의 놀이 행동에 미치는 각 요소의 상호관계에 대하여 재인식해야 한다(Wassermann, 2000).

(4) 유아의 놀이를 증진시키는 성공적인 교사의 개입방법을 찾는다

유아의 놀이에서 교사의 개입은 놀이가 부족하여 발생하는 부정적 영향을 감소시키고 유아의 학습 기회를 증진하여 성공적인 놀이 활동이 진행되도록 지원할수 있다(Bennett et al., 1997). 유아의 놀이에서 학습은 교사가 기대하는 활동을 강조할 때 촉진되며 유아가 놀이에서 학습한 것을 명료화하는 데 도움을 주는데, 유아교육기관에서 놀이의 질을 개선할 수 있는 방법은 다음과 같다.

- 명확한 목적과 의도로 놀이를 교육과정에 통합시키기
- 놀이를 통한 학습의 증진을 위하여 양질의 상호작용을 위한 시간 구성하기
- 자발적 학습에 의존하기보다 놀이를 통한 교육적 기회를 인식하기
- 유아들이 놀이에서 했던 것, 학습한 것, 성취한 것이 무엇인지를 보다 의식적으로 인식할 수 있는 시간을 구조화하여 제공하기

(5) 유아가 놀이하기-놀이 경험 이야기하기-다시 놀이하기의 방법을 적용하여 보다 의미 있는 놀이를 증진시킬 수 있도록 격려한다

교육적 놀이를 증진시키기 위해서는 유아가 교실에서 자기 주도적 놀이 경험을 할 수 있도록 기회를 주고, 놀이 경험 후에 자신의 놀이 경험을 반성하면서 놀이에 관한 다양한 개념과 아이디어를 이야기하며, 다음 놀이로 연결하여 보다 발전된 놀이가 되도록 하는 것이 좋다(Wassermann, 2000). 놀이는 유아가 자신의 가능성 안에서 기본적인 일상의 실제적 경험을 교육과정과 관련지음으로써 중요

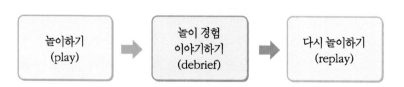

[그림 10-6] Wassermann(2000)의 놀이전략

한 개념을 이해할 수 있게 해 주고, 놀이 안에서 다양한 학습 스타일과 학습 성향 및 재능을 모두 자연스럽게 조절하여 사고하는 기회를 가질 수 있을 뿐만 아니라 자기 주도성, 책임감, 창의적이고 창조적인 성향을 갖게 하는 데 유용하다.

- 놀이하기(play)는 보다 높은 수준의 사고 조작을 가능하게 하여 유아에게 지적이고 창의적인 도전의 기회를 제공해 준다.
- 놀이 경험 이야기하기(debrief)는 놀이 경험을 통하여 유아들이 알게 된 개념과 실재의 의미를 반성하는 것을 증진시켜 줄 수 있다.
- 다시 놀이하기(replay)는 놀이 경험을 반성하고 발견하는 과정을 통해 놀이에 새로운 개념과 기술을 첨가하거나 새로운 변수를 생각하게 하고, 호기심이 다른 영역으로 확장되면서 보다 철학적이고 도전적인 놀이가 되도록 해 준다.

이처럼 놀이하기-놀이 경험 이야기하기-다시 놀이하기로 연결된 놀이전략은 유아에게 개별적 학습 요구에 맞는 학습 조건을 제공할 수 있고, 다음 단계의 발달 수준의 경험을 해 볼 수 있는 기회를 제공하며, 놀이 혹은 학습을 직접 가르치는 것이 아니라 교육적 놀이의 조건을 제공하게 되므로 놀이를 하려는 유아의 개별적 권리, 자기존중, 사고능력의 발달을 증진시켜 줄 수 있다.

(6) 교육적 놀이와 오락적 여가놀이의 균형을 맞춘다

놀이에 적합하지 않은 교육환경에도 불구하고 유아교육기관과 초등학교에서는 놀이 행동이 흔히 보인다. King(1987)은 학교에서 볼 수 있는 놀이 유형을 세 가지로 분류하였는데, 즉 도구적 놀이, 오락적 여가놀이, 반사회적 놀이다. 도구적 놀이는 유아가 학습적 기술 및 지식을 배우도록 하는 수단으로 사용되는 교육적 놀이이며, 오락적 여가놀이는 게임(공기놀이, 돌차기 놀이, 술래잡기 등), 스포츠, 거친 신체놀이 등과 같이 쉬는 시간이나 수업 전, 방과 후에 교실 바깥에서 이루어지는 자유놀이다. 반사회적 놀이는 교사가 미처 보지 못하는 사이에 일어나는 종이 뭉치나 고무줄 쏘기, 우스운 얼굴 만들기, 킬킬거리며 웃기, 의도적으로 날카로운 연필로 찌르기, 껌 씹는 척하기 등이다. 교사는 이러한 놀이를 통제하려고 애쓰지만 성공하기가 쉽지 않다. 반사회적 놀이는 학년이 높아질수록 많아지는 데, 아마도 휴식놀이의 기회가 줄어들기 때문에 나타나는 현상이라고 볼 수 있다. 또한 반사회적 놀이는 성인 지배적 상황이나 교사 중심의 교육과정에서 많이 나타난다(King, 1987). 교사가 놀이를 '해로운 것'으로 인식하면 교실에서 발생하는 모든 놀이가 금지되는 상황으로 가기 쉽다(Perlmutter & Burrell, 1995).

학교에서 보이는 놀이 유형 중 긍정적인 것은 도구적 놀이와 오락적 여가놀이다 (King, 1987). 모든 연령의 유아는 반사회적 놀이를 최소화하고 도구적 놀이와 오락적 여가놀이를 할 수 있는 충분한 기회를 갖는 것이 필요하다. 왜냐하면 유아는 놀이가 존중되는 긍정적인 환경 속에서 효과적으로 배우기 위해서 놀이가 필요하고 개인적 휴식과 자유, 즐거움을 위해서도 놀이가 필요하기 때문이다.

(7) 교육적 놀이를 즐거운 도전으로 만든다

교육적 놀이 경험은 즐거우면서 동시에 도전적일 수 있다. 교육적 놀이가 효과적으로 제공되기 위해서는 유아에게 많은 노력 및 주의집중이 요구된다. 일반적인 놀이 상황을 교육적 특성을 가진 놀이 경험으로 제공하는 것은 유아의 근접발달영역 아래쪽에 있는 실제적 능력 수준에 적절한 비계설정자로서의 교사와의 상호작용을 제공하여 잠재적 발달 수준으로 끌어올리는 도전이 되는 것이다. 유아의 경험과 능력 내에서 다양한 방법으로 새로운 경험과 학습 상황에 도전할 수 있는 다양한 기회를 제공하는 것이 필요하다.

(8) 놀이를 참평가를 위한 맥락으로 활용한다

유아가 갖고 있는 모든 기술과 지식을 놀이중심 평가로 측정하기는 어렵다. 그러나 놀이 상황에서 유아는 자신의 모든 생각과 감정을 자연스럽게 표현하기 때문에 유아에 관한 다양한 정보를 자연스럽게 관찰하고 수집하기에 용이하다. 교육적 놀이 활동은 유아가 무엇을 알고 있고 또 할 수 있는지를 관찰하고 기록하며 평가할 수 있는 풍부한 기회를 제공한다. 따라서 놀이는 표준화검사보다 유아의 보다 고차원적인 사고기술과 문제해결 방법, 확산적 사고 등을 파악하고 평가하는 데 보다 정확하고 다양한 정보를 제공할 수 있다.

이상에서 살펴본 것처럼, 놀이의 학습 조건은 유아교육과정에서 유아의 의미 있는 학습과 실행능력을 통합해 주고, 유아의 발달과 학습을 최적화하는 교수–

학습 및 평가 도구의 기능을 통하여 유아의 발달과 학습을 효율적으로 도와줄 수 있다. 따라서 유아교육 현장에서 놀이의 중요성을 인식하고 있는 현명한 교사들은 사회 및 부모들이 요구하는 단기적 학업성취 기대에서 벗어나 장기적 안목의 교육적 놀이의 가치에 대한 확고한 신념을 가지고 유아교육과정에서 교육적 놀이의 효과적인 적용을 위하여 노력할 필요가 있다.

제3부

놀이와 교육 실제

자연물 놀이

자연물 놀이는 유아에게 가장 친숙한 진흙, 모래, 물, 나무, 들꽃 등의 자연물을 이용하여 놀이하는 것이다. 유아는 자연물에 대하여 자유롭게 상상하고 탐색하며 창의적인 놀이를 하는 동안 커다란 즐거움을 느끼게 된다. 유아는 자연 속에서 자발적이고 창의적인 놀이를 하면서 인간과 자연의 상호의존적인 특성을 체험할 수 있다. 진흙, 모래, 물, 나무, 들꽃 등 자연물 놀이는 유아에게 즐거움과 상상력을 제공할 뿐만 아니라 과학과 수학의 기본을 이해할 수 있는 기회를 주며, 대소근육의 감각적 신체발달, 사회·정서발달, 언어발달의 기회를 제공할 수 있다(White, 2000). 또한 자연물 놀이는 유아의 정서를 안정시키고 순화시키는 치료의 힘을 가지고 있다. 현대사회의 생활환경과 자극적인 전자매체의 노출로, 요즘의 유아는 감각기능이 약화되거나 정서적으로 불안정하며, 충동적이고 공격적인 성향이 많아지고 있다. 따라서 유아기에 자연과 친숙해지고 자연의 아름다움을 느끼며 자연의 소중함과 생명 공동체의 필요성을 깨달을 수 있는 자연물 놀이의 경험은 매우 중요하다.

1. 물놀이

자연물 중의 하나인 물은 유아에게 자신의 몸에 대하여 매우 신비롭고 즐거운 느낌을 갖게 하는 재료로서, 특별한 형태가 정해져 있지 않고 독특한 감촉을 느낄 수 있게 한다. 물놀이는 언제 어디서나 쉽게 다양한 연령층의 유아가 참여할 수 있는 매력적인 놀이다.

1) 물놀이의 교육적 가치

첫째, 유아는 물놀이 경험을 통해 물의 유동성, 투명함, 증발 및 수압, 양의 측정, 물과 다른 사물의 관계 등 다양한 특성을 학습할 수 있다. 다양한 용기를 이용하여 물을 그릇에 담고 쏟는 놀이를 통하여 양의 보존개념과 측정능력이 증진되고, 사물의 특성에 따라 물에 뜨는 물체와 가라앉는 물체로 구별하면서 재료를 분

류하고 범주화하는 능력을 경험할 수 있으며, 다양한 자료를 사용하여 물에 녹는 것과 녹지 않는 것을 분류할 수 있다. 이 외에도 물과 물감을 혼합해 봄으로써 색깔의 변화를 관찰하고, 물에 소금이나 설탕을 용해시켜 변화되는 맛을 비교하는 등의 다양한 과학적 발견을 경험하기도 한다.

둘째, 다양한 사물을 다루어 보고 스스로 새로운 놀이방법을 경험해 보면서 유아는 놀이 자료와 관련된 다양한 언어 확장(예: 편평한, 사각형, 둥근, 크다, 짧다, 두꺼운, 얇은, 직선의 등)을 이룰 수 있다.

셋째, 특별한 형태가 정해져 있지 않고 저항이 거의 없으며 독특한 감촉을 주는 물의 특성 때문에 유아는 물놀이 경험을 통해 불안이나 불만, 긴장 및 공격적 성향 등을 발산·해소하여 정서적 안정감을 얻을 수 있다. 그리고 놀이 자료를 탐색할 수 있는 시간과 자유롭게 활동할 수 있는 공간이 허용되고 스스로 도전하고 실행해 볼 수 있도록 간섭이 주어지지 않는 한, 유아는 자신만의 방법으로 진지한 탐색 활동을 할 수 있다.

넷째, 물놀이는 혼자 활동으로서도 많은 교육적 의의가 있지만 여러 유아가 한데 어울려 놀이를 함으로써 사회적인 접촉이 보다 활발하게 일어나며, 기쁨을 서로 나누고 놀잇감을 함께 사용하며 서로 협동하는 기회를 통해 사회성이 향상될 수 있다.

다섯째, 유아는 물놀이를 통하여 대근육운동뿐만 아니라 손목과 손가락 운동, 눈과 손의 협응력 등 소근육 발달이 증진되며, 물을 만지고 튀겨 보면서 물에서만 느낄 수 있는 독특한 촉감을 느낄 수 있다. 따라서 교사는 유아가 물놀이를 통하여 다양한 신체발달이 향상될 수 있도록 다양한 자료를 제공할 필요가 있다.

2) 물놀이를 위한 환경 구성과 자료

(1) 환경 구성

물놀이는 실내외 어느 곳에서나 유아가 재미있게 놀이할 수 있다. 단, 물놀이를 위한 장소는 성인의 도움 없이도 유아가 자유롭게 물을 이용하여 다양한 놀이를 할 수 있는 곳에 마련하는 것이 좋다. 이렇게 배려된 환경은 유아가 스스로 활동을 시작해 보도록 격려할 수 있고, 시작한 활동을 지속할 수 있도록 한다.

실내에서는 물을 주로 하여 물의 특성을 다양하게 경험해 볼 수 있는 미술 활동, 과학 활동과 연결하여 환경을 구성할 수 있다. 몬테소리 교구를 이용하는 기관에서는 일상 영역에서 물과 연결된 교구를 사용한다. 단, 실내에 물놀이 영역을 배치할 때는 물을 쏟거나 흘렸을 경우 바닥에 물이 고이지 않도록 신문지와 비닐을 깔고 수건을 가까운 곳에 놓아둘 필요가 있다.

실외에서는 물놀이가 단독으로 이루어지는 경우도 있으나 때에 따라서는 모래놀이와 함께 이루어지는 경우가 많다. 따라서 물놀이와 모래놀이 영역을 독립되어 있으나 인접하게 배치함으로써 물놀이와 모래놀이가 연결되어 보다 풍부한 놀

이가 이루어질 수 있도록 한다. 실외에 물놀이 영역을 배치할 경우 바닥은 물기가 잘 마르고 배수가 잘 되는 곳이 적절하다. 물놀이는 계절에 영향을 받을 수 있는데, 햇볕이 따가운 날에 직사광선 아래서 긴 시간 동안 물놀이를 하는 경우를 위하여 파라솔, 차양 등을 이용하거나 나무 그늘을 만들어 준다.

(2) 물놀이의 자료와 도구

물놀이의 자료와 도구는 연령에 특별한 제한을 두지 않는다. 교사는 유아가 물놀이 자체에 즐거움을 느끼면서 더 나아가 다양한 학습 활동으로 확장시킬 수 있도록 준비한다. 효율적인 물놀이를 위해 필요한 자료 및 도구는 크게 물을 담을 통과 놀잇감, 기타로 나누어 볼 수 있다.

- **물을 담을 통**: 물놀이가 실내에서 이루어질 경우 실내 물놀이 책상이나 플라스틱 대야, 아기 목욕용 물통 등, 실외에서 이루어질 경우는 커다란 물통, 물놀이용 비닐 풀, 실외 물놀이대 등
- **물놀이 자료**: 빈 플라스틱 세제통, 호스 튜브로 채울 물 주전자, 다양한 크기와 형태의 플라스틱 용기와 뚜껑, 측정할 수 있는 수저, 그릇, 거품기, 투명 비닐 호스, 장난감 인형, 비누, 수건, 스펀지, 물뿌리개, 빨대, 커다란 페인트 붓, 식용 색소, 템페라 물감, 스포이드, 바늘 없는 주사기, 물총, 헌 우유팩, 게임 도구 등
- **기타**: 물놀이가 보다 안전하고 편리하도록 비닐 앞치마, 걸레, 신문지 등

3) 물놀이의 지도방법

물놀이는 유아에게 단순한 즐거움에서부터 다양한 학습 경험에 이르기까지 풍부한 놀이 경험을 제공할 수 있는 매우 의미 있는 활동 중의 하나다. 특별한 단계를 세울 필요는 없지만, 효율적인 물놀이 지도방법을 제시하면 다음과 같다.

첫째, 교사는 유아가 물놀이를 통해 다양한 경험을 얻고 자유롭게 물놀이가 이루어지도록 허용적이고 개방적인 분위기를 제공하여 유아의 흥미와 관심에 따라 물놀이가 다양한 활동으로 확장되도록 격려한다.

둘째, 교사는 물놀이를 시작하기 전에 옷차림에 대한 사전 준비를 한다. 옷이

젖지 않도록 유아에게 비닐앞치마를 입히고 옷소매를 걷어 올리고 놀게 한다. 날씨가 더워지면 연령에 상관없이 물놀이를 즐겨서 옷이 젖을 가능성이 많기 때문에 여분의 옷을 준비하거나 여름철인 경우는 일상복보다는 수영복으로 바꿔 입혀 놀이하는 것이 좋다.

셋째, 교사는 물놀이를 시작하기 전에 친구에게 물을 뿌리거나, 놀이하던 물을 입에 넣거나, 실내에서 물을 가지고 돌아다니지 않도록 하는 등의 물놀이에 필요한 규칙에 대해 유아와 함께 이야기 나누고 사전 준비를 하도록 한다.

넷째, 교사는 민감성과 상상력을 가지고 유아의 물놀이 활동을 주의 깊게 관찰하며, 필요한 경우에 적절한 개입과 지도 및 조언을 하면서 물놀이가 교육적 활동으로 확장되도록 한다. 그러나 물놀이로 인한 안전사고가 발생하지 않는 범위 내에서 교사가 주도하거나 지시하기보다는 유아의 자연적 물놀이가 방해되지 않도록 허용하는 것이 좋다.

다섯째, 물놀이는 날씨와 계절에 영향을 받기 쉬운 놀이이므로 더운 날씨에는 실외에서 물놀이를 하고, 추운 날씨에는 실내에서 물놀이대 바닥에 신문지나 헌 수건 등을 깔아 바닥이 젖지 않도록 배려한다.

여섯째, 물놀이의 자료와 도구는 한 번에 너무 다양한 종류를 제공하지 않는 것이 적절하며, 유아는 같은 자료를 통한 반복적 경험을 가지기 때문에 너무 잦은 변화를 주지 않도록 관심을 두어야 한다.

일곱째, 물놀이에 필요한 다양한 놀잇감의 정리는 색깔 있는 직사각형의 통이나 투명한 플라스틱 상자를 이용하여 그 속에 들어갈 놀잇감의 종류에 따라 겉부분에 그림이나 사진을 이용하여 표시하는 것이 좋다. 이렇게 함으로써 유아는 놀이가 끝난 후에도 스스로 놀잇감을 정리하여 정리정돈의 습관뿐만 아니라 다른 유아들의 놀이를 배려하는 습관도 기를 수 있다.

여덟째, 유아의 연령별 발달 수준을 고려한 물놀이 자료를 제공하여 유아가 다양하고 유용한 물놀이 경험을 할 수 있도록 격려한다.

〈표 11-1〉 연령별 물놀이 자료와 활동

연 령	물놀이 자료와 활동
만 1~2세	• 날씨에 민감하고 물놀이 자체를 좋아하기 때문에 개인용 물놀이대를 제공한다. • 물을 만지고 튀기면서 노는 것을 좋아하므로 커다란 수건을 제공하거나 물놀이 옷으로 갈아입고 놀이하는 것이 좋다. • 물에 뜰 수 있는 나뭇잎이나 고무로 된 작은 동물 인형 등을 제공한다. • 물을 담아 흔들어 볼 수 있는 뚜껑이 있는 플라스틱 용기를 제공한다.
만 3세	• 물놀이대의 높이는 50~55cm가 적합하다. • 물을 담고 쏟고 할 수 있는 다양한 크기의 용기와 뚜껑을 제공한다. • 물의 힘과 물이 떨어지는 모습을 탐색할 수 있는 구멍 크기가 다양한 물뿌리개, 물총, 채를 제공한다. • 물의 흡수를 탐색할 수 있는 스펀지, 바구니, 쟁반 등을 제공한다. • 물의 증발을 관찰할 수 있는 물 페인트 칠하기 놀이를 할 수 있다. • 인형 목욕시키기나 빨래하기 놀이 등을 할 수 있는 자료를 제공한다.
만 4~5세	• 물놀이대의 높이는 55~60cm가 적합하다. • 물의 양을 측정할 수 있는 다양한 크기의 용기(계량도구)를 제공한다. • 물줄기의 변화와 힘을 관찰할 수 있는 같은 높이 혹은 다른 높이의 여러 구멍이 뚫린 다양한 통과 물레방아를 제공한다. • 물과 다른 사물의 관계를 학습할 수 있도록 여러 가지 물에 뜨는 것과 가라앉는 것, 물에 녹는 것과 녹지 않는 것 등의 물건과 분류할 바구니를 제공한다. • 물을 이용한 거품놀이나 물풍선 게임, 역할놀이 등과 연계할 수 있도록 다양한 소도구를 제공한다.

2. 모래놀이

모래는 물과 함께 유아에게 가장 친숙하고 인기 있는 자연 놀잇감 중의 하나다. 모래놀이는 특별한 도구의 도움 없이도 손으로 모래를 만지거나 쌓으면서 창의적으로 이용할 수 있는 놀이다. 특히 물과 함께 제공될 때 놀이의 가능성은 훨씬 높아진다. 모래놀이는 다양한 구성놀이를 촉진하는 대표적인 놀이다.

1) 모래놀이의 교육적 가치

첫째, 유아는 모래놀이를 하면서 자연스럽게 편안하고 즐거운 정서발달 및 정서장애의 치료가 가능하다. 모래는 사용법이 고정되어 있지 않다. 유아는 편안한 마음으로 모래를 파고 쌓고 옮기는 활동을 하면서 기쁨과 성취감을 느끼게 된다. 모래놀이는 같은 재료가 계속적으로 사용되는 특성을 갖고 있는 놀이로서 영구적으로 보존할 수 있는 작품이 없다. 유아는 몇 번이고 되풀이하여 만든 것을 부수고, 또 다른 작품을 구상하여 다시 만들 수 있다. 이런 과정을 통해 유아는 상상하고 생각하고 있는 것을 무엇이든지 표현하려고 시도하게 된다. 이러한 특성으로 놀이치료의 한 방법인 모래상자 놀이기법이 고안되어 활용되고 있다.

둘째, 유아는 모래의 성질을 탐색하는 놀이를 하는 동안 자연스럽게 수·과학적 개념을 형성한다. 유아는 모래를 두드리고, 찔러 보기도 하고, 떠서 만져 보는 활동 외에 모래를 여러 가지 용기에 담고 붓는 활동을 통해 다양한 모양과 크기의 차이를 비교해 볼 수 있다. 그리고 마른 모래와 젖은 모래를 함께 경험해 봄으로써 마른 모래가 젖은 모래보다 가볍고 마른 모래는 바람에 잘 날리지만 젖은 모래는 날리지 않으며, 마른 모래가 물에 젖었을 때 색깔이 진하게 보인다는 등의 다양한 모래의 특성도 경험한다.

셋째, 유아는 모래놀이를 통한 다양한 탐색 활동을 하는 과정에서 창의력과 문제 해결력이 자연스럽게 발달된다. 모래놀이 영역에서 유아는 기계 기술자와 건축가가 되어 길, 공항, 도시를 창조하고 건설하며, 과자와 빵을 만드는 요리사가 되기도 한다. 이러한 활동 경험을 통해 유아는 자신이 생각한 방법대로 시도함으로써 여러 번의 시행착오를 거쳐 효율적으로 놀이할 수 있는 방법을 스스로 터득하여 문제해결 능력을 기른다. 모래놀이 활동에서 이전 경험은 또 다른 발견학습으로 유도되기도 한다.

넷째, 유아는 모래놀이를 하면서 또래들과 대화를 나누기도 하고 놀이 상황을 설명하기도 하면서 언어능력이 발달된다. 유아는 모래놀이 경험에서 여러 가지 역할을 나누어 해 봄으로써 각각 다른 역할을 정확한 개념을 가지고 표현하려 한다. 또한 트럭과 양동이, 삽, 차, 땅 고르는 기계, 동물 인형 등 여러 종류의 모래놀이 놀잇감들은 유아에게 그때그때의 사건을 극화하고 언어로 표현하도록 하는 기회를 제공하기도 한다.

다섯째, 모래놀이는 여러 명의 유아가 한데 어울려서 놀이할 경우가 많기 때문에 자연스럽게 사회성 발달이 촉진된다. 유아들은 함께 모래놀이를 하면서 다른 친구의 의견을 존중하고 서로 협동하는 마음을 가지며, 남과 더불어 즐겁게 생활하는 기회를 갖게 된다. 모래놀이는 특별히 나이 제한을 두지 않는다. 다양한 연령의 유아들이 한데 모여 놀이함으로써 협동놀이가 풍부하게 이루어질 수 있다.

여섯째, 유아는 모래놀이를 하면서 한 자리에 앉아 있기보다는 몸 전체를 움직이면서 활동하므로 자연스럽게 신체발달이 이루어진다. 유아는 모래놀이 경험을 통해 대근육과 소근육이 발달되고 눈과 손의 협응력 및 신체 각 부분 간의 협응력이 향상될 수 있다. 또한 모래를 손에 쥐고 두드리고 뿌리거나 젖은 모래를 뭉쳐보는 경험은 유아의 감각기능을 자극할 수 있다.

2) 모래놀이를 위한 환경 구성과 자료

(1) 환경 구성

모래놀이는 유아교육기관의 실내 및 실외 놀이 영역 모두에서 구성하여 할 수 있다. 모래놀이 영역의 크기는 전체 실외 놀이터 혹은 교실의 크기에 비례해서 결정한다.

실내의 모래놀이 영역은 놀이 후에 유아가 씻을 수 있고 경우에 따라서는 물과 함께 놀이할 수 있는 물이 가까운 곳에 배치하는 것이 용이하다. 모래놀이 영역에는 모래놀이를 할 수 있는 모래놀이 상자를 준비한다. 모래놀이 상자는 유아가 앉아서 활동하는 경우에는 관계없으나 서서 놀이하게 할 경우에는 책상을 함께 준비한다. 책상의 높이는 58cm가 적당하고, 모래상자의 깊이는 최소한 45cm로 해야 하며, 상자 안에 모래는 7cm 정도로 깔아야 한다. 상자 및 책상은 물에 잘 견딜 수 있는 플라스틱 책상이 가장 적절하며, 녹이 슬지 않는 금속판도 가능하다. 교실 바닥은 모래가 쏟아지거나 흘렸을 경우 쉽게 정리할 수 있도록 빗자루와 쓰레받기를 가까운 곳에 비치한다.

실외의 모래놀이 영역은 사각형, 타원형 등 여러 가지 형태가 있으며, 활용도를 고려하여 결정하는 것이 적절하나 유아들이 서로 방해를 덜 받을 수 있다는 점을 고려하여 둥근형보다 사각형이 적절하다. 실외 모래놀이 영역의 크기는 유아의 인원수와 실외 놀이터 면적에 따라 결정한다. 모래놀이터의 테두리는 콘크리트, 나무, 타이어 등 다양한 재료로 만들 수 있으며, 이때 높이는 모래 높이보다 약 15cm 정도로 하는 것이 모래의 유실을 방지할 수 있다. 실외 모래놀이 영역은 습기가 차지 않도록 양지 바른 곳에 배치한다. 더운 날씨에는 햇볕이 너무 뜨겁기 때문에 격자무늬의 지붕이나 파라솔, 차양 등을 이용하거나 나무 그늘을 만들어 여름철에도 유아가 활동할 수 있도록 한다.

　모래놀이 영역은 물과 가까이 설치하는 것이 놀이의 가능성을 높이는 데 효과가 있으며, 유아가 모래를 파고 놀 수 있도록 충분히 깊고 넓어야 한다. 특히 유아는 온몸을 이용하여 매우 적극적으로 놀이하기 때문에 낙엽이 모래 위에 많이 떨어지거나 밤에 주변의 동물이 지나다닌다면 모래 위에 덮개를 씌워 청결을 유지해야 한다.

(2) 모래놀이의 자료와 도구

① 모 래

　모래놀이용 모래는 이물질이 섞여 있지 않은 깨끗하고 고운 모래가 좋다. 모래는 알갱이의 직경이 1.5mm 이하인 것부터 아주 미세한 것을 균형 있게 잘 섞은 것으로서 잘 씻겨 나가고 깨끗하며 흙이 섞여 있지 않은 것이 적합하다. 모래의 양은 실외 놀이터 모래장의 경우는 30~45cm 높이로 넣어 주는 것이 적합하고, 모래놀이대의 경우는 5~30cm 높이가 적당하다. 실외 모래놀이터의 경우 유실되는 모래의 양이 많기 때문에 1년에 1, 2회 보충해 주어야 한다.

② 도 구

　모래놀이는 모래 자체의 특성으로 형태가 없는 미조립된 상태의 자연적인 놀잇감이지만 모래놀이를 촉진시킬 수 있는 다양한 종류의 자료와 도구를 필요로 한다.

- 다양한 크기와 모양의 용기, 굵기와 형태가 다양한 PVC 파이프: 모래를 담고 쏟고 부어 보고 흘려 보는 등의 활동 가능

- 모래 파는 도구들: 삽, 주걱, 커다란 숟가락, 장난감 포크레인 등
- **운반도구**: 작은 끌차, 물건 운반용 트럭
- **교통기관류**: 배, 자동차, 비행기 등 장난감 교통 수단
- **측정도구**: 계량컵과 숟가락, 양팔 저울, 깔때기 등
- **여러 가지 주방도구**: 모양 찍기 틀, 플라스틱 바구니, 여러 가지 구멍의 체, 양동이, 플라스틱 칼, 접시, 다양한 모양과 크기의 플라스틱 그릇 등
- **기타**: 고무호스, 확대경, 자석, 작은 돌멩이나 조개껍질, 인형, 동물 모형, 그물망, 블록과 널빤지 등

3) 모래놀이의 지도방법

교사는 모래 영역에 다양한 놀잇감을 마련하여 유아로 하여금 자유롭게 놀이할 수 있는 기회를 제공하여 유아의 창의성과 실험정신을 유도할 수 있다.

첫째, 유아가 모래를 가지고 시도해 보고 시행착오를 거치면서 나름대로의 발견을 하고 기쁨과 창의적 표현에 따른 성취감을 느낄 수 있도록 수용적 태도를 가지고 유아를 인정하고 격려하는 것이 좋다.

둘째, 모래는 놀잇감으로서 매우 가치가 높고 활용도가 다양하지만 항상 세심한 주의를 필요로 한다. 따라서 모래 영역의 주변은 항상 깨끗하게 정리해 두고 안전하게 사용할 수 있도록 한다. 특히 날씨와 상황에 따라 적절한 모래놀이 환경을 유지해야 하는데, 날씨가 더울 때는 그늘을 만들어 주고 물을 제공하는 것이 좋고, 날씨가 건조할 때는 모래에 물을 부려서 적당한 습기가 유지되도록 관리한다.

셋째, 모래놀이를 할 때 지켜야 할 규칙에 대해 유아들과 함께 사전에 충분히 이야기를 나눔으로써 유아들이 보다 안전하고 자유로운 활동이 이루어질 수 있도록 한다. 유아와 함께 의논해야 할 규칙은 다음과 같다.

- 모래를 사람에게 뿌리거나 던지면 안 된다.
- 모래를 입에 넣어서는 안 된다.
- 모래밭에서 나올 때는 신발과 옷을 잘 털어야 한다.
- 모래에 흙이나 다른 이물질을 섞지 않는다.
- 모래놀이가 끝나면 놀잇감을 제자리에 잘 정돈한다.

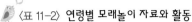 〈표 11-2〉 연령별 모래놀이 자료와 활동

연 령	모래놀이 자료와 활동
만 2세	• 개인용 모래놀이대를 제공하는 것이 좋다. • 모래에 숨길 수 있는 작은 고무인형이나 조개껍질, 둥글고 매끄러운 돌멩이 같은 자연물을 제공한다. • 실내에서는 모래 이외에 쌀, 마카로니, 콩과 같은 곡식을 제공하여 다양한 감각 경험을 제공한다.
만 3세	• 모래놀이대의 높이는 50~55cm가 적합하다. • 모래를 담고 쏟고 할 수 있는 다양한 크기의 용기와 뚜껑을 제공한다. • 모래가 떨어지는 모습을 탐색할 수 있는 구멍 크기가 다양한 체와 조리 등을 제공한다. • 물을 제공하여 모양 찍기, 모양 만들기 등을 할 수 있도록 하고, 다양한 모양의 그릇, 모양 찍기 틀, 모래놀이용 작은 삽, 양동이 등을 제공한다. • 모래를 이용한 역할놀이를 할 수 있도록 동물과 사람 인형, 주방용 놀이도구들을 제공한다.
만 4~5세	• 모래놀이대의 높이는 55~60cm가 적합하다. • 모래의 양을 측정할 수 있는 다양한 크기의 용기(계량도구)를 제공한다. • 모래밭에 물길을 만들며 놀이할 수 있도록 굵기와 형태가 다양한 PVC 파이프, 그물망, 블록과 널빤지 등을 제공한다. • 모래에 여러 가지 글자를 찍어 보거나 모래를 뿌려 쓸 수 있는 다양한 글자 모양 틀을 제공한다. • 모래를 이용한 역할놀이가 확장되도록 동물과 사람 인형, 주방용 놀이도구뿐만 아니라 모래를 운반할 여러 교통 수단 등을 제공한다.

넷째, 모래놀이에 필요한 다양한 도구들을 한 번에 제시하는 것보다 생활 주제나 유아의 요구 등 적절한 계획에 의하여 제공하는 것이 효과적이다.

다섯째, 유아의 놀이를 세심하게 관찰하여 모래놀이 활동이 유아에게 발달적으로나 교육적으로 의미 있는 시간이 될 수 있도록 격려한다.

3. 진흙, 점토, 밀가루 놀이

진흙, 점토, 밀가루 놀이는 유아가 즐겁게 참여하면서 소근육의 발달과 창의성을 제공할 수 있는 자연물 놀이의 하나다. 진흙, 점토, 밀가루는 돌멩이처럼 형

태를 갖고 있는 놀이 자료와는 구별되는 유연한 특성을 갖고 있어 가루 상태 혹은 반죽 상태에 따라서 유아에게 새로운 흥미와 경험을 제공할 수 있다. 진흙, 점토, 밀가루는 반죽을 하면 유연하지만, 유아가 자료를 구성하여 마르면 구성한 그대로 모양이 유지되어 일정한 형태를 볼 수 있는 3차원 자료의 특성을 갖고 있어 매력적인 활동이 될 수 있다.

1) 진흙, 점토, 밀가루 놀이의 교육적 가치

첫째, 진흙, 점토, 밀가루 놀이는 유아가 손으로 만지고 조작하여 구성하므로 어깨, 팔, 손, 손가락의 크고 작은 근육의 협응을 통하여 자연스러운 소근육 발달 및 신체적 만족감을 가질 수 있다. 유아는 점토의 강도를 경험하면서 강약, 말랑함과 딱딱함 등의 느낌을 인식할 수 있고, 점토를 부드럽게 혹은 세게 두드리거나 치면서 자신의 신체 리듬을 느낄 수 있으며, 다양한 모양을 구성하면서 다양한 통제력과 조절력도 배울 수 있다. 또한 특별한 도구 없이도 손 혹은 몸 전체를 이용하여 즐길 수 있는 자극적 경험을 제공한다.

둘째, 유아가 진흙, 점토, 밀가루를 가지고 놀이하는 동안 자료를 조작하는 활동은 자연스러운 사고력 발달 및 창의성 발달을 증진시킨다. 유아는 손으로 비비다가 뭉치고, 밀거나 당기고, 구멍을 내고 비트는 식으로 다양한 모양을 만들면서 조작과 변화 자체를 즐길 수 있을 뿐만 아니라 양의 보존개념, 가역적 사고 등이 발달할 수 있는 유용한 기회를 갖게 되어 사고발달에 도움이 된다.

셋째, 유아는 진흙, 점토, 밀가루를 손으로 조작하여 구성하면서 자연스럽게 안정적인 정서발달이 촉진될 수 있다. 진흙과 점토, 밀가루 반죽은 만졌을 때 말랑거리는 느낌이 좋을 뿐만 아니라 재료 자체가 유연하고 가변적인 특성이 있어서 원하는 어떤 모양을 자유롭게 만들 수 있고, 또 금방 모양을 변화시킬 수 있어 유아들이 부담 없이 편안하게 구성할 수 있다.

넷째, 유아는 어떤 목적 없이도 점토를 두드리고 뭉치는 행동을 하는데, 이러한 활동으로 진흙 및 점토, 밀가루 놀이는 다른 구성을 하기 전의 선행 활동이 되기도 한다. 점토놀이는 다양한 형태로 늘이고, 두들기고, 말고, 편편하게 하고, 나누고, 다시 모아 놓는 식으로 손가락과 근육을 사용하게 한다. 이러한 놀이는 유아의 긁적거리기와 유사한 활동이다. 후에 유아는 통제된 긁적거리기와 유사한 단계인 나선형이나 공 모양을 만들게 되고, 점점 자신이 구성한 것에 이름을 붙이는 활동을 하게 되는데, 점토 덩어리를 비행기로 명명하거나 "이것은 자동차야."라고 말하며 놀이를 한다. 이 시기에 유아의 사고는 상상적 사고가 내포되는 성숙이 일어나게 된다(Neubert, 1991).

2) 진흙, 점토, 밀가루 놀이를 위한 환경 구성과 자료

(1) 환경 구성

① 진흙놀이

진흙놀이는 다른 놀이를 방해하지 않도록 실외 놀이터 한쪽에 공간을 마련하며, 물을 이용하기에 편리한 곳에 영역을 만든다. 영역의 넓이는 유아가 몸 전체를 이용하여 놀이를 하는 대근육적인 활동의 특성을 가지고 있기 때문에 넓은 공간을 확보하는 것이 좋으며, 바닥은 콘크리트로 고정되기보다는 웅덩이를 만들거나 진흙을 이용하여 다양한 형태를 만들 수 있도록 유동적인 것이 좋다.

② 점토, 밀가루 반죽 놀이

점토와 밀가루 반죽 놀이는 유아교육기관의 실내 및 실외 놀이 영역 모두에 구성하여 할 수 있다. 점토와 밀가루 반죽 놀이 영역은 놀이 후에 유아가 씻을 수 있는 물이 가까이 있어야 용이하다. 이 놀이 영역에는 매끄러운 표면의 책상을 제공하며, 점토용 놀이 책상은 사방 30cm 정도의 판이어야 한다. 스펀지는 점토 책상 근처에 보관하여 유아가 놀이 후에 씻고 닦을 수 있게 한다. 유아가 점토와 밀가루 반죽을 사용하고자 할 때 손쉽게 사용할 수 있도록 점토를 비치는 용기에 넣어 제공하고, 유아에게 탐색할 수 있는 충분한 시간을 제공한다. 유아는 점토놀이 시 앉아서 놀이할 수도 있지만, 힘을 주어 점토를 구성하기 위하여 큰 힘이 필요하면 어깨와 팔을 활동적으로 사용하도록 앉거나 서서 활동하도록 환경을 구성한다.

(2) 진흙, 점토, 밀가루 놀이의 자료와 도구

- **진흙놀이 도구**: 플라스틱 바구니, 끌차, 모형 다리, 모형 나무, 커다란 자동차, 포크레인, 빵칼, 다양한 형태의 삽과 커다란 스푼, 고무장화, 충분한 물, 비닐앞치마 등
- **점토와 밀가루 반죽 자료**: 점토 자료로는 다양한 자료를 사용할 수 있다. 찰흙, 톱밥점토, 부드러운 왁스, 모래, 종이점토, 고무찰흙, 밀가루 점토 등을 사용할 수 있다. 교사는 구입 가능한 상업적인 점토 자료를 많이 사용하지만,

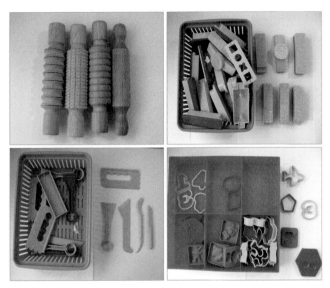

다양한 모양 찍기 틀과 밀대, 칼, 쟁반 등

유아들에게 가장 만족을 주는 두 가지 자료는 찰흙과 밀가루 반죽이다. 점토를 구입하거나 밀가루 점토를 만들어 사용할 수 있다.

■ **점토와 밀가루 반죽 놀이도구:** 다양한 모양 찍기 틀, 밀대, 플라스틱 칼, 쟁반 등

3) 진흙, 점토, 밀가루 놀이의 지도방법

⑴ 공통적인 지도방법

첫째, 교사는 유아가 진흙 및 점토, 밀가루 놀이를 마음껏 즐길 수 있도록 환경과 시간을 제공해야 한다. 진흙놀이가 끝난 후에는 유아의 몸이나 옷 등이 더렵혀지기 쉬우므로 유아교육기관에 여분의 옷이 마련되어 있어야 하며, 놀이가 끝난 후 깨끗하게 씻을 수 있도록 세심한 배려가 필요하다.

둘째, 유아는 처음부터 정해진 방법으로 놀이를 하지 않는 경우가 많다. 처음에는 진흙의 특성을 이해하기 위해 손으로 진흙을 주물럭거리기도 하고, 뭉쳐서 공을 만들어 보기도 하며, 높은 산 모양을 만들어 보기도 한다. 이러한 과정의 반복을 통해 유아는 진흙의 특성을 이해하게 되며, 점차적으로 다양한 놀이방법을 창안하고 시도해 볼 수 있다.

셋째, 어린 연령의 유아에게는 목재 점토기구와 조개, 그릇, 구슬 같은 점토 활동에 포함시킬 작은 물체들을 점차 소개할 수 있으나, 플라스틱과 금속재 기구는 피해야 한다. 플라스틱은 작게 잘라져서 점토에 박히면 보이지 않아 유아의 손에 상처를 내고, 금속재 과자 모양 틀은 모양이 만들어진 것으로 유아의 창의성을 저해할 수 있다. 점토 모양 틀은 두께 1mm 정도가 유아의 손을 베지 않고 안전하게 놀이할 수 있다. 유아는 점토놀이에 익숙해지면 점토로 모양 만들기와 조각으로 잘라 내어 그릇의 구멍 내는 것을 학습할 수 있다. 더 나아가 점토에 점토의 조각들을 붙여서, 예컨대 사람과 동물을 만들기 위하여 몸체에 팔, 다리, 머리를 붙여서 형체를 만들 수도 있다. 나중에 유아는 나선형으로 돌려서 그릇 만들기도 배울 수 있다.

넷째, 교사는 유아로 하여금 점토나 밀가루 반죽을 어떠한 방식으로든 주무를 수 있는 기회를 허락함으로써 실험정신을 유도할 수 있다. 유아는 점토와 밀가루 반죽 놀이를 통하여 다양한 형태로 만들어 내기를 좋아하고, 커다란 덩어리에서 조각을 떼어 내고 붙이기를 좋아한다. 교사가 최종 완성품에 가치를 두지 않는다면 유아는 그들을 좌절시킬 수도 있는 망가지기 쉬운 완성품들을 만드는 것을 좋아하지 않을 것이다. 교사가 유아에게 무엇을 만들고 있는지를 물어보았을 때, 유아는 자신이 알아볼 수 있고 보관할 수 있는 결과물을 만들어야 한다는 생각을 갖게 된다. 유아가 점토를 사용하여 놀이하고자 한다면 모든 교사는 유아와 함께 놀이를 하여 교사가 그 활동을 가치 있게 생각하고 있다는 사실을 유아가 인식할 수 있도록 행동을 통하여 가르쳐 주는 것이 필요하다. 교사는 점토를 사용하여 구성물을 만들 수는 있으나 어떤 대상을 만들어서 유아에게 제공하여서는 안 된다. 이러한 행위는 유아가 따르고자 하는 어떤 기준을 만들게 되어 유아의 독창적인 창조성을 방해할 수 있기 때문이다.

(2) 진흙놀이의 지도방법

진흙놀이는 재료의 특성상 실내보다는 실외에서 이루어지는 것이 놀이를 풍부하게 해 준다. 놀이도구뿐만 아니라 유아 자신의 몸 전체를 이용하여 놀이를 하기 때문에 날씨가 따뜻한 계절에 이루어지는 것이 좋으며, 오전시간보다는 오후시간을 이용하는 것이 보다 바람직하다.

한편, 유아가 진흙으로 작업을 한 후에 작품을 보관하기를 원하면 진흙 작품을 그늘에서 서서히 말리도록 도와주고, 말린 후 칠을 할 수 있도록 물감을 제공한다. 유치원의 화덕이나 오븐을 사용하여 진흙이 열을 가하면 어떻게 바뀌는지를 보게 하는 것은 유아에게 흥미로운 경험을 제공해 준다. 그러나 교사는 화덕에서 구운 작품은 단단하고 해체할 수 없다는 것을 유아에게 확인시켜 주어야 한다. 진흙 작품은 너무 얇지 않고 완전하게 부치도록 도와준다. 교사는 유아의 작품에 광택 내기를 원하면 니스나 래커 칠을 할 수도 있다. 유아는 진흙 자료를 비틀고, 누르고, 구멍을 내고, 밀거나 당기고, 모양을 만들기를 좋아하므로 다양한 도구도 제공한다.

(3) 찰흙놀이의 지도방법

찰흙놀이는 유아에게 무한한 형태의 놀이를 제공한다. 굳은 진흙은 모양을 유지한다. 말랑거리는 찰흙은 물방울처럼 똑똑 떨어지기도 하고, 흘려 부을 수도 있으며, 유아가 손을 비비면 손가락을 따라 흘러내리기도 한다.

유아는 꽃이나 채소 씨앗을 심는 것처럼 젖은 흙을 파내는 것을 즐긴다. 유아는 흙에 물을 부어 흙을 계속 변하게 하는 활동을 즐긴다. 어떤 곳에서는 유아가 자신의 찰흙을 파내어 사용할 수 있다. 유아는 손으로 땅에서 찰흙을 파내어 조작을 하게 되면 두 가지 다른 경험을 갖게 된다. 유아가 찰흙으로 다양한 경험을 하면 타일, 벽돌, 항아리, 컵 등의 많은 도구가 이러한 자료로 만들어졌다는 것을 이해하게 된다.

찰흙놀이는 평면, 원통형, 구형과 같은 개념이나 모양을 명확하게 알 수 있는 가치 있는 매체다. 유아는 찰흙을 길게 혹은 벌레같이 만들거나, 모양을 바꾸기 위해서 점토를 더하거나 끊어 낼 수 있다. 유아는 손이나 다른 사물을 사용하여 질감과 모양을 바꾸면서 표현을 한다. 찰흙은 부드럽고 재사용이 가능하며, 비닐에 잘 보관하면 영구적으로 사용 가능하다. 찰흙이 건조하여 마르면 물을 첨가하고 젖으면 건조되도록 하여, 손가락에 묻지 않을 정도로 부드럽고 단단하게 유지한다. 찰흙은 뚜껑이 있는 도기류 용기나 혹은 플라스틱 통에 보관하면 습기를 유지할 수 있고 다시 사용할 수 있다. 저장용기에 다시 넣을 때에는 다음 날 사용할 수 있도록 물이 있는 곳에 보관하여야 한다. 유아당 자몽 정도의 찰흙 양이 유아가 작업하기에 적절하며, 포도알 만한 크기로 나누어 제공하는 것이 유아가 실질적으로 조작하는 데 적당한 크기다.

(4) 밀가루 점토와 고무점토 놀이의 지도방법

밀가루 점토는 유아에게 구성놀이에 덧붙여 극화놀이의 다양한 유형을 제공하는 매우 실제적인 매체가 된다. 밀가루 점토는 탄력성이 있으며 빠르게 변형된다. 유아는 점토를 비틀고 두드리고 늘리기도 하며 이상하지만 멋진 형태로 잘라내어 모양을 구성하면서 즐긴다. 밀가루 점토를 통한 활동은 창의성과 상상력을 위한 많은 기회를 제공한다. 교사가 밀가루 점토가 손에 묻지 않도록 만들어서 제공하여야 밀가루 점토를 손을 묻히기를 주저하는 유아도 그것을 사용할 수 있다.

밀가루 점토놀이는 유아의 극화 활동에 도움을 주며, 밀가루 점토로 놀이를 하면서 요리하기, 빵 굽기와 관련된 집에서의 경험을 재구성하게 된다. 찰흙을 가지고 놀이할 때처럼 밀가루 점토의 강도는 유아에게 때리고 두드리면서 부정적 · 긍정적 감정을 표현하게 한다. 유아는 밀가루 점토에서 잘라 낸 모양을 통하여 윤곽과 바탕의 관계를 알게 된다. 예를 들면, 긴 뱀 같은 형태는 유아가 글자, 도형, 도로, 집 등을 만들어 보는 경험을 통하여 상징을 알게 한다. 때로 유아는 쿠키 커터로 모양을 만들어 볼 수 있다.

교사는 고무점토 같은 형체 만들기 재료를 점토 대용으로 사용할 수도 있다. 고무점토는 찰흙점토보다 형체 만들기에 반응적이지 않으며 유아의 작품을 영구 보존할 수 없으나, 고무점토는 재사용이 가능하고 마르지 않는다. 그 외에 톱밥점토, 부드러운 왁스, 모래, 종이점토, 고무찰흙을 제공하여 유아의 점토놀이를 확장할 수 있다.

🐦 밀가루 반죽 만드는 방법

- 재료: 물 1컵, 밀가루 3컵, 소금 2 큰 스푼, 기름 2 큰 스푼, 식용색소 2봉지
- 방법:
  - 물 1컵과 밀가루 3컵, 소금 2 큰 스푼의 재료를 섞는다.
  - 물, 밀가루를 잘 섞으면서 기름 2 큰 스푼을 넣는다.
  - 유아의 관심에 따라서 식용 색소 중 원하는 색을 첨가하여 섞는다.

4. 거품놀이

거품놀이는 간단하면서도 아름답고 쉽게 만들 수 있다는 장점을 가지고 있는 매력적인 놀이다. 유아는 거품을 이용한 놀이를 통해 기쁨과 신기함을 마음껏 경험해 볼 수 있다.

1) 거품놀이의 교육적 가치

첫째, 유아는 입으로 불면서 다양한 크기의 거품을 만들며 놀이하는 동안 신체 조절 능력을 기를 수 있다.

둘째, 유아는 자신이 만든 거품의 모습을 보고 소리를 들으면서 신기함과 만족감을 느낄 수 있어 자연스럽게 정서발달이 이루어진다.

셋째, 유아는 입으로 바람을 불어넣는 힘을 조절하면서 바람의 힘과 거품의 양과 크기가 변화하는 현상을 보면서 수·과학적 사고능력을 증진시킬 수 있다.

2) 거품놀이를 위한 환경 구성

(1) 환경 구성

거품놀이는 실내와 실외 모두에서 할 수 있다. 실내에서는 여러 가지 색의 거품을 만들어 종이에 찍어 보는 조형 활동으로 진행할 수 있고, 실외에서는 다양한 거품의 크기와 모양을 만들며 날려 보는 활동으로 진행할 수 있다. 유아가 자유롭게 거품을 만들고 불어 볼 수 있도록 개방적인 환경을 마련해 준다.

(2) 거품놀이의 자료와 도구

- **거품**: 교사와 유아가 직접 만들어 볼 수도 있고, 인스턴트 거품을 구입할 수도 있다. 인스턴트 거품은 조그만 구멍이 있는 스티로폼 컵에 플라스틱 빨대가 있으며 간편하고 비싸지 않다. 거품놀이를 흥미 있게 하기 위해서는 거품이 잘 나도록 비눗물을 만드는 것이 중요하다. 다양한 모양의 거품을 탐색하기 위하여 면도용 거품과 샴푸용 거품 등을 준비하는 것이 좋다.
- **거품놀이 도구**: 유아가 쉽게 이용할 수 있는 튜브, 깔때기, 그 외 여러 부속품, 스포이드, 다양한 크기의 컵, 스펀지, 큰 플라스틱 통, 빨대, 거품을 만들 수 있는 여러 가지 모양 틀, 유아용 홀라후프 등

🐦 여러 종류의 비눗물을 만드는 방법

- 기본적인 방법: 액체세제 1컵과 물 4컵(1 대 4의 비율)을 혼합하여 부드럽게 저어 준다. 양을 적게 할 때는 액체세제 1/2컵과 물 2컵(1 대 4의 비율)을 혼합하여 부드럽게 저어 주면 좋다
- 비누방울을 터지지 않게 하는 방법: 글리세린 혹은 설탕을 약간 첨가하여 저어 주면 비누방울이 잘 터지지 않아 효과적이다.
- 비누방울을 보다 크고 안정적으로 만드는 방법: 물과 세제에 달걀 흰자와 물엿을 넣으면 비누방울의 점성이 더 진해져서 비누방울을 보다 크고 안정적으로 만들 수 있다.
- 기타 이용 가능한 거품: 면도용 거품과 샴푸용 거품도 거품의 크기가 작고 매우 부드럽기 때문에 유아의 흥미를 높일 수 있어 효과적이다.

3) 거품놀이의 지도방법

첫째, 거품놀이는 실내나 실외 어디서든지 활용 가능한 놀이다. 단, 실내에서 거품놀이가 이루어질 경우는 물을 쏟거나 액체비누를 바닥에 쏟았을 경우를 대비하여 책상 위나 바닥에 신문지 등을 깔아 두는 것이 좋으며, 마른 수건도 준비한다.

둘째, 거품놀이는 빨대를 이용하여 놀이하기 때문에 아주 어린 유아의 경우는 거품을 불 때 빨아들이기보다는 흡입하는 경우가 많아 주의를 기울여야 한다. 따라서 영아의 경우에는 비누거품보다는 물거품 놀이를 하는 것이 좋다.

셋째, 거품놀이에 사용될 수 있는 다양한 도구는 유아가 언제나 쉽게 이용할 수 있도록 커다란 플라스틱 상자나 바구니를 이용하여 보관하며, 상자 겉부분에는 그 속에 들어 있는 내용물을 쉽게 알아볼 수 있도록 그림 자료를 이용하여 표시해 두는 것이 좋다.

넷째, 비누거품은 잘 만들려면 손과 비누가 마르지 않고 물에 젖어 있어야 한다. 비누거품은 물의 표면장력 때문에 생기는 것이다. 물을 이루고 있는 물 분자들은 서로 끌어당기는 힘이 커서 물방울을 떨어뜨리면 물은 자연히 동글동글하게 뭉쳐지게 되는데 이러한 힘을 표면장력이라고 한다. 표면장력의 세기는 액체의 종류에 따라 결정되며, 온도에 따라서 변하기도 한다. 비누 같은 물질은 표면활성물질로 잡아당기는 힘을 약해지게 하여 동글동글한 물방울이 아닌 얇은 막으로 퍼질 수 있게 된다. 비누를 마른 손으로 문지르면 거품이 안 생기는데, 물이 묻은 손으로 문질러야만 표면장력을 감소시켜서 거품을 만들어 낼 수 있기 때문이다.

5. 나무와 들꽃 놀이

나무와 들꽃 놀이는 우리 주변에서 친숙하게 볼 수 있는 다양한 나무의 나뭇잎, 나뭇가지, 나무껍질, 열매, 씨, 들꽃 등의 자연물을 가지고 탐색하며 표현하고 구성하는 자연물 놀이다. 나무와 들꽃 같은 자연물은 그 자체가 유일하고 독특한 특성이 있기 때문에 주변에서 구할 수 있는 모든 자연물을 쉽게 이용할 수 있다.

1) 나무와 들꽃 놀이의 교육적 가치

첫째, 나무와 들꽃, 나뭇잎 등의 자연물은 날씨와 계절의 변화에 따라 다양한 형태와 색깔을 내기 때문에 일 년 내내 그 자체로 흥미로운 경험을 제공할 수 있다.

둘째, 자연적인 환경에서 나무와 숲, 들꽃 등 다양한 식물과 흙, 바람, 물 등의 놀이 경험은 유아에게 정서적인 편안함과 즐거움을 제공하여 자연스러운 정서발달에 도움이 된다.

셋째, 나무와 들꽃 등 자연물은 형태, 색깔, 촉감, 소리, 질감 등 다양한 특성을 가지고 있어서 유아들에게 감각을 이용한 다양한 탐구 경험과 표상 및 구성 경험을 제공하여 자연적이고 아름다운 예술 경험을 하게 한다.

넷째, 유아는 나무와 들꽃 놀이를 하면서 자연의 생명감과 변화에 대하여 자연스럽게 학습할 수 있는 과학적 경험을 한다. 유아는 나뭇잎, 나무껍질, 진흙, 물과 같은 자연적인 재료들로 실험을 할 수 있고, 계절과 날씨의 변화에 따른 자연의 변화와 자연과 생태계의 관계를 탐색할 수 있으며, 나뭇잎, 꽃, 낙엽, 열매, 씨 등을 보면서 식물의 성장 변화와 생명의 순환을 볼 수 있다. 이러한 경험은 유아가

자연의 생명감과 소중함을 인식하도록 도와줄 수 있다.

다섯째, 유아는 나무와 들꽃 놀이를 하면서 나무와 들꽃에 관한 다양한 어휘를 듣고 말해 보며 친구들과 나무와 들꽃의 생김새와 특징 등에 대해 이야기하는 경험을 통하여 자연스러운 언어발달을 촉진할 수 있다.

2) 나무와 들꽃 놀이를 위한 환경 구성과 자료

(1) 환경 구성

실내 혹은 실외 놀이터의 여러 공간에 계절에 따른 자연의 변화를 쉽게 인식할 수 있는 나무와 들꽃, 자연물을 많이 제공하는 것이 필요하다. 교실 내 조형 영역에는 유아가 구성할 수 있는 다양한 자연물을 제공해 준다.

(2) 나무와 들꽃 놀이의 자료와 도구

나무와 들꽃 놀이의 자료를 효과적으로 선택하고 활용하기 위하여 자연물을 이용한 경험의 가치를 살펴보면 다음과 같다.

■ 다양한 탐색이 가능하고 발견의 기쁨을 줄 수 있다.

똑같은 나무에서 자란 나뭇잎과 열매라도 나뭇잎의 모양이나 상태는 잎의 가장자리 모양이 차 있거나 벌레 먹어 구멍이 나 있는 등 모두 조금씩 다르기 때문에 유아는 나무와 자연의 생태적 모습을 발견하면서 자료를 탐색할 수 있다.

■ 생명감의 자연 본성을 담고 있고 심신의 편안함을 제공할 수 있다.

계절의 변화에 따라 나뭇잎과 들꽃의 상태가 다르기 때문에 자연의 질서를 느끼며 나무와 꽃의 냄새, 빛에 따른 색깔의 변화 등 생명감을 느낄 수 있을 뿐만 아니라 자연물을 보고 만져 보는 다양한 경험은 심신을 편안하게 해 줄 수 있다.

■ 다양한 표현이 가능한 유동성 있는 자료로 창의적 표상을 자극할 수 있다.

나무와 들꽃 같은 자연물은 유아가 자신의 아이디어와 상상을 자유롭게 반영하고 개성 있는 표현을 할 수 있는 가변성이 있어 창의적인 표현과 구성 활동이 가능하다.

나무와 들꽃 놀이를 풍부하게 진행하도록 다양한 자연물 자료를 제공할 수 있다. 나무와 들꽃 놀이에 제공할 수 있는 자료는 다음과 같다.

■ 생물 자료: 나뭇가지, 들꽃, 나뭇잎, 줄기, 껍질, 뿌리, 열매, 열매의 씨, 열매의 줄기, 조개껍데기, 부목, 새 깃털, 이끼 등
■ 무생물 자료: 크고 작은 돌멩이, 흙, 모래, 물, 숯 등

3) 나무와 들꽃 놀이의 지도방법

나무와 들꽃, 나뭇잎 등의 자연물은 날씨와 계절의 변화에 따라 다양한 형태와 색깔을 내기 때문에 일 년 내내 흥미로운 경험이 되도록 지도할 수 있다. 따라서 날씨와 계절의 변화에 따른 자연물의 변화를 발견하고 탐색하면서 다양한 표현 및 구성 활동을 하고 놀이에 활용하도록 지도하는 것이 효과적이다.

첫째, 교사는 유아가 자연물의 특성을 발견하여 탐색할 수 있는 시간과 기회를 제공한다. 자연에 있는 나무와 나뭇잎, 들꽃 등은 무수히 많은 형태와 색깔을 갖

고 있고 그러한 특성이 날씨와 계절, 시간대에 따라 변화하여 분위기가 달라지기 때문에 어떤 것이든 새로운 자연의 특성을 발견할 기회를 제공한다.

둘째, 교사는 유아가 자연물을 탐색한 후에 나무와 들꽃 등 자연물을 가지고 창의적이고 상상적인 것을 표상하고 구성할 수 있도록 격려한다. 자연물을 창의적인 놀이로 이용할 수 있는 방법은 다음과 같이 다양하다.

- 먼저 자연물을 있는 그대로 활용하는 방법: 예를 들면, 빨갛게 물든 나뭇잎을 주워서 흔들어 보거나 살펴본다.
- 자연물을 조금 혹은 많이 변형하여 놀이에 활용하는 방법: 예를 들면, 타원형으로 생긴 커다란 나뭇잎은 한쪽 끝을 가운데로 잘라서 겹쳐 당기면 작은 배가 될 수 있고, 마른 나뭇잎을 잘게 잘라서 모자이크로 만들거나 호박에 구멍을 내어 가면을 만들어 놀이할 수도 있다.

- 나무와 들꽃 같은 자연물을 변형하는 방법: 예를 들면, 나뭇잎 등은 구부리기, 부러뜨려서 만들기, 구멍 내기, 연결하기, 그리기, 자연 염색하기, 물들이기, 꿰기, 뜯어내기, 찢기, 쌓기, 긋기, 말아 보기, 두드리기 등 다양하게 사용할 수 있다.
- 자연물에 다른 소품 첨가하는 방법: 나무막대, 돌, 진흙, 모래, 작고 큰 블록, 나무상자, 평편한 나무 널빤지와 같은 것을 첨가하면 유아의 창의적인 탐구심을 자극하여 다양한 실험적 행동이 반영된 구성놀이를 이끌 수 있다.

  셋째, 유아가 자연물을 이용하여 어떤 것을 구성하면 즉흥적이고 자연적인 놀이로 연결될 수 있다. 유아가 나뭇잎과 나뭇가지로 배를 만들었다면 자연스럽게 물에 띄워 보면서 물놀이와 연결시킬 수 있고, 들꽃과 나뭇잎으로 동물 가면이나 목걸이를 만들었다면 관련된 극놀이가 진행될 수 있다. 이처럼 교사는 유아가 자연물을 이용한 구성물을 가지고 동물놀이, 장식하거나 장신구 만들기, 게임, 역할놀이 등 다양한 놀이에 활용할 수 있도록 지도할 수 있다.

제 12 장

조작놀이

1. 기능적 조작놀이
2. 창의적 조작놀이

⛵ 조작놀이(manipulative play)는 퍼즐이나 구슬 꿰기, 도미노 게임과 같이 일반적으로 유아가 책상 위에서 주로 손과 손가락의 소근육을 사용하여 장난감을 맞추고 분리하며 재배열하는 등 여러 가지 방법으로 다루는 놀이다. 측면의 손끝을 사용하여 놀잇감을 구성하고 조작하면서 놀이하는 조작놀이는 몸을 움직이는 것과 관련되며, 신체적인 소근육과 대근육 운동능력의 발달을 이루게 한다. 조작놀이는 다른 놀이에 비해 정적이고 탐색적인 특징을 가지며, 유아의 흥미와 자발적 활동을 이끌어 낸다. 유아는 스스로 문제를 해결하는 과정에서 집중력과 지구력 및 자신감을 얻게 되는데, 조작놀이가 이러한 경험을 제공하는 데 효과적이다(Wasserman, 2000). 이러한 조작놀이는 단순하게 끈을 끼우거나 퍼즐을 맞추는 기능적인 조작놀이와 레고나 꽃 블록을 가지고 유아가 자신의 생각을 반영하여 새롭게 만드는 창의적 조작놀이로 구분하여 볼 수 있다.

1. 기능적 조작놀이

유아는 능동적 참여를 통하여 학습하며, 직접 손으로 조작하는 경험을 통하여 개념을 발달시키고 명료화하여 간다. 유아는 태어나면서부터 사물을 조작하며 만지고, 입으로 가져가고, 흔들어 보면서 손가락으로 사물의 특성을 알아간다. 부모들은 유아의 이러한 특성을 발달시키기 위하여 모빌이나 딸랑이 등을 제공하여 유아가 모양, 크기, 색, 소리 등의 다양성을 알게 한다. 더 나아가 유아는 주위의 사물을 막대로 두드리거나 냄비나 그릇 등을 흔들면서 자신의 모든 감각을 사용하여 놀이를 한다.

교실의 모든 사물은 조작적 자료들이다. 유아가 적목을 교구 선반에서 운반하고, 구성하며, 다시 정리하는 활동에는 조작이 요구된다. 물놀이 도구, 물 자체의 놀이에도 조작이 필요하며, 극화 영역의 구두, 그릇, 모자 등의 사용에도 조작이 필요하다. 자료의 조작은 상대적으로 조용한 활동으로, 앉아서 놀이를 하고 많은 소근육을 사용하게 된다. 조작놀이는 유아가 작은 구멍에 사물을 맞추고, 비틀고, 돌리고, 조이고, 늘리는 식으로 눈과 손의 협응력을 발달시키는 기회를 제공한다.

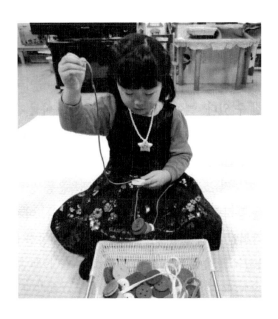

　기능적 조작놀이는 게임판과 게임 카드, 그림 맞추기, 구슬 끼우기 등과 같이 유아가 개별적으로 가지고 놀이할 수 있는 교구 및 놀잇감과의 상호작용을 통한 활동을 의미한다. 이러한 기능적 조작놀이 경험은 모양, 색, 공간, 대응 같은 개념을 알게 해 줌으로써 유아의 지적 발달에 중요하다. 유아는 사물의 모양 등의 유사성, 차이성 및 관계 등을 보게 된다. 이러한 개념은 유아의 읽기·쓰기과 직접적으로 관련이 있으며, 분류, 서열화 및 모양 인식 등의 기술을 익히게 한다.

1) 기능적 조작놀이의 교육적 가치

　첫째, 유아는 기능적 조작놀이 경험을 통하여 개별적인 탐색의 경험을 가질 수 있다. 탐색은 유아의 집중력과 논리적인 추론능력을 신장시켜 줄 수 있으며, 탐구력이 증진되고 관찰하는 습관이 형성된다. 또한 탐색을 위한 과정에서 눈과 손의 협응력 발달은 물론 소근육운동 능력을 키울 수 있다.

　둘째, 다양한 조작놀이 사물을 다루어 보고 분류·유목화하는 경험을 통하여 수, 모양과 크기의 개념을 형성할 수 있다. 기능적 조작놀이는 단순하게 사물을 연결하거나 끼우는 활동뿐 아니라 특정 기준에 의해 사물을 분류하기도 하고 서열화의 경험도 하게 되어 물리적 지식과 논리-수학적 지식 형성에도 도움이 된다.

　셋째, 퍼즐 맞추기 등의 기능적 조작놀이는 혼자 하는 활동으로 전개하는 경우

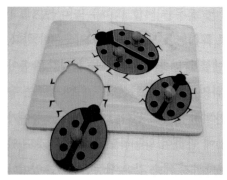 

꼭지 있는 퍼즐   조각 퍼즐

조작과 판의 조각은 정교히 맞추어져 어긋나거나 틈이 없어야 한다.

② 포개거나 쌓는 놀잇감

플라스틱이나 나무로 만든 상자형이나 컵 모형의 블록으로 크기 순서에 따라 포개거나 쌓을 수 있도록 만든 놀잇감이다. 포개거나 쌓는 순서가 잘못될 경우, 유아 스스로 이를 발견하고 수정할 수 있는 자기 수정적 놀잇감으로 크기, 개념, 포함 및 순서관계에 대한 개념을 획득할 수 있다.

포개거나 쌓는 놀잇감(컵 쌓기)

③ 나무못판 세트

구멍 뚫린 못판에 나무못을 꽂아서 여러 형태의 디자인을 하는 놀잇감이다. 나무못판 대신 고무못판을 사용하거나, 나무못 대신 플라스틱으로 제작한 못을 사용할 수 있다.

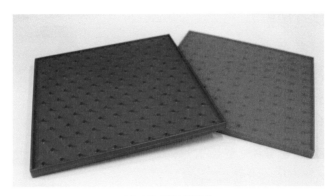

페그보드판(나무못판)

④ 짝 맞추기 놀잇감

서로 짝을 이루는 것을 찾아 맞추는 놀잇감으로 색,
모양, 용도, 개수, 개념 등을 기준으로 여러 조각 중에
서 짝을 찾아 맞추는 것이다. 짝 맞추기 놀잇감은 개념
을 획득하도록 돕는 자료로 활용되며, 그림 연결 카드,
같은 용도의 카드 맞추기(예: 바늘과 실, 열쇠와 자물쇠),
맞추기 그림 찾기판과 그림카드 등이 있다.

짝 맞추기 카드

⑤ 볼트와 너트

다양한 굵기와 길이의 알맞은 너트를 골라서 쥐어 보는 놀잇감이다. 이러한 놀
이과정을 통하여 모양, 형태, 길이에 대한 개념을 획득할 수 있다. 또한 소근육 운
동기술과 눈과 손의 협응력을 발달시킬 수 있으며, 집중력을 증진시킨다. 놀이의
확장을 위해 스패너나 렌치 등의 장난감 공구를 제공하면 좋다.

⑥ 일상생활 용품

일상생활 속에서 사용하는 여러 가지 크기와 형태의 주방용품을 가지고 뚜껑
을 맞추거나 열고 닫는 놀잇감으로 활용할 수 있다. 또한 일상생활 용품 중 사용
하지 않는 것(헌 시계나 라디오 등)의 내부를 뜯어서 살펴보고 조작하는 활동도 전
개할 수 있다.

⑦ 일상생활 훈련 틀

유아가 스스로 옷이나 신발을 적절하게 사용
할 수 있는 기술을 익힐 수 있도록 제작된 놀잇
감이다. 벨트 매기, 단추 끼우기, 리본 묶기,
지퍼 올리기 등을 연습할 수 있도록 하여 일상
생활에 필요한 기술 습득을 돕는다.

일상생활 훈련 틀

3) 기능적 조작놀이의 지도방법

조작놀이를 하려면 유아의 인지능력과 손가락 운동을 조정하는 근육이 발달해
야 한다. 손가락 근육이 발달되지 않은 유아에게 리본 묶기와 같은 조작놀이를 강
요하는 것은 성장에 별 도움이 되지 못한다. 따라서 조작놀이는 단순한 놀이 활동
에서 복잡한 놀이 활동으로 놀이 기회를 점진적으로 제공하는 것이 바람직하다.

교사는 유아가 조작놀이를 하면서 다양한 탐색을 할 수 있도록 편안하고 안락
하며 다른 친구들의 방해를 받지 않는 독립적인 놀이 공간을 조성해 주고 시간도
충분히 할애해 주어야 한다. 또한 유아의 놀이 행동을 언어적으로 표현(예, "○○
가 지금 노란색 동그란 구슬과 파란색 네모난 구슬을 차례로 끼우고 있구나.")해 줌으로
써 필요한 개념의 학습을 강조하거나 지원할 수 있다.

퍼즐은 형태와 복잡도에서 다양성이 있어야 한다. 유아의 발달 수준이 다르더
라도 유아에게 적합한 다양한 퍼즐이 있어야 한다. 유아가 기하 모양의 형태판을
들어내고 다시 맞추는 것은 처음의 수준에 맞는다. 색이 아닌 모양을 단서로 맞추
는 퍼즐이 초기에 제공되어야 한다. 단순한 퍼즐 종류의 한 범주는 한 판에 과일,
의복, 동물로 한 모양씩 구별될 수 있는 형태를 들어 올리고 맞추게 하는 것이다.
좀 더 복잡한 퍼즐은 귤이나 사과를 두 조각으로 맞추게 하는 형태의 퍼즐이나 모
양의 윤곽이 겹치는 형태, 예를 들면 신체의 부분인 머리, 팔, 다리, 몸통 등의 부분
을 맞추는 형태다. 색, 모양, 그림의 내용을 결합하여 맞추는 단서를 제공한다. 유
아는 퍼즐을 다양하게 경험한 후에 단서가 어려운 직소 퍼즐을 다룰 수 있게 된다.

유아에게 복잡한 퍼즐을 서둘러 경험하게 할 필요는 없다. 유아는 단순한 퍼즐
을 다룰 수 있게 되면 자신이 주도하여 수십 번 반복하여 맞추는 속도를 높이고 점
점 더 정교하게 판의 조각을 맞춘다. 유아는 단서 인식을 발달시킬 뿐 아니라 자

아 만족감과 성공감을 얻게 된다. 그리고 충분한 시간을 갖게 되면 단순한 퍼즐을 거꾸로 맞추거나, 조각을 틀 없이 맞추거나, 뒤집어서 맞추는 등의 새로운 도전을 하기도 한다. 유아는 둘 혹은 셋의 퍼즐 조각을 섞어 놓고 맞추는 경쟁을 하기도 한다. 퍼즐 활동을 통하여 유아는 색, 크기, 모양의 단서를 사용하여 모양을 대응시킨다. 읽기능력이 있으려면 유아는 단서를 찾고 사용하여야 한다. 각 퍼즐의 조각은 글자나 단어처럼 모양을 가지고 있다. 유아가 더 복잡한 퍼즐로 옮겨 가면서 자신이 퍼즐을 완성시키는 고유의 방법을 발달시키게 된다.

2. 창의적 조작놀이

　창의적 조작놀이는 정해진 방법으로 교구나 놀잇감의 사용이 제한된 기능적 조작놀이와는 달리 유아가 놀잇감을 활용하여 자신의 아이디어에 기초하여 다양한 것을 창의적으로 구성하여 만들 수 있는 놀이를 의미한다. 이는 입체적 구성놀이가 이루어지는 초기단계에 해당한다고 볼 수 있다. 레고나 꽃 블록 등을 활용하여 전개할 수 있으며, 쌓기 영역과 연계하여 운영할 수 있다.

1) 창의적 조작놀이의 교육적 가치

첫째, 창의적 조작놀이는 유아가 놀이과정에서 목표를 달성하기 위하여 계획을 세우고 시도하며 조작하는 방법을 경험하게 한다. 이러한 경험은 유아의 탐구력 증진과 인내심을 키울 수 있게 돕는다.

둘째, 사전에 제시된 방법이 아닌 자신이 생각한 것을 실제 사물에 적용하여 만들어 나가는 경험은 시행착오를 경험할 수도 있지만 그 과정에서 자신의 능력에 자신감을 갖게 되며 성취감을 느낄 수 있다.

셋째, 정해진 방법에 따라 활동을 전개하는 기능적 조작놀이와는 달리 다양한 방법으로 유아가 임의대로 변형하거나 조작할 수 있으므로 창의력이 증진될 수 있다.

넷째, 놀이에 함께 참여하는 유아와의 의사소통을 통하여 의견을 교환하고, 더 좋은 생각으로 키워 나갈 수 있으며, 다른 유아들과 의견을 나누고 조율하는 과정에서 친구의 감정을 존중하고 이해하는 태도를 기를 수 있다.

2) 창의적 조작놀이를 위한 환경 구성과 자료

(1) 환경 구성

창의적 조작놀이를 위해서는 유아가 자신이 선택한 놀잇감을 가지고 자유롭게 놀이에 참여할 수 있도록 관련 자료를 유아의 눈높이에 맞도록 진열하는 것이 좋다. 자료는 교구장이 혼란스럽지 않도록 적당량을 진열하여야 한다. 유아가 제시된 창의적 조작놀이를 위한 자료에 관심을 보이지 않으면, 유아가 유아교육기관에 등원하기 전에 책상 위에 몇 가지 자료를 꺼내 놓아 흥미를 갖도록 유도할 필요가 있다.

교사는 유아가 자유롭게 자료를 탐색하고 활용하여 창의적으로 구성해 보는 활동을 전개할 수 있도록 충분한 공간과 관련 놀잇감 및 시간을 제공해 주어야 한다. 유아의 창의적 조작놀이를 돕는 꽃 블록이나 레고 블록은 플라스틱 바구니나 상자에 담아서 진열하는 것이 좋다. 유아가 창의적 조작놀이에 집중할 수 있도록 독립된 공간에 창의적 조작놀이 영역을 배치하는 것이 좋다. 유아가 편안하게 앉아 놀이를 전개할 수 있도록 책상뿐 아니라 평평한 교실 바닥에서의 놀이도 허용해야 한다. 이때 바닥은 충격을 흡수할 수 있는 재질의 카펫이나 고무매트 등을 깔아 놀이가 편안하고 안정되게 전개될 수 있도록 지원하는 것이 바람직하다. 또한 적절한 조명을 제공하여 유아의 놀이가 확장될 수 있도록 도와야 할 것이다.

(2) 창의적 조작놀이의 자료와 도구

부서지기 쉬운 구성 놀잇감은 경제적으로도 낭비이고 아동에게도 좌절감을 안겨 준다. 잘 구성되는 자료는 저장하기도 좋고 내구성이 높아 최소한의 수리비만 들기 때문에 좋다. 좋은 재질의 목재로 된 놀잇감이나 레고 블록, 꽃 블록 등이 유아의 창의적 조작놀이에 적합한 자료다. 또한 유아는 미적으로 매력적인 자료일 때 놀이 지속시간이 길어지므로 양질의 색감이 시각적 경험을 만족시키도록 하는 것이 좋다. 또한 놀잇감은 무독성에 쉽게 변별되는 색으로 칠해져야 한다. 창의적 조작놀이를 위한 자료는 다양한 모양, 크기의 적목으로 구성된 구성놀이 세트도 가능하며, 크고 작은 도미노와 함께 사용되는 작은 적목과 일대일 대응 놀잇감이 유아에게 적합하다.

① 레고 블록

레고 블록은 검정, 노랑, 빨강, 초록, 파랑, 흰색 등의 색상으로 되어 있는 크기가 아주 작은 플라스틱 블록이다. 윗면에는 요철이 있고 아랫면에는 홈이 패여 있어 유아들이 쉽게 끼고 뺄 수 있도록 되어 있다. 레고 블록의 형태는 직사각형, 정사각형을 시작으로 원을 4등분한 형태, 아치형 그리고 홈에 끼울 수 있는 다양한 소품으로 구성되어 있다.

② 꽃 블록

여러 색의 플라스틱으로 제작된 꽃 블록은 블록에 있는 홈을 활용하여 유아가 원하는 대로 끼워서 모양을 자유롭게 구성할 수 있는 놀잇감이다. 모양을 구성해 나가는 과정을 통하여 균형 감각과 눈과 손의 협응력 및 소근육 운동능력을 키울 수 있다. 사용하는 유아의 연령과 발달 수준에 맞추어 개수와 구성물의 종류를 조절할 수 있다.

③ 기 타

유아가 직접 손으로 블록을 조작하여 끼워 맞추고 조립할 수 있는 놀잇감으로, 눈송이 블록, 사각 블록, 십자 블록, 집짓기 블록, 울타리 블록, 자석 블록, 멀티 블록 등이 있다. 이러한 다양한 블록은 유아가 입체 구성물을 제작할 수 있으며, 구성하는 과정을 통해 인지능력과 창의력, 상상력 등을 향상시킬 수 있다. 또한 기본적인 도형이나 입체 모형을 만들면서 공간에 대한 이해를 통해 기초적인 기하학을 이해할 수 있다.

3) 창의적 조작놀이의 지도방법

교사가 유아의 놀이를 옆에 앉아서 말없이 지켜보는 것도 유아에게 과제를 완성하는 자신감을 제공하게 된다. 교사는 질문을 통해 유아가 활동에 사용하는 단서를 줄 수 있으나, 빈번한 사용은 유아의 탐구를 방해하게 된다. 교사가 지나치게 제안과 해결책을 제시하면 유아는 좌절감의 해결책을 학습하지 못하게 되며, 성공을 위하여 타인에게 의존하게 되면 부적합한 감정을 발달시키게 된다.

유아가 조작놀이에 참여하도록 돕기 위해서 교사는 먼저 유아의 발달 수준을 파악하여야 한다. 유아의 발달 수준에 적절한 조작 놀잇감을 제공하고 적절하게

활용할 수 있도록 지도해야 한다. 놀이과정에서는 단순한 활동에서 복잡한 행동, 창의적 활동으로 확장될 수 있도록 놀이 기회를 점진적으로 제공하여야 한다. 유아가 창의적 조작놀이를 하면서 다양한 탐색을 할 수 있도록 편안한 분위기를 조성해 주어야 하며, 놀이시간도 충분히 제공해 주어야 한다. 또한 유아의 놀이 행동을 교사가 언어적으로 표현해 줌으로써 놀이를 지속하고 확장할 수 있도록 도울 수 있다.

유아가 조작 놀잇감을 사용할 때, 교사는 협응력 및 개념 발달, 문제해결 기술의 발달을 관찰하는 기회를 갖게 된다. 교사는 유아에게 사용할 자료를 말하지 않아야 하며, 각 유아는 각기 다른 자료로 활동을 하게 된다. 교사는 유아가 자료를 어떻게 사용하는지를 인식하여야 한다. 유아가 자료를 던지거나 밟거나 방해하는 행동을 하면 자료가 지나치게 어렵거나 도전의 가치가 없는지 확인하여야 한다.

자료의 보관은 자료의 사용법을 발견하는 것만큼 중요한 학습 경험이다. 교사가 바닥에 떨어진 못을 집어 내는 행동의 모범을 보이면 유아는 따라 하게 된다. 교사는 유아에게 조작 놀잇감을 제공하기 전에 조각들을 파악하여 분실된 조각이 없는 퍼즐을 제공하여야 한다. 유아가 창의적 조작놀이 자료를 사용하여 재배치하고 자유롭게 자신만의 패턴을 구성하는 미적 감각을 경험할 수 있도록 하는 것도 유아에게 만족감을 제공할 수 있다.

구성놀이

구성놀이는 유아가 다양한 사물을 직접 조작해 보는 과정에서 사물, 사물에 대한 자신의 행위, 결과에 대한 반응이 강조되는 놀이다. 구성놀이에서는 유아 스스로 움직임을 시도해 볼 수 있고, 자신이 시도한 행위에 따른 반응을 즉각적이고도 직접적으로 경험할 수 있는 측면들이 충분히 고려된다 (Forman & Hill, 1984; Kamii, & DeVries, 1978). Forman(1980)은 구성놀이의 특징으로 다양한 자료를 다루어 보는 과정에서 대안적인 방법을 발견하고 이전에 알고 있던 방법과의 관련성과 차이점을 비교하는 과정을 통해 유아 스스로 지식을 구성하도록 도모해야 한다는 점을 강조하였다. 특히 목공, 조형, 쌓기 놀이에서 제공되는 재료는 모두 구조화되지 않은 재료로, 유아의 자유로운 탐색과 다양한 물리적 조작을 가능하게 해 주며 정신적 조작을 촉진할 수 있는 기회를 제공한다는 점에서 매우 중요하다.

1. 목공놀이

　유아는 목공놀이에서 다양한 도구와 나무를 사용하여 구성 활동을 하며, 동시에 자신이 구성한 구성물을 다른 놀이에 사용할 수 있다. 목공놀이는 결과도 중요하지만 그 과정을 통하여 선택하기, 검증하기, 정교화하기 및 평가하기의 활동으로 학습의 전 과정을 경험할 수 있는 의미 있는 활동이다.

1) 목공놀이의 교육적 가치

　목공놀이에서 유아는 나무를 가지고 활동을 하면서 다양한 경험과 많은 학습을 하게 된다. 유아는 망치로 두드리면서 자신이 만들어 내는 소리를 즐긴다. 이를 통해 유아는 표현하지 못하였던 누적된 정서적 힘을 이완하기도 하고, 여러 가지 도구의 사용으로 소리를 적절히 조절하며 도구 사용 자체를 즐기기도 한다. 이러한 기회를 통하여 유아는 목공도구를 다루는 신체적 힘과 집중력을 기를 수 있다. 유아는 스스로 도구에 숙련되는 과정을 거쳐 도구를 능숙하게 다룰 수 있게 되고, 이러한 숙련성은 독립심을 증진시킨다.

　유아는 상상력을 동원하여 나뭇조각으로 비행기, 새집, 인형 침대를 만들 수 있다. 나무는 미적으로 매력 있는 자료이며 예술적 표현의 매체가 될 수 있다. 덧붙여 나무를 자르고 붙이고 조작하면서 근육, 뼈, 신경을 사용하며, 대소근육을 사용하고, 눈과 손의 협응력과 신체의 힘을 기를 수 있다.

유아는 나무에 톱질을 하면서 수학적 기초를 경험하게 되는데, 예를 들면 판을 두 조각으로 자르면서 나누기, 못으로 붙이면서 더하기의 개념을 학습한다. 유아는 못을 긴, 더 긴, 가장 긴, 가는, 더 가는 못으로 구분하여 분류하게 된다. 또한 나무의 두께에 맞는 못을 찾기 위하여 측정을 하고 적절한 못을 선택하는 경험을 한다. 이를 통해 유아는 크기, 모양, 질감, 무게의 유사점과 차이점을 발견하고 전체와 부분, 2차원과 3차원의 자료를 통한 구체적 감각을 익힌다. 유아는 길이, 질감 등의 용어를 사용하는 언어적 상호작용을 하게 된다.

2) 목공놀이를 위한 환경 구성과 자료

(1) 환경 구성

목공놀이대는 유아가 영역에 쉽게 접근할 수 있고 소음이 교실의 조용한 영역에 방해를 주지 않는 곳에 위치해야 한다. 또한 안전을 확보하기 위하여 목공놀이 영역은 유아가 자주 다니지 않은 장소에 배치하도록 한다.

목공놀이 영역에는 도구를 놓아두는 공간이 있어야 하며, 벽에 구멍판 가리대를 붙여서 도구를 걸어두기도 한다. 선반에 도구의 윤곽을 그려서 유아가 독립적으로 도구를 사용하고 정리하도록 하면 질서감을 익힐 수 있고, 교사 역시 사용하지 않는 도구가 안전한 장소에 있는지 확인하는 데 도움이 된다.

목공상자를 목공놀이대의 옆에 놓아두고 나뭇조각 등을 위한 저장상자로 사용하여 유아가 자신이 필요한 나무를 독립적으로 선택하고, 교사는 목공상자의 나

무의 양을 알 수 있도록 준비한다. 목공놀이 영역은 동시에 두 명의 유아가 놀이할 수 있도록 75×125cm 정도가 적당하다.

목공놀이대는 실외의 안전한 공간에 배치하여 사용할 수도 있다.

(2) 목공놀이의 자료와 도구

목공놀이 영역은 긍정적 활동을 격려하고 위험을 막아야 하므로 다른 활동 영역과 적당히 격리되어야 한다. 도구와 연장이 구비되면 쉽게 사용하고 바른 순서와 적절한 사용이 가능한데, 톱은 날이 서고 망치의 손잡이는 잘 붙어 있어야 한다. 교사는 유아가 나무와 연장을 사용하기에 적합하게 성숙된 후에 목공놀이를 제공한다.

목공놀이의 설비와 도구는 튼튼하고 유아의 신체 크기에 적당한 것이 가장 좋다. 목공놀이 도구를 체계적으로 설비하여 안전하고 쉽게 목공놀이를 할 수 있도록 한다. 목공놀이 도구는 유아의 팔 길이, 손 크기에 맞게 조절된 성인용 연장이어야 한다. 장난감으로 사용되는 도구는 질이 적합하지 못하여 유아의 의도에 맞게 사용되지 못하므로 좌절감을 준다. 목공놀이 도구의 질과 강도가 높지 않으면 위험하다. 목공놀이 영역에는 가벼운 양질의 망치와 짧은 톱이 제공되어야 한다. 모래종이, 나무토막, 드릴, 펜치 등을 제공하여야 목공 활동이 원활해진다. 드라이버는 못을 사용하는 활동에 첨가하면 도움이 된다. 목공 활동에 바이스, 톱대, C클램프도 유용하다.

① 목공놀이대

목공놀이대는 안전을 위하여 무겁고 단단하여야 한다. 유아가 사용하기에 적절한 목공놀이대의 높이는 유아의 허리 정도인 약 60cm이고 키가 작은 유아를 위하여 7.5~10cm 정도의 받침대를 놓아 준다. 목공놀이 작업대는 유아가 망치질하고 만들며 톱질하는 것을 버틸 수 있도록 견고하고 튼튼해야 한다. 목공놀이 작업대를 구입할 수도 있지만 무거운 탁자나 작업대, 상자 등을 목공놀이대로 사용할 수도 있다. 그러나 작업대는 강하게 만들어야 한다. 선반의 아래나 서랍이 나무와 부속품 등을 저장하기에 좋지만 꼭 필요한 것은 아니다.

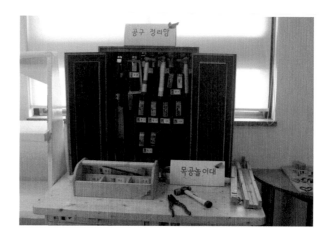

② 바이스와 C클램프(C 모양의 죔틀)

바이스와 C클램프는 톱질이나 망치질을 할 때 나무토막을 고정시키기 위하여 사용된다. 시중에서 구입한 작업대에는 일반적으로 나무를 고정시킬 수 있는 바이스가 있다. 바이스나 C클램프는 테이블 가장자리에 설치하고, 두 개의 테이블을 사용한다면 유아가 작업을 편하게 하도록 맞은 편에 설치한다. 유아가 나무를 바이스로 고정시켜 놓고 작업대에서 톱질하고 망치로 두드리고 모양을 만들며 모래종이로 문지르는 과정을 할 수 있도록 구성한다. 목공놀이 시 바이스나 C클램프를 사용하면 나무를 고정시켜 주어 톱질하고 만들며 못을 박는 등의 작업을 할 때 보다 안전하고 용이하다.

③ 망 치

망치는 무게의 균형이 잘 잡힌 것이 가장 좋다. 망치가 너무 가벼우면 못이 잘 안 박히고, 너무 무거우면 손이 망치의 머리 부분에 너무 가깝게 쥐어져 못이 구부러지기 쉽다. 그러므로 지레의 힘을 최대한 이용할 수 있는 손잡이의 끝부분을 잡아야 한다. 어느 연령의 유아든지 망치질하는 방법을 배우는 가장 확실한 것은 못을 단순히 계속해서 탕탕 내리치는 것이다.

3세 이상의 유아는 박은 못을 다시 뺄 수도 있는데, 끝부분에 못을 뺄 수 있는 것이 있는 연장(노루발 달린 망치)을 사용해야 한다. 유아는 기존의 못 구멍에 새 못을 박음으로써 독립심을 기르고 만족감을 얻을 수 있다.

망치는 항상 잘 수리된 상태로 보관한다. 망치는 부러지거나 쪼개지거나 균열되는 등의 문제를 방지하기 위해 강철로 손잡이 부분까지 연결되어 있으나 나무로 감싸져 있는 것이 좋다. 유아가 사용하기에 편리하도록 길이는 20~25cm이고, 망치 머리가 넓적한 것이 좋으며, 손잡이의 길이와 두께가 적당한 것을 구입한다. 망치의 머리가 단단하게 박히고 강하여야 활동 시 안전하다. 못을 뺄 수 있는 머리가 달린 망치의 무게는 300~350g이 적당하다. 망치가 너무 가벼우면 유아가 자신의 힘을 잘 사용할 수가 없으며, 너무 무거우면 머리에 너무 가깝게 쥐게 되어 힘을 적절히 줄 수가 없다. 도구는 유아 두 명이 사용하게 되므로 두 개면 충분하다.

④ 못

못은 12, 14, 16호의 크기에 1.25cm나 3cm의 길이가 적절하며 상자로 구입한다. 컵과 깡통을 못 저장통에 넣어 사용하여 일대일 대응과 분류를 하도록 제공한다. 못은 유아의 목적과 기술에 적합해야 한다. 초보자를 위해서는 못의 머리가 큰 것을 제공하고, 점차 익숙해지면 가는 못을 박게 한다. 못을 박을 때 한 손은 펜치를 사용하여 못을 잡아 고정시키고 다른 한 손은 망치로 가볍게 두드린다. 못이 나무에 고정되기 시작하면 손을 빼고 망치로 세게 두드린다. 처음에 펜치로 못을 잡고 박는 것을 어려워하면 교사가 못을 잡아 주고 박아 보게 한다. 제대로 못이 박히지 않았으면 다시 빼내는데, 이때 노루발이 달린 망치를 이용한다. 못질을 할 때는 못이 나무 밖으로 나오지 않게 해야 하며, 일반적으로 밑에 놓이는 나무 두께의 2/3 이내에 못이 박히도록 한다. 못은 다양한 굵기와 크기로 준비한다. 못의 머리가 평평한 것이 작업하기에 좋다. 못은 두 개의 판자를 고정시킬 수 있는 적당한 길이어야 하는데, 너무 짧으면 판이 떨어지고 너무 길면 나무가 쪼개지거나 못이 튀어나와 작업대까지 박히게 된다. 두꺼운 나무 위에 얇은 판자를 놓고 못을 박을 때 가장 잘 고정된다.

⑤ 톱

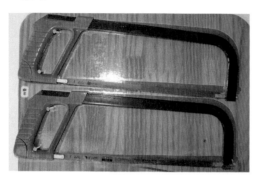

톱은 가벼운 것이 유아가 작업하기에 좋으며 길이는 40cm 정도가 적당하다. 톱의 철이 강하고 좋은 질의 것을 구입하여 톱날이 휘어지고 금방 날이 무디어지는 일이 없도록 한다. 망치질과 함께 톱질을 하는 것도 목공놀이에서 꼭 배워야 할 기본적인 기술이다. 톱의 종류에는 동가리톱(crosscut saw), 내릴톱(ripsaw), 실톱(coping saw)이 있다. 동가리톱은 나무를 가로로(나무결을 가로질러) 자를 때 사용하고, 내릴톱은 나뭇결 모양대로(판자를 길이로 길게) 자를 때 사용하며, 실톱은 곡선, 복잡한 형태 등을 자를 때 사용한다.

톱질하기 전에 나무를 선택하고, 자를 부분을 연필로 선을 긋고, 자를 나무를 C크램프나 바이스로 고정시킨 후, 나무판에 톱을 찬찬히 당겨서 홈을 판다. 홈은 톱을 나무판에 고정시키는 역할을 한다. 톱은 나무판과 40~50° 각도를 유지하며, 시선은 자르는 선을 본다. 톱질을 할 때 처음에는 천천히 규칙적으로 하다가 점차 속도를 빨리 한다. 2세아 또는 초보자는 나무보다 스티로폼이나 부드러운 섬유판 같은 것을 자르도록 할 수도 있으며, 교사가 유아의 손을 잡고 톱질하도록 도와준다. 마찰이 생기는 것을 막기 위해 날 위에 비누칠을 할 수도 있다.

톱은 먼지나 더러운 것을 제거한 후 오일을 발라 닦아 내고 보관한다. 사용하지 않을 때는 걸어 두고 기름칠하여 보관하고, 자주 사용한다면 일 년에 한두 차례 톱날을 간다. 녹이 슨 톱은 모래로 닦아 내거나 헝겊에 오일을 발라 닦아 낸다. 연장의 나무로 된 부분은 2~3년에 한 번씩 닦아 주어야 나무와 그 외관을 잘 유지할 수 있다. 톱은 최상의 철로 된 10호 톱(2.5cm에 10개의 이가 있는 톱)으로 길이 30~40cm가 유아에게 적합하다. 톱이 미끄러지는 위험은 잘 드는 톱보다 무딘 톱이나 이가 빠진 톱이 더하다. 유아에게는 미는 톱이 적절하다.

⑥ 드 릴

드릴(drill, 천공기)은 나무에 구멍을 뚫을 때 사용된다. 핸드드릴은 못과 나사를 박기 위한 조그마한 구멍을 내는 데 사용하는 것으로, 못과 망치를 이용하여 조그마한 구멍을 먼저 만든 후에 드릴로 구멍을 내면 더 쉽다. 유아는 한 손으로 드릴의 손잡이를 잡고 다른 손으로 구부러진 손잡이를 오른쪽으로 돌린다. 버팀대와 드릴용 송곳은 큰 구멍을 낼 때 사용된다. 송곳은 6mm부터 25mm까지 있다. 드릴은 유아가 목공놀이 경험을 많이 가져보기 전에는 사용하기 어렵고 추천할 만하지도 않다. 옷핀, 달걀 거품기, 가위의 사용과 같은 좋은 근육 활동은 보링기계를 사용하기 전의 준비 활동으로 아주 좋다. 너무 일찍부터 보링기계를 제시해 주면 유아는 기계를 돌릴 동안 교사가 안전하게 잡아 주기를 계속 원하게 될 것이다. 유아는 바이스로 나무를 고정시킬 때 버팀대와 드릴용 송곳을 조작하는 것을 배울 수 있다. 전동드릴을 사용할 경우는 고정된 속도와 드릴을 똑바로 잡고 있는 것이 중요하다. 유아들은 드릴로 구멍 내는 연습을 마루에서 하게 될지도 모르므로 마루를 보호하기 위해 구멍 낼 나무 밑에 또 하나의 나무를 깔아 둔다.

⑦ 나사용 드라이버와 나사

드라이버는 매우 위험하므로 협응기술이 발달한 유아가 사용해야 한다. 드라이버는 표준형(일자형)과 십자형의 두 가지 종류가 있다. 표준형 드라이버의 끝부분은 평평하고 홈이 일자로 된 나사를 빼거나 낄 때 사용된다. 십자드라이버는 십자모양의 홈이 파인 나사에 적당하다. 드라이버는 크기가 매우 다양하다. 드라이버

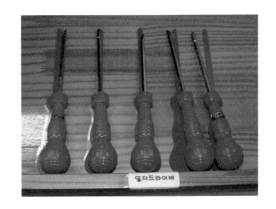

의 끝은 나사의 홈과 넓이가 같아야 하고 그 홈과 꼭 맞아야 한다.

나사는 엄지와 검지로 잡고 나무의 두 조각이 잘 맞물리고 나사가 꼭 조여질 때까지 계속 살살 돌린다. 나사에 비누질을 하면 더 잘 박힌다. 나사가 못보다 훨씬 튼튼하기 때문에 목공놀이에 나사가 많이 사용된다. 유용하게 쓸 수 있는 나사의 유형과 크기는 다양하나, 가장 일반적으로 많이 쓰이는 나사는 머리 부분이 평평한 모양의 나사다. 유아가 목공놀이 경험이 많아짐에 따라 볼트와 너트도 사용되

는데, 볼트를 고정시킬 때에도 드라이버를 사용한다.

⑧ 줄

줄은 모서리를 둥글게 하거나 톱질로 인한 거친 면을 다듬을 때 사용하게 된다. 줄은 나무를 C크램프나 바이스로 고정시킨 후 양손으로 사용해야 한다. 줄의 이가 먼지로 꽉 차게 되면 솔로 깨끗이 제거한다.

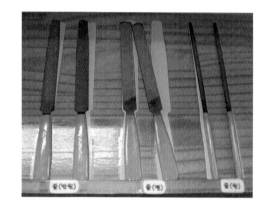

⑨ 대 패

대패는 나무를 평평하게 하고 부드럽게 하고자 할 때 좋은 도구다. 대패에는 몇 가지 종류가 있지만 유아가 사용하기에는 납작한 대패가 가장 유용하다. 대패는 15~17cm 정도의 길이가 유아가 충분한 협응기술을 배울 수 있는 도구로 제공될 수 있다. 유아가 대패질하는 나무의 깊이를 표시하기 위해 판자에 선을 긋도록 도와주고, 나무를 바이스로 고정시킨 후 양손으로 대패질하도록 한다. 나무의 표면이 거칠면 나뭇결과 반대 방향으로 대패질하여 깨끗하고 부드럽게 만든다. 그러나 대패질을 할 때 못 위로 대패질하면 대패에 손상이 가기 쉽다. 대패는 나무와 수평을 이루어야 한다.

⑩ 모래종이

모래종이는 작은 나무에 싸거나 손톱마디 굵기만큼 싸서 제공하면 유아가 나무에 균등하게 힘을 가하는 데 도움이 된다. 모래종이는 나무 모양으로 된 것이 사용하기에 적합하며, 25cm 길이의 중간 크기의 나무 모양이 적당하다. 모래종이로는 거친 모서리와 면, 특히 톱질한 거친 나뭇결을 문질러 부드럽게 한다. 유아는 나무블록에 모래종이를 싼 것을 사용할 수 있다.

⑪ 풀

풀(본드)은 나뭇조각을 붙이거나 장식을 붙이거나 쪼개진 나무를 붙이는 데 사용된다. 교사는 빨리 마르는 튜브 형태의 본드를 원할 것이다. 하얀색 풀이 가장 많이 쓰인다. 방수용 풀은 실외에서 사용되는 사물을 만들 때 사용한다. 유아는 풀이 마르기 전까지 나무 위에 압력을 가할 수 있는 물건을 올려놓거나 C크램프 또는 바이스로 고정시켜 놓아야 한다.

⑫ 보안경

유아들은 목공놀이를 할 때 나무 파편이 튀거나 톱밥이 튀는 것으로부터 눈을 보호하기 위해 보안경을 써야한다. 하지만 보안경이 종종 시야를 방해하고 사고를 유발할 수도 있으므로 교사는 보안경을 안 쓰는 것이 더 낫다고 할 수도 있다.
그러나 보안경은 플라스틱으로 만들어져 있어 깨지지 않고 김이 서리지 않게 되어 있어 시야를 방해하지 않는다면 사용하는 것이 더 바람직하다.

⑬ 자

목공놀이는 부모, 교사, 유아에게 미터법 체계를 사용할 수 있게 해 주는 좋은 기회를 제공한다. 성인은 유아가 사용하는 미터자를 구입하고 미터법이 나와 있는 자를 제공한다. 유아는 길이에 대한 센티미터나 미터를 먼저 예측한 후 실제로 측정하고 판단하는 과정을 통해 미터법에 관한 것을 가장 잘 배울 수 있다.

⑭ 목공놀이 목재

나무는 송판이 부드럽고 유아가 구성하기에 적절하다. 나무는 쉽게 쪼개지지 않고 너무 단단하지 않아야 유아가 못과 톱을 사용하기에 용이하다. 성인은 유아의 톱질이나 못질을 연습할 수 있도록 많은 양의 나무를 제공하여 각 나무의 장점을 알 수 있도록 격려하며, 톱질과 못질을 해 본 후에는 유아와 함께 무엇을 사용해야 할지 결정할 수 있다.

나무를 자르는 과정은 목공 작업에서 중요한 기능을 한다. 통나무는 나무의 줄기를 자른 것으로, 나무줄기의 단면은 나무가 어떻게 자라는지를 알려 준다. 나무의 안쪽 부분을 심재라고 부르는데, 단단하고 색깔이 어두우며 더 이상 자라지 않는다. 반대로 심재를 둘러싸고 있는 바깥 부분은 자라나는 것으로 물과 수액이라 불리는 무기산염을 뿌리로부터 줄기를 거쳐 잎까지 운반한다. 이 부분은 심재 부분보다 부드럽고(연하고) 뒤틀리기 쉽다.

나무줄기를 자른 통나무에는 얼마나 오래된 나무인지 알 수 있는 나이테가 있다. 유아는 나이테를 세어 보면서 생활주기를 이해하고 자원을 보존할 필요성을 느낀다. 나무의 나이를 정확하게 측정하려면 나무 밑둥 부분의 나이테를 보아야 한다. 유아는 동네와 근처의 공원에 있는 나무에 대해 알아봄으로써 다양한 나무의 종류에 대해 배우게 되고, 교사는 사람과 다른 식물의 변화와 성장률을 비교하는 과정을 통해 성장개념까지 확장시킬 수 있다. 나무와 생태학에 대한 연구의 가능성은 광범위하고 유아 학습의 거의 모든 면과 연관될 수 있을 것이다.

⑮ 목재의 선택

교사와 부모는 건설 현장, 목재공장과 같은 곳에서 값싸게 나무를 구입하거나 공짜로 나뭇조각을 얻을 수 있다. 조각을 구할 때는 나뭇결이 부드럽게 나 있는 것과 잘 건조된 것을 선택한다. 이때 나뭇조각은 인공 건조된 것이 가장 좋다.

유아가 목공놀이 재료를 구입하러 나간다면 많은 이점을 얻을 수 있다. 목재의 크기는 두께, 넓이, 길이로 규정된다. 초보자에게는 1.25cm 두께보다는 2cm 두께의 판자가 쪼개지는 것 없이 못을 박기에 적당하다. 2~4세 유아는 나뭇조각을 신중히 잘 선택하여 적절하게 사용할 수 있다. 유치원에서 가장 많이 쓰는 나뭇조각의 크기는 2.5(두께)×2.5cm(가로 넓이), 2.5×5cm, 2.5×7.5cm, 2.5×10cm, 2.5×15cm, 2.5×20cm다. 널판지는 12.5mm와 25mm의 두께를 많이 사용한다.

목공용 나무로는 백송, 포플러, 삼나무, 전나무가 유아가 사용하기에 가장 좋다. 티크와 마호가니는 작업하기도 쉽고 기름칠이나 니스를 칠하면 매력적이긴 하지만 수입을 하기 때문에 매우 비싸다. 목재라 불리는 나무판자는 질에 따라 등급을 나눈다. 같은 종류의 나무일지라도 나무의 상태나 결점이 다양하므로 그 차이가 나타난다.

목재는 통나무를 자르는 방법에 따라 나뭇결의 형태가 달라진다. 편평하게 직각으로 자르거나 수직으로 잘라 낸 목재판은 싸고 넓은 면을 사용할 수 있어 종종 많이 쓰이기도 하지만 수축되거나 휘어지거나 쪼개지기 쉽다.

목재는 나무의 수분을 말린 후에 사용해야 하는데, 마르기 전에 자르고 사용할 목재로 만들면 수축, 휘어짐, 쪼개짐 등의 문제가 발생한다. 건조된 목재는 색도 밝고 작업하기도 쉽다. 건조된 목재 중 유아가 사용하기에는 자연 건조된 것보다 인공 건조된 것이 좋다. 목재는 유아가 사용하기에는 가공한 목재가 적합하고, 유아에게 가공한 목재와 가공되지 않은 목재의 두 가지 유형을 비교해 보게 할 수도 있으며, 거친 판자를 모래종이로 문질러 표면이 부드러워지는 것을 관찰하도록 한다.

목재는 구멍이 있거나 휘어졌거나 쪼개지고 나뭇결에 따라 조각이 갈라져 나오는 것을 선택해서는 안 된다. 좋은 나무는 나무판자에 구멍이 없어야 사용하기에 적합하다. 구멍이 없는 목재는 매우 비싸므로 구멍의 수가 될 수 있으면 적은 것을 선택한다. 목재의 구멍을 통하여 유아는 나무구멍(옹이)에 대해 알게 되고, 톱질을 하고 못을 박는 것이 얼마나 어려운지 알게 될 것이다.

3) 목공놀이의 지도방법

교사는 목공놀이의 가치를 알고 목공놀이를 격려할 수 있는 환경을 제공하여야 한다. 교사가 연장 사용에 대해 존중하는 태도와 행동을 보이게 되면 유아가 이러한 태도를 받아들이게 된다. 연장은 적절히 사용하고 사용 후에는 정돈하여 유아가 관찰을 통하여 익히게 한다.

목공놀이는 교사의 지도가 있어야 하므로 학기 초부터 다른 영역보다 먼저 일과에 통합하는 것이 좋다. 목공놀이를 학년 초부터 영역에 배치하면 유아가 망치질과 톱질을 통하여 비파괴적인 방법으로 공격성과 욕구를 표현하게 된다. 목공놀이 영역은 유아의 신체적 발달과 협응력을 관찰하기에 적절한 영역이다. 이를 통해 교사는 각 유아의 자기조절력 수준을 정기적으로 평가할 수 있다. 교사는 유아가 활동의 결과물을 내도록 강요하지 않고, 유아가 도구를 사용하여 과정을 즐기고 자료를 탐색하는 충분한 시간을 갖고 활동할 기회를 갖도록 격려한다.

2. 조형놀이

조형놀이는 평면 및 입체 구성 활동 모두를 포함하는 것으로 유아교육기관에서 중요하게 여기는 활동 영역이다. 평면 및 입체 구성 활동은 작업물이나 결과물보다 자료에 익숙해지는 유아의 활동과정이 중요하다. 유아의 완성된 작업은 유아가 무엇을 학습해 왔고, 숙달과정에서 무엇이 어려운지에 대하여 교사에게 통찰력을 제공한다는 점에서 중요하다. 유아를 위한 평면 및 입체 구성놀이 자료와 매체는 모든 연령 수준에서 사용될 수 있다. 교사는 유아의 창조적 과정을 촉진하기 위하여 풍부한 각종 자료를 제공한다.

1) 조형놀이의 교육적 가치

첫째, 조형놀이는 유아에게 무한한 형태의 놀이를 제공한다. 다시 말해, 조형놀이에서 사용하는 상자, 풀, 붓, 물감, 색연필, 크레용, 분필, 점토 등 재료의 속성을 사용하여 유아는 다양한 구성물을 만들 수 있다. 유아는 다양한 재료의 사용을 통해 자신이 구상하고 있는 구성물의 특징에 따라 적합한 재료를 선택할 수 있고, 구성물을 만드는 과정을 즐기며, 사진, 포트폴리오, 스크랩북 등을 통해 자신의 구성물을 적절히 저장할 수도 있다. 또한 자신이 만든 구성물을 다른 활동과 연결하여 놀이하기도 한다.

둘째, 조형놀이는 유아에게 유용한 미적 경험을 제공한다. 미적 감각이란 주변환경, 자연물, 조형작품과 같은 대상의 미적 요소를 지각하고 그에 반응하는 민감한 능력을 의미한다. 미적 감각은 단순히 대상의 표면적인 특성에 대해 인식하는 것만이 아니라 심미적인 과정을 통해 주변의 사물과 미술작품, 현상 등의 의미를 인식하고 느끼는 것이다.

유아가 어떤 재료를 사용하여 무엇을 그리고 만들 것인가에 대해 민감해질수록 유아 자신의 감각은 예민해지고 섬세해진다. 유아가 색, 선, 형, 질감을 시각적으로 또는 운동감각적으로 인식함에 따라 지각능력은 발달한다. 조형 활동을 통해 유아는 자신을 둘러싸고 있는 환경에 대해서도 섬세한 안목을 기를 수 있다.

셋째, 유아는 조형 활동을 함으로써 자신의 감정을 자유롭게 표현하고, 만들어진 구성물에 대한 이해와 감상에서 다른 사람의 정서를 읽게 되어 정서발달을 도모할 수 있다.

넷째, 조형 활동은 대소근육을 발달시킬 수 있는 기회와 경험을 제공한다. 이젤에서 손과 팔을 사용하여 그림 그리기, 점토를 반죽하고 주무르기, 상자곽을 밀어넣고 붙여서 집 만들기 활동을 하면서 대근육을 사용하게 된다. 조형 활동에 포함되는 모든 신체의 조작적인 움직임은 필기도구를 적절하게 사용하기 위해 필요한 소근육 발달을 촉진시킨다. 또한 색칠하기, 풀칠하기, 종이 찢어 붙이기 등의 활동은 눈과 손의 협응력을 발달시킨다.

2) 조형놀이를 위한 환경 구성과 자료

(1) 환경 구성

유아의 평면 및 입체 구성놀이 대부분은 평면 자료를 사용하는 것이다. 유아의 생각은 주로 선, 면 그리고 색으로 이루어진다. 평면 및 입체 구성놀이의 기본적인 환경 구성으로는 색칠하기, 그림 그리기, 풀칠하기 등을 위한 다양한 자료와 도구를 제시한다. 이 자료들은 기본적으로 무정형이고 변화, 숙달, 놀라움 그리고 자기 반영을 위한 무한한 가능성을 가지고 있다. 작은 그림 그리기 종이를 위하여 교사는 색 사인펜과 색연필을 제공하여야 한다. 교사는 크레용과 붓과 같은 둔한 도구를 사용할 수 있는 커다란 그림 그리기 종이를 제공해야 한다.

교사는 특별한 연령 수준에 한정된 매체로 제한을 두지 않아야 한다. 자료에 대한 유아의 선행 경험을 교사가 고려하지 않더라도 유아의 능력은 발달되므로, 유아가 예술적 발달의 성숙과 숙달성을 반영시키는 미술매체의 신선한 가능성을 계속 볼 수 있을 것이다. 그러나 이 자료들은 매년 신선한 방법으로 소개될 필요가 있다. 흥미 있는 구성종이 조각을 제공하기 위하여 교사는 가끔 종이를 미리 잘라 놓는다. 어떤 교사는 큰 종이 전체를 유아에게 제시하여 유아 스스로 자신의 능력이나 요구에 맞게 찢거나 자르도록 한다. 교사는 다양한 자료의 모양과 색에 관한 경험과 풀 바르기 과정을 결합시키기도 한다. 이러한 활동은 유아에게 모양, 크기, 패턴에 관한 다양한 경험을 제공한다. 이 활동을 통하여 다양한 자료의 유사

점과 차이점을 발견하고 모양, 색, 크기 등 하나 이상의 속성에 의하여 분류하게 된다. 교사는 유아가 모방하도록 모델이 되는 것이 아니라, 그들 스스로 매체를 탐색하고 자신의 진보를 관찰하도록 안내하고 격려하며, 유아의 발달과 요구에 맞는 새로운 기술을 제공해야 한다.

(2) 조형놀이의 자료와 도구

① 이 젤

교사는 그리기를 위한 이젤 영역을 구성하여 색칠하는 동안 물감이 떨어지는 양을 제한하면서 활동하도록 한다. 이젤 그림대는 높이 130cm, 다리 길이 55cm가 적절하며, 이젤 종이판은 가로 60.5×51cm가 적절하다. 교사는 유아가 정리 정돈하기 쉽고 단순하도록 색칠하기 작업 밑에 종이를 깔게 하고, 쉽게 사용 가능한 스펀지와 종이 수건을 이용할 수 있도록 미술 영역을 구성하여야 한다. 그리고 교사는 뚜껑이 있는 용기에 물감을 보관해야 한다.

② 붓

붓은 움직임에 쉽게 반응하도록 크고 뻣뻣하여야 한다. 12~18호의 다양한 크기의 붓을 제시하여야 한다.

③ 손가락 그림 그리기 도구

손가락 그림 그리기는 종종 유아가 통제하기 어렵기는 하지만 유아에게 다른 매체로 대응할 수 없는 완화감을 제공한다. 유아는 손가락 그림 그리기를 통하여 매체와 직접적인 접촉을 갖게 된다. 손가락 그림 그리기를 위하여 광택 있는 비흡수성의 종이를 문방구에서 구입할 수도 있고, 매끄러운 판 종이도 사용할 수 있다. 때때로 손가락 그림 그리기는 책상에 플라스틱판을 놓고 할 수도 있다. 활동이 끝나면 물감그림 위에 종이를 올려놓고 골고루 누른 후 조심스럽게 떼어 내면 복사가 된다.

손가락 그림 풀 만드는 방법

- 재료: 밀가루 1컵, 물 3컵, 식용유 1 큰스푼, 식용물감 2봉지
- 방법
  - 밀가루 1컵과 물 1컵을 섞어 놓는다.
  - 물 2컵과 식용 물감을 섞어 끓인다.
  - 위의 끓인 물에 밀가루와 물 섞어 놓은 것을 넣고 잘 저어 가며 끓인다.
  - 식용유를 넣고 저은 후 식힌다.

④ 템페라 물감

템페라 물감은 분말 또는 액체 형태로 되어 있다. 만약 분말이라면 물감의 색이 풍부해지고 불투명한 물감으로 만들기 위하여 진하게 혼합해야 한다. 어린 유아를 위해서는 기본 색(빨강, 파랑, 노랑)과 검정, 흰색이 적절하며, 중간색은 나중에 첨가할 수 있다. 과자 담는 플라스틱판을 사용한 색 섞기 팔레트는 새로운 발견을 이끌 수 있다. 유아는 종이 위의 모양을 만들기 위하여 자신의 팔을 움직이면서 형태, 색을 실험할 수 있다. 교사는 유아가 탐색하고 실험하도록 격려하여야 한다. 하지만 매체를 통제하고, 물감이 많이 묻지 않게 하고, 다른 색을 사용하기 위해 붓을 닦고, 원하는 결과를 위해 적절한 비율로 색을 섞고, 물감에 맞는 색의 붓을 넣는 간단한 기술들을 시범 보일 수 있다. 그렇지만 적절히 놓이지 못한 붓이나 물감방울로부터 나타난 우연한 결과의 색 섞기는 흥미 있는 학습을 이끌 수 있다.

⑤ 벽 화

유아는 커다란 갈색 포장종이에 벽화를 색칠할 수 있다. 초기의 유아 벽화는 개인 색칠하기 작품을 모아 놓은 것이 될 것이다. 벽화에서는 항상 소집단의 색칠하기가 나타나는데, 교사는 여러 유아에게 종이의 다른 부분을 할당하는 것이 때로 유용하다는 것을 발견하게 된다. 유아는 성장하고 경험을 얻게 되면 통일된 작품을 향한 계획을 시작할 수 있다.

⑥ 크레용

유아가 크레용을 사용하면 교사의 도움과 준비가 크게 필요하지 않고, 지저분해지지 않으며, 쉽게 이용할 수 있다. 육각형 또는 반원형의 크레용은 진하고 선을 조절할 수 있으며, 책상에서 굴러 떨어지지 않는다. 유아에게 개별 크레용을 제공하거나 교실 공동용을 비치한다. 커다란 마닐라지는 크레용으로 색칠하기에 유용하나 그 밖의 다른 종이들도 사용될 수 있다. 유아가 크레용을 사용하는 것을 학습하게 되면 다른 매체와 크레용을 섞어서 사용하는 것을 격려할 수도 있다. 크레용 그림은 템페라 물감이 묻지 않는 표면을 만들어 주므로, 흥미 있는 크레용 그림의 부조를 그린 후 간단한 물감을 표면에 칠하여 활동할 수 있다.

⑦ 색 사인펜

유아는 그림 그리기에서 크레용만큼이나 색 사인펜을 자주 사용한다. 색 사인펜의 다양한 색은 유아의 그림을 향상시킨다. 유아는 색 사인펜의 사용법, 예컨대 마르지 않도록 뚜껑을 덮어야 하는 것 등을 학습할 필요가 있다. 교사는 지워지는 색 사인펜을 제공하여야 한다. 지워지지 않는 것은 옷감을 손상시킬 수 있기 때문이다.

⑧ 분 필

유아들은 칠판에 흰색 또는 다른 색의 분필을 사용할 수 있다. 분필은 종이에도 사용될 수 있는데, 물 또는 우유가 묻은 젖은 종이는 다양한 색으로 나타나게 하며, 분필 그림에 고정액을 뿌리면 그림을 마찰로부터 보호할 수 있다.

⑨ 판화 재료

판화 구성에는 스펀지, 나무의 끝부분, 당근 또는 감자와 같은 야채가 사용될 수 있는 많은 자료가 필요하다. 판화의 구성을 위하여 자료에 조각을 하여 확대할 수 있다. 매우 어린 유아의 교사는 유아와 함께 판화 구성을 하고 유아가 찍어 보도록 할 수 있다. 다른 색과 패턴을 사용하여 흥미 있는 매체로 찍기를 할 수 있다.

⑩ 다양한 종이

흥미 있는 형태를 구성하기 위하여 종이를 사용하는 것은 오랫동안 사용되어

온 활동이다. 종이접기를 통하여 3차원 형태를 구성할 수 있다. 유아는 흥미 있는 평면 구성을 만들 수 있다. 매우 어린 유아를 위하여 교사는 다양한 모양의 색종이 조각을 잘라서 뒷면에 풀로 붙여 구성하도록 할 수 있다. 유아는 가위 사용 능력이 발달되면서 보다 다양한 모양을 만들어 낼 수 있다. 풀로 붙이기는 종이 위에 모양을 배치하는 구성 활동이다. 유아는 종이 위 모양의 다양성을 인식하면서 읽기과정에 필요한 변별력을 연습하게 된다. 교사는 붙이기를 통한 자극적인 경험을 제공할 수 있는 많은 다양하고 속성이 다른 자료를 제공하여야 한다. 유아는 스크랩북에 제공된 범주의 자료들을 배치하여 붙일 수 있다. 교사는 유아의 관심을 알아내어 유아에게 자료를 붙일 수 있는 스크랩북이나 차트를 준비하여 유아가 다른 범주의 자료를 덧붙여 보도록 한다. 교사는 개, 고양이, 음식, 자동차에 대하여 붙일 수 있는 스크랩북을 제공할 수 있다.

⑪ 풀

종이 붙이기와 콜라주 등에 사용하는 풀은 가능한 한 충분한 양을 제공하는 것이 중요하며, 유아가 풀을 낭비하지 않도록 하는 범위에서 활동 목적에 충분할 만큼 제공한다. 흰색 풀은 구입하거나 직접 만들어 사용한다. 물과 밀가루의 혼합풀이 사용될 수 있으며, 어떤 교사는 전분과 물을 사용한 풀을 만들기도 한다.

🐦 유아용 풀 만드는 방법

• 재료: 밀가루 1컵, 물 3컵, 기름 1/4 티스푼, 설탕 1컵
• 방법
 − 설탕 1컵, 밀가루 1컵, 물 3컵의 재료를 섞어서 걸쭉해질 때까지 저어 가며 끓인다.
 − 끓인 풀에 기름 1/4 티스푼을 넣고 잘 저은 후 식힌다.

풀은 조그마한 종이컵이나 뚜껑이 있는 철 혹은 플라스틱 통에 담아서 유아에게 나누어 준다. 구입한 풀은 조그마한 카드보드 조각 위 혹은 구성종이 위에 숟가락으로 퍼서 사용한다. 어떤 교실에서는 풀을 바를 때 막대기나 솔을 사용하는데, 장기적으로는 손가락을 사용하는 것이 가장 좋다. 유아가 용이하게 풀의 양을

덜어 내고 바를 수 있기 때문이다. 모든 풀은 유아가 인식하는 독특한 향을 가지고 있고, 유아가 모든 것의 맛을 보므로 무독성이어야 한다. 유아가 풀칠 후에 손을 씻는 습관을 빨리 갖도록 하여야 한다.

⑫ 콜라주 재료

종이보다 다른 자료들을 사용하면 콜라주에서 다양한 질감, 색, 모양에 대한 경험을 증가시킬 수 있다. 교사는 자료들을 구입하기보다는 유아에게 집에서 가져오도록 하여 많은 폐품 자료를 이용할 수 있다. 유아가 풀 붙이기의 속성을 알게 되어 탐색할 기회를 많이 갖게 된 후에는 다양한 자료를 결합하여 자기 구성물의 예술적 측면에 주의를 기울일 수 있다. 교사는 다양한 질감의 종이, 즉 사포, 벽지, 티슈 등을 모아 종류별로 제공하고 면, 벨벳, 모와 같은 다양한 종류의 옷감을 제공한다. 다양한 크기의 조그만 종이상자를 사용하거나 낙엽, 막대, 조개, 모래 같은 자연물이 사용될 수 있다. 종이나 다른 가벼운 자료들은 구성종이에 오려서 붙일 수 있다.

자료가 좀 무거우면 가벼운 카드판에 붙이도록 하며, 나무판에 붙일 수도 있다. 교사와 유아가 많은 어려움 없이 선택하여 구성하면 다양한 자료로 구성하는 활동으로 확장시킬 수 있다. 다양한 종류의 특수한 종이와 종이판, 다양한 크기·모양·색·질감의 헝겊 조각, 끈과 털실, 깃털, 단추, 색 톱밥, 철사, 그리고 거의 모든 자료를 형태화하고 자르고 붙이는 활동을 통하여 콜라주에 포함시킬 수 있다. 유아에게는 한 번에 사용할 수 있는 이들 자료 종류에 제한을 주어야 하나, 새로운 자료에 대해 생각하도록 격려하여야 한다. 다양한 자료의 사용은 종이, 고무판, 흰풀, 스테이플러, 셀로판테이프에 붙이는 다양한 방법을 연결하는 수단이 된다.

⑬ 조형물을 구성할 수 있는 재료

상자나 빈 통을 잘라서 붙이고, 종이로 장식하고, 색칠하고 그려서 집이나 로켓, 자동차 등을 만들 수 있다. 유아가 2차원 활동에서 발달시킨 기술은 무한한 구성물 활동으로 정교화되고 사용될 수 있다.

⑭ 모빌과 고정물

모빌과 고정물은 3차원 구성이다. 모빌은 움직이게 구성하고, 고정물은 정지되게 구성한다. 둘 다 흥미 있는 형태로 다양한 자료를 연합하여 구성하는데, 철사옷걸이, 파이프, 알루미늄 호일, 털실, 공, 스펀지, 고무줄 등을 사용한다. 고정물은 점토와 스티로폼으로 기본 형태를 만들고, 모빌은 걸 수 있도록 구성하고 기본틀은 필요하지 않다.

⑮ 짜기 재료

유아는 구성 활동 초기에 단순한 베틀 짜기로 시작할 수 있다. 무명실과 간단한 금속 틀을 사용하여 짜기를 시작한다. 교사는 딱딱한 종이판을 사각형으로 만들어서 간단한 베틀을 만들어 줄 수 있다. 반 인치 정도의 칸을 양끝에 만들고 털실로 앞뒤로 짜서 사각형을 완성한다. 간단한 베틀은 나무 틀에 못을 박아서 만들수도 있다.

⑯ 바느질하기 재료

유아는 대바늘을 사용하여 바느질하기를 시작할 수 있다. 흥미 있는 그림을 만들기 위하여 조각천이나 헝겊을 바느질로 연결할 수 있다.

3) 조형놀이의 지도방법

자유롭게 구성물을 만들고 심미감을 증진시키며 효과적인 조형놀이를 통한 유아 제 발달을 지원하기 위하여 지도방법을 제시하면 다음과 같다. 우선 교실은 유아가 자료를 탐색할 수 있는 장소이어야 한다. 교사는 수행력을 인식하고 비평을 제공하여야 하나 추후의 수행을 위하여 유아가 진보하도록 안내하는 정신력이 있어야 한다. 이러한 작업 활동은 유아의 자기표현 방법이며, 그래서 유아에게 개인적으로 중요하다. 교사는 평면 및 입체 구성 활동을 위한 자료와 도구의 배치에 주의를 기울여야 한다. 특정한 분류 계획에 따라 자료를 배열하면 경험의 깊이가 달라진다. 종이, 도구, 재료 등을 다양한 색, 모양, 크기에 따라 구분된 쟁반위에 배치하면 유아가 더욱 쉽게 유사점과 차이점을 구별할 수 있게 된다. 유아가 선택 가능하도록 충분한 모양이 제공되어야 하나, 너무 많으면 혼란을 줄 수도 있

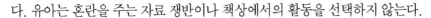

다. 유아는 혼란을 주는 자료 쟁반이나 책상에서의 활동을 선택하지 않는다.

　동일한 자료와 도구를 동시에 며칠간 책상에 제공하면 안 된다. 그러면서도 유아는 같은 자료를 통한 반복적 경험을 가져야 하므로 교사는 너무 자주 변화를 주지 않도록 해야 한다. 평면 및 입체 구성 활동은 교사의 지도나 규칙 없이도 유아들이 독립적으로 쉽게 할 수 있는 적합한 활동방법이다.

3. 쌓기놀이

　쌓기놀이에서 블록은 유아의 가장 다재다능한 놀잇감으로 유아의 개별성을 존중하는 개방적 놀잇감이다. 쌓기놀이를 통해 모든 연령 및 모든 발달 수준의 유아는 자신의 경험에 맞추어 놀이하면서 만족과 도전감을 갖게 되고 다양한 학습을 통합하게 된다.

1) 쌓기놀이의 교육적 가치

쌓기놀이는 유아에게 가치 있는 학습 경험을 제공한다. 유아는 쌓기놀이에서 블록을 쌓아올리고 의도된 계획을 가지고 구성물을 만드는 등의 활동을 통해 신체발달을 이루게 되고, 친구들과의 상호작용으로 사회 · 정서발달을 촉진하며, 수학적 개념과 과학적 사고, 조형능력의 발달을 이루게 된다(Copely & Oto, 2006; Johnson, 1974; Samuel, 2010). 그 구체적인 내용을 살펴보면 다음과 같다.

첫째, 쌓기놀이는 유아의 신체적 발달을 촉진한다. 다양한 재질과 크기의 블록을 이용하면서 유아는 대소근육의 발달을 비롯하여 눈과 손, 양손의 협응을 이루는 등 신체적 발달을 증진시킨다.

둘째, 쌓기놀이는 유아의 긍정적 자아개념을 돕는다. 블록은 개방적인 특성을 가지고 있는 놀잇감이다. 유아는 정해진 용도가 없는 블록을 이용하여 놀이를 하면서 스스로 상황을 통제하게 되며 이로 인해 정서적 만족감을 경험하게 된다. 또한 구성물을 다 완성하였을 때 느끼는 성취감은 자기 확신과 자기존중감의 기반이 된다.

셋째, 쌓기놀이는 유아의 사회성 발달 및 사회학습을 돕는다. 유아는 친구들과 함께 쌓기놀이를 하며 정해진 규칙, 문제해결 능력, 친사회적 행동, 책임감 등의 사회적 기술을 배운다. 쌓기놀이를 하는 공간은 유아가 놀이를 하는 동안 속하게 되는 하나의 사회적 공간이다. 유아는 이 공간에서 놀이를 하기 위해 정해진 약속을 지키고, 함께 구성물을 만드는 과정을 통해 만족감과 책임감을 기르게 된다. 또한 쌓기놀이에서의 구성물을 사회극놀이에서 활용하면서 유아의 일상생활과 관련된 다양한 사회적 관계와 사회적 개념을 배우게 된다.

넷째, 쌓기놀이는 유아의 수학적 개념과 과학적 사고, 조형능력의 발달을 촉진시킨다. 유아는 블록을 통하여 길이, 높이, 수, 면적, 부피 등을 알게 되며, 관찰, 비교, 분류, 추론, 해석 등의 과학적 사고과정을 경험하게 된다. 또한 블록을 쌓거나 복잡한 구조물을 만들면서 대칭과 균형의 아름다움을 생각하게 되며, 창의적으로 구성물을 구성해 가면서 다양한 소품을 이용하는 등 예술표현 능력도 증진시킨다.

2) 쌓기놀이를 위한 환경 구성과 자료

(1) 환경 구성

쌓기놀이 영역의 공간은 교실의 크기에 의하여 달라지나 중요한 위치에 구성하여야 한다. 유아가 블록을 최대한으로 구성할 수 있기에 충분한 공간을 제공하여야 한다. 쌓기놀이 영역은 블록 구성에 방해가 되지 않도록 통로를 피해야 하고 다른 활동 영역과 막혀 있어야 한다. 블록의 구성은 활동 영역 내에서만 이루어지도록 하며 교구장으로 막아서 구성한다. 쌓기 영역에는 소음이 나지 않도록 바닥에 카펫을 깔지만 평평하게 하여 유아의 구성물이 넘어지지 않도록 한다.

쌓기놀이 영역은 공간 블록과 종이벽돌 블록을 사용하는 큰 블록 쌓기 영역과 단위 블록을 사용하는 작은 블록 쌓기 영역으로 구분하여 구성한다. 3, 4세 반은 큰 공간 블록을 사용하는 놀이를 격려하고, 5세는 대소 블록 영역을 분리하여 유아 놀이를 세분화할 수 있다.

쌓기놀이 영역은 교실의 1/3 정도의 공간을 확보하여 넓은 공간에서 유아가 놀이하도록 하고, 유아 1, 2명당 2.1m²(2/3평), 3~5명은 6.4m²(2평) 정도의 공간이 되도록 구성한다.

쌓기놀이 교구장은 유아가 어렵지 않게 블록을 꺼내고 정리할 수 있도록 낮아야 한다. 교구장은 충분한 선반으로 되어 있어 유아가 보면서 다양한 길이와 모양의 블록을 분류하여 정리할 수 있어야 한다. 예를 들면, 두 배 단위 블록의 길이 전체, 그리고 큰 공간 블록 전체를 볼 수 있을 만큼 공간이 제공되는 선반장으로 만들어야 한다.

쌓기놀이 교구장은 넘어지는 위험이 없도록 단단하게 만들어야 하며, 바퀴를 달아 재배치가 가능하도록 해야 한다. 큰 공간 블록을 쌓는 공간을 정하여 2~4개를 쌓아서 놓아둘 공간을 제공하여 정리하도록 한다. 교구장에 블록 모양 한 면의 윤곽선을 그려서 위치와 이름을 표시하면 유아가 블록의 모양과 대응시킬 수 있고 블록의 이름도 연결시킬 수 있다. 교구장에 정리된 블록은 그 자체가 블록 구성의 자극이 된다.

(2) 쌓기놀이의 자료와 도구

쌓기놀이 자료에는 단위 블록, 큰 공간 블록, 종이벽돌 블록, 레고 블록, 우레탄 블록 등이 있고, 주제와 관련된 다양한 각종 소품을 제공할 수 있다.

① 단위 블록

단위 블록(unit block)은 유아가 가장 잘 사용하는 블록이다. 단위 블록은 유아가 다루기 쉬운 동등한 등의 수학적 관계를 발견하기에 적합한 정교한 구성물이다. 구성에 정교한 이러한 특성은 유아가 견고한 구조물을 만들 수 있도록 한다. 동일한 모양은 복잡한 구조물에 사용할 수 있으며, 다양한 모양으로 더욱 정교한 구성을 할 수 있다. 자료의 개방적 특성으로 단위 블록으로 만들 수 있는 구성물의 모양에는 제한이 없다. 단위 블록의 기본 모양은 두께가 두 배, 폭 길이의 두 배다. 단위는 3.5×7×14cm다. 반 단위, 두 배 단위, 네 배 단위 블록으로 정확한 크기다. 단위 블록은 쪼개지지 않는 단단한 나무로 만들어 견고하고 내구성이 높아야 한다. 자연 나무색이 눈에 좋으며 촉감이 좋아야 한다. 카펫 위에서 사용할 때는 넘어지는 소리도 좋아야 한다. 이러한 나무 블록의 특성은 페인트를 칠하면 없어지게 된다. 손상된 나무 블록은 사포질을 하여야 하며, 성인이 주의하여 관찰하여야 한다. 교실의 블록은 완벽한 1세트(760개), 1/2세트(380개), 혹은 개별 모양

| 반단위 블록 | 단위 블록 | 2배 단위 블록 | 4배 단위 블록 |

| 소형 삼각형 | 대형 삼각형 | 경사 | 작은 사각기둥 | 큰 사각기둥 |

| 아치형 직사각형 | 반원 | 소형 원기둥 | 대형 원기둥 | 소형 스위치 |

| 원형 커브 | 타원형 커브 | 대형 스위치 | 고딕형문 | 2배 Y스위치형 | 지붕판 |

여러 가지 유형의 단위 블록

의 블록을 구비한다. 단위 블록의 수가 너무 적으면 놀이에 제한이 있다. 단위 블록 세트는 유아의 다양한 수준에서 만족스럽게 사용될 수 있도록 제공하여야 하며, 단위 블록의 크기와 모양은 정확하게 만들어져야 한다.

② 큰 공간 블록

유아는 큰 공간 블록(hollow block)으로 극화놀이와 연결하여 빠르게 집, 차고, 공항을 구성할 수 있다. 공간 블록은 크기가 다양하지만, 일반적으로 14× 14×28cm, 14×28×28cm, 14×14×56cm가 있다. 공간 블록은 실내와 실외에서 놀이할 수 있으며, 놀이 시 넓은 공간이 필요하다. 공간 블록을 통

한 놀이 시 유아는 블록을 옮기고 구성하고 정리하는 데 신체적인 연습이 필요하기도 하다. 공간 블록을 실외에서 사용할 때는 페인트칠을 하여 사용하면 내구성을 높일 수 있으며, 사포질을 하여 블록이 갈라지지 않도록 한다. 넓은 판, 전선 감는 대 등이 유아의 놀이를 확장하는 데 사용될 수 있다. 그리고 상자를 사용하여 블록을 만들어 제공할 수 있다.

쌓기놀이 시 공간 블록과 단위 블록을 함께 제공하면 단위 블록이 공간 블록의 소품으로 사용하게 되므로 함께 제시하지 않아야 한다. 유아가 공간 블록을 사용하는 놀이를 하게 되면 단위 블록의 비율, 균형감을 잃게 되어 단위 블록의 가치를 놓치게 된다.

블록의 형태는 스티로폼과 종이상자로 만들어 사용할 수도 있다. 3세 유아의 경우는 스펀지, 플라스틱, 우레탄 재질의 블록을 제공한다. 이러한 블록은 가볍고 옮기기에 쉬우나 유아가 들고 옮기는 데 도전감이 적으며, 잘 쌓아지지 않아서 유아가 좌절감을 느끼기 쉽다. 따라서 입체가 단단한 형태의 블록을 제공한다. 교사는 구두상자를 사용하여 칠을 한 후 블록을 만들어 제시할 수 있다.

유아가 블록을 통한 놀이 경험이 풍부해지면 놀이를 확장할 수 있는 쌓기 놀이

영역 블록의 소품을 제공할 수 있다. 블록놀이 소품으로는 소형차, 트럭, 교통표지판, 동물과 사람 모형, 주유소, 소방서, 경찰서, 오토바이용 모자 등의 자료를 준비하여 줄 수도 있고, 교실의 자료를 사용하여 소품을 만들 수도 있다. 블록 자동차 또는 사람 모형을 함께 사용하도록 하여 유아의 상상력을 격려할 수 있다.

③ 종이벽돌 블록

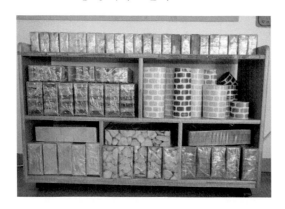

종이벽돌 블록은 판지와 같은 두꺼운 종이를 사용하여 벽돌 형태로 만든 블록으로, 가볍고 안전하며 소음이 생기지 않는 장점을 가지고 있어 유아가 손쉽게 사용할 수 있다. 일반적으로 어린 유아도 단순한 구조물을 만들 수 있는 형태의 30×15×7cm(대), 20×10×5cm(소) 크기로 되어 있어 쌓기놀이 경험이 많지 않은 유아부터 제공할 수 있다.

④ 우레탄 블록

우레탄 블록은 탄력성 있고 부드러운 우레탄으로 제작되어 유아가 손쉽고 안전하게 사용할 수 있는 특징이 있다. 우레탄 블록의 형태는 직육면체, 감각기둥, 원기둥 등 다양하다. 우레탄 블록은 모서리 부분이 빨리 닳아 다른 블록에 비해 수명이 길지 않은 편이다.

⑤ 각종 소품

쌓기놀이가 정교하고 풍부하게 진행되기 위해서는 각종 소품이 필요하다. 다양한 종류의 소품은 놀이를 더욱 확장시켜 준다. 쌓기놀이에 기본적으로 필요한 유용한 소품은 다음과 같다.

- 가족 인형, 직업을 나타내는 인물모형 등 각종 사람 인형
- 자동차, 비행기, 기차 등 각종 탈것
- 나뭇잎, 나뭇가지, 돌멩이, 조개껍데기 등 자연물
- 각종 동물모형
- 장난감 가구
- 각종 잡지나 사진
- 도로 표지판, 신호등, 여러 가지 건물모형
- 방송국, 우체국, 주유소, 음식점, 미용실 등 놀이에 필요한 소품

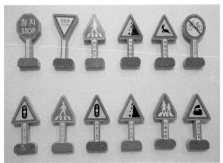 

3) 쌓기놀이의 지도방법

　교사가 쌓기놀이의 가치를 어떻게 평가하는지에 따라 쌓기놀이 활동을 위한 시간이 배정되고, 놀이 영역을 위한 공간이 구성되며, 블록 양이 결정된다. 유아가 블록으로 목적 없는 놀이를 하면 교사의 교육적 지원이 필요하다. 교사는 유아의 쌓기 놀이를 관찰하여야 하며, 쌓기놀이 영역에서 놀이에 참여하면서 유아의 놀이를 격려할 수 있다.

　소극적인 역할과 함께 교사는 쌓기놀이를 하는 방법을 지시할 수도 있다. 예를 들면, "영희가 너의 소방서 만들기를 도와줄 수도 있어." "거기에 차고를 만들어 볼 수 있니?" 등의 질문을 하기도 한다. 유아가 다른 유아의 구성물을 부수면 교사는 유아가 다른 블록을 사용하여 놀이를 하거나 다른 영역에서 놀이를 하도록 방향을 제시한다. 유아가 블록을 통한 놀이 경험이 풍부해지면 교사는 관찰을 통하여 발달단계를 파악한 후 유아의 놀이를 확장할 수 있는 활동 과제를 제공한다.

교사는 다음과 같은 질문을 할 수 있다. "너는 무엇을 할 예정이니?"(문제 진술하기), "네가 이것으로 어떻게 할 수 있니?"(자료 평가하기와 과정 계획하기), "너는 설 수 있는 다리를 만들 수 있니?"(검사하기), "그것을 어떻게 바로 세울 수 있었니?"(과정 재구성하여 보기), "그것을 어떻게 하였지?"(평가하기)

때때로 교사는 긍정적인 개입의 형태와 방해의 차이를 결정하기 어려울 수도 있다. 적합한 개입이 없으면 유아는 도전을 할 수 없고 흥미를 잃기를 한다. 반대로 개입이 너무 빈번하면 유아는 의존적이 되거나 교사가 없으면 놀이가 중단될 수도 있다. 교사의 질문은 개방적이어야 하며, 유아의 학습을 확장하고 생각을 격려하며 개념을 명확하게 할 수 있어야 한다. 또한 교사는 유아의 개별 쌓기놀이에 관하여 언급할 때 적절한 이름으로 말하여 유아의 언어적 경험을 풍부하게 하여야 한다. 이는 유아가 이름을 사용하도록 기대하는 것이 아니고 블록을 사용하여 쌓기놀이에 쉽게 사용하도록 하는 것이다.

유아에게 제공된 블록의 수과 공간이 적절하면 쌓기놀이 영역에서 놀이하는 유아를 선정할 필요는 없으나 자유롭게 이동하도록 기회를 제공한다. 유아가 초기의 조작적 단계에 있다면 블록의 구성을 위한 주의집중 시간이 짧아진다. 그리고 유아의 경험이 풍부해지면 놀이시간은 길어질 것이다. 교사가 단일한 모양에 친숙해지도록 충분한 기회를 제공하면 유아가 그 모양으로 많은 사물을 구성하는 것을 볼 수 있다. 교사는 유아가 학기 초에 한 종류나 두 종류 크기의 블록으로 시작하여 블록을 조합하는 다양한 방법을 발견할 수 있도록 시간을 제공할 수도 있다. 새로운 모양을 소개하게 되면 놀이의 본질이 변화하고 구성물은 더욱 정교해진다. 단위 블록과 2배 단위 블록으로 몇 주 동안 놀이를 한 유아들에게 원통형 블록을 제공하면, 유아는 바퀴나 거대한 자동차나 비행기를 구성하는 '재발견'을 하게 된다.

블록을 정리하는 과정도 블록의 실제 구성이나 선택처럼 쌓기놀이의 한 부분이다. 블록을 구성하는 유아와 블록을 치우는 유아가 같을 필요는 없다. 블록 쌓기놀이를 하는 유아를 위하여 정리하는 유아가 더 가치 있는 경험을 할 수 있다. 교사가 정리를 주도하고 과정에 적극적이라면 유아도 참여하게 된다. 교사는 블록 쌓기놀이를 하지 않는 유아를 격려하기 위하여 블록을 교구장에 정리하도록 하여 블록과 친숙하게 하는 기회를 제공한다.

유아의 블록 쌓기 구성에 문제가 발생하는 것은 구조물이 무너지는 것인데, 이것은 중요한 학습과정의 일부가 된다. 그러므로 교사는 유아가 블록 구조물을 무너뜨리지 않고 순차적으로 구성하는 법을 발견하도록 도와주면서 이를 문제 해결의 기회로 가치 있게 활용할 수 있다.

쌓기놀이 영역이 잘 지도되면 블록은 가장 안전한 교수매체이며 다양한 방법으로 활용될 수 있다. 때때로 유아는 자신의 키보다 더 크게 블록을 구성하고 큰 상자에 자신의 무게보다 무거운 블록을 운반하기도 한다. 교사는 유아의 블록 쌓기놀이 가까이에 위치하여 쌓기놀이를 정기적으로 평가하여야 한다.

블록은 견고하고 내구성이 강하지만 좋은 상태로 유지되도록 관리를 잘 하여야 한다. 유아는 블록을 밟고 서거나 던지지 않는 습관을 기르고 블록 쌓기놀이의 가치를 학습하여야 한다. 블록은 쌓기놀이 영역에서만 사용해야 하며, 다른 영역에서 사용하게 되면 운반대를 써서 안전하게 옮겨야 한다.

유아가 블록을 쌓아 구성한 후 부수기를 원하지 않거나 극화놀이에 사용하기를 원하는 경우, 공간이 허용되면 다른 유아의 양해를 얻고 허락할 수 있다. 교사는 유아와 함께 "우리의 구성물을 부수지 마세요." "이것은 집입니다. 그대로 두세요." 등의 표지를 붙인다. 공간을 두 집단이 공유하게 되면 두 집단이 교대로 사용하도록 배치한다. 유아는 공간을 제한적으로 사용할 수도 있다는 것을 인식하고 타인의 구조물을 존중하는 것을 학습하게 된다. 유아가 구성한 구조물을 남겨둔 후에 다음 날 이어서 구성하도록 시간 · 공간적인 배려를 제공하면 유아의 쌓기놀이는 발달된다.

극화놀이

극화놀이는 유아가 자신의 생활 경험에서 얻은 사실을 기초로 하여 주제와 연관된 역할을 수행하는 놀이다. 유아가 주변에서 직접 경험하거나 매체를 통해 간접 경험한 사건이나 인물을 모방하는 상상적 행동과 언어적 가작화를 이루는 극화놀이에는 의상 입기, 소품 조작하기, 다른 역할의 유아와 의견 교환하기, 가구 및 특정 영역에 필요한 놀이환경 재구성하기 등이 포함된다. 극화놀이는 유아가 갖고 있는 사전 정보와 유아가 새롭게 획득한 정보를 통합하도록 도와주고, 유아 간의 상호작용을 통하여 타인의 관점 차이를 발견하고 이해하며, 이러한 과정을 통하여 자신의 의견을 제공하고 상호 교환하며 협상을 통하여 갈등을 해결하는 방법을 학습하게 된다(Rogers & Evans, 2008).

극화놀이는 역할놀이, 주제환상극 놀이, 사회극놀이로 구분할 수 있다. 역할놀이는 유아가 자신의 일상생활에서 경험하는 역할을 수행하는 극놀이이고, 주제환상극 놀이는 동화 이야기의 역할을 수행하는 극놀이며, 사회극놀이는 주제 및 직업과 관련된 다양한 역할을 수행하는 극놀이다.

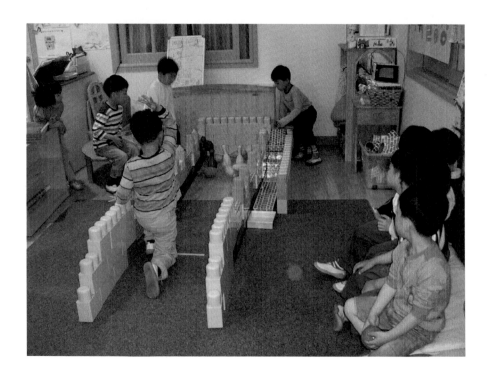

1. 역할놀이

　역할놀이는 걸음마 영아에서 초등학년 아동에 이르기까지 자신의 에너지를 발산하는 중요한 배출구의 기능을 한다. 역할놀이는 옳거나 옳지 않은 정답이 없기 때문에 유아들이 자기 주도적이고 자기 지시적인 활동에 참여하면서 성공감과 긍정적인 성취감을 가질 수 있다. 또한 유아는 역할 수행에서 가작화하는 기회를 갖고 상상력을 사용하게 된다. 이러한 가작화 경험은 세상에 대한 유아 자신의 생각을 보다 정확히 수행할 수 있는 기회가 될 뿐만 아니라 역할에 몰입하면서 활동을 지속시키는 기쁨과 즐거움을 갖게 하여 커다란 만족감을 갖게 한다. 교사는 역할놀이가 유아에게 제공하는 만족감과 성취감의 기회를 최대화하기 위하여 유아가 자신의 역할에 몰입하면서 역할 수행을 지속할 수 있도록 도와주어야 한다.

1) 역할놀이의 교육적 가치

첫째, 유아는 가정 및 주변 가까운 곳에 있는 인물과 사건을 모방하여 역할놀이를 하게 되므로 주변 상황에 익숙해지고 주변세계에 대한 이해를 넓힐 수 있다.

둘째, 유아는 역할놀이를 통하여 다양한 역할을 접하게 되고, 또래와의 상호작용 속에서 유아 상호 간에 서로 이해하고 협동하며 집단 활동을 즐기게 된다. 이러한 과정은 공유행동과 같은 친사회적 행동을 배우게 되는 유아의 자발적인 활동으로 사회성을 발달시키는 데 효과적이다.

셋째, 유아는 역할놀이를 통하여 자신의 감정을 조절하고 다른 사람의 입장에 대한 민감성 및 배려와 협상하기를 학습할 수 있는 문제 상황에 직면하면서 문제해결 능력을 증진시킬 수 있다.

넷째, 유아는 역할놀이를 통하여 의사소통 능력과 문해기술을 증진시킬 수 있다. 역할놀이에 참여한 유아는 주어진 역할에 적합한 언어를 구사하는 과정을 통하여 언어개념 및 어휘 발달을 이룰 수 있다. 또한 표현능력이 증진되고 놀이 상황에서 자연스럽게 읽기 · 쓰기에 관심을 갖게 되어 문해능력이 발달할 수 있다.

다섯째, 유아는 역할놀이를 통하여 가상의 역할에 대한 창의적인 역할 수행과 가작화를 하면서 상상력과 창의성을 증진시킬 수 있다. 유아는 자신이 맡은 역할에 맞는 적절한 놀잇감을 선택하여 놀이를 전개하면서 자유롭게 창조해 보는 기회를 많이 경험하게 되므로 상상력은 물론 창의력이 증진된다.

2) 역할놀이를 위한 환경 구성과 자료

역할놀이는 기본적으로 가족 구성원의 역할 수행과 주제에 따른 다양한 역할 수행을 할 수 있는 개방적이고 넓은 공간과 다양한 자료와 소품이 필요하다. 역할놀이 영역에서는 유아의 상호 협동적인 역할놀이가 일어날 뿐만 아니라 유아 혼자 인형을 상대로 엄마 역할을 수행하거나 상상친구와의 역할을 수행하는 가상놀이의 행동이 일어나기도 한다.

유아의 역할놀이는 유아교육기관의 실내 및 실외 영역 모두에 구성할 수 있다. 교실의 역할놀이 영역에는 기본적으로 가정생활과 관련된 가족 구성원의 역할을 위하여 주방용품, 식탁, 화장대, 아기 침대, 인형, 다양한 의상과 신발 등을 준비하여야 한다. 유아가 자신의 가장 모습을 비춰 볼 수 있도록 한쪽에 전신거울을 준비해 주고, 놀이용 의상을 보관하기 위하여 옷걸이대와 신발, 모자, 가방 등을 보관할 수 있는 소품 상자 혹은 장을 준비해 주어야 한다.

실외 영역에서도 자연적 재료를 사용한 역할놀이가 자연스럽게 수행될 수 있다. 모래놀이 영역이나 놀이집, 운반용 자동차 모형 등에서 역할놀이가 일어날 수 있다. 모래놀이 영역에 다양한 모양의 용기와 놀이집이 제공된다면, 유아는 흙, 모래, 돌, 물, 주변의 풀과 나뭇잎 등의 자연적 자료를 이용하여 식당이나 빵집과 같은 가게놀이를 수행할 수 있다. 그리고 모래놀이 영역에 포크레인이나 모래용 삽, 운반용 트럭 등이 제공된다면 공사 현장과 관련된 역할을 수행할 수도 있다.

역할놀이를 풍부하게 하기 위하여 공간의 구성과 배치뿐만 아니라 역할놀이에 제공되는 자료와 소품들도 중요하다. 역할놀이의 자료로는 주로 실제 생활에서 사람들이 사용하였던 물건과 모형물이 사용될 수 있고, 일상적 생활용품뿐만 아니라 역할 주제에 따라서 병원용품이나 우체국 및 소방서에서 사용하던 물건을 위험하지 않은 범위 내에서 구해 사용할 수도 있다. 아울러 다른 나라 및 민족의 문화에 관련된 의상과 소품을 전시하거나 제공해 주는 것도 좋은 방법이다.

3) 역할놀이의 지도방법

역할놀이를 풍부화하기 위한 자원으로는 놀이 시간과 장소, 놀이소품 그리고 놀이와 관련된 경험의 제공을 고려해야 한다.

첫째, 역할놀이는 놀이의 준비와 정리정돈에 시간이 다소 소요되므로 역할놀이를 위한 시간은 최소한 45분이 계획되어야 한다. 역할놀이와 관련하여 유아가 만든 구성물은 그 주제가 지속되는 한 그대로 둘 수 있도록 허락하여 계속적인 자료의 참가 및 변화가 이루어지게 한다.

둘째, 역할놀이를 위한 공간은 고립된 공간보다는 다른 영역과 통합될 수 있는 개방된 공간이 효율적인데, 쌓기놀이 영역과의 연계는 유아의 사회극놀이의 참여를 증진시킬 수 있다.

셋째, 유아의 역할놀이의 참여와 지속시간을 높이기 위하여 놀이 자료와 소품을 변화 있게 제공하고, 유아의 연령에 따라 놀이 자료의 사실성과 구조성을 고려할 필요가 있다. 예를 들면, 2, 3세 유아의 역할놀이에는 모형 가정용품과 같은 매우 사실적인 놀이 자료가 필요하다. 하지만 4, 5세 유아의 경우는 사실성이 낮은 자료를 가지고 창의적인 역할놀이를 수행하기도 한다. 또한 구조화가 낮은 소품들, 즉 특정한 형태가 없는 점토, 공간 블록, 속이 빈 종이나 상자 등이 제공되면 유아의 역할놀이는 유아 중심의 역할놀이로 확장될 수 있다.

넷째, 역할놀이를 확장하기 위해서는 주제와 관련된 역할을 충분히 관찰하고 이해할 수 있는 경험을 제공하여야 한다. 교사는 견학, 다양한 직업의 인사 초청, 다양한 직업에 관한 책이나 비디오 제공 등의 경험을 제공하여 놀이하고 있는 주제와 역할을 보다 명확하게 이해하도록 도와줄 수 있다.

다섯째, 교사는 유아의 극화놀이가 소꿉놀이에 머물기보다 주제가 있는 사회극놀이로 발전하도록 도와주어야 한다. 유아의 역할놀이를 발달적으로 적합한 경험으로 통합하기 위하여 교사는 유아가 생생한 역할놀이 영역을 탐색하고 창조할 수 있는 기회를 제공해야 하며, 유아들은 자신들이 읽었던 그림책의 이야기를 재현해 보는 주제환상극 놀이에서 역할 수행의 경험을 할 수 있는 기회가 필요하다.

여섯째, 유아의 역할놀이가 적절하게 계획되면 때때로 성 정형화에서 벗어난 역할을 할 수 있는 기회를 제공할 필요가 있다. 남아는 편견이 없는 교실에서 요리하기, 청소하기, 장식하기의 역할을 할 수 있고, 여아는 자동차 조립하기, 우편배달부 놀이 혹은 가게 주인이나 소방관 역할을 할 수 있다.

2. 주제환상극 놀이

주제환상극 놀이는 유아가 동화 속의 등장인물이 되어서 이야기 내용을 가작화하는 놀이다. 이 놀이는 유아의 현실세계와 일치하지 않는 여러 가지 역할, 사물, 행동, 상황, 언어 등의 가작화 요소가 내포되는 집단놀이로 사회극놀이와 유사하다. 주제환상극 놀이는 동화의 이야기와 같이 유아가 직접적으로 경험하지 않은 것을 소재로 다루기 때문에 극놀이의 시작과 끝 부분이 있고 이야기가 체계적으로 잘 구성되어 있는 특성이 있다. 또한 주제환상극 놀이는 집단활동 시간에 교사가 동화의 이야기 흐름에 맞춰 역할 분담, 소품 준비, 동화 이야기 들려주고 재구성하기 등의 보다 적극적인 역할을 수행하게 된다.

1) 주제환상극 놀이의 교육적 가치

첫째, 주제환상극 놀이는 동화 이야기의 표상 및 재구성 경험을 제공하므로 유아의 이야기 이해능력, 이야기 구성 및 회상 능력, 의사소통 능력, 문해능력 등의 언어발달이 증진된다.

둘째, 주제환상극 놀이는 현실에 없는 동화 속의 인물을 표현하기 때문에 유아의 상상력, 창의적 표현능력이 발달할 수 있는 기회를 제공한다.

셋째, 주제환상극 놀이는 동화 속의 상황을 또래 친구들과 함께 구성하고 재현하는 과정에서 사회 · 정서발달을 증진시킬 수 있다.

2) 주제환상극 놀이를 위한 환경 구성과 자료

〈표 14-1〉에는 주제환상극 놀이에서 사용될 수 있는 동화 이야기 목록이 제시되어 있다. 각 이야기에 필요한 4단계 요소인 역할, 소품, 무대, 관련 활동이 함께 제시되는데, 각 요소는 교실의 특수한 상황에 맞도록 응용할 수 있다. 예를 들면, 역할보다 유아의 수가 많다면 교사는 숲 속의 동물과 같은 새로운 역할을 만들어서 시도해 보도록 제안할 수 있다.

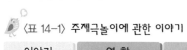

〈표 14-1〉 주제극놀이에 관한 이야기

이야기	역 할	소 품	무 대	관련 활동
곰 세마리 이야기	아빠 곰 엄마 곰 아기 곰	탁자 의자 3개 침대 3개	탁자, 의자, 침대 배치	곰을 보는 동물원 견학 그림동화책 융판 동화
빨간 모자	빨간 모자를 쓴 여자 아이 엄마 늑대 할머니 사냥꾼	그릇 3개 망토 바구니 모자와 안경 코 이빨	블록 영역에 책상과 의자를 이용하여 구성한 숲과 할머니 집 배치	바구니에 담을 음식 만들기 늑대를 보는 동물원 견학 그림동화책 그림책 만들기 융판동화
신데렐라	신데렐라 계모 이복언니 2명 요정 왕자 춤추는 사람들 생쥐 마부	빗자루 구두 화려한 드레스 지팡이	집, 마차, 궁전을 구성할 탁자와 의자의 배치	그림동화책 그림책 만들기 마차 만들기
아기돼지 삼형제	돼지 세 마리 늑대	짚 나무 벽돌 화로 위의 냄비	짚, 나무, 벽돌로 된 집을 각각 나타내는 의자 배치	세 가지 재료의 단단함 비교 집 만들기 그림동화책 융판 동화
잭과 콩나무	잭 엄마 상인 거인 거인 아내	콩 돈 닭 콩줄기	구름을 나타내는 실외의 스티로폼 무대장치	젖은 수건을 이용하여 콩 기르기 계란에 색깔 입히기 화장지 속대로 줄기 만들기
헨델과 그레텔	헨델 그레텔 아빠 계모 마녀	빵 부스러기 새장용 상자 오븐	숲 속의 집을 나타내는 탁자와 의자	생강이 든 케이크 만들기 그림동화책 그림책 만들기
세 마리 염소	세 마리의 염소 괴물	연못으로 쓸 깔개 다리 구성에 사용할 넓은 블록과 널빤지	블록 영역에 다리 모양 구성	염소를 보는 동물원이나 농장 견학 융판동화

3) 주제환상극 놀이의 지도방법

　주제환상극 놀이는 교사가 동화를 들려주고 유아가 듣거나 읽은 다음, 이야기를 나누고 동화의 대사와 내용을 중심으로 역할을 연기해 보는 활동으로 이루어진다. 즉, 동화를 감상하고 교사와 함께 그에 대한 간단한 토의를 거친 후 동화 속의 이야기를 재연하는 것이다. 이 과정에서 교사는 해설자로서 도움을 제공하거나 유아의 활동을 격려하는 것이 필요하다.

　주제환상극 놀이는 동화 감상과 이야기 나누기, 자유선택 놀이(주제극 관련 활동)를 통하여 유아가 동화에 대한 통합적 경험을 갖도록 한 후 계획하기, 극놀이하기, 평가하기의 순서로 진행된다.

(1) 계획하기

　주제환상극 놀이를 시작하기 전에 유아들과 함께 배역을 정하고 배경을 어떻게 꾸밀 것인지, 분장을 어떻게 할 것인지에 대하여 의논한다. 배역을 정할 때는 유아들이 하고자 하는 배역이 중복되거나 빠지는 경우 함께 이야기를 하면서 해결방안을 찾는다. 이때 가능한 한 교사의 개입 없이 유아들 스스로 의논하도록 한다. 분장이나 배경을 위한 소품은 유아가 직접 만들거나 교실에 있는 물건을 이용한다.

(2) 극놀이하기

　분장과 배경 꾸미기 등 준비가 끝나면 주제환상극 놀이를 시작한다. 교사는 유아들의 극놀이 과정을 관찰하면서 도움이 꼭 필요한 경우에는 적절하게 개입한다. 즉, 교사는 유아들이 스스로 극놀이를 이끌어 가지 못할 경우 적극적으로 개입하지만, 잘 전개되면 개입을 줄인다. 또한 배역을 맡은 유아가 대사를 말하지 못하거나 등장시기를 모를 때는 유아들끼리 제안해 주며 상호작용하도록 격려한다.

(3) 평가하기

　극놀이가 끝나면 참여했던 유아들과 관객이 되었던 유아들이 함께 전개된 주제환상극 놀이 내용에 대하여 평가한다. 평가는 주로 언어적 상호작용을 통해 이루어지며, 유아의 자기평가, 다른 유아에 대한 평가, 극놀이에 대한 제안 등이 포함된다.

3. 사회극놀이

사회극놀이는 자유놀이 시간에 유아가 원하는 주제와 내용, 역할을 중심으로 일상 경험이나 상상의 내용을 원하는 시간에 시작하여 원하는 시간에 끝낼 수 있는 극놀이다. 유아는 사회극놀이의 역할 수행에서 가작화하는 기회를 갖고 상상력을 사용하게 된다. 이러한 가작화 경험은 세상에 대한 유아 자신의 생각을 보다 정확히 수행할 수 있는 기회가 될 뿐만 아니라, 특정 주제나 상황, 인물에 대한 이해를 넓힐 수 있고, 역할에 몰입하면서 활동을 지속시키는 기쁨과 즐거움을 갖게 하여 커다란 만족감을 갖게 한다. 교사는 사회극놀이가 유아에게 제공하는 만족감과 성취감의 기회를 최대화하기 위기 위하여 유아가 자신의 역할에 몰입하면서 역할 수행을 지속할 수 있도록 도와주어야 한다.

1) 사회극놀이의 교육적 가치

첫째, 유아는 관심 갖는 주제의 내용과 역할을 중심으로 극놀이를 하는 과정에서 주변세계와 지역사회 구성원의 여러 역할에 대한 이해의 폭을 넓힐 수 있다.

둘째, 유아는 사회극놀이를 통하여 알게 된 것을 표상하고 극으로 재구성하는 과정에서 의사소통 능력과 문해기술을 증진시킬 수 있다. 유아는 사회극놀이에서 주어진 역할에 적합한 언어를 구사하는 과정을 통하여 어휘가 발달하고 언어적 표현능력이 증진되며, 놀이 상황에서의 자연스러운 읽기 · 쓰기 등 문해 경험을 통하여 문해능력이 발달할 수 있다.

셋째, 유아는 사회극놀이를 통하여 생활 주변에서 발생하는 다양한 문제 상황 및 갈등 상황에 대해 다양한 해결방안을 모색하는 경험을 하면서 실제 문제 상황에 직면했을 때 자발적으로 문제를 해결할 수 있는 능력을 발달시킬 수 있다.

넷째, 유아는 사회극놀이를 통하여 다른 유아와 협력하기, 공유하기, 순서 지키기 등을 경험하면서 사회성을 증진시킬 수 있다. 즉, 유아는 역할놀이 경험을 통하여 다양한 역할을 접하게 되고, 또래와의 상호작용 속에서 유아 상호 간에 서로 이해하고 협동하며 집단 활동을 즐기게 되어 사회성을 발달시키게 된다.

다섯째, 유아는 사회극놀이를 통하여 가상의 역할에 대한 창의적인 역할 수행과 가작화를 하면서 상상력과 창의성을 증진시킬 수 있다. 유아는 자신이 맡은 역할에 맞는 적절한 놀잇감을 선택하거나 구성하여 극놀이를 전개하는 과정에서 자유롭게 창조하고 표상하는 기회를 많이 경험하게 되므로 상상력은 물론 창의력인 표상능력이 증진된다.

2) 사회극놀이의 환경 구성과 자료

사회극놀이가 자유놀이 시간에 자유롭게 이루어질 수 있도록 역할놀이, 쌓기놀이, 실외놀이 영역에 주제에 맞는 소품과 자료를 제공한다. 실내 영역에서 역할놀이 영역은 최대한의 공간을 확보하기 위하여 쌓기놀이 영역과 연계할 수 있는데, 두 영역이 근접하게 배치된다면 주제와 관련된 다양한 역할 수행이 효율적이고 풍부하게 이루어질 수 있다. 예를 들면, 병원놀이를 하더라도 가정-병원-약국을 연계하거나 가정/목장-동물병원-약국을 연계할 수 있다. 이처럼 역할놀이 영역과 쌓기놀이 영역을 통합하여 구성물을 만들거나 유아와 함께 커다란 종이상자를 이용한 놀이 무대나 공간을 마련해 준다면 주제에 따른 등장인물의 역할 수행을 자극하여 놀이가 풍부하게 될 수 있다.

3) 사회극놀이의 지도방법

  유아의 사회극놀이의 경험을 풍부하게 하기 위하여 교사는 유아의 극놀이에 직접 개입하기보다 유아가 다양하고 통합된 경험을 할 수 있는 사회극놀이가 되도록 지원하는 것이 바람직하다. 교사의 적절한 지원은 역할놀이의 지속성, 정교성, 사회적 상호작용, 인지적 활동, 문해 활동에 긍정적인 영향을 미친다. 따라서 교사는 양질의 역할놀이가 일어날 수 있는 환경적 자원을 제공하고, 놀이무대에서 일어나는 유아의 극놀이를 주의 깊게 관찰한 후, 유아 놀이의 잠재력을 발전시키기 위한 추가적 지원 및 개입의 필요성을 파악하여야 한다.

  첫째, 교사는 사회극놀이에 인지적으로 복잡한 놀이의 특성이 있음을 고려하여 놀이 계획과 수행에 필요한 충분한 시간을 제공하여야 한다. 예를 들면, 유아는 다른 놀이 참여자를 모으고, 수행할 역할을 협상하고 극화할 이야기 줄거리에 동의하며, 가작화할 사물의 실체를 고안하고, 소품을 구성하며, 사용할 교실 영역을 결정해야 한다. 이러한 준비는 일반적으로 많은 시간이 걸리며, 때로는 이야기 줄거리 수행에 요구되는 시간보다 더 많은 시간이 필요할 수도 있다. 놀이시간이 짧으면 유아는 극의 줄거리를 수행하는 놀이를 시작하자마자 끝내고 정리해야 하거나 혹은 극화놀이 준비를 끝마치기도 전에 끝내야 할 것이다. 이러한 과정의 발생 빈도가 높아지면 유아는 사회극놀이를 포기하고 짧은 시간에 끝낼 수 있는 덜 발달된 놀이 형태에 만족하게 될 수 있다. 또한 짧은 놀이시간은 복잡한 구성놀이로 이끌 수 없다. 따라서 놀이가 전개되는 데 필요한 충분한 시간을 제공하여 복잡한 놀이로의 발달을 지원하며 계획성, 지속성, 협동심, 문제 해결을 경험할 수 있는 기회를 제공하여야 한다.

  둘째, 유아의 사회극놀이가 전개될 수 있는 충분한 공간이 확보되어야 한다. 유아는 놀이할 공간이 필요하다. 놀이할 수 있는 공간과 공간의 배치방법은 유아가 참여하는 놀이의 유형과 질에 중요한 영향을 준다. 교사는 교실에서 최대한의 공간을 확보한 쌓기놀이 영역과 극놀이 영역을 준비하여 구성놀이와 사회극놀이의 참여를 증진시킬 수 있다. 사회극놀이는 정기적으로 다양한 주제 영역, 식당, 가게, 병원과 같은 다양한 환경을 표상할 수 있도록 변화를 주어 격려할 수 있다. 주제 영역은 유아가 극을 수행하는 대본(script)의 범위를 확장시키는 부가적인 이익도 제공한다.

셋째, 유아의 놀이는 놀이에 사용되는 자료의 유형에 따라 많은 영향을 받으므로 주제와 관련된 자료를 적절하게 제공하여야 한다. 놀이 자료는 질 높은 놀이를 위해 필요한 또 다른 요소다. 예를 들면, 역할 의상과 같은 주제 관련 소품은 사회극놀이를 자극하는 반면, 블록, 퍼즐, 미술 자료들은 구성놀이를 자극한다. 성인이 유아에게 두 가지 유형의 놀이를 증진시키기 원한다면 두 유형의 자료를 모두 제공하는 것이 중요하다.

넷째, 사회극놀이와 관련된 사전 경험을 유아에게 제공하여야 한다. 사회극놀이를 위하여 유아는 자신이 알고 있는 사전 지식을 표현하고 자신이 이해한 역할을 수행하도록 요구된다. 만일 유아가 표현하려고 하는 역할에 대한 경험이 부족하면 사회극놀이는 지속되기 어렵다. 교사는 유아들에게 견학, 다양한 직업의 인사 초청, 다양한 직업에 관한 책이나 비디오 제시 등과 관련된 경험을 제공하여 놀이하고 있는 주제와 역할을 보다 명확하게 이해할 수 있도록 도와주어야 한다.

다섯째, 유아의 놀이 확장을 위한 성공적 놀이 개입을 위하여 주의 깊은 관찰을 하여야 한다. 관찰은 유아가 놀이를 발달시키는 데 필요한 시간, 장소, 놀이 자료, 경험이 제공될 시간, 직접적인 성인의 놀이 개입이 유용한 시간 등을 알려 주어 놀이와 성인 개입의 연결고리 기능을 한다.

여섯째, 유아의 놀이를 지원하는 적절한 놀이 개입이 이루어져야 한다. 놀이시간에 교사와 유아의 상호작용은 그 양보다 방법이 더 중요하다. 교사의 지지적이며 반응적인 개입은 유아의 역할놀이 경험을 풍부하게 하지만, 놀이에 대한 지나친 통제와 부적절한 방법의 개입은 오히려 유아의 역할놀이를 심각하게 방해할 수 있다. 교사는 이러한 점을 인지하여 역할놀이에서 지나치게 통제하거나 구조화해서는 안 될 것이다.

놀이와 유아교육
참고문헌

교육법전편찬회(1996). 교육법전. 서울: 교학사.

문현주(1996). 20~35개월 유아의 가상놀이 발달에 관한 연구. 숙명여자대학교 대학원 박사학위논문.

박현경(2006). 가장놀이에 대한 교사교육이 교사의 놀이개입과 유아의 사회적 가장놀이 발달에 미치는 효과. 미래유아교육학회, 13(2), 1-24.

송혜린(2004). 어린이집의 질적 수준 및 교사의 놀이참여와 아동의 놀이행동 간의 관계. 연세대학교 대학원 박사학위논문.

신나리(1994). 놀잇감의 구조성이 아동의 상상 놀이에 미치는 영향. 연세대학교 대학원 석사학위논문.

신은수(1991). 유아의 놀이형태와 수준에 따른 효과적인 교사의 놀이개입 유형의 방향 모색. 유아교육연구, 11, 7-22.

신은수(1996). 혼합연령 집단과 동일연령 집단 유아의 사회인지적 능력 비교 분석에 기초한 혼합연령 집단 학급의 교수방법 모색을 위한 연구. 유아교육연구, 16(1), 139-155.

신은수(1997). 상호작용에 의한 유아교육 프로그램이 5세 유아의 놀이 발달에 미치는 효과에 관한 평가 연구. 유아교육연구, 17(1), 145-161.

신은수(1998). 유아 교사의 놀이에 대한 교육 신념 연구. 덕성여자대학교 사회과학연구, 5, 115-126.

신은수(2000). 놀이에 대한 교사 효능감이 교사와 유아의 상호작용과 유아 놀이 발달에 미치는 영향. 유아교육연구, 20(1), 27-42.

양경원(1999). 교사의 비계 설정에 따른 유아의 상상놀이 변화에 관한 질적 연구. 경남대학교 교육대학원 석사학위논문.

유영의, 신은수(2005). 교사의 놀이교수 효능감과 유아의 연령에 따른 구성놀이 질의 차이. 아동학회지, 26(6), 111-126.

이경순(2007). 쌓기놀이에 대한 여아들의 인식과 여아들의 선호도 증가를 위한 교사의 전략. 아동학회지, 28(1), 95-113.

이성진, 임진영, 여태철, 김동일, 신종호, 김동민, 김민성, 이윤주(2009). 교육심리학서설(제3판). 서울: 교육과학사.

이숙재(2004). 유아를 위한 놀이의 이론과 실제(제3판). 서울: 창지사.

이영자, 이기숙(1993). 2~3세를 위한 유아교육프로그램. 서울: 창지사.

이영자, 이종숙, 신은수(2005). 그림책 이야기를 활용한 집단게임놀이 프로그램이 유아의 의사소통능력과 행동 조절능력에 미치는 영향. 사회과학연구, 11, 147-172.

이현순(1990). 극놀이 영역에서의 교사 개입이 유아의 놀이 지속 시간에 미치는 효과. 이화여자대학교 대학원 박사학위논문.

장영희(1995). 2세아를 위한 프로그램. 2·3세 영유아를 위한 종일제 프로그램. 한국유아교육학회 워크숍 자료집.

조순옥(2001). 유아의 사회극놀이 수준과 의사소통에 관한 연구. 이화여자대학교 대학원 박사학위논문.

편해문(2010). 인도 및 네팔과 한국 어린이 놀이 문화의 비교 연구. 비교민속학, 34, 415-451.

황해익, 송연숙, 정혜영(2003). 유아행동 관찰법. 서울: 정민사.

Abrams, B. W., & Kauffman, N. A. (1990). *Toys for early childhood development: Selection guidelines for infants, toddlers, and preschoolers.* Denver: Center for Applied Research Inc.

Anderson, C., & Bushman, B. (2001). Effect of violent videogames on aggressive behavior, aggressive cognition, aggressive affect, physiological arousal, and pro social behavior: A meta-analytic review of the scientific literature. *Psychological Science, 12*(5), 353-359.

Aronson, S. (2002). *Healthy young children.* Washington, DC: National Association for the Education of Young Children.

Astington, J., & Jenkins, J. (1995). Theory of mind development and social understanding. *Cognition and Emotion, 9*(2/3), 151-165.

Atlas, J. A., & Lapidus, L. B. (1987). Patterns of symbolic expression in subgroups of the childhood psychoses. *Journal of Clinical Psychology, 43,* 177-188.

Axline, V. (1969). *Play therapy.* Boston: Hough-Mifflin.

Bakeman, R., & Brownlee, J. (1980) The strategic use of parallel play: A sequential analysis. *Child Development, 64,* 873-887.

Balke, E. (1997). Play and hearts: The importance of the "unimportant". Childhood Education. *International Focus Issue,* 355-360.

Bandura, A. (1977). *Social learning theory.* Englewood Cliffs, NJ: Prentice Hall.

Barnett, L. (1990). Playfulness: Definition, design, and measurement. *Play and Culture, 3,* 322-324.

Barnett, L. (1991). Characterizing playfulness: Correlates with individual attributes and personal traits. *Play and Culture, 4,* 371-393.

Barnett, L., & Keliber, D. (1984). Playfulness and the early play environment. *Generic Psychological Monographs, 144,* 153-164.

Baron-Cohen, S. (1988). Social and pragmatic deficits in autism: Cognitive or affective? *Journal of Autism and Developmental Disorders, 18*(3), 379-402.

Bateson, G. (1955). A theory of play and fantasy. *Psychiatric Research Reports, 2,* 39-51.

Bateson, G. (1971). The message, "This is play." In R. Herron & B. Sutton-Smith (Eds.), *Child's play* (pp. 26-269). New York: Wiley.

Bednersh, F., & Peck, C. A. (1986). Assessing social environments: Effects of peer characteristics on the social behavior of children with severe handicaps. *Child Study Journal, 16,* 315-329.

Begley, S. (1997). How to build a baby's brain. *Newsweek Special Edition*, 28-32.

Beizer, L., & Howes, C. (1992). Motherss and toddlers: Partners in early symbolic play: Illustrative study #1. In C. Howes (Ed.), *The collabora-tive construction of pretend* (pp. 25-43). Albany, NY: State University of New York Press.

Bennett, N., Wood, L., & Rogers, S. (1997). *Teaching through play: Teacher's thinking and classroom practice*. Buckingham, UK: Open University Press.

Benson-Hale, J. (1986). *Black children: Their roots, culture, and learning styles*. Baltimore, MD: Johns Hopkins University Press.

Berg, L. (1996). Toys and the ambiguous thrill of interaction and identity. *International Toy Research Conference*, 17-22.

Bergen, D. (1988). *Play as a medium for learning and development*. Portsmouth, NH: Heinimann.

Bergen, D. (2002). The role of pretend play in children's cognitive development. *Early Childhood Research Practice, 4*(1), 193-203.

Bergen, D. (2004). Preschool children's play with "talking" and "non-talking" Rescue Heroes: Effects of technology-enhanced figures on the types and themes of play. In J. Goldstein, D. Buckingham, & G. Brougere (Eds.), *Toys, games and media* (pp. 195-206). Mahwah, NJ: Erlbaum.

Bergman, A., & Lefcourt, I. (1994). Self-other action play: A window into the representational world of the infant. In A. Scale & D. Wolf (Eds.), *Children at play: Clinical and Scale developmental approaches to meaning and representation* (pp. 133-147). New York: Oxford University Press.

Berk, L. E., Mann, T. D., & Ogan, A. T. (2006). Make-believe play: Wellspring for development of self-regulation. In D. G. Singer, R. M. Golinkoff, & K. Hirsh-Pasek (Eds.), *Play=learning: How play motivates and enhances children's cognitive and social-emotional growth* (pp. 74-100). New York: Oxford Unversity Press.

Berlyne, D. (1960). *Conflict, arousal and curiosity*. New York: McGraw-Hill.

Beyer, L., & Bloch, M. (1996). Theory: An analysis (part 1). In J. Chafel & S. Reifel (Eds.), *Advances in early education and day care: Theory and practice in early education and day care: Theory and practice in early childhood teaching* (Vol. 8) (pp. 3-39). Greenwich, CT: JAI Press.

Bialystok, E., & Senman, L. (2004). Executive processes in appearance-reality tasks: The role of inhibition of attention and symbolic representation. *Child Development, 75*, 562-579.

Bishop, D., & Chace, C. (1971). Parental conceptual systems, home play environment, and potential creativity in children. *Journal of Experimental Child Psychology, 12*, 318-338.

Black, B. (1989). Interactive pretense: Social and symbolic skills in preschool play groups. *Merrill-Palmer Quarterly, 35*, 379-395.

Blair, C., & Razza, R. P. (2007). Relating effortful control, executive function, and false belief understanding to emerging math and literacy ability in kindergarten. *Child Development, 78*(2),

647-663.

Blehar, M., Lieberman, A., & Ainsworth, M. (1977). Early face-to-face interaction and its relation to later mother-infant attachment. *Child Development, 48,* 182-194.

Bodrova, E., & Leong, D. (1996). *Tools of the mind: The Vygotskian approach to early childhood education.* Englewood Cliffs, NJ: Prentice-Hall.

Bodrova, E., & Leong, D. J. (2003). Chopsticks and counting chips. Do play and foundational skills need to compete for the teachers' attention in an early childhood classroom? *Young children, 58*(3), 10-17.

Bredekamp, S., & Copple, C. (1997). *Developmentally appropriates practices in early childhood programs* (Rev. ed.). Washington, DC: NAEYC.

Bredkamp, S., & Rosergrant, T. (1995). *Reaching potentials: Appropriate curriculum and assessment for young children, Vol. 2.* Washington, DC: NAEYC.

Bricker, D. D. (1995). The challenge of inclusion. *Journal of Early Intervention, 19*(3), 179-194.

Bronfenbrenner, U. (1979). *The ecology of human development.* Cambridge, MA: Harvard University Press.

Bronson, M. (1995). *The right stuff for children birth to 8: Selecting play materials to support development.* Washington, DC: National Association for Education of Young Children.

Bronson, M. (2000). *Self-regulation in early childhood education: Nature and nurture.* New York: Guilford.

Brown, M., & Bergen, D. (2002). Play and social interaction of children with disabilities at learning/activity centers in an inclusive preschool. *Journal of Research in Childhood Education, 17*(1), 26-37.

Brown, N., Curry, N., & Tinnich, E. (1971). How groups of children deal with common stress through play. In N. E. Curry and Arnaud (Eds.), *Play: The child strives toward self-realization.* Washington, D. C.: National Association for the Education of Young Children.

Brown, S., & Kennard, D. (Executive Producers). (2000). The promise of play [video/ VHS]. (Available from Direct Cinema Limited, Post Box Office 10003, Santa Monica, CA 90410).

Brownlee, S. (1997, February 3). The case for frivolity. *U.S. News and World Report,* 45-49.

Bruner, J. (1972). The nature and uses of immaturity. *American Psychologist, 27,* 687-708.

Bruner, J. (1974). The nature and use of immaturity. In K. Connolly & J. Bruner (Eds.), *The growth of competence.* London: Academoc Press.

Bruner, J. (1985). *On Knowing.* Cambridge, MA: Belknap Press.

Bruner, J. (1986). *The culture of education.* Cambridge, MA: Harvard University Press.

Bruner, J. (1996). *The culture of education.* Cambridge, MA: Harvard University Press.

Bruner, J., & Sherwood, V. (1976). Peekaboo and the learning of rule structures. In J. Bruner, A. Jolly, & K. Sylve (Eds.), *Play: Its role in development and evolution* (pp. 603-608). New York: Basic Books.

Buchanan, A., Gentile, D., Nelson, D., Walsh, D., & Hensel, J. (2002). What goes in must come out: Children's media violence consumption at home and aggressive behaviors at school. Paper presented at the International Society for the Study of Behavioral Development Conference, Ottawa, Ontario, Canada.

Burger, J. (1995). Individual differences in preference for solitude. *Journal of Research in Personality, 29,* 85-108.

Caldera, Y., Huston, A., & O'Brien, M. (1989). Social interactions and play patterns of parents and toddlers with feminine, masculine, and neutral toys. *Child Development, 60*(1), 70-76.

Call, J., & Tomasello, M. (1995). Use of social information in the problem solving of orangutans (Pongo pygmaeus) and human children (Homo sapiens). *Journal of Comparative Psychology, 109,* 308-320.

Campbell, S. D., & Frost, J. L. (1985). The effects of playground type on the cognitive and social behaviors of grade two children. In J. L. Frost & S. Sunderlin (Eds.), *When children play* (pp. 81-88). Wheaton, MD: Association for Childhood Education International.

Carlson, S. M. (2003). Executive function in context: Development, measurement, theory, and experience. *Monographs of the Society for Research in Child Development,* Serial No. 274, Vol. 68, No. 3. (pp. 138-151). Boston, MA: Blackwell.

Carlsson-Paige, N., & Levin, D. (1990). Who's calling the shots? How to respond effectively to children's fascination with war play and war toys. Philadelphia: New Society.

Carpenter, C., Stein, A., & Baer, D. (1978). The relation of children's activity preference to sex-type behavior. Paper presented at the Twelfth Annual convention of the Association for Advancement in Behavior Theories, Chicago.

Carta, J., Schwartz, I., Atwater, A., & McConnell, S. (1991). Developmentally appropriate practice: Appraising its appropriateness for young children with disabilities. *Topics in Early Childhood Special Education, 11*(1), 1-20.

Casby, M. (1997). Symbolic play of children with language impairment: a critical review. *Journal of Speech, Language and Hearing Research, 40,* 468-479.

Chandler, P. (1994). *A place for me: Including children with special needs in early care and education setting.* Wshington, DC: National Association for the Education of Young Children.

Cheng, S. F. (2000). A teachers's understanding and practices regarding children's play in a Taiwaness kindergarten. Unpublished doctoral dissertation, University of Texas of Austin.

Christie, J. (1994). Literacy play interventions: A review of empirical research. *Advances in Early Education and Day Care, 6,* 3-24.

Christie, J., & Enz, B. (1992). The effects of literacy play interventions on preschooler's play patterns and literacy development. *Early Education and Development, 3,* 205-220.

Christie, J., & Roskos, K. A. (2006). Standards, science, and the role of play in early literacy education.

In D. G. Singer, R. M. Golinkoff, & K. Hirsh-Pasek (Eds.), *Play=learning: How play motivates and enhances children's cognitive and social-emotional growth* (pp. 57-73). New York: Oxford Unversity Press.

Christie, J., & Wardle, F. (1992). How much time is needed for play? *Young Children, 47*(3), 28-32.

Chudacoff, H. P. (2007). *Children at play: An American history.* New York and London: New York University Press.

Chugani, H. T. (1994). Development of regional brain glucose metabolism in relation to behavior and plasticity. In G. Dawson & K. W. Fisher (Eds.), *Human behavior and the developing brain* (pp. 153-175). New York: Guilford.

Chung, T., & Chen. W. (2007). Effect of digital games on children's cognitive achievement. *Journal of Multimedia, 2*(5), 27-30.

Clark, B. (1997). *Growing up gifted* (5th ed.). Upper Saddle River, NJ: Merrill.

Clements, D., & Nastasi, B. (1993). Electronic media and early childhood education. In B. Spodek (Ed.), *Handbook of research on the education of young children* (pp. 251-275). New York: Macmillan.

Coates, S., Lord, M., & Jakabovics, E. (1975). Fiel dependence-independence, social-nonsocial play and sex differences in preschool children. *Perceptual and Motor Skills, 40*, 195-202.

Cohen, L. (2006). *Young children's discourse strategies during pretend block play: A sociocultural approach.* New York: Fordham University.

Connolly, J., & Doyle, A. (1984). Relation of social fantasy play to social competence in preschoolers. *Developmental Psychology, 20*, 797-806.

Cook, R. E., Tessier, A., & Klem, M. D. (1992). *Adapting Early Childhood Curricula for Children with special needs.* Maxwell Macmullan Canada.

Cooney, T., & Radina, M. (2000). Adjustment problems in adolescence: Are multiracial children at risk? *Journal of Orthopsychiatry, 70*(4), 433-444.

Copely, J., & Oto, M. (2006). An investigation of the problem-solving knowledge of a young child during block construction. Retrieved Dec 10, 2009. web/PME-rr-copley.htm.

Coplan, R., & Rubin, K. (1998). Exploring and assessing nonsocial play in the preschool: The development and validation of the preschool play behavioral scale. *Social Development, 7*(1), 71-91.

Coplan, R. J., Findlay, L. C., & Nelson, L. J. (2004). Characteristics of preschoolers with lower perceived competence. *Journal of Abnormal Child Psychology, 32*, 399-408.

Coplan, R. J., Gavinski-Molina, M. H., Lagace-Seguin, D. G., & Wichmann, C. (2001). When girls versus boys play alone: Nonsocial play and adjustment in kindergarten. *Developmental Psychology, 37*, 464-474.

Copple, C., & Bredekamp, S. (2009). *Developmentally appropriate practice in early childhood programs: Serving children from birth through age 8* (3rd ed.). Washington, DC: NAEYC.

Council for Exceptional Children. (1996). *What every special educators must know: The international standards for the preparation and certification of special education teachers* (2nd ed.). Reston, VA: Council for Exceptional Children.

Creasey, G., Jarvis, P., & Berk, L. (1998). Play and social competence. In O. Saracho & B. Spodek (Eds.), *Multiple perspectives on play in early childhood education* (pp. 116-143). Albany, NY: State University of New York Press.

Crespo, C., Smit, E., Richard P., Bartlett, S., Macera, C., & Anderson, R. (2001). Television watching, energy intake, and obesity in US children. *Archives of Pediatric and Adolescent Medicine, 155,* 360-365.

Csikszentmihayli, M (1990). *Flow: The psychology of optimal experience.* New York: Harper & Row.

Cuffaro, H. (1995). *Experimenting with the world: John Dewey and the early childhood classroom.* New York: Teachers College Press.

Cunningham, C., Jones, M., & Taylor, N. (1994). The child friendly neighborhood: Some questions and tentative answers from Australian research. *International Play Journal, 2*(2), 79-95.

Curry, N., & Bergen, D. (1988). The relationship of play to emotional, social, and gender/sex role development. In D. Bergen (Ed.), *Play as a medium for learning and development* (pp. 107-132). Portsmouth, NH: Heinemann.

Damast, A., Tamis-LeMonda, S., & Bornstein, M. (1996). Mother-child play: Sequential interactions and the relation between maternal beliefs and behaviors. *Child Development, 67,* 1752-1766.

Dansky, J. (1980). Cognitive consequences of sociodramatic play and exploration training for economically disadvantaged preschoolers. *Journal of Child Psychology and Psychiatry, 20,* 47-58.

Dansky, J., & Silverman, I. (1975). Play: A general facilitator of associative fluency. *Developmental Psychology, 11,* 104.

Darke, J. (2009). *Planning for children's play and learning: Meeting children's needs in the later stages of the EYFS.* New York: Routledge.

Dattner, R. (1969). *Design for play.* Cambridge, MA: MIT Press.

Davidson, J. I. F. (1998). Language and play: Natural patterns. In D. P. Fromberg & D. Bergen (Eds.), *Play from birth to twelve and beyond* (pp. 175-184). New York: Garland.

Day, B. (1994). *Early Childhood Education: Development/Experiential Teaching and Learning* (4th ed.). Mamillan.

Deacon, S. R. (1994). Analysis of children's equipment choice and play behaviors across three play environments. Unpublished doctoral dissertation. Austin: University of Texas at Austin.

DeBord, K., Moore, R., Hestenes, L., Cosco, N., & McGinnis, J. (2005). *The preschool outdoor environment measurement scale.* Atlanta: Kaplan.

Decker, C. A., & Decker, J. R. (1988). *Planning and administering early childhood programs.*

Columbus, OH: Charles E. Merrill.

Decker, C. A., Freeman, N. K., Decker, J. R., & Knopf, H. T. (2008). *Planning and administering early childhood programs*. NJ: Prentice Hall.

deMarrais, K., Nelson, P., & Baker, J. (1994). Meaning in mud: Yup'k Eskimo girls at play. In J. Roopnarine, J. Johnson, & F. Hooper (Eds.), *Children's play in diverse cultures*. Albany, NJ: State University of New York Press.

Dennison, E., & Jenkins, P. (2002). Television viewing and television in bedroom associated with overweight risk among low-income preschool children. *Pediatrics, 109*(6), 1028-1035.

Diamond, K. E., Hetenes, L. L., & O'Connor, C. E. (1994). Integrating young children with disabilities in preschool: Problems and promise. *Young Children, 49*(1), 68-74.

Diamond, K., LeFurgy, W., & Blass, S. (1993). Attitudes of preschool children toward their peers with disabilities: A year-long investigation in integrated classrooms. *Journal of Genetic Psychology, 154,* 215-221.

Dockett, S. (1994). Pretend play and young children's developing theories of mind. Unpublished doctoral dissertation. Australia: University of Sydney.

Doyle, A., Connolly, J., & Rivest, L. (1980). The effect of playmate familiarity on the social interactions of young children. *Child Developmental, 51,* 217-223.

Dracup, M. (2008). Role play in blended learing: Acase study exploring the impact of story and other elements. *Australian Journal of Education Technology, 24*(3), 294-310.

Drake, J. (2009). *Planning for children's play and learning: Meeting children's needs in the stage of the EYFS*. New York: Routledge.

Drews, A. A., & Schaefer, C. E. (2010). *School-based play therapy*. New York: John Wiley & Sons.

Driscoll, M. (2007). 수업설계를 위한 학습심리학(제3판)(양용칠 역). 서울: 교육과학사.

Dunn, J., & Kontos, S. (1997) Research in review: What have we learned about developmentally appropriate practice? *Young children, 52*(5), 4-13.

Dunn, J., & Wooding, C. (1977), Play in the home and its implications for learning. In B. Tizard & D. Harvey (Eds.), *The biology of play*. Philadepia: Lippincott.

Dunn, L., & Herwig, J. (1992). Play behaviors and convergent and divergent thinking skills of young children attending full-day preschool. *Child Study Journal, 22*(1), 23-37.

Durkin, K., & Barber, B., (2002). Not so doomed: Computer game play and positive adolescent development. *Applied Developmental Psychology, 23,* 373-392.

Early Childhood Development. (2000). *Learning environments for playgroups: A guide to quality practices in playgroups*. Wellington: Author.

Early Childhood Development. (2002). *Creating an empowering inside learning environment: Toddlers and young children*. Wellington: Author.

Edwards, C. (1993). Life-long learning. *Communications of the ACM, 36*(5), 76-78.

Eisenberg, N. (1983). Sex-typed toy choices: What do they signify? In M. B. Liss (Ed.), *Social and cognitive skills: Sex roles and children's play* (pp. 45-70). New York: Academic Press.

Elder, J. L., & Pederson, D. R. (1978). Preschool children's use of objects in symbolic play. *Child Development, 49*, 500-504.

Elkind, D. (1996). Young children and technology: A cautionary note. *Young Children, 51*(6), 22-23.

Elkind, D. (2001). The adaptive funtion of work and play. *Play, Policy, Practice Connections, 6*(2), 6-7.

Elkind, D. (2003). Thanks for the memory: The lasting value of true play. *Young Children, 58*(3), 46-51.

Elkind, D. (2007). *The power of play: How spontaneous, imaginative activities lead to happier, healthier children.* Cambridge, MA: Da Capo Lifelong Books.

Ellis, M. (1973). *Why people play.* Englewood Cliffs, NJ: Prentice-Hall.

Enz, B., & Christie, J. (1997). Teacher play interaction styles: Effects on play behavior and relationships with teacher training and experience. *International Journal of Early Childhood Education, 2*, 55-75.

Erikson, E. (1940). Studies and interpretation of play. Part I: Clinical observations of play disruption in young children. *Genetic Psychology Monograph, 22*, 557-671.

Erikson, E. (1950). *Childhood and society.* New York: Norton.

Erwin, E., Carpenter, E., & Kontos, S. (1993). What preschool teachers do when children play. Paper presented at the Meeting of the American Educational Research Association, Atlanta.

Esbensen, S. B. (1987). *The early childhood playground: An outdoor classroom.* Ypsilanti, MI: The High/Scope Press.

Esposito, B. G., & Koorland, M. A. (1989). Play behavior of hearing impaired children: Integrated and segregated settings. *Exceptional Children, 55*, 412-419.

Fabes, R., Martin, C., & Hanish, L. (2003). Young children's play qualities in same-, other-, and mixed-sex peer groups. *Child Development, 74*, 921-932.

Fagot, B. (1981). Continuity and change in play styles as a function of sex of child. *International Journal of Behavioral Development 4*, 37-42.

Fagot, B. I. (1977). Variations in density: Effect on task and social behaviors of young children. *Development Psychology, 13*, 166-167.

Fagot, B., & O'Brien, M. (1994). Activity level in young children: Cross age stability, situational influences, correlates with temperament, and the perception of problem behavior. *Merrill Palmer Quarterly, 40*(3), 378-398.

Fantuzzo, J., Coolahan, K., Mendez, J., McDermott, P., & Sutton-Smith, B. (1998). Contextually-relevant valldation of peer play constructs with African American Head Start children: Penn Interactive Peer Play Scale. *Early Childhood Research Quarterly, 13*(3), 418-431.

Farran, D., Silveri, B., & Culp, A. (1991). Public school preschools and the disadvantaged. *New Directions for Child Development, 53*, 65-73.

Farver, J., & Shin, Y. L. (1997). Social pretend play in Korean- and Anglo-American preschoolers.

Child Development, 66, 1493-1503.

Farver, J., Kim, Y., & Lee-Shin, Y. (2000). Within cultural differences: Examining individual differences in Korean American and European American preschoolers' social pretend play. *Journal of Cross-Cultural Psychology, 31*, 583-602.

Farver, J., Kim, Y., & Lee, Y. (1995). Cultural differences in Korean- and Anglo-American preschoolers' social interaction and play behaviors. *Child Development, 66*, 1088-1099.

Fein, G. G. (1985). Learing in play: surfaces of thinking and feeling. In J. L. Frost & S. Sunderline (Eds.), *When children play* (pp. 45-53). Wheaton, MD: ACEI.

Fein, G. G., & Fryer, M. (1995). Maternal contributions to early symbolic play competence. *Developmental Review, 15*, 367-381.

Fein, G. G., & Robertson, A. R. (1975). *Cognitive and social dimensions of pretending in two-year-olds.* Detroit: Merill-Palmer Institute.

Fein, G. G., & Wiltz, N. W. (1998). Play as children see it. In D. P. Fromberg & D. Bergen (Ed.), *Play from birth to twelve and beyond* (pp. 37-55). New York: Garland.

Feitelson, D., & Ross, G. (1973). The neglected factor-play. *Human Development, 16*, 202-223.

Fenson, L., Kagan, J., Kearsley, R., & Zelazo, P. (1976). The developmental progression of manipulative play in the first two years. *Child Development, 47*, 232-239.

Field, T. (1980). Preschool play: Effects of teacher/child rations and organization of classroom space. *Child Study Journal, 10*, 191-205.

Fiese, B. (1990). Playful relationships: A contextual analysis of mother-toddler interaction and symbolic play. *Child Development, 61*, 1648-1656.

File, N., & Kontos, S. (1993). The relationship of program quality to children's play in integrated early in tervention settings. *Topics in Early Child hood special Education, 13*(1), 1-18.

Fishbein, H., & Imai, S. (1993). Preschoolers select playmates on the basis of gender and race. *Journal of Applied Developmental Psychology, 14*, 303-316.

Fisher, E. (1992). The impact of play on development: A meta-analysis. *Play & Culture, 5*, 159-181.

Fisher, K. (2009). Exploring informal learning in early childhood. Retrieved December, 10, 2009. www.research-connections.org/.../childcare/.../KathyHirsh-PasekPresentation.

Fogle, L. M., & Mendez, J. L. (2006). Assessing the play beliefs of African American mothers with preschool children. *Early Childhood Quarterly, 21*, 507-518.

Forman S. G., & Hill, F. (1984). *Constructive play: Applying Piaget in the preschool.* Menlo Park, CA: Addison-Wesley.

Forman, S. G. (1980). A comparison of cognitive training and response cost procedures in modifying aggressive behavior of elementary school children, *Behavior Therapy, 11*, 594-600.

Franklin, M. (1985, March). Play and the early evolution of social life: Views of two-year-olds at school. Paper presented at the annual meeting of the Anthropological Association for the study of play. Washington, DC.

Freud, A. (1968). Indication and contraindiactions for child analysis. *Psychoanalytics Study of the Child, 23*, 37-46.

Friedman, O., & Leslie, A. M. (2007). The conceptual underpinnings of pretense: Pretending is not "behaving-as-if". *Cognition, 105*(1), 103-124.

Fritz, J. J., Miller-Heyl, J., Kreutzer, J. C., & Macphee, D. (1995). Fostering personal teaching efficacy thought staff development and classroom activities. *The Journal of Educational Research, 88*(4), 200-208.

Fromberg, D. P. (2002). *Play and meaning in early childhood education.* Boston, MA: Allyn and Bacon.

Frost, J. L. (1968). *Early childhood education rediscovered.* New York: Holt, Rinehart & Winston.

Frost, J. L. (1975). At risk! *Childhood Education, 51*, 298-304.

Frost, J. L. (1987). Conference reflections. In P. J. Heseltine (Ed.), *Creativity through play. Report from the IPA 10th World Conference.* Stockholm: International Association for the Child's Right to Play.

Frost, J. L. (1992). *Play and playscapes.* Albany, NY: Delmar.

Frost, J. L. (2010). *A history of children's play and play environments: Toward a contemporary child-saving movement.* New York: Routledge.

Frost, J. L., & Kissinger, J. B. (1976). *The young child and the educative process.* NY: Rinehart & Winston, Inc.

Frost, J. L., & Klein, B. (1979). *Children's play and playgrounds.* Boston: Allyn and Bacon.

Frost, J. L., Wortham, S. C., & Reifel, S. (2001). *Play and child development.* Upper Saddle River. NJ: Pearson.

Frost, J. L., Wortham, S. C., & Reifel, S. (2008). *Play and child development.* Upper Saddle River. NJ: Pearson.

Frost, J. L., Wortham, S. C., & Reifel, S. (2005). *Play and child development.* Ohio, NJ: Pearson Education.

Frost, J. L., & Sweeney, T. (1996). *Causes and prevention of playground injuries and litigation: Case studies.* Wheaton, MD: Association for Childhood Education International.

Fuson, K. C., Kalchman, M., & Bransford, J. D. (2005). Mathematical understanding: An introduction. In M. S. Donovan & J. D. Bransford (Eds.), *How student learn: Mathematics in the classroom* (pp. 217-256). Washington, DC: The National Academic Press.

Gabbard, C. (2000). Physical education: Should it be part of the core curriculum? *Principal, 79*(3), 29-31.

Gallahue, D. (1993). Motor development and movement skill acquisition in early childhood education. In B. Spodek (Ed.), *Handbook of research on the education of young children.* New York: Mcmillan.

Gardner, H. (1983). *Frames of mind: The theory of multiple intelligences.* New York: Basic Books.

Gardner, H. (1999). *Intelligence reframed: Multiple intelligence for the 21st century*. New York: Basic Books.

Garvey, C. (1977). Play with language and speech. In S. Ervin-Tripp & C. Mitchell-Kernan (Eds.), *Child discourses*. New York: Academic Press.

Garvey, C. (1977). *Play*. Cambridge, MA: Harvard University Press.

Garvey, C. (1990). *Play*. Cambridge, MA: Harvard University Press.

Gentile, S., & Walsh, D., (2002). A normative study of family media habits. *Applied Developmental Psychology, 23*, 157-178.

Gesell, A. (1940). *The first five years of life: A guide to the study of the preschool child*. New York: Harper & Brothers.

Gil, E., & Drewes, A. (2005). *Cultural issues in play therapy*. New York: Guilford Press.

Ginsburg, K. (2007). The Importance of play in promoting healthy child development and maintaining strong parent-child bonds. *Pediatrics, 119*(1), 182-191.

Glassy, D., & Romano. J. (2003). Selecting appropriate toys for young children: The pediatrician's role. *Pediatrics, 111*(4), 911-913.

Glover, A. (1999). The role of play in development and learning. In E. Dau & E. Jones (Eds.), *Child's play: Revisiting play in early childhood settings* (pp. 5-15). Baltimore: Paul H. Brooks Publishing Co.

Gmitrova, V., & Gmitrov, J. (2003). The impact of teacher-directed and child-directed pretend play on cognitive competence in kindergarten. *Early Childhood Education Journal, 30*, 241-246.

Goldman, B. D., & Buysse, V. (2007). Friendships in very young children. In O. N. Saracho & B. Spodek (Eds.), *Contemporary perspectives on soicialization and social development in early childhood education* (pp. 165-192). Charlotte, NC: Information Age.

Goldstein, H., & Cisar, C. L. (1992). Promoting interaction during sociodramatic play: Teaching scripts to typical preschoolers and classmates with disabilities. *Journal of Applied Behavior Analysis, 25*(2), 265-280.

Goldstein, J., Buckingham, D., & Brougere, G. (2004). *Toys, Games, and Media*. Mahwah, NJ: Lawrence Erlbaum.

Golinkoff, R. M., Hirsh-Pasek, K., & Singer, D. G. (2006). Why play=learning: A Challenge for parents and educators. In D. G. Singer, R. M. Golinkoff, & K. Hirsh-Pasek (Eds.), *Play=Learning: How play motivates and enhances children's cognitive and social-emotional growth* (pp. 3-12). New York: Oxford University.

Goncu, A. (1993). Development of intersubjectivity in the dynamic play of preschoolers. *Early Childhood Research Quarterly, 8*, 99-116.

Goncu, A., & Kessel, F. (1984). Children's play: A contextual-functional perspective. In F. Kessel & A. Goncu (Eds.), *Analyzing children's play dialogues* (pp. 5-22). San Francisco, CA: Jossey-Bass.

Goodman, J. (1992). *When slow is fast enough: Educating the delayed preschool child.* New York: The Guilford Press.

Goodson, B., & Bronson, M. (1985). Guidelines for relating children's ages to toy characteristics. Contract No. CPSC 85-1089. Washington, DC: U.S. Consumer Product Safety Commission.

G tz, I. (1977). Play in the classroom: Blessing or curse? *Educational Forum, 41,* 329-334.

Gramza, A., Corush, J., & Ellis. M. (1972). Chrldren's play on trestles of differing complexity. A study of play equipment design. *Journal of Leisure Research, 4,* 303-311

Greeman, J., & Stonehouse, A. (1997). *Prime times: A handbook for excellence in infant and toddler programs.* South Melbourne: Addison Wesley Longman.

Greenfield, P. M. (1994). Video games as cultural artifacts. *Journal of Applied Developmental Psychology, 15,* 3-12.

Greenman, J. (1988). *Caring spaces, learning places: Children's environments that work.* Redmond, WA: Exchange Press.

Greenman, J. (1993). It ain't easy being green: Beginnings workshops. *Child Care Information Exchange, 91*(May/June), 36-37.

Griffin, S. (2005). Fostering the development of whole-number sense: Teaching mathematics in the primary grades. In M. S. Donovan & J. D. Bransford (Eds.), *How student learn: Mathematics in the classroom* (pp. 2257-2308). Washington, DC: The National Academic Press.

Grinder, B., & Johnson, J. (1994). Gender-related teacher behavior and interventions and their consequences for preschool children at free play in day care settings: Preliminary results. Paper presented at the Annual Meeting of the American Educational Research Association, New Orleans.

Guerney, L. (1984). Play therapy with learning disabled children. In C. E. Schaefer & K. L. O'Conner (Eds.), *Handbook of play therapy* (pp. 419-435). New York: John Wiley & Sons.

Guralnick, M. J. (1981). The social behavior of preschool children at different developmental levels: Effects of group composition. *Journal of Experimental Child Psychology, 31,* 115-130.

Hadley, G. (2002). An introduction to data - driven learning. *RELC Journal, 33*(2), 99-124.

Haight, W. (1998). Adult direct and indirect influences on play. In D. P. Fromberg & D. Bergen (Eds.), *Play from birth to twelve and beyond: Context, perspectives, and meaning* (pp. 259-265). New York: Garland.

Haight, W., & Miller, P. (1993). *Pretending at home: Early development in a sociocultural context.* Albany, NY: State University of New York Press.

Halberstadt, A. G., Denham, S. A., & Dunsmore, J. C. (2001). Affective social competence. *Social Development, 10,* 79-119.

Hall, G. S. (1883). The contents of children's minds. *Princeton Review, 2,* 249-272.

Hankerson, H. E. (1982). Intervention strategies are the key to relavant curriculum and effective instructive in early childhood education. *Early Child Development and Care, 8,* 31-43.

Harms, T., & Lovell, P. (1985). How can playgrounds be improved? *Young Children, 40*(3), 3-8.

Harper, L. V., & McCluskey, K. S. (2003). Teacher-child and child-child interactions in inclusive preschool settings: do adults inhibit peer interactions? *Early Childhood Research Quarterly, 18*(2), 163-184.

Harragan, B. (1977). *Games mother never taught you.* New York: Rawson Associates.

Harrist, T., Zaia, A., Bates, J., Dodge, K., & Petit, G. (1997). Subtypes of social withdrawal in early childhood: Sociometric status and social-cognitive differences across four years. *Child Development, 68*, 278-294.

Hartley, M. (2002). Helping parents take the lead: Preparing children for health care procedures. In C. Brown & C. Marchant (Eds.), *Play in practice: Case studies in young children's play* (pp. 107-113). St. Paul, MN: redleaf press.

Hartup, W. (1983). The peer system. In E. M. Hetherington, & P, Mussen (Eds.), *Handbook of child psychology, vol. 4. Socialization, personality, and social development.* New York: Wily

Hay, D., Ross, H., & Goldman, B. (1979). Social games in infancy. In B. Sutton-Smith (Ed.), *Play and learning* (pp. 83-107). New York: Gardner.

Haywood, K. (1986). *Life span motor development.* Champaign, IL: Human Kinetic Publishers.

Healy, J. H. (1998). *Failure to connet: How computers affect our children's mind.* New York: Simon & Schuster.

Henninger, M. L. (1993). Enriching the outdoor play experience. *Young Children, 70*(2), 87-90.

Hestenes, L. L., & Carroll, D. E. (2000). The play interactions of young children with and without disabilities: Individual and environmental influences. *Early Childhood Research Quarterly, 15*(2), 229-246.

Hewes, J. (2010). Learning through play: A view from the field. Encyclopedia on Early Childhood Development-Voices from the field.

Hewit, J. S. (2001). Can play-based curriculum service the standards storm? A teacher educator's perspective. *Play, Policy, & Practice Connections, 6*(2), 3-5.

Higginbotham, D. J., & Baker, B. M. (1981). Social participation and cognitive play differences in hearing-impaired and normally hearing preschoolers. *Volta Review, 83*, 135-149.

Hill, P., & McCune-Nicholich, L. M. (1981). Pretend play and patterns of cognition in Down's syndrome children. *Child Development, 52*, 611-617.

Hirsh-Pasek, K., & Golinkoff, R. M. (2003). *Einstein never used flash cards.* Emmaus, PA: Rodale.

Hirsh-Pasek, K., & Golinkoff, R. M. (2008a). Why play=learning. Encyclopedia on Early Childhood Development: Centre of excellence for early childhood development (pp. 1-7). Retrieved from May, 20, 2010. http://www.child-eneyclopedia. com/documents/Hirsh-Pasek-GolinkoffANGxp. pdf

Hirsh, E. (1996). *The block book* (3rd ed.). Washington, DC: National Association for the Education of

Young Children.

Hodapp, R., Goldfield, E., & Boyatzis, C. (1984). The use and effectiveness of maternal scaffolding in mother-infant games. *Child Development, 55,* 772-781.

Home, B. M., & Philleo, C. C. (1942). A comparative study of the spontaneous play activities of normal and mentally defective children. *Journal of Genetic Psychology, 61,* 33-46.

Howe, N., Moller, L., Chambers, B., & Petrakos, H. (1993). The ecology of dramatic play centers and children's social and cognitive play. *Early Childhood Research Quarterly, 8,* 235-252.

Howes, C. (1980). Peer play scale as an index of complexity of peer interaction. *Developmental Psychology, 16,* 371-372.

Howes, C. (2010). *The classrooms all young children need: Lesson in teaching from Vivian Paley.* Chicago, IL: University of Chicago Press

Howes, C., & Matheson, C. (1992). Sequences in the development of competent play with peers: Social and social pretend play. *Developmental Psychology, 28,* 961-974.

Howes, C., & Smith, E. (1995). Relations among child care quality, teacher behavior, children's play activities, emotional security, and cognitive activity in child care. *Early Childhood Research Quarterly, 10,* 381-404.

Howes, C., Unger, O., & Matheson, C. C. (1992). *The collaborative construction of pretend: Social pretend play functions.* Albany, NY: State University of New York Press.

Hughes, F. P. (1995). *Children, play and development.* Boston, MA: Allyn & Bacon.

Hughes, F. P. (1998). Play in special populations. In O. N. Saracho & B. Spodek (Eds.), *Multiple perspectives on play in early childhood education.* Albany, NY: State University of New York Press.

Hughes, F. P. (2009). *Children, play, and development.* Boston, MA: Allyn and Bacon.

Hughes, M., & Hutt, C. (1979). Heartrate correlates of childhood activities: Play, exploration, problem-solving, and day-dreaming. *Biological Psychology, 8,* 253-263.

Hughes, F. P. (2010). *Children, play and development* (4th ed.). Washington, DC: SAGA.

Humphreys, A. P., & Smith, P. K. (1987). Rough and tumble, friendship, and dominance in school children: Evidence for continuity and change with age. *Child Development, 58,* 201-212.

Hurtwood, L. A. (1968). *Planning for play.* Cambridge, MA: MIT Press.

Hutt, C. (1966). Exploration and play in children. *Play, Exploration and Territory in Mammals. Symposia of the Zoological Society of London, 18,* 61-81.

Hutt, C. (1971). Exploration and play in children. In R. E. Herron & B. Sutton- Smith (Eds.), *Chil's play* (pp. 231-251). New York: Wiley.

Hutt, S., Tyler, S., Hutt, C., & Christopherson, H. (1989). *Play, exploration, and learning: A natural history of the preschool.* London: Routledge.

Ihn, H. (1998). Analysis of preschool children's equipment choices and play behaviors in outdoor play.

Early Childhood News, 10(4), 20-25.

Isaacs, S. (1930). *Intellectual growth in young children.* London: Routledge & Kegan Paul.

Isenberg, J., & Jalongo, M. (1997). *Creative expression and play in early childhood* (2nd ed.). Columbus, OH: Merrill.

Jackowitz, E., & Watson, M. (1980). The development of object transformations in early pretend play. *Developmental Psychology, 16*, 543-549.

Jacobson, J. (1981). The role of inanimate objects in early peer interaction. *Child Development, 52,* 618-626.

Jennings, K. (1975). People versus object orientation, social behavior, and intellectual abilities in preschool children. *Developmental Psychology, 11,* 511-519.

Jenvey, V., & Jenvey, H. (2002). Criteria used to categorize children's play: Preliminary findings. *Social Behavior and Personality, 30*(8), 733-740.

Johnson, J., & Roopnarine, J. L. (1983). The preschool classroom and sex differences in children's play. In M. Liss (Ed.), *Social and cognitive skills: Sex roles and children's play.* New York: Academic Press.

Johnson, J. (1978). Mother-child interaction and imaginative behavior of preschool children. *Journal of Psychology, 100,* 123-129.

Johnson, J. (1983). Context effects on preschool children's symbolic behavior. *Journal of Genetic Psychology, 143,* 259-268.

Johnson, J. (1998). Sequence and stages of play development; Ages four to eight. In D. Fromberg & D. Bergen (Eds.), *Play from birth to twelve: Contexts, perspectives, meanings.* New York: Garland.

Johnson, J. E., Chistie, J. F., & Wardle, F. (2005). *Play development and early education.* New York: Pearson, Allyn and Bacon.

Johnson, J. E., Christie, J. E., & Yawkey, T. D. (1999). *Play and early childhood development* (2nd ed.). New York: Longman.

Johnson, J. E., Ershler, J., & Lawton, J. (1982). Intellective correlates of preschoolers' spontaneous play. *Journal of General Psychology, 106,* 115-122.

Jones, E., & Reynolds, G. (1992). *The play the thing: Teacher's roles in children's play.* New York: Teachers College Press.

Jones, E. (2003). Viewpoint: Playing to get smart. *Young Children, 58*(3), 32-36.

Kagan, S. L. (1990). Children's play: The journey from theory to practice. In E. S. Klugman & S. Smilansky (Eds.), *Children's play and learning: Perspectives and policy implications* (pp. 173-187). New York: Teachers College Press.

Kaiser, B., & Rasminsky, J. S. (2003). *Challenging behavior in young children.* Boston, MA: Allyn and Bacon

Kamii, C., & DeVries, R. (1978). *Physical knowledge in preschool education: Implications of piaget's theory.* New York: Teachers College Press.

Katz, L., & Chard, S. (1993). *Engaging children's minds: The project approach.* Norwood, NJ: Ablex.

Kenneth, R., & Ginsberg, M. D. (2007). The importance of play in promoting healthy child development and maintaining strong parent-child bonds. *Pediatric, 119*(1), 182-191.

Kieff, J., & Casbergue, R. (2000). *Playful learning and teaching: Intergrating play into preschool and primary programs.* Boston, MA: Allyn and Bacon.

King, N. (1979). Play: The kindergartners' perspective. *Elementary School Journal, 80,* 81-87.

King, N. (1982). School uses of materials traditionally associated with children's play. *Theory and Research in Social Education, 10*(3), 17-27.

King, N. (1982). Work and play in the classroom. *Social Education, 46*(2), 110-113.

King, N. (1987). Elementary school play: Theory and research. In J. Block & N. King (Eds.), *School play* (pp. 143-165). New York: Garland.

Kinsman, C., & Berk, L. (1979). Joining the block and housekeeping areas: Changes in play and social behavior. *Young Children, 35*(1), 66-75.

Kitson, N. (1994). "Please Miss Alexander: Will you be the robber?" Fantasy play: A case for adult intervention. In J. Moyles (Ed.), *The excellence of play* (pp. 88-98). Buckingham, UK: Open University Press.

Klein, D. D., Cook, R. E., & Richardson-Gibbs. (2001). *Strategies for including children with special needs in early childhood settings.* Albany, NY: Delmar.

Kontos, S., & Wilcox-Herzog, A. (1997). Teachers' interactions with children: Why are they so important? *Young Children, 52*(1), 4-12.

Kritchevsky, S., Prescott, E., & Walling, L. (1977). Planning environments for young children: Physical space. Washington, DC: National Association for the Education of Young Children.

Krogh, S. (1995). *The intergrated early childhood curriculum.* New York: McGraw-Hill.

Kuykendall, J. (2007). *Early childhood development series: Selecting toy for children.* Washington, DC: University of Alaska Fairbanks.

Ladd, G.(1983). Social networks of popular, average, and rejected children in school settings. *Merrill-Palmer Quarterly, 29,* 283-308.

Lamb, M. E. (1977). The development of parental preferences in the first two years of life. *Sex Roles, 3,* 495-497.

Lamb, M. E., Easterbrooks, A., & Holden, G. (1980). Reinforcement and punishment among pre-schoolers: Characteristics, effects, and correlates. *Child Development, 51,* 1230-1236.

Lancy, D. F.(1996). *Playing on the mother-ground.* New York: Guilford.

Landreth, G. L. (2002). *Play therapy: The art of the relationship.* New York: Brunner-Ruttledge.

Landry, S. H., Garner, P. W., Swank, P. R., & Balowin, C. D. (1996). Effects of maternal scaffolding during joint toy with preterm and full-term infants. *Merrill-Palmer Quarterly, 42*(2), 177-199.

Leeper, S. H., Skipper, D. S., & Witherspoon, R. L. (1979). *Good schools for young children.* New York: Macmillan Publishing.

Leslie, A. (1987). Pretense and representation: The origins of "theory of mind". *Psychological Review, 94,* 412-426.

Levin, D., & Carlsson-Paige, N. (1994). Developmentally appropriate television: Putting children first. *Young Children, 49,* 38-44.

Levin, D., & Rosenquest, B. (2001). The increasing role of electronic toys in the lives of infants and toddlers: Should we concerned? *Contemporary Issues in Early Childhood, 2*(2), 242-247.

Li, A. K. (1985). Play and the mentally retarded child. *Mental Retardation, 23,* 121-126.

Liberman, J. N. (1977). *Playfulness: Its relationship to imagination and creativity.* New York: Academic Press.

Lillard, A. (1998). Playing with a theory of mind. In O. Saracho & B. Spodek (Eds.), *Multiple perspectives on play in early childhood education* (pp. 11-33). Albany, NY: State University of New York Press.

Lillard, A. (2001). Pretend play as twin earth: A socio-cognitive analysis. *Developmental Review, 21*(4), 495-531.

Lillemyr, O. F. (2009). *Taking play seriously: Children and play in early childhood education-An exciting challenge.* Charotte, NC: Information Age Publishing.

Linder, T. (1990). *Transdisciplinary play-based assessment: A functional approach to working with young children.* Baltimore, MD: Brookes.

Lindsey, E. W., & Mize, J. (2001). Contextual differences in parent-child play: Implications for children's gender role development. *Sex Roles, 44,* 155-176.

Lipton, M. A. (1974). Early experience and plasticity of the central nervous system. Paper presented at the National Conference on Early Intervention with High Risk Infants and Young Children, University of North Carolina at Chapel Hill.

Liss, M. (1981). Patterns of toy play: An analysis of sex differences. *Sex Roles, 7,* 1143-1150.

Lloyd, B., & Howe, N. (2003). Solitary play and convergent and divergent thinking skill in preschool children. *Early Childhood Research Quarterly, 18*(1), 22-41.

Lombardino, L., Stein, J., Kricos, P., & Wolf, M. (1986). Play diversity and structural relationships in the play and language of language-impaired and language-normal preschoolers: Preliminary data. *Journal of Communication Disorders, 19,* 475-489.

Loo, C. (1972). The effects of spatial density on the social behavior of children. *Journal of Applied Social Psychology, 2,* 372-381.

Lovell, P., & Harms. T. (1985). How can playgrounds be improved. *Young Children,* March, 3-8.

Maccoby, E. (1998). *The two sexes: Growing up apart, coming together.* Cambridge, MA: Belknap.

Maccoby, E., & Jacklin, C. N. (1974). *The psychology of sex differences.* Palo Alto CA: Stanford

University Press.

Malaguzzi, L. (1998). History, ideas and basic philosophy: An interview with Lella Gandini. In C. Edwards, L. Gandini, & G. Forman (Eds.), *The Hundred languages of chilren: The Reggio Emilia approach-advanced reflections* (2nd ed.) (pp. 49-97). Greenwith, CT: Ablex.

Maltz, D., & Borker, R. (1982). A cultural approach to male-female miscommunication. In J. Gumperz (Ed.), *Language and social identity* (pp. 196-216). New York: Cambridge University Press.

Manning, K., & Sharp, A. (1997). *Structuring play in the early tears at school*. London: Ward Lock Educational.

Marchant. C., & Brown, C. R. (1996). The role of play in inclusive early childhood settings. In: Playing for Keeps: Supporting Children's Play. *Topics in Early Childhood Education, 2*, 25-50. ED 405108.

Marsh, J. (2002). Electronic toys, Why should we be concerned? A response to Levin & Rosenquest (2001). *Contemporary Issues in Early Childhood, 3*, 132-138.

Matthews, W. S. (1977). Models of transformation in the initiation of fantasy play. *Developmental Psychology, 12*, 211-236.

Mayer, R. (1996). Learning strategies for making sense out of expository texts: The SOI model for guiding three cognitive processes in knowledge construction. *Educational Psychology Review, 8*, 357-371.

McArdle, P. (2001). Children's play. *Child: Care, Health and Development, 27*, 509-514.

McBride-Chang, C., & Jacklin, C. N. (1993). Early play arousal, sex-typed play, and activity level as precursors to later rough-and-tumble play. *Early Education and Development, 4*, 99-108.

McConkey, R. (1985). *Working with parents: A practical guide for teachers and therapists*. London, UK: Croom Helm.

McCune-Nicolich, L., & Carroll, S. (1981). Development of symbolic play: Implications for the language specialist. *Topics in Language Disorders, 2*(1), 1-15.

McCune, L. (1986). Symbolic development in normal and atypical infants. In G. Fein & M. Rivkin (Eds.), *The young child at play. Reviews of research* (Vol. 4), (pp. 45-62). Washington, DC: National Association for the Education of Young Children.

McDaniel, G., Isaac, M., Brooks, H., & Hatch, A. (2005). Confronting K-3 teaching challenges in an era of accountability. *Young Children, 60*(2), 20-26.

McGhee, D. E., Ethridge. L., & Benz. N. A. (1984). Effect of level of toy structure on preschool children pretend play. *The Journal of Genetic Psychology, 144*(2), 209-217.

McGhee, P. E., Ethridge, L., & Benz, N. A. (1984). The effect of level of toy structure on preshcool children's pretend play. *Journal of Genetic Psychology, 144*, 209-217.

McLane, J. B. (2003). "Does not." "Does too." Thinking about play in the early childhood classroom. Erikson Institute Ocassional Paper Number 4. Retrived January 10:2005, from http://www.erikson.edu/files/nonimages/mclaneoccasional paper. pdf.

McLoyd, V. (1983). The effect of the structure of play objects on the pretend play of low-income preschool children. *Child Development, 54*, 626-635.

McNaughton, G. (2001). Even pink tents have glass ceiling: Crossing gender boundries in pretend play. In E. Dau & E. Jones (Eds.), *Child's play: Revisiting play in early childhood settings* (pp. 81-96). Baltimore: Paul H. Brookes.

Meyerhoff, M. K. (1998). The power of play: A discussion about early childhood education. ERIC Document No. ED 427-874.

Miller, B. C., & Gerald, D. (1979, July). Family influences on the development of creativity in children: An integrative review. *The Family Coordinator*, 295-312.

Miller, E., & Almon, J. (2009). *Crisis in the kindergarten: Why children need to play in school.* College Park, ML: Alliance for Childhood.

Miller, P., & Garvey, G. (1984). Mother-baby role play: Its origins in social support. In I. Bretherton (Ed.), *Symbolic play: The development of social understanding* (pp. 101-130). New York: Academic Press.

Miller, S., Fernie, D., & Kantor, R. (1992). Distinctive literacies in different preschool play contexts. *Play and Culture, 5*, 107-119.

Montes. F., & Risley T. R. (1975). Evaluation traditional day care practices. *Child Care Quarterly, 4*, 208-215.

Moon, M. (1998). Teacher facilitation of peer interaction in preschool children. Unpublished doctoral dissertation, University of Illinois, Urbana-Champaign.

Moore, G. (1986). Effects of the spatial definition of behavior settings on children's behavior: A quasi-experimental study. *Journal of Environmental Psychology, 6*, 205-231.

Moore, G. (1992). An analysis of outdoor play environments and play behaviors. Unpublished doctoral dissertation. University of Texas at Austin, Austin.

Moore, N. V., Evertson, C. M., & Brophy, J. E. (1974). Solitary play: Some functional reconsiderations. *Developmental Psychology, 10*, 830-834.

Morrison, G. (2001). Play and state standards: Are they compatible? *Play, Policy, & Practice Connections, 6*(2), 1-3.

Morrow, L., & Rand, M. (1991). Preparing the classroom environment to promote literacy during play. In J. Christie (Ed.), *Play and early literacy development* (pp. 141-165). Albany, NY: State University of New York Press.

Moyles, J. (1989). Just playing? The role and status of play in early childhood education. Milton Keynes, UK: Open University Press.

Naylor, H. (1985). Outdoor play and play equipment. *Early Child Development and Care, 19*, 109-130.

Neill, S. (1982). Experimental alterations in playroom layout and their effect on staff and child behaviour. *Educational Psychology, 2*, 103-119.

Nelson, C. A., de Haan, M., & Thomas, K. M. (2006). *Neuroscience of cognitive development: The role of experience and developing brain.* Hoboken, NJ: Wiley.

Neubert, G. W. (1991). *American impressionism from the sheldon memorial art gallery.* Lincoln, NE: The Gallery.

Neuman, S., & Roskos, K. (1991). Peers as literacy informants: A description of young children's literacy conversations in play. *Early Childhood Research Quarterly, 6,* 233-248.

Neuman, S., & Roskos, K. (1992). Literacy objects as cultural tools: Effects on children's literacy behaviors during play. *Reading Research Quarterly, 27,* 203-223.

Neuman, S., & Roskos, K. (1993). Access to print for children of poverty: Differential effect of adult mediation and literacy-enriched play settings on environmental and functional print tasks. *American Research Journal, 30,* 95-122.

Neuman, S., & Roskos, K. (1997). Knowledge in practice: Contexts of participation for young writers and readers. *Reading Research Quarterly, 32,* 10-32.

Neuman, S., & Roskos, K. (1997). Literacy Knowledge in practice: Contexts of participation for young writers and readers. *Reading Research Quarterly, 32,* 10-32

Nicolopoulou, A., McDowell, J., & Brockmeyer, C. (2006). Narrative play and emergent literacy: Storytelling, story-acting meet journal writing. In D. Singer, R. M. Golinkoff, & K. Hirsch-Pasek (Eds.), *Play=learning* (pp. 124-144). New York: Qxford University Press.

O'Connell, B., & Bretherton, I. (1984). Toddler's play alone and with morther: The role of maternal guidance. In I. Brethertion (Ed.), *Symbolic Play* (pp. 337-366). Orlando, FL: Academic Press.

O'Connor, K. J. (2000). *The play therapy primer.* New York: Wiley & Sons,

O'Toole, C., & Chiat, S. (2006). Symbolic functioning and language development in children with Down syndrome. *International Journal of Language and Communication Disorders, 41*(2), 155-171.

Odom, S. L., & Brown, W. H. (1993). Social interaction skills interventions for young children with disabilities in integrated settings. In C. A. Peck, S. L. Odom, & D. D. Bricker (Eds.), *Integrating young children with disavilities into community program: Ecological perspectives on research and implementation* (pp. 39-64). Baltimore, ML: Brookes.

Odom, S. L., & McEvoy, M. A. (1988). Integration of young children with handicaps and normal developing children. In S. Odom & M. Karnes (Eds.), *Intervention for infants and children with handicaps: An empirical base* (pp. 241-267). Paul Brooks.

Odom, S. L., McConnell, S. R., & Chandler, L. K. (1993). Acceptability of classroom-based social interactions for young children with disabilities. *Exceptional Children, 60*(3), 226-236.

Orellana, M. (1994). Appropriating the voice of the superheroes: Three preschoolers bilingual language use in play. *Early Childhood Research Quarterly, 9,* 171-193.

Ormrod, J. (1999). *Human learning* (3rd ed.). Columbus, OH: Merrill.

Paley, V. (1984). *Boys and girls: Superberoes in the doll corner.* Chicago, IL: University of Chicago

Press.

Pan, H. (1994). Children's play in Taiwan. In J. Roopnarine, J. Johnson, & F. Hooper (Eds.), *Children's play in diverse cultures*. Albany, NY: State University of New York Press.

Parson, S. (1986). Function of play in low vision children: Part 2. Emerging patterns of behavior. *Journal of Visual Impairment & Blindness, 80*, 777-784.

Parten, M. B. (1932). Social participation among preschool children. *Journal of Abnormal and Social Psychology, 28*, 136-147.

Parten, M. B. (1933). Social play among preschool children. *Journal of Abnormal and Social Psychology, 28*, 136-147.

Partington, J. T., & Grant, C. (1984). Imaginary companions. In P. Smith (Ed.), *Play in animals and humans* (pp. 217-240). New york: Harper & Row.

Pellegrini, A. D. (1984). Identifying causal elements in the thematic-fantasy play paradigm. *American Educational Research Journal, 21*, 691-701.

Pellegrini, A. D. (1989). Elementary school children's rough-and-tumble play. *Early Childhood Research Quarterly, 4*, 245-260.

Pellegrini, A. D. (1991). A longitudinal study of popular and rejected children's rough and tumble play. *Early Education and Development, 2*(3), 205-213.

Pellegrini, A. D. (2009). *The role of play in human development.* New York: Oxford University Press.

Pellegrini, A. D., & Boyd, B. (1993). The rold of play in early childhood development and education: Issues in definition and funtion. In S. Spodek (Ed.), *Handbook of research on the education of young children* (pp. 105-121). New York: Macmillan.

Pellegrini, A. D., & Davis, P. (1993). Relations between children's playgrounds and classroom behaviour. *British Journal of Educational Psychology, 63*, 88-95.

Pellegrini, A. D., & Galda, L. (1993). Ten years after: A reexamination of symbolic play and literacy research. *Reading Research Quarterly, 28*(2), 162-177.

Pellegrini, A. D., Long, J. D., Roseth, C. J., Bohn, C. M., & Van Ryzin, M. (2007). A short-term longitudinal study of preschoolers' (Homo sapiens) sex segregation: The role of physical activity, sex, and time. *Journal of Comparative Psychology, 121*, 282-289.

Perlmutter, J., & Burrell, L. (1995). Learning through 'play' as well as 'work' in the primary grades. *Young Children, 50*(5), 14-21.

Petrakos, H., & Howe, N. (1996). The influence of physical design of the dramatic play center on children's play. *Early Childhood Research Quarterly, 11*, 63-77.

Piaget, J. (1962). *Play, dreams and imitation in childhood.* New York: Norton.

Piaget, J. (1963). *The origins of intelligence in children.* New York: Norton.

Pintrich, P. R., &. Shunck, D. H. (2002). *Motivation in education: Theory, research, and applications* (2nd ed.). NJ: Merrill Prentice Hall.

Polito, P. (1994). How play and work are organized in a kindergarten classroom. *Journal of Research in Childhood Education, 9,* 47-57.

Powell, M. (2001). *Children's play and television. Montessori LIFE,* Winter, 36-39

Power, T. G. (2000). *Play and exploration in children and animals.* Mahwah, NJ: Erlbaum.

Powlishta, K., Serbin, L., & Moller, L. (1993). The stability of individual differences in gender typing: Implications for understanding gender segregation. *Sex Roles, 28*(11-12), 723-737.

Prescott, E. (1984). The physical setting in day care. In J. T. Greenman & R. W. Fuqua (Eds.), *Making day care better: Training, evolution, and the process of change* (pp. 44-65). New York.: Teachers College Press.

Pulaski, M. A. (1970). Play as a function of toy structure and fantasy predisposition. *Childhood Development, 41,* 531-537.

Quinn, J., & Rubin, K. (1984). The play of handicapped children. In T. D. Yawkey & A. Pellegrini (Eds.), *Child's play: Developmental and applied.* Hillsdale, NJ: Erlbaum.

Rakoczy, H. (2008). Taking fiction seriously: Young children understand the normative structure of joint pretence games. *Developmental Psychology, 44*(4), 1195-1201.

Ramsey, P. G. (1998). Diversity and play: Influence of race, culture, class, and gender. In D. P. Fromberg & D. Bergen (Eds.), *Play from birth to twelve and beyond: Contexts, perspectives, and meanings* (pp. 23-33). New York: Garland.

Rasmussen, C., Ho, E., & Bisanz. J. (2003). Use of the mathematical principle of inversion in young children. *Journal of Experimental Child Psychology, 85*(2), 89-102.

Rasmussen, T. H. (2003). The virtual world of toys-playing with toys in a Danish preschool. In A. Nelson, L. E. Berg, & K. Svensson (Eds.), *Toys as communication* (pp. 47-57). Stockholm, Sweden: Stockholm International Toy Research Centre, KTH.

Reifel, S. (1984). Block construction: Children's developmental landmarks in representation of space. *Young Children, 40,* 61-67.

Rescorla, L., & Goossens, M. (1992). Symbolic play development in toddlers with expressive specific language impairment. *Journal of Speech and Hearing Research, 35,* 1290-1302.

Resnick, M. (2006). Computer as Paintbrush: Technology, Play, and the Creative Society. In Singer, D., Golikoff, R., & Hirsh-Pasek, K. (Eds.), *Play=Learning: How play motivates and enhances children's cognitive and social-emotional growth.* Oxford University Press.

Rheingold, H., & Cook, K. (1975). The contents of boy's and girl's rooms as an index of parents' behavior. *Child Development, 46,* 920-927.

Robson, S. (2006). Supporting children's thinking in the foundation stage: practitioners' views on the role of initial training and continuing professional development. *Journal of In-service Education, 32*(3), 341-57.

Rogers, C. S., & Sawyer, J. K. (1998). *Play in the lives of children.* Washington, DC: National Association for the Education of Young Children.

Rogers, S., & Evans, J. (2008). *Inside role-play in early childhood education: Researching young children's perspectives.* New York: Routledge.

Rogoff, B., Mistry, J., & Mosier, C. (1993). Guided participations in cultural activity by toddlers and caregivers. *Monographs of the Society for Research in Child Development, 58,* 1-8.

Roopnarine, J., Hossain, Z., Gill, P., & Brophy, H. (1994). Play in the east Indian context. In J. L. Roopnarine, J. E. Johnson, & F. H. Hooper (Eds.), *Children's playing diverse cultures.* Albany, NY: State University of New York Press.

Roopnarine, J. L., & Clawson, M. A. (2000). Mixed-age classrooms for young children. In J. L. Roopnarine & J. E. Johnson (Eds.), *Approaches to early childhood education* (3rd ed.) (pp. 221-240). Columbus, OH: Merrill.

Roopnarine, J., Shin, M., Donovan, B., & Suppal, P. (2000). Sociocultural contexts of dramatic play: Implications for early education. In K. Roskos & J. Christie (Eds.), *Play and literacy in early childhood: Research from multiple perspectives* (pp. 205-230). Mahwah, NJ: Erlbaum.

Rorper, R., & Hinde, R. (1978). Social behavior in a play group: Consistency and complexity. *Child Developmental, 49,* 570-570.

Roskos, K., & Neuman, S. (1993). Descriptive observations of adults' facilitation of literacy in play. *Early Childhood Research Quarterly, 8,* 77-97.

Roskos, K., & Neuman, S. (1998). Play as an opportunity for literacy. In O. Saracho & B. Spodek (Eds.), *Multiple perspectives on play in early childhood* (pp. 100-115). Albany, NY: State University of New York Press.

Ross, H., & Lollis, S. (1987). Communication within infant social games. *Developmental Psychology, 23,* 241-248.

Rubin, I., Provenzano, F., & Luria, Z. (1974). The eyes of the beholder. Parents' views of sex of newborns. *American Journal of Orthopsychiatry, 44,* 512-519.

Rubin, K. (1977). The social and cognitive value of preschool toys and activities. *Canadian Journal of Behavioral Science, 9,* 382-385.

Rubin, K. (1982). Non-social play in preschoolers: Necessary evil? *Child Development, 53,* 651-657.

Rubin, K. H., & Seibel, L. G. (1979). The effects of ecological setting on the cognitive and social play behaviors of preschoolers. Paper presented at the annual meeting of American Educational Research Association, San Francisco.

Rubin, K. H., Fein, G. G., & Vandenberg, B. (1983). Play. In E. Hetherington (Ed.) & P. Mussen (Series Ed.), *Handbook of child psychology: Vol. 4. Socialization, personality, and social development* (pp. 693-774). New York: Wiley.

Rubin, K. H., Maioni, T. L., & Hornung, M. (1976). Free play behaviors in middle and lower-class preschoolers: Parten and Piaget revisited. *Child Developmental, 47.*

Rubin, K., & Hayvern, M. (1981). The social and cognitive play of preschool-aged children differing with regard to sociometric status. *Journal of Research and Development in Education, 14*, 116-122.

Rubin, K., Wasten., & Jambor, T. (1978). Free play behaviors in preschool and kindergarten children. *Child Developmental, 49*, 534-536.

Russ, S. (1998). Play, creativity, and adaptive functioning: Implications for play interventions. *Journal of Child Psychology, 27*(4), 469-480.

Russ, S. (1999). Affect, Creative experience, and psychological adjustment. Philadelphia, PA: Brunner/Mazel.

Russ, S., Robins, A., & Christiano, B. (1999). Pretend play: Longitudinal prediction of creativity and affect in fantasy in children. *Creativity Research Journal, 12*(2), 129-139.

Saltz, E., & Johnson, J. (1974). Training for thematic-fantasy play in culturally disadvantaged children: Preliminary results. *Journal of Educational Psychology, 66*, 623-630.

Samuel, W. (2010). *Manual training play problems: Constructive work for boys and girls based on the play interest.* Nabu Press.

Saracho, O. (1991). Social correlates of cognitive style in young children. *Early Childhood Development and Care, 76*, 117-134.

Saracho, O. (1995). Relationship between young children's cognitive style and their play. *Early Childhood Development and Care, 113*, 77-84.

Saracho, O. (1998). What is stylish about play? In O. Saracho & B. Spodek (Eds.), *Multiple perspectives on play in early childhood education.* Albany, NY: SUNY Press.

Saracho, O. (1999). A factor analysis of pre-school children's play strategies and cognitive style. *Educational Psychology, 19*, 165-180.

Sawyer, K. (1997). *Pretend play as improvisation: Conversation in the preschool classroom.* Mahwah, NJ: Erlbaum.

Sayeed, Z., & Guerin, E. (2000). *Early years play: A happy medium for assessement and intervention.* London: David Fulton Publishers.

Schaefer, C. E. (1985). Play therapy. *Early Child Development and Care, 19*, 95-108.

Schiller, F. (1975). *On the aesthetic education of man.* New York: Ungar. (Original work published 1795)

Schiller, F. (1975/1967). *On the aesthetic education of man.* London: Oxford University Press.

Scholtz, G. J. L., & Ellis, M. J. (1975). Repeated exposure to objects and peers in a play setting. *Journal of Experimental Child Development.* Detroit, MI, April 22.

Schonkoff, J. P., & Phillips, D. A. (2000). *From neuron to neighborhoods: The science of early childhood development.* Washington, DC: National Academy Press.

Schrader, C. (1990). Symbolic play as a curricular tool for early literacy development. *Early Childhood Research Quarterly, 5*, 79-103.

Schwartzman, H. (1978). *Transformations: The anthropology of children's play*. New York: Plenum.

Scott, E., & Panksepp, J. (2003). Rough-and-tumble play in human children. *Aggressive Behavior, 29*(6), 539-551.

Seefeldt, C., & Barbour, N. (1993). *Early Childhood Education: An Introduction*. Columbus, OH: Charles E. Merrill.

Segal, M., & Adcock, D. (1981). *Just pretending: Ways to help children grow through imaginative play*. Englewood Cliffs, NJ: Prentice-Hall.

Serbin, L. A., Connor, J. A., Burchardt, C. J., & Citron, C. C. (1979). Effects of peer presence on sex-typing of children's play behavior. *Journal of Experimental Child Psychology, 27*, 303-309.

Serbin, L. A., Tonick, I. J., & Sternglanz, S. H. (1977). Shaping cooperative cross-sex play. *Child Development, 48*, 924-929.

Shade, D., & Davis, B. (1997). The role of computer technology in early childhood education. In J. Isenberg & M. Jalongo (Eds.), *Major trends and issues in early childhood education. Challenges, controversies, and insights* (pp. 90-130). New York: Teachers College Press.

Sheehan, R., & Day, D. (1975). Is open space just empty space? *Day Care and Early Education, 3*, 10-13, 47.

Shin, E. (1989). Relationships between types of teacher intervention and preschool children's play. Unpublished doctoral dissertation. University of Illinois, Urbana-Champaign.

Shore, R. (1997). Rethinking the brain: New insights into early development. New York: Families and Work institute.

Silva, D., & Johnson, J. (1999). Principals' preference for N-3 certificate. *Pennsylvania Education Leadership, 18*(2), 71-81.

Simmons, B. (1976). Teachers, beware of sex-stereotyping. *Childhood Education, 52*, 192-195.

Singer, D., & Singer, J. (1990). *The house of make-believe: Children's play and developing imagination*. Cambridge, MA: Harvard University Press.

Singer, D., & Singer, J. (2001). *Make-believe: Games and activities for imaginative play*. Washington, DC: American Psychological Association.

Singer, D., & Singer, J. (2005). *Imagination and play in the electronic age*. Cambridge, MA: Harvard University Press.

Singer, J. L. (1961). Imagination and waiting ability in young children. *Journal of Personality, 29*, 396-413.

Singer, J. L. (1973). *The child's world of make-believe: Experimental studies of imaginative play*. New York: Academic Press.

Singer, J. L. (1995). Imaginative play in childhood: Precursors to subjunctive thought, daydreaming, and adult pretending games. In A. Pellegrini (Ed.), *The future of play theory* (pp. 187-219). Albany, NY: State University of New York Press.

Singer, J. L. (2006). Epilogue: Learning to play and learning through play. In Singer, D. G., Golinkoff,

R. M., & Hirsh-Pasek, K. (Ed.), *Play=Learning: How play motivates and enhances children's cognitive and social-emotional growth* (pp. 251-262). New York: Oxford University.

Singer, J. L. (2006). *Imagery in psychotherapy.* Washington, DC: American Psychological association.

Singer, J. L., & Singer, D. G. (1980). A factor analytic of preschoolers' play behavior. *Academic Psychology Bulletin, 2,* 143-156.

Skinner, B. F. (1974). *About behaviorrism.* New York: Knopf.

Slade, A. (1987). A longitudinal study of maternal involvement and symbolic play during the toddler period. *Child Development, 58,* 367-375.

Smilansky, S. (1968). *The effects of sociodramatic play on disadvantaged preschool children.* New York: Wiley.

Smilansky, S., & Schefatya, L. (1990). *Facilitating play: A medium for promoting cognitive, socioe-motional and academic development in young children.* Gaithersburg, MD: Psychosocial & Educational publication.

Smith, P. (1978). A longitudinal study of social participation in preschool children: Solitary and parallel play reexamined. *Developmental Psychology, 14,* 512-516.

Smith, P. (1999, February). Pretend play and theory of mind: What is the relationship? Paper presented at the annual meeting of the association for the study of play, SantaFe, NM.

Smith, P., & Connolly, K. (1980). *The ecology of preschool behavior.* Cambridge, England: Cambridge University Press.

Smith, P., & Inder, P. (1993). Social interaction in same- and cross-gender preschool peer groups: A participant observation study. *Educational Psychology, 13*(1), 29-42.

Smith, P., & Pellegrini, A. (2008). Learning through play. Encyclopedia on early childhood development: Centre of excellence for early childhood development (pp. 1-6). Retrieved December, 10, 2009. http://www.childenecyclopedia.com/documents/Smith-PellegriniANGxp.pdf

Smith, P., & Vollstedt, R. (1985) On defining play: An empirical study of the relationship between play and various play criteria. *Child Development, 56,* 1042-1050.

Smith, P., & Whitney, S. (1987). Play and associative fluency: Experimenter effects may be responsible for previous positive findings. *Developmental Psychology, 23,* 49-53.

Snow, C. E. (2003). Ensuring reading success for african american children. In B. Bowman (Ed.), *Love to read: Essays in developing and enhancing early literacy skills of African American Children* (pp. 70-30). Washington, DC: National Black Child Institute.

Spidell, R. A. (1985). Preschool teachers' interventions in children's play. Unpublished doctoral dissertation, University of Illinois, Urbana-Champaign.

Sponseller, D. B. (1974). *Play as a learning medium.* Washington, DC: National Association for the Education of Young Children.

Stone, S., & Christie, J. (1996). Collaborative literacy learning during sociodramatic play in a multiage

(K-2) primary classroom. *Journal of Research in Childhood Education, 10,* 123-133.

Sufferby, J. A., & Frost, J. (2006). Creating play environments for early childhood: Indoors and ourdoors. In B. Spodek & O. N. Saracho (Eds.), *Handbook of research of teacher education of young children* (pp. 305-321). Mahwah, NJ: Lawrence, Erlbaum.

Sutterby, J., & Frost, J. (2002). Making playgrounds fit for children and children fit for playgrounds. *Young Children, 57*(3), 36-41.

Sutton-Smith, B. (1967). The role of play in cognitive development. *Young Children, 22,* 361-370.

Sutton-Smith, B. (1979). The play of girls. In C. B. Kopp & M. Kirkpatrick (Eds.), *Becoming female: Perspectives on development.* New York: Plenum.

Sutton-Smith, B. (1980). Children's play: Some sources of theorizing. In K. Rubin (Ed.), *Children's play* (pp. 1-16). San Francisco, CA: Jossey-Bass.

Sutton-Smith, B. (1986). *Toys as culture.* New York: Garden Press.

Sutton-Smith, B. (1987). School play: A commentary. In J. Bloch & N. King (Eds.), *School play* (pp. 277-289). New York: Garland.

Sutton-Smith, B. (1990). Playful yours. *TRSP Newletter, 16*(2), 2-5.

Sutton-Smith, B. (1996). The festival of toys. *International Toy Research Conference.* Halmsted University, Sweden.

Sutton-Smith, B. (1998). *The ambiguity of play.* Cambridge, MA: Harvard University Press.

Sutton-Smith, B. (2001). Reframing the variability of players and play. In S. Reifel (Ed.), *Theory in context and out* (pp. 27-49). Westport, CT: Ablex.

Sutton-Smith, B., Gerstmyer, I., & Meckley, A. (1988). Playfighting as a folkplay amongst preschool children. *Western Folklore, 47,* 161-176.

Switzky, H. N., Ludwig, L., & Haywood, H. C. (1979). Exploration and play in retarded and nonretarded preschool children: Effects of object complexity and age. *American Journal of Mental Deficiency, 83,* 637-644.

Sylva, K., Bruner, J., & Genova, P. (1976). The role of play in the problem-solving of children 3-5 years old. In J. Bruner, A. Jolly, & K. Sylva (Eds.), *Play and its role in development and evolution* (pp. 244-257). New York: Basic Books.

Sylva, K., Roy, C., & Painter, M. (1980). *Child watching at playgroup & nursery school.* Ypsilanti, MI: High/Scope Press.

Sylwester, R. (1995). *A Celebration of neurons: An educator's guide to the human brain.* Alexandria, VA: Association for Super cision and Curriculum Development.

Tamburrini, J. (1982). Play and the role of the teacher. *Early Child Development and Care, 8,* 209-217.

Tarullo, L. (1994). Windows on the social worlds: Gender differences in children's play narratives. In A. Slade & D. Wolf (Eds.), *Children at play: Clinical and developmental approaches to meaning and representation* (pp. 169-187). New York: Oxford University Press.

Tegano, D., Lookabaugh, S., May, G., & Burdette, M. (1991). Constructive play and problem solving: The role of structure and time in the classroom. *Early Childhood Development and Care, 68*, 27-35.

Tekene, M. (2006). Enhancing teachers questioning skills to improve children's learning and thinking in pacific island early childhood centres. *New Zealand Journal of Teachers Work, 3*(1), 12-23.

Terreni, L. (2001). Art experience for infant and toddlers. Retrieved March, 19, 2002. www.ecd.govt.nz.

Thatcher, R. W., Lyon, G. R., Rumsey, J., & Kranegor, N. (1996). *Developmental neuro-imaging: Mapping the development of brain and behavior.* New York: Academic Press.

Thompson, R. A. (2008). Connecting neurons, concepts, and people: Brain development and its implications. *Preschool Policy Brief, December, 17*, National Institute for Early Education Research.

Tizard, B., Phelps, J., & Plewis, L. (1976). Play in preschool centres: Play measures and their relation to age. sex and IQ. *Journal of Child Psychology and Psychiatry, 17*, 251-264.

Tobin, J. (1997). *Making a place for pleasure in early childhood education.* New Haven, CT: Yale University Press.

Trageton, A. (1997, October). Play in lower primary school in Norway. Paper presented at the Meeting of the International Council for Children's Play, Lisbon, Portugal.

Trevarthen, C., & Aitken, K. (2001). Infant intersubjectivity: research theory and clinical implications. *Journal of Child Psychology and Psychiatry, 42*, 2-48.

Truhon, S. A. (1979, March). Playfulness, play, and creativity: A path-analytic model. Paper presented at the Biennial Meeting of the Society for Research in Child Development, San Francisco.

Truhon, S. A. (1982). Playfulness, play, and creativity: A path-analytic model. *Journal of Genetic Psychology, 143*(1), 19-28.

U.S. Consumer Product Safety Commission. (1997). *Handbook for public playground safety.* Washington, DC: U. S. Consumer Product Safety Commission.

Ungerer, J. A., Zelazo, P. R., Kearsley, R. B., & O'Leary, K.(1981). Developmental changes in the representation of objects in symbolic play from 18 to 34 months age. *Child Development, 52*, 186-195.

Van Hoorn, J., Nourot, P., Scales, B., & Alward, K. (1993). *Play at the center of the curriculum.* New York: Macmillan.

Van Hoorn, J., Nourot, P. M., Scales, B., & Alward, K. (2003). *Play at the center of the curriculum* (4th ed.). Upper Saddle River, NJ: Merill/Prentice Hall.

Van Horn, J. L., Nourt, P. M., Scales. B., & Alward, K. R. (2007). *Play at the center of the curriculum.* Upper Saddle River, NJ: Pearson, Merrill, Prentice Hall.

Vandenberg, B. (1998). Real and not real: A vital developmental dichotomy. In O. Saracho & B. Spodek (Eds.), *Multiple perspectives on play in early childhood edcuation* (pp. 295-305). Albany, NY: SUNNY Press.

Vander, V. K. (1998). Play, proteus, and paradox: Education for a chaotic and supersymmetric world. In D. Fromberg & D. Bergen (Eds.), *Play from birth to twelve and beyond: Contexts, perspectives, and meanings* (pp. 119-132). New York: Garland.

Venuti, P., de Falco, S., Esposito, G., & Bornstein, M. H. (2009). Mother-child play: Children with down syndrome and typical development. *American Journal on Intellectual and Developmental Disabilities, 114*(4), 274-288.

Vukelich, C. (1991). Learnig about the functions of writing: The effects of three play interventions on children's development and knowledge about writing. Paper presented at the Annual Meeting of the National Reading Conference, Palm Springs.

Vygotsky, L. (1976). Play and its role in the mental development of the child. In J. Bruner, A. Jolly, & K. Sylva (Eds.), *Play: Its role in development and evolution.* New York: Basic Books.

Vygotsky, L. (1978). *Mind in society: The development of higher mental processes.* Cambridge, MA: Harvard University Press.

Wardle, F. (1987). Getting back to the basics of children's play. *Child Care Information Exchange,* September, 27-30.

Wardle, F. (1991). Are we shortchanging boys? *Child Care Information Exchage, 79*(May/June), 48-51.

Wardle, F. (1994). Viewpoint: Playgrounds. *Day Care and Early Education, 22*(2), 39-40.

Wardle, F. (1997). Outdoor play. Designing, building and remodeling playgrounds for young children. *Early Childhood News, 9*(2), 36-42.

Wardle, F. (2000). Supporting constructive play in the wild. *Child Care Information Exchange, 128* (July/August), 26-28.

Wardle, F. (2003). *Introduction to early childhood education: A multi-dimensional approach to child-centered care and learning.* Boston: Allyn and Bacon.

Wassermann, S. (2000). *Serious players in the primary classroom: Empowering children through active learning experiences.* New York: Teachers College Press.

Watson, M. M., & Jakowitz, E. R. (1984). Agents and recipient objects in the development of early symbolic play. *Child Development, 55,* 1091-1097.

Weber, E. (1984). *Ideas influencing early childhood educations: A theoretical analysis.* New York: Teachers College Press.

Weiner, E. A., & Weiner, B. J. (1974). Differentiation of retarded and normal children through toy-play analysis. *Multivariate Behavioral Research, 8,* 245-252.

Weisler, A., & McCall, R. (1976). Exploration and play: Resume and reflections. *American Psychologist, 31,* 492-508.

Wellhousen, K. (2002). *Outdoor play every day.* Albany, NY: Delmer.

White, J. (2008). *Playing and learning outdoors: Making provision for high-quality experiences in the outdoor environment.* New York: Routledge.

Whiting, B. (1980). Culture and social behavior: A model for the development of socail behavior. *Ethos, 8*, 95-116.

Williams, L. R., & Fromberg, D. P. (1992). *Encyclopedia of early childhood education*. New York: Macmillan.

Wing, L. A. (1995). Play is not the work of the child: Young children's perceptions of work and play. *Early Childhood Research Quarterly, 10*(2), 223-247.

Witkin, H. A., Lewis, H. B., Hertzman, M., Machover, K., Meissner, P. B., & Wapner, S. (1954). *Personality through perception*. New York: Harper & Row.

Wohlwill, J. F. (1973). The study of behavioral development. New York: Academic Press.

Wohlwill, J. F. (1984). Relationships between exploration and play. In T. D. Yawkey & A. D. Pellegrini (Eds.), *Child's play: Developmental and applied* (pp. 143-170). Hillsdale, NJ: Erlbaum.

Wolery, M., & Wilbers, J. S. (1994). Including children with special needs in early childhood programs. Washington, DC: NAEYC.

Wolf, D., & Gardner, H. (1979). Style and sequence in early symbolic play. In M. Franklin & N. Smith (Eds.), *Symbolic functioning in childhood*. Hillsdale, NJ: Erlbaum.

Wolf, D., & Goldman, S. H. (1982). Ways of playing: Individual differences in imaginative style. In D. J. Pepler & K. H. Rubin (Eds.), *The play of children: Current theory and research* (pp. 46-63). Basel, Switzerland: Karger.

Wolfgang, C. & Sanders, T. (1982). Teacher's role: A construct for supporting the play of young children. *Early Child Development and Care, 8*, 107-120.

Wolfgang, C., Stannard, L., & Jones, I. (2001). Block play performance among preschoolers as a predictor of later school achivement in mathematics. *Journal of Research in Childhood Education, 15*(2), 173-180.

Wood, D., McMahon, L., & Cranstoun, Y. (1980). *Working with under fives*. Ypsilanti, MI: High/Scope.

Wood, E., & Attfield, J. (2005). *Play, learning and the early childhood curriculum* (2nd ed.). London: Paul Chapman.

Wyver, S., & Spence, S. (1999). Play and divergent problem-solving: Evidence supporting a reciprical relationship. *Early Education and Development, 10*(4), 419-444.

Yawkey, T. D., & Toro-Lopez, J. A. (1985). Examining descriptive and empirically based typologies of Toys for handicapped and nonhandicapped children. *Topics in Early Childhood Special Education, 5*(3), 47-57.

Youngblade, L., & Dunn, J. (1995). Individual differences in young children's pretend play with mother and sibling: Links to relationships and understanding of other people's feelings and beliefs. *Child Development, 66*, 1472-1492.

Zelazo, P. D., & Muller, U. (2004). Executive function in typical and atypical development. In U. Gosuwami (Ed.), *Blackwell handbook of childhood cognitive development* (pp. 445-469).

Malden, MA: Blackwell.

Zelazo, P. D., Muller, U., Frye, D., & Marcovitch, S. (2003). The development of executive function in early childhood. Monographs of the Society for Research in Child Development, Serial No. 274, Vol. 68, No. 3. Boston, MA: Blackwell.

Zigler, E. F., & Bishop-Josef, S. J. (2006). The cognitive child versus the whole child: Lessons from 40 years of Head Start. In D. G. Singer, R. M. Golinkoff, & K. Hirsh-Pasek (Eds.), *Play=learning: How play motivates and enhances children's cognitive and social-emotional growth* (pp. 15-35). New York: Oxford Unversity Press.

찾아보기

인 명

내용

저자 소개

◎ 신은수

덕성여자대학교 유아교육과 교수로 재직하고 있다. 이화여자대학교 대학원에서 아동심리 전공으로 석사학위를, 미국 일리노이 대학교(University of Illinois at Urbana-Champaign) 대학원에서 유아교육 전공으로 박사(Ph. D.)학위를 받았다. 주요 관심 분야는 놀이에서 교사의 개입 및 교육적 역할, 영유아 놀이의 교육적 적용이다.

◎ 김은정

제주국제대학교 유아교육과 교수로 재직하고 있다. 덕성여자대학교 대학원에서 유아교육 전공으로 석사학위와 박사학위를 받았다. 주요 관심 분야는 놀이 활동을 통한 유아과학교육, 영유아 놀이의 교육적 적용이다.

◎ 유영의

순천향대학교 유아교육과 부교수로 재직하고 있다. 한국교원대학교 대학원에서 유아교육 전공으로 석사학위를, 덕성여자대학교 대학원에서 유아교육 전공으로 박사학위를 받았다. 주요 관심 분야는 영유아 놀이의 교육적 적용, 놀이에서의 교사의 역할, 구성놀이(constructive play) 등이다.

◎ 박현경

동서울대학 아동보육과 전임강사로 재직하고 있다. 덕성여자대학교 대학원에서 유아교육 전공으로 석사학위와 박사학위를 받았다. 주요 관심 분야는 영유아 놀이의 교육적 적용, 놀이에서의 교사의 개입 및 역할 등이다.

◎ 백경순

세한대학교 유아교육과 조교수로 재직하고 있다. 배재대학교 대학원에서 유아교육 전공으로 석사학위를, 덕성여자대학교 대학원에서 유아교육 전공으로 박사학위를 받았다. 주요 관심 분야는 영유아의 놀이와 교육, 놀이와 특수교육이다.

놀이와 유아교육

2011년 1월 10일 1판 1쇄 발행
2024년 3월 25일 1판 11쇄 발행

지은이 • 신은수 · 김은정 · 유영의 · 박현경 · 백경순
펴낸이 • 김 진 환
펴낸곳 • (주) **학지사**

04031 서울특별시 마포구 양화로 15길 20 마인드월드빌딩 5층

대표전화 • 02) 330-5114   팩스 • 02) 324-2345

등록번호 • 제313-2006-000265호

홈페이지 • http://www.hakjisa.co.kr
인스타그램 • https://www.instagram.com/hakjisabook

ISBN 978-89-6330-391-8 93370

정가 21,000원

출판미디어기업 **학지사**

간호보건의학출판 **학지사메디컬** www.hakjisamd.co.kr
심리검사연구소 **인싸이트** www.inpsyt.co.kr
학술논문서비스 **뉴논문** www.newnonmun.com
원격교육연수원 **카운피아** www.counpia.com
대학교재전자책플랫폼 **캠퍼스북** www.campusbook.co.kr